Poésies choisies

de

Pierre de Ronsard

Pierre de Ronsard

Poésies choisies

Edition mise à jour
par
Françoise Joukovsky
Professeur à la Faculté
des Lettres et Sciences humaines
de Rouen

Classiques Garnier

En couverture :
Martin de Vos (1532-1603)
Apollon et les Muses
Peinture, XVIe siècle

ISBN 2-04-017323-4

Textes choisis et annotés
par
Pierre de Nolhac
de l'Académie française

Introduction,
sommaire biographique,
bibliographie,
et choix de variantes
par
Françoise Joukovsky

Édition illustrée de 16 reproductions

INTRODUCTION

La diversité du génie ronsardien embarrasse quelquefois l'historien, qui le voudrait un et indivisible. Mais nous lui devons l'évidence bruyante et colorée des grands tableaux mythologiques et la rêverie philosophique des *Hymnes,* le lyrisme tourmenté des *Amours* de Cassandre et la brûlante pureté des *Sonnets pour Hélène.* La seule unité de l'œuvre réside peut-être dans un miraculeux équilibre entre l'inspiration savante et la spontanéité de l'impression poétique.

I. L'ÉVOLUTION

Ronsard n'a cessé de renouveler sa manière poétique, et de méditer sur ce renouvellement. La plupart de ses recueils offrent quelque poème où il contemple ses propres trouvailles, avec étonnement et fierté, et où il les explique au lecteur. Car il est, dans la grande lignée, un poète de la poésie.

Cette fraîcheur de la découverte transforme dans les premiers recueils [1] le double héritage, antique et pétrarquiste, qui alourdit ces *Odes* (1550) et ces *Amours* (1552). Lorsqu'il s'inspire d'un modèle, Ronsard n'est pas un artisan minutieux, qui juxtapose ses larcins,

1. Avant le recueil d'*Odes* en 1550, Ronsard n'avait fait paraître que des œuvres isolées, une ode dans les *Œuvres* de Peletier du Mans en 1547, et quelques poèmes en 1549. — Dans le texte et dans les notes, nos références renvoient à l'édition des *Œuvres* de Ronsard par P. Laumonier, sauf dans le cas des *Amours,* pour lesquels nous renvoyons à l'édition d'Henri Weber (Classiques Garnier).

contrairement à ce que pourraient faire croire les notes des éditions commentées. Il ressent et multiplie la beauté de textes dont il vient de s'éprendre ou qu'il a déjà longuement savourés. Il enrichit le paysage vu et l'instant vécu, grâce au souvenir de l'émotion que d'autres artistes ont fixée. Ses créations procèdent d'une impression esthétique éveillée par l'objet, mais aussi de cette rencontre mystérieuse avec la beauté que sont la lecture et ses souvenirs. Le paradoxe n'est pas unique dans notre littérature. Aussi faut-il admettre une fois pour toutes que ses intuitions les plus personnelles jaillissent de l'imitation; que le Vendômois se découvre dans les paysages de l'Ombrie ou de la Campanie; que les *Amours,* poésie de l'ardeur et de l'obsession, sont un tissu d'emprunts. Cette semi-idéalisation préserve la pureté vivante de la fleur, dont la chair est humide et fragile, et la forme stylisée par toute une tradition littéraire.

On a coutume d'opposer les treize odes pindariques placées en tête des quatre livres d'odes publiés en 1550, et la plus grande partie du recueil, qui est d'inspiration surtout horatienne [1]. Il est vrai que Ronsard, dès ses débuts, semble également séduit par deux formes de poésie qui correspondent à deux attitudes devant la vie.

Les odes pindariques [2] célèbrent l'effort héroïque dans l'exploit militaire, diplomatique ou intellectuel, qui fait de l'homme un demi-dieu, semblable aux personnages de la légende antique. Le dépassement permet à l'individu de prendre conscience de la part

1. Le catalogue des emprunts de Ronsard à ces sources antiques a été dressé par P. Laumonier dans les chapitres de son *Ronsard poète lyrique* relatifs aux *Odes.*

2. Ronsard est le premier poète français à chanter les grands à la façon dont l'écrivain grec avait loué les athlètes victorieux. P. Laumonier a pu dater de 1546 la plus ancienne des odes pindariques écrites par Ronsard. Toutefois I. Silver a prouvé que dès 1549 Du Bellay lui aussi était engagé dans l'imitation de Pindare, même si l'on ne connaît de lui que deux odes de forme pindarique, la *Louenge de la France* (1553), et l'*Ode au Prince de Melphe* (1555 ou 1556). Cf. *Ronsard,*

immortelle de son être, et de connaître une vie plus intense, et impérissable, grâce à la gloire (*Odes*, I, VII, v. 6; I, VIII, v. 127). Il doit être contrôlé par la maîtrise de soi : comme le poète grec, Ronsard rappelle les vertus de la modération (I, VI, v. 90 sqq.) et d'une certaine humilité (I, IV, v. 48-49). Cet idéal de grandeur raisonnée s'exprime dans les contrastes du style. L'élan vers une condition plus qu'humaine est suggéré par une étrangeté volontaire : images bizarres, car le génie est un arc, et la gloire un miel qui coule de la lyre poétique; périphrases déroutantes; syntaxe souvent rompue, qui dépayse; désordre impétueux, obtenu par l'emploi constant de la digression ou de l'interrogation [1]. Mais ces excès et cette obscurité alternent avec des formules d'une grave simplicité, condensés d'expérience. Cette tension entre des pôles opposés était un des éléments les plus originaux du lyrisme de Pindare, qu'a vivement ressenti ce disciple fougueux et épris de sagesse.

Moins crispé, le lyrisme des odes horatiennes peut célébrer la louange des grands, mais il chante surtout l'abandon à toutes les sollicitations du monde terrestre. Horace, Tibulle, Properce, Ovide, et leurs disciples néolatins de la Renaissance, le Napolitain Pontano (XVe siècle) ou le Hollandais J. Second (1re moitié du XVIe siècle), mettent Ronsard en garde contre la tentation de vivre plus loin, dans des projets successifs, sans ouvrir les yeux sur les plaisirs fugitifs, l'automne mouillé (III, XVII), le silence de midi (II, IX, v. 15 sqq.), les surprises de l'amour et du vin (II, XII, IV, XIV), et simplement, la sensation d'exister, plus vive à l'ombre de la nuit ou de la mort (II, V et II, XI). Comme le Mercure de Giraudoux, Ronsard se complaît sur notre planète, en « vrai humain, par laisser aller »,

---

Du Bellay and Pindar, Romanic Review, 1942, t. XXXIII, p. 3 sqq.

1. Voir P. Laumonier, *Ronsard poète lyrique*, p. 296 sqq., et P. Sharatt, *Ronsard et Pindare*, Bibl. Hum. et Ren., 1977, p. 97 sqq.

car ses retraites invitent au nonchaloir. La vie sourd dans son giron humide et chevelu (cf. les deux odes *A la fontaine Bellerie*), et le poète voudrait y dormir un sommeil sans éveil *(De l'élection de son sépulcre)*. La formule gnomique n'est pas moins fréquente que dans les odes pindariques, mais elle se déride :

« C'est chose sage et vraiment grave
De faire le fol quelquefois. »

L'expression consent à la banalité, éclairée d'un sourire humain :

« Ce petit coin de terre
Me rira par sus tous. »
(Louanges du Vendômois.)

Le vocabulaire conserve la saveur de ces joies terrestres, la fraîcheur du vin à point *(Chant de folie à Bacchus)*, l'abondante douceur « du nectar..., de la canelle et du bame » (II, VII).

L'ensemble du recueil [1] relève cependant d'une même conception de la poésie. Dans les odes horatiennes comme dans les odes pindariques, Ronsard affirme la mission du poète inspiré par les dieux (I, VI, v. 27 sqq.), selon une tradition platonicienne qu'avait commentée au XVe siècle le philosophe florentin Marsile Ficin. Ronsard charge le « vates » d'arracher au temps les créatures périssables en célébrant leurs mérites, et d'édifier une œuvre durable (I, I, v. 8; I, VI, v. 52). Les dieux lui ont donné le double pouvoir de l'incantation musicale et de la fable. La musique est un charme magique (I, VII, v. 10 sqq.), vainqueur du « silence oublieux ». Bien que Ronsard n'ait pas eu à introduire dans notre littérature le chant lyrique, ni même l'ode au sens que la Pléiade donne à ce terme, c'est-à-dire une adaptation de l'ode antique, et qui soit intitulée

1. Les premiers essais horatiens de Ronsard sont antérieurs à ses odes pindariques. De 1542 à 1544, avant de rencontrer Dorat et de découvrir Pindare, Ronsard travaille à différentes transpositions d'Horace, qu'il a regroupées à la fin du recueil de 1550 sous le titre de *Bocage* (treize pièces).

ode [1], il est le premier à en composer tout un recueil, et à souligner le caractère musical de cette poésie. On peut penser que l'enseignement de Dorat, à partir de 1544, lui avait révélé le caractère lyrique de la poésie grecque. D'où ses efforts pour varier sa rythmique, et son emploi de la triade pindarique — strophe, antistrophe, épode — adaptée aux évolutions d'un chœur. Quant à la mythologie, loin d'être un simple ornement, elle fait apparaître les puissances éternelles qui soutiennent le monde, les forces de la nature, Zeus tonnant, déesses de la fécondité et divinités rustiques, ou les sources inépuisables de l'esprit, Apollon et les Muses. Cette conception de la poésie sera exposée avec vigueur dans l'*Ode à Michel de L'Hospital,* ode pindarique achevée dans la seconde moitié de l'année 1550 et publiée en 1552 dans un cinquième livre d'odes. Ses rauques accords font résonner parmi les hommes la voix divine du poète inspiré [2].

A la même époque sans doute [3], Ronsard compose des sonnets amoureux, où il chante sa passion pour Cassandre Salviati, rencontrée lors d'un bal de la Cour, à Blois, le 21 avril 1545. Éliminons dès l'abord un faux problème : la part de l'artifice et de la sensibilité

1. Le premier poème français qui porte le titre d'ode est l'œuvre de Ronsard, et il est publié en 1547 dans les *Œuvres* de Peletier du Mans; mais les premiers recueils de Du Bellay (1549) acclimataient ce genre en plus grand nombre (une trentaine d'odes). — Dans son étude des *Odes* de Ronsard, J. Vianey émet l'hypothèse que la Pléiade a été incitée à composer des odes par le succès du Psautier de Marot.

2. Ronsard s'y souvient de l'interprétation du Florentin Marsile Ficin, qui avait commenté à la fin du XVe siècle la théorie de la fureur poétique exposée par Platon dans l'*Ion.* Cf. E. Forsyth, *Le concept de l'inspiration poétique chez Ronsard,* Rev. Hist. litt. Fr., 1975, p. 515 sqq.

3. Mais il a certainement composé des sonnets pétrarquistes avant 1549, sans doute en 1546 et 1547, et donc avant l'*Olive* de Du Bellay. La thèse de R. Sorg (*Cassandre ou le secret de Ronsard,* Paris, 1925, p. 191 sqq.), qui veut que les sonnets pour Cassandre n'aient été composés qu'en 1551 et 1552, semble infirmée par les indications autobiographiques contenues dans certains sonnets. On peut donc admettre avec H. Weber (introduction à son édition des *Amours,*

dans l'inspiration de ce recueil, fortement inspiré de Pétrarque et de ses imitateurs italiens [1]. Il est vrai que nous n'y trouverons pas le récit d'une aventure vécue. Le roman reste vague, malgré quelques détails (v. p. ex. sonnets CXVII et CLXXVI). L'amant se dérobe parfois sous des masques mythiques : il est Ixion, ou Protée [2]. La dame n'est guère individualisée, bien qu'elle puisse être décrite en termes voluptueux (sonnet CVIII). Mais plus que sa passion pour Cassandre, Ronsard chante le désir, et le besoin d'aimer, qu'il éprouve dans toute leur violence. Aussi la présence du matériel pétrarquiste dans les *Amours* de 1552 ne permet-elle pas de conclure à un manque de sincérité et d'émotion personnelle. Car cette ardeur dont le poète éprouve l'étonnante puissance perdrait de son mystère et de sa force à s'exprimer directement. Ronsard a recours aux procédés précieux pour l'évoquer sans la trahir. L'image suggère le caractère pathétique du désir, brûlure, poison, ou l'instabilité de l'amant, qui « vole après l'espoir », ou l'emprise de l'obsession :

« ...une perle je vis,
Dont la clarté m'a tellement ravi
Qu'en mes discours autre penser n'arrive ».
(Sonnet LXXXIX.)

---

p. x) que « *la grande majorité des sonnets* semble avoir été composée en 1552 », mais que certains essais sont antérieurs.

1. Ronsard emprunte surtout à Pétrarque et au classique Bembo (début du XVIe siècle), et moins que Du Bellay aux petits disciples de Pétrarque, les poètes de la fin du XVe siècle (Tebaldeo, Serafino...), qui poussaient à l'extrême le jeu sur les motifs précieux, — Comme Du Bellay, Ronsard connaît ces disciples mineurs par les recueils de *Rime diverse* publiés à Venise à partir de 1545, véritable anthologie du pétrarquisme. Toutefois Raymond Lebègue a signalé que Ronsard a noté en marge des *Rime diverse* les imitations qu'en avaient faites Du Bellay, et qu'il n'a pas puisé dans les pièces déjà exploitées par son ami (*Les Concurrences poétiques au XVIe siècle,* Comptes rendus de l'Académie des Inscriptions et Belles lettres, 1958, p. 339 sqq.).

2. Toutefois la mythologie des *Amours* n'est pas seulement décorative, mais « structurale », selon la formule de M. Dassonville (*Ronsard,* t. III, p. 57).

L'antithèse précieuse — le doux-amer, la plaisante langueur — traduit les contradictions dans lesquelles se débat l'amant. L'hyperbole rivalise avec l'intensité de la passion. L'allusion à la légende héroïque sauve l'aventure de la banalité.

Le tempérament de Ronsard apparaît sans cesse, dans des visions voluptueuses (p. ex. le songe érotique du sonnet CXXVII), car les allusions philosophiques à l'épicurisme (sonnets XXXVII et LIII), à l'aristotélisme (sonnet LXIX) ou au platonisme (v. p. ex. sonnet XXI) restent superficielles, et surtout dans le transport lyrique. Non seulement le vocabulaire du mouvement est très abondant, mais un certain nombre de sonnets (cf. sonnet LXI) sont construits d'un seul élan, et le rythme alerte du décasyllabe se prête bien à cette quête fiévreuse. Aussi le recueil se termine-t-il par une trentaine de feuillets de musique, expression naturelle, selon Ronsard, de l'effusion amoureuse [1]. Le plaisir artistique contribue en effet aux émotions de ce voluptueux : rien de plus sincère que son admiration pour la beauté de Cassandre, Vénus à sa toilette (sonnet XLII), ou son excitation devant le spectacle de la nature. Ces impressions justifient le recours à certains procédés, la métaphore filée, approche indirecte de la beauté, et la pointe finale, qui permet d'en dégager l'essence dans une progressive épuration. Ainsi l'amour de Ronsard semble dépourvu de toute tendresse, mais non pas de fougue juvénile ou d'enthousiasme esthétique.

Toutefois l'emploi constant des procédés précieux n'est pas seulement recherche d'une expression aussi subtile que certaines réalités psychologiques : la préciosité des *Amours* constitue comme celle du *Canzoniere* un style qui se suffit à lui-même, et qui souvent n'a

---

1. Ces airs de Pierre Certon, Claude Goudimel et Clément Janequin n'étaient pas foncièrement différents des chansons publiées à Paris depuis 1530. — Le même air peut accompagner indifféremment plusieurs poèmes, car Ronsard pense avec les théoriciens du XVIe siècle que la musique doit simplement mettre en valeur le pouvoir d'émotion que possède le texte, par un accompagnement indéterminé.

d'autre justification que la beauté du monde poétique suscité par cette écriture spéciale. L'antithèse le déchire dans une apocalypse d'eau et de feu, de foudre et de glace (cf. sonnet CLXIX). La complication volontaire de l'image, qui superpose plusieurs métaphores, jusqu'au mauvais goût, le revêt d'un tissu de métamorphoses. La répétition crée un pointillé à travers le sonnet, comme le frémissement d'une surface tourmentée (sonnet CXXIX). L'hyperbole déploie ses volutes de strophe en strophe, dans une construction efflorescente (sonnet CLXXIX). Ainsi les chimères pétrarquistes fascinent Ronsard, parce qu'elles sont conformes à son génie du bizarre, de l'irrégulier, de l'outrance, qui se manifestait déjà dans les odes pindariques. Génie divers, cependant, car certains sonnets, parmi les plus beaux, sont d'une simplicité toute classique (cf. sonnet LXVII).

L'ensemble du recueil était pourtant assez obscur pour que Marc-Antoine Muret éprouvât le besoin d'y joindre un commentaire, dans la seconde édition, qui est également enrichie de trente-neuf sonnets (mai 1553). Sans doute l'auteur lui-même est-il las de cette poésie difficile. Il se distrait en relisant Catulle, et en composant le *Livret de Folâtries,* publié en avril 1553 sous le voile de l'anonymat. L'obscénité y alterne avec la raillerie. Cet entrain jaillit de l'érudition dans les *Dithyrambes* qui suivent les *Folâtries,* et qui sont inspirés d'un hymne latin de Marulle (fin du XVe siècle). Ces visions d'un humaniste ivre mêlent des termes savants et des mots vulgaires, sur un rythme allègre. Enfin des *Épigrammes* empruntées à l'*Anthologie* confirment la revanche de la Muse satirique.

Ce n'est plus tout à fait le même Ronsard qui signe le *Bocage* (1554), les *Mélanges* (1555) et les *Odes* de 1555. C'est encore le voluptueux, dont les goûts vont vers l'abondance, et l'inquiet, qui s'efforce comme dans les odes horatiennes de 1550 d'oublier la « mordante cure », et l'approche de la morne vieillesse. Mais il a éprouvé le double visage de la fortune. Elle lui a apporté des désillusions, car malgré la réconciliation avec Saint-Gelays il remâche sans fin son humiliation, et la consolation des vraies richesses : la solitude de Mareuil-lès-Meaux, où se situent les promenades poétiques de l'épître *A Ambroise de La Porte,* et un art de vivre plus raffiné, grâce aux leçons d'Anacréon. Le lyrique grec, dont H. Estienne a publié en 1554 des poèmes d'une authenticité douteuse et d'un charme incontestable, lui apprend à associer les plaisirs du vin, de l'amour et de la poésie, et à les intérioriser dans une joie de l'âme (*Odelette à Corydon,* v. 31 sqq.). Le courtisan ne renonce pas à faire carrière, mais il entend préserver son autonomie (Ode « Toutes les fleurs épanouies »), et il préfère aux faux biens énumérés dans les odelettes son aptitude à apprécier le beau, terme qui revient sans cesse sous sa plume. Car vivre, pour Ronsard, c'est en définitive apprécier « cette belle lumière » (*A Pierre de Pascal,* v. 24). Loin d'être des passe-temps sans intérêt, les recueils de 1554 et de 1555 semblent donc correspondre à un moment important de l'évolution de Ronsard. Cette maturation n'est d'ailleurs pas le fruit d'une réflexion philosophique. Elle est due surtout à la découverte d'autres joies esthétiques, par la lecture et par la retraite. L'homme mûrit grâce à l'esthète.

Aussi cette attitude devant la vie est-elle indissociable d'une poésie nouvelle, le lyrisme léger. Certaines odes du recueil de 1550 auraient pu s'intituler odelettes, mais dans l'ensemble les poèmes de 1554 et 1555 s'opposent au grand lyrisme du début par les dimensions des sujets et par le ton. Tout est petit dans ces trente et une adaptations d'Anacréon, baptisées odelettes; dans ces imitations d'autres poètes grecs, que Ronsard connaît par le *Florilège* du compilateur Stobée (IVe siècle), et par l'*Anthologie* de l'humaniste A. Turnèbe (1553); dans ces vœux rustiques à la manière de l'Italien Navagero († 1529). L'enfant Amour y évolue parmi les oiseaux et les fleurs. L'amateur de fresques s'intéresse maintenant au joli détail, les chaînes de roses dont les Muses lient Cupidon, ou les fruits que l'été répand sur la table du poète. Sans la moindre prétention au grandiose, les odelettes content les gestes quotidiens, boire, manger, remplir sa cave de vin et son grenier de blé, dans un décor familier ou dans un cercle d'amis (*Odelette à Corydon,* v. 7 sqq.). Le ton ignore l'emphase. Il est quelquefois d'un cynisme incompatible avec le grand lyrisme. Plus souvent, l'emploi de certains mots, gentil, mignon, plaisant, et le diminutif, créent un style mignard, c'est-à-dire empreint d'une beauté où il entre de la coquetterie — une beauté souriante, qui fait des grâces, et qui se déploie avec complaisance — et un peu de faiblesse : elle suggère une fragilité qui n'est pas maladive, mais qui rend l'objet plus délicat et plus précieux. A l'opposé de la beauté singulière que Ronsard recherchait dans les odes pindariques ou dans maint sonnet des *Amours,* cette beauté mignarde ne choque ni ne dépayse; elle accueille, elle charme.

Ce lyrisme allège l'existence, et chante ce que La Fontaine appellera des « biens sans embarras ». Ronsard imagine un monde libéré de tout ce qui précède et de tout ce qui suit, souvenir (Odelette « J'ai l'esprit tout ennuyé », v. 41 sqq.) ou espoir *(Ode à Christofle de Choiseul),* et semblable à l'univers du jeu, qui n'engage ni le passé ni l'avenir. Il apprend à sourire : comme Marot, il prend quelque recul par rapport à son personnage (Odelette « La belle Vénus », v. 22 sqq.), ou propose au lecteur un raisonnement humoristique (Odelette « La terre, les eaux va buvant »). La fantaisie s'éveille grâce à cette disponibilité. De plus en plus sensible à l'heureuse diversité du monde extérieur, qu'il égrène dans de nombreuses énumérations, Ronsard joue de cette variété, et s'amuse à brouiller tous les règnes. Il transpose les données humaines dans le monde animal (*Le Fourmi,* v. 65 sqq.) ou dans le monde végétal (*Le Houx,* v. 213 sqq.). Il lui plaît de devenir un autre pour quelques instants, dans de surprenantes métamorphoses *(Ode à sa maîtresse),* par la grâce du « comme si ». Mais comment s'étonner que la quête esthétique de Ronsard passe par les sentiers du dilettantisme ?

Cette muse enjouée a recours le plus souvent à un mètre court : l'octosyllabe, qui apparaît dans seize pièces du *Bocage* (sur quarante-neuf) et vingt-neuf des *Mélanges* (sur cinquante-deux), et qui séduit Ronsard pour sa souplesse et la variété de ses coupes, tandis que l'alexandrin, qui est seulement utilisé dans vingt-huit pièces, est plutôt réservé à des genres solennels, discours, hymne ou grande épitaphe, et à la réflexion philosophique. Elle choisit des strophes courtes et simples, très différentes du lourd appareil des strophes pindariques. Les strophes le plus souvent employées sont le sizain (vingt et une pièces) et le quatrain (dix-sept pièces), sans combinaison de mètres divers à l'intérieur d'une même strophe. Le système strophique a perdu toute majesté; il crée surtout une impression de danse, par exemple dans l'odelette intitulée *Folie*.

Contrairement au *Livret de Folâtries,* le lyrisme de ces recueils est caractérisé par un heureux équilibre entre l'inspiration familière et le raffinement [1]. Nous allons retrouver dans la *Continuation des Amours* (1555) et dans la *Nouvelle continuation* (1556) cette harmonieuse simplicité du geste, du décor, de l'expression.

Tout en conservant un grand nombre de thèmes pétrarquistes, le culte de la dame, le servage de l'amant, les maux de la passion, Ronsard semble tenté par une conception de l'amour moins exaltée. L'*Élégie à son livre (Nouv. cont.)* change les préceptes de la fidélité courtoisie pour une consciente infidélité, justifiée par

---

1. L'exiguïté de la dette de Ronsard envers Rabelais peut sembler significative à cet égard. R. Lebègue a montré que Ronsard ne connaît pas l'œuvre de Rabelais avec précision (*Ronsard lecteur de Rabelais,* Bibl. Hum. et Ren., 1954, p. 82 sqq.) — Sur l'inspiration du cycle bachique, v. T. Cave, *Ronsard's Bacchic Poetry,* Esprit Créateur, 1970, p. 104 sqq.; N. Mahé, *Le mythe de Bacchus dans la poésie lyrique de* 1549 *à* 1600*,* Berne, 1988.

les caprices et par la cupidité des femmes, même si l'amant apprend quelquefois la tendresse : ce substitut quotidien de la passion lui vient en partie des *Épigrammes* du néolatin Marulle († 1500), qui inspirent un grand nombre de chansons. Malgré sa beauté, Marie — peut-être Marie Dupin [1], paysanne de Bourgueil — n'éveille pas en lui le respect qu'il éprouvait pour Cassandre. S'il a supprimé un sonnet où il la traitait de sotte, et si parfois elle mérite comme Cassandre la comparaison avec une déesse, il la désigne souvent en termes qui n'ont rien d'emphatique. Elle est « gentille », apparemment simple, et semblable à quelque oiseau familier (Chanson « Bonjour mon cœur »). Ronsard la chante sur un « beau style bas », « un mignard et doux style » *(Élégie à son livre)*. Alors que la Muse des *Amours* de Cassandre cherchait l'exceptionnel, le désir le plus aigu et les formules les plus étranges, la poésie des *Amours* de Marie a la grâce naturelle de la belle endormie :

« Mais le dormir de l'Aube aux filles gracieux,
Vous tient d'un doux sommeil la paupière sillée... »

L'expression frôle parfois la prose, comme l'air frôle la terre, car la modulation d'un beau vers lui donne une pénétrante douceur :

« Ta délicate douceur hommes et Dieux recrée. »

La prédominance de l'alexandrin (cinquante-huit sonnets sur les soixante-dix de la *Continuation*) contribue sans doute à la fluide égalité de ce nouveau style.

Encore ne faut-il pas se méprendre sur cette simplicité. La nouvelle Muse est rustique, mais sans rusticité [2] : elle sait « le langage des fleurs et des choses

---

1. La thèse de R. Sorg, selon laquelle Ronsard n'aurait jamais aimé qu'une seule femme, Cassandre Salviati, a notamment été réfutée par M. Raymond. Toutefois A. Gendre a montré que d'un recueil à l'autre persiste une même attitude devant la femme aimée *(Ronsard poète de la conquête amoureuse)*.

2. La présence d'un grand nombre d'éléments conventionnels — thèmes précieux, jeux d'esprit... — dans les *Amours* de Marie a été mise en lumière par F. Desonay (*Ronsard poète de l'amour*, t. II).

muettes ». L'idylle ne se déroule pas dans une campagne abondamment décrite : la pièce la plus précise est *Le Voyage de Tours,* ajouté seulement en 1560. Bien que Ronsard sache observer les oiseaux ou les feuillages, il a seulement donné une *teinte* champêtre à l'ensemble du recueil, à l'aide de quelques détails, disséminés dans ces poèmes humides de rosée. Beaucoup d'oiseaux, beaucoup de fleurs, mais qui sont autant de symboles : le rossignol et la tourterelle offrent l'image de la peine amoureuse, la rose est la fleur de Vénus, et le lierre un signe de fidélité. Ils se mêlent dans un décor stylisé, l'enclos, à l'aube, où se retrouvent la dame et l'amant, ou le fouillis végétal des tapisseries « mille fleurs ». L'arbre apparaît dans une composition symbolique, un trophée d'amour. Animaux et végétaux sont souvent désignés par des périphrases qui les présentent comme des éléments d'une tradition. Cet Anjou littéraire est pénétré d'éléments subjectifs, car Ronsard semble apprécier de plus en plus le paysage lyrique des élégiaques latins et de Pétrarque : les blés, les fleurs, les oiseaux, éveillent dans son esprit le souvenir de la dame (Chanson « Je ne veux plus que chanter »), et la solitude accueille le poète et reçoit ses plaintes. Il réunit les grands thèmes poétiques de Ronsard : le printemps, l'apparition divine et l'aube nouent le cercle, dans un monde qui « [sent] encore son enfance ».

On ne saurait donc s'étonner de la présence d'un grand nombre d'éléments précieux, même si la dette envers Pétrarque et ses imitateurs est moins grande que dans les *Amours* de Cassandre, ni les considérer comme la trace regrettable d'anciennes erreurs dont le poète n'aurait pu se débarrasser. Due tantôt à l'influence de l'*Anthologie* grecque, tantôt à Pétrarque, tantôt aux mignardes inventions des néolatins, Marulle, Pontano, J. Second, la préciosité contribue à transposer l'idylle champêtre dans un monde subjectif et raffiné. Elle a seulement changé de registre : les poncifs pétrarquistes doivent parfois une couleur rustique et populaire à certains refrains, qui évoquent de vieilles chansons :

« Prenez, mon cœur, dame, prenez mon cœur... »
« Bonjour mon cœur, bonjour ma douce vie... »

La bergerette « dégoise ses amours » en tournant son fuseau. L'Anjou de Ronsard a comme le Valois de Nerval le charme des anciennes complaintes, et le nombre trois rythme plusieurs de ces poèmes. Cette préciosité archaïse : Ronsard semble accorder une place de choix aux thèmes qui ont un passé dans la littérature courtoise du Moyen Age et chez ses prédécesseurs immédiats, tel le motif de l'échange des cœurs, développé à mainte reprise. Ronsard ne fait pas non plus ses adieux aux divinités du Panthéon gréco-latin, même si ses allusions à la fable antique sont en général plus simples, et si la malice quelquefois les égaie. Loin d'être dans les *Amours* de Marie un résidu d'une culture mal assimilée, la mythologie révèle la beauté quasi divine des apparences quotidiennes. La rose terrestre est l'essence de la beauté divine; les nymphes lui empruntent la couleur de leur sein, et Aurore et Vénus. Grâce à Vénus, le plaisir est éveil à la beauté :

« Sans toi, rien n'est de beau, de vaillant, ni de coint...
Et des Grâces, sans toi, la grâce est déplaisante. »

La présence des dieux dans ce recueil est d'autant plus justifiée que le plaisir est pour Ronsard une plénitude divine, la révélation d'une autre qualité d'existence.

Les fleurs que soigne Marie n'ont pas poussé en pleine terre. La simplicité raffinée des *Amours* de Marie exprime une nostalgie — et non une redécouverte — de l'innocence rustique et primitive. Ronsard évoque la liberté et la pureté des amours animales et végétales, dans maint sonnet, et le rêve arcadien s'épanouira en 1560 dans *Le Voyage de Tours*. Mais le gentilhomme et le poète contemplent parfois avec une nuance d'amusement les scènes charmantes d'une idylle qui ne peut qu'être passagère.

La part de la préciosité sera plus grande encore dans les poèmes *Sur la mort de Marie,* que Ronsard adjoindra en 1578 au *Second livre des Amours,* et qui semblent avoir été composés en grande partie à la mort de Marie de Clèves (1574), maîtresse d'Henri III [1]. L'usage constant des motifs et des procédés précieux peut choquer le lecteur moderne, et ils ne se concilient pas sans peine avec les expressions chrétiennes disséminées çà et là. Mais comme dans les sonnets de Pétrarque *In morte di Madonna Laura,* la transposition du langage galant dans le monde infernal souligne le caractère incompréhensible de l'événement, en exprimant les réalités de la mort avec les mots quotidiens de la vie et de l'amour. Elle crée un effet d'horreur, car la belle devient la morte (Sonnet « Je songeais sous l'obscur »), et le regard de la dame celui de la Parque (Sonnet « Je vois toujours »). La complication de la forme crée un effet de plis tourmentés, dans le désarroi d'une douleur atroce. L'image irradie plus étrange dans l'empire souterrain : Marie,

« Un Soleil d'Occident, reluit entre les morts. »

L'adjonction de ces sonnets ne nuit pas à l'unité du recueil, pas plus que la présence d'un certain nombre d'inspiratrices, Marie l'Angevine, mais aussi Cassandre, Marie la Parisienne, Sinope [1] : la figure centrale est la jeunesse, précieuse et condamnée.

Ronsard n'est donc pas Marot, même si les œuvres de 1554 à 1556 semblent indiquer un retour à une simplicité bon enfant. Il reste l'érudit, qui parcourt les campagnes sur les pas de Théocrite, et qui goûte l'amour et le vin dans la coupe d'Anacréon. Héritier conscient de la grande tradition antique, il n'a pas abandonné le haut lyrisme dont les Grecs lui avaient révélé la noblesse. Mûri par l'expérience et par la lecture, il publie en 1555 et 1556 un recueil d'*Hymnes,*

---

1. Pour le rôle de Marie de Clèves dans l'inspiration des sonnets *Sur la mort de Marie,* cf. R. Sorg, *Cassandre ou le secret de Ronsard,* p. 246 sqq. — Quant à Sinope, qui apparaît dans seize sonnets du *Second livre des Mélanges* en 1559, cf. l'introduction d'H. Weber à son édition des *Amours,* p. XX sqq.

genre illustré par le poète alexandrin Callimaque et repris à la fin du XVe siècle par Marulle.

Ronsard s'y efforce de situer l'homme dans l'univers. Parmi les différentes voies que peut emprunter la créature humaine, le poète fait une place à l'héroïsme, et raconte d'après Apollonios de Rhodes et Valerius Flaccus les exploits de Calaïs et de Zétès, compagnons de Jason, ou de Castor et de Pollux, ainsi que les gestes d'Henri II, le roi chevalier. Mais l'aventure intellectuelle constitue le sujet d'un plus grand nombre de poèmes. Le poète est en effet un explorateur, dit Ronsard dans les premiers vers de l'*Hymne de la Mort* et de l'*Hymne de l'Éternité,* et il tente des voies encore inconnues. Cette quête est sans doute motivée par la soif de connaître, qui s'exprime dans un programme de recherche universelle, et qui fait la grandeur de l'homme (*Hymne de la Philosophie,* v. 21 sqq.), mais aussi par l'angoisse. Le monde où vit Ronsard est en effet dominé par des forces invisibles. Dans l'air s'agitent les Démons, créatures au corps léger, esprits élémentaires ; ce sont des êtres déchus, compagnons de Lucifer, qui ne peuvent s'élever au-dessus de la région aérienne (*Les Démons,* v. 73 sqq.). Comme les nuages, ils revêtent mille formes, inquiétantes parce qu'inachevées. Leurs rapports avec les humains sont ambigus. Ils initient les poètes, car les Muses et les divinités rustiques sont des Démons. Ils jouent le rôle d'intermédiaires entre Dieu et les hommes, et de messagers. Ils ont des dons prophétiques. Mais leur malice est redoutable. Apparitions, cauchemars, tristes présages : la vie quotidienne en est pénétrée d'insolite et d'épouvante. Affamés de sang, ils captent les influx vitaux, comme des artères, et ils s'approprient la vie de l'univers. Leur caractère élémentaire leur donne un dangereux pouvoir sur la nature. Cette crainte du poète est nourrie par la lecture, car il hérite de la démonologie du byzantin Michel Psellos (XIe siècle), qu'il connaît sans doute par la traduction latine de Marsile Ficin, mais elle provient surtout de son tempérament nerveux, car Ronsard est superstitieux jusqu'à l'hallucination, trop sensible aux phénomènes atmosphériques, sujet à l'insomnie et au cauchemar, obsédé par les formes fuyantes ou anormales. Cette peur des démons est encore renforcée par celle des influx astraux, qui leur sont en partie soumis. L'*Hymne des Astres* énumère longuement les humeurs et les vocations que les étoiles imposent aux mortels. Comme ses prédécesseurs et ses contemporains, Ronsard scrute les présages célestes, notamment les météores, sans aucun scrupule religieux : au contraire, les étoiles sont les « fidèles secrétaires » de Dieu, qui en use pour faire savoir sa volonté aux hommes.

Ronsard a peur, et comme l'épicurien, il a recours à la science et à la philosophie pour comprendre [1]. La science du XVIe siècle le faisait vivre dans un monde clos et fini, composé de neuf cieux et de neuf planètes, et mû d'un double mouvement, celui du ciel dans sa totalité, d'Orient en Occident, et celui de chaque sphère en particulier, qui se fait en sens inverse (*Hymne du Ciel,* v. 37 sqq.). Ce monde est rond (v. 33-34) : forme parfaite. Il présente une harmonie musicale, selon un système de correspondances entre les sphères et les différents tons qui était déjà exposé dans un grand nombre de textes anciens et médiévaux, commentaire de Macrobe au *Songe de Scipion, De musica* de Boèce... etc. Il n'y a qu'un univers, un tout hors duquel rien n'existe (v. 87 sqq.). Ronsard pouvait en lire la démonstration dans le *Timée* de Platon ou dans la *Théologie platonicienne* de Marsile Ficin, contrairement au pluralisme de Démocrite et d'Épicure. Le moteur universel est divin et éternel (v. 29) : Aristote lui apprenait en effet que le mouvement des cieux est éternel, parce que c'est une translation circulaire, seule forme de translation infinie. Toutefois, contrairement à la théorie

1. Cf. A. M. Schmidt, *La Poésie scientifique en France au XVIe siècle,* Paris, 1938, p. 71 sqq. Sur Ronsard et les signes, v. J. Céard, *La nature et les prodiges,* p. 192 ssq.

d'Aristote, qui pensait que le mouvement céleste est un moteur extérieur et immobile, car la notion de moteur mû serait absurde, Ronsard admet que le moteur est l'esprit divin « épandu » dans le ciel (v. 30 et 71 sqq.).

On voit que cette science est toute pénétrée de spéculations philosophiques, et d'une philosophie très éclectique [1]. S'il aborde sans doute la pensée des philosophes anciens par l'intermédiaire de commentateurs, Ficin pour Platon [2], et les maîtres de l'école de Padoue, Vicomercato ou Cardan, pour Aristote, Ronsard a une teinture des principaux systèmes anciens. Sans avoir une curiosité philosophique aussi poussée que Pontus de Tyard, il a assimilé des idées d'origines très diverses. Il est par exemple impossible d'inscrire dans une secte précise le Ronsard de l'*Hymne de la Mort* (1555) ou de l'*Hymne de l'Éternité* (1556), méditations sur le mystère du temps. Dans l'*Hymne de la Mort*, Ronsard décrit les métamorphoses de la forme et la persistance de la matière (v. 319 sqq.), principe qui pouvait lui être légué aussi bien par la physique lucrétienne que par la théorie aristotélicienne des cycles de génération, de croissance et de mort. Comme Lucrèce, Ronsard évoque les épreuves des créatures, en ce monde où « l'inconstance abonde », et l'instabilité de l'être humain, séduit par des biens trompeurs (v. 207 sqq.). Mais il adopte aussi la théorie platonicienne du σῶμα σῆμα — le corps prison de l'âme — d'ailleurs facile à concilier avec la foi chrétienne (v. 50). Les arguments auxquels il a recours pour combattre la peur de la mort (v. 70 sqq.) figurent dans un grand nombre de textes stoïciens, notamment dans la *Consolation à Marcia* de Sénèque, et on les retrouvera chez Montaigne. Ronsard y intro-

1. Cet éclectisme a été mis en lumière par H. Hornik (*More on Ronsard's Philosophy*, Bibl. Hum. et Ren., 1965, p. 435 sqq.) et par G. Lafeuille (*Cinq Hymnes de Ronsard*).

2. Sur ce contact indirect de Ronsard avec la pensée de Platon, cf. G. Gadoffre, *Ronsard et la pensée ficinienne*, Archives de philosophie, 1963, p. 45 sqq.

duit une idée épicurienne, mais détournée de la signification qu'elle avait dans le contexte de l'épicurisme, matérialisme qui nie l'immortalité de l'âme : pour rassurer son lecteur, il rappelle qu' « après la mort le corps ne sent plus rien » (v. 105), mais sans mettre en doute la survie de l'âme. La foi chrétienne couronne en effet tout cet édifice. C'est Dieu qui a créé notre âme immortelle, et il dépend de nous qu'elle puisse retourner après une vie vertueuse dans sa patrie céleste (v. 115 sqq.). Le chrétien affronte la mort avec sérénité parce qu'il a confiance en la Rédemption. Ronsard décrit la béatitude éternelle en termes conformes à la doctrine classique de l'Église (v. 289 sqq.). Même éclectisme dans l'*Hymne de l'Éternité,* qui est la contrepartie positive de l'*Hymne de la Mort*. Ronsard croit comme Aristote que le monde comporte deux grandes zones, l'une au-dessous de la lune, théâtre des métamorphoses et du hasard, et l'autre au-dessus de la lune, règne de l'incorruptible (v. 97 sqq.). Mais il doit aussi beaucoup aux platoniciens et aux néoplatoniciens. Il hérite de leurs spéculations sur la sphère, symbole de l'immuable. Il reprend leur cosmologie : le monde a été créé par l'ordre, qui a mis fin au chaos, et que menace toujours le Discord (v. 60 sqq.). On peut considérer comme néoplatonicienne — léguée par Proclus au néoplatonisme florentin — sa conception pessimiste du temps, qui serait une privation de l'Éternité, et une marque de notre imperfection (*Hymne de l'Éternité,* v. 87 sqq.).

Les *Hymnes* révèlent assez nettement les principaux caractères du savoir scientifique et philosophique des esprits cultivés de la Renaissance. Ils font part égale à la science proprement dite — physique, astronomie — et aux disciplines que nous considérons comme des pseudo-sciences : démonologie, magie, astrologie, que Ronsard accueille dans le programme de l'*Hymne de la Philosophie* (v. 31 sqq.), et qui font partie de cette « magie naturelle » louée par les esprits les plus distingués, Marsile Ficin, Lefèvre d'Étaples, Charles de

Bouelles. Cette science est également pénétrée de spéculations métaphysiques et théologiques. Non seulement Ronsard affirme que la Philosophie doit connaître les essences angéliques (v. 31), mais nous avons pu constater que la pensée antique a pour rôle de confirmer la sagesse biblique [1] et chrétienne. Les fables païennes illustrent les grands principes du christianisme. Le mythe de l'âge d'or, âge perdu depuis le départ de la Justice, mais qui peut reparaître avec elle sur cette terre, soutient l'espoir chrétien de rénovation *(Hymne de la Justice)*. Contestable dans ses subtilités de mauvais goût, l'*Hercule chrétien,* minutieux parallèle entre la vie du Christ et celle d'Hercule, n'en correspond pas moins à ce principe déjà proclamé par le platonisme florentin : les païens ont eu quelque lumière de la Vérité, que leurs fables voilent sous de poétiques figures.

Trop longtemps éclipsés par les *Amours,* les *Hymnes* sont un chef-d'œuvre de poésie abstraite. Ronsard parvient à évoquer des notions difficiles, l'influx astral, l'Éternité, la joie de la connaissance, tantôt à l'aide de visions allégoriques (p. ex. la description de la Jeunesse, de la Vieillesse, de Nature, dans l'*Hymne de l'Éternité,* dont Henri Busson a étudié les rapports avec l'iconographie médiévale), tantôt dans la plénitude de beaux vers méditatifs, lorsqu'il imagine d'après Pline l'Ancien la rondeur céleste :

« Tu n'as en ta grandeur commencement ni bout,
Tu es tout dedans toi, de toutes choses tout,
Non contraint, infini, fait d'un fini espace,
Qui sans être borné toutes choses embrasse... »
(*Hymne du Ciel,* v. 87 sqq.)

Il ruse avec son sujet, lorsqu'il s'agit de faire entrevoir au lecteur une notion qui dépasse l'entendement humain : il commence par définir l'Éternité de façon négative, en l'opposant au temps. Il a également recours

1. J. Frappier a pu étudier l'influence de la Bible sur l'*Hymne de la Justice* (*L'inspiration biblique et théologique de Ronsard dans l'Hymne de la Justice,* Mélanges Chamard, Paris, 1951).

à des procédés poétiques : l'invocation, tournure à la fois lyrique et religieuse, qui souligne la noblesse de l'inspiration; la métaphore, qui est d'autant plus nécessaire que sa science se réduit souvent à un jeu d'analogies, et qui transforme le Ciel en palais des dieux, ou les démons en nuages soufflés par la tempête; et surtout le rythme. Apparenté à l'hexamètre dactylique de la poésie épique ou didactique des Grecs, l'alexandrin évoque les révolutions célestes ou les jours sans nombre du monde divin. L'ampleur de ce mètre permet au poète de s'élever à la contemplation de l'éternel retour, notion qui était sans doute la grande source de poésie cosmique au XVIe siècle, à une époque où l'on ne concevait pas un monde en expansion. Le lyrisme ronsardien acquiert une puissance nouvelle, et il s'enrichit aussi de formes du beau qui n'avaient pas encore tenté le poète. Dans l'*Hymne des Démons,* Ronsard découvre la valeur esthétique du laid et de l'horrible.

On retrouve toutefois dans la poésie philosophique des *Hymnes* des thèmes déjà développés par Ronsard, dont l'univers est caractérisé comme celui de tous les grands poètes par une constante unité de motifs. Ronsard évolue dans un monde rempli de la présence divine, qu'il révèle parfois dans des apologues mythologiques (v. début de l'*Hymne des Astres*). Les planètes sont autant de forces divines, soumises au créateur, mais dotées d'un pouvoir qui écrase l'homme; l'esprit de Dieu pénètre le monde, et suscite les mouvements célestes. C'est un des attributs de l'être divin, l'Éternité, qui perpétue la création dans l'existence. Car le poète est toujours obsédé par le problème du vieillissement : les hymnes *de Calaïs et de Zétès* et *de Pollux et de Castor* évoquent une humanité encore jeune et bouillonnante de sève, celle des temps héroïques; l'*Hymne de la Justice* décrit l'innocence première; l'*Hymne de la Mort* et l'*Hymne de l'Éternité* opposent l'éternelle jeunesse des dieux à la décrépitude humaine. De façon plus générale, le lyrisme des *Hymnes,* poésie des secrets de la nature, prolonge celui des recueils antérieurs, où Ronsard chantait la beauté du monde terrestre. L'admiration est devenue étonnement philosophique : ce sont des attitudes voisines.

Ronsard sait parvenir dans la retraite à la contemplation de l'ordre universel, mais il est aussi un poète de cour, au service de son roi, des grands et de la nation. Toute son œuvre est caractérisée par cette alternance, parfois dans le même recueil, des poèmes personnels où il fait le point de son évolution psychologique, littéraire, philosophique, et de la poésie officielle, qu'il pratiquait dès les *Odes* de 1550. Il dépend comme les grands Rhétoriqueurs ou comme ses prédécesseurs immédiats, Marot, Saint-Gelays, de la générosité d'un Mécène. Tonsuré en 1543, Ronsard peut prétendre à des bénéfices ecclésiastiques. Cette situation de poète courtisan n'est pas sans inconvénient, mais elle assure à l'auteur une sécurité matérielle, et sur le plan littéraire, elle confère à ses œuvres toutes les qualités de la poésie de cour, une grandeur pompeuse et raffinée, le prestige du style noble, et la grâce apprêtée des tableaux mythologiques, semblables aux fresques du Rosso et du Primatice dans les châteaux de la Renaissance. Il ne faut donc pas mépriser les œuvres de 1558 et de 1559, inspirées le plus souvent par les événements, traité de Cateau-Cambrésis, mariage de Claude de France avec le duc de Lorraine, et de Marguerite de France avec le duc de Savoie. Ces poèmes ne sont pas une parenthèse négligeable dans l'œuvre de Ronsard. Ils exploitent des thèmes déjà développés dans des recueils qui ne sont pas de commande : la création du monde grâce à l'harmonie et à la paix, qui ont mis fin au chaos (*Exhortation pour la paix,* v. 195 sqq.), l'innocence d'une retraite pastorale où les Nymphes et les Muses viennent s'ébattre (*Chant pastoral sur les noces de Monseigneur Charles duc de Lorraine,* v. 147 sqq.), l'ardeur d'une passion juvénile (v. 341 sqq.). Le monde poétique de Ronsard, que l'auteur va pouvoir contempler dès 1560 dans sa totalité, grâce à la première édition collective des *Œuvres,* donne une teinte unique à tout sujet qui s'y introduit; il a ses visions, ses signes, ses associations de thèmes.

S'il assume jusqu'au bout ses fonctions, un poète de cour devient poète engagé lorsque les événements le réclament. La guerre civile élargit la mission de Ronsard. Il compose une série de *Discours,* dont la véhémence va croissant avec la gravité de la situation, de la conjuration d'Amboise (mars 1560) au colloque de Poissy (août 1561) et au massacre de Vassy (mars 1562). Les deux élégies à Guillaume Des Autels et à Louis Des Masures (1560) et l'*Institution pour l'adolescence du Roi Charles neuvième,* composée sans doute en 1561 et publiée en 1562, sont plus un appel au bon sens et à la modération qu'une prise de position en faveur d'un des partis. Dans l'*Élégie à Guillaume Des Autels,* Ronsard relève les erreurs des deux clans, protestant et catholique. Les reproches au clergé catholique ne sont pas nouveaux : sa cupidité, son orgueil, son ambition avaient été critiqués à la fois par les humanistes partisans d'une réforme, dès le début du siècle, et par les protestants. Quant à l'*Institution,* Ronsard n'est pas le premier à définir les devoirs du bon prince, qui doit craindre Dieu, respecter la loi des aïeux, protéger la foi. Seuls quelques détails semblent relever plus particulièrement de l'idéal politique de la Renaissance, défini par Erasme dans l'*Institutio principis christiani,* ou par Budé dans son livre *De l'institution du Prince :* Ronsard insiste comme ces écrivains sur la nécessité d'apprécier le savoir, et sur l'inutilité des conquêtes sanglantes. Mais le ton est déjà plus vif dans le *Discours des misères de ce temps* et dans sa *Continuation,* publiés en 1562. C'est la période où les églises sont mises au pillage. Ronsard s'indigne de voir la France déchirée par ses propres enfants, comme Rome le fut pour sa perte. Les étrangers voient les périls de cette situation, dont les Français n'ont même pas conscience. Il dit la honte d'un siècle qui gâche le travail des générations précédentes, et il condamne sévèrement la cause de tout le mal, la Présomption, l'orgueil intellectuel des théologiens [1]. Toutefois le *Discours* s'achève sur un appel à la concorde, tandis que la *Continuation* rejette toutes les responsabilités sur l'opiniâtre Genève. Ronsard en vient à l'attaque personnelle, contre Théodore de Bèze. Enfin la *Remonstrance au peuple de France,* composée à la fin de l'année, lorsque Condé menace la capitale, et publiée au début de 1563, exhorte les catholiques à frapper dur, « pour l'honneur de Dieu ». D'autre part la *Réponse* de Ronsard aux pamphlets protestants, qui s'étaient abattus sur lui en 1562 et 1563, s'ouvre sur une violente apostrophe, justifiée par la grossièreté de ses adversaires. La puissance de l'invective est soutenue par la fierté de l'auteur, gentilhomme et poète. Il réserve encore quelques flèches à Théodore de Bèze.

Comme celle de Montaigne, l'attitude de Ronsard semble s'expliquer par des causes politiques et littéraires, plus que par des raisons théologiques. Certes les *Discours* sont influencés par la controverse qui avait été engagée au Colloque de Poissy en 1561 par le théologien Claude d'Espence et par le cardinal de Lorraine contre Théodore de Bèze, et H. Franchet a révélé une des sources de Ronsard, un opuscule d'Érasme [2]. Mais sur le plan religieux, les critiques de Ronsard envers la Réforme sont de simple bon sens, et il ne descend pas dans le détail des discussions. Il attaque surtout l'esprit de libre examen, qui permet à chacun de faire valoir son opinion (*Discours des misères,* v. 127 sqq.). Il lui oppose la force de la tradition : « Seulement il faut croire, et non en disputer. » Il dénonce la prétention des Réformés à expliquer le mystère en termes de raison, alors que les secrets divins sont en partie

1. Sur la crise que traverse le poète dans un monde d'erreur, v. D. Ménager, *Ronsard. Le roi, le poète et les hommes.*

2. Le *Contra quosdam qui se falso jactant evangelicos.* Cf. H. Franchet, *Érasme et Ronsard,* Rev. Hist. Litt. Fr., 1932, p. 32 sqq.

impénétrables (*Remontrance,* v. 143 sqq.). Il signale la multiplication des sectes (*Contin.,* v. 241 sqq.). Le principal motif de son aversion pour la Réforme est sans doute la crainte de voir compromettre l'unité politique de la France, à laquelle les Valois ont travaillé activement (*Contin.,* v. 123 sqq.). La foi est l'appui de la monarchie. A cette conviction fort répandue chez ses contemporains s'ajoutent les réactions personnelles du gentilhomme cultivé et du poète : il aime trop la vie, les lettres, la beauté (*Réponse,* v. 513 sqq.) pour apprécier la farouche austérité d'un Calvin ou d'un Bèze, ces humanistes qui trahissent l'esprit des belles-lettres.

Ronsard avait déjà abordé dans ses œuvres antérieures les problèmes politiques, notamment les devoirs des rois, les bienfaits de la paix, l'importance du prestige national. Mais il n'avait pas eu à défendre ces valeurs. La lutte lui donne de l'assurance : il est désormais le porte-parole d'un parti et le soutien de la royauté, et aussi le premier poète de France, car l'ingratitude de ces rimailleurs l'incite à proclamer l'importance de son œuvre dans l'histoire de notre littérature (*Réponse,* v. 1035 sqq.). Il prend également conscience de certaines difficultés, alors que sa réflexion morale était un peu courte dans ses premiers recueils. Il parle de l'inévitable conflit entre l'intérêt individuel, qui pousse les chefs à agir par ambition (*Rem.,* v. 279 sqq.), et l'intérêt public, au service duquel il faut s'illustrer (*Discours des misères,* v. 61 sqq.). Solidarité entre les hommes d'un même pays, mais aussi continuité d'un siècle à l'autre de l'effort national : il rappelle aux combattants des guerres de religion les exploits de leurs ancêtres (*Rem.,* v. 473 sqq., 612 sqq., 777 sqq.), et les exhorte à poursuivre cette œuvre. En revanche, il a perdu de son enthousiasme : alors que certains héros des *Odes* étaient proches des dieux, les protagonistes des guerres de religion ont plus de faiblesse que de grandeur, et Ronsard se défie de toute prétention contraire à l'humilité chrétienne (*Rem.,* v. 363 ss.).

Le style des *Discours* reflète cette évolution. Ronsard renonce provisoirement à explorer le monde des dieux en compagnie de quelques privilégiés : moins de mythes, moins d'envolées lyriques. Son arme est le *Discours,* qui puise dans l'arsenal oratoire — apostrophe, antonomase, figure étymologique — pour dénoncer les grandeurs périlleuses et pour persuader les hommes de bonne volonté. Sa fermeté logique, sa rigueur convaincante sont à l'opposé du beau désordre de certaines odes [1]. Ces raisonnements sont ponctués de maximes, où la foi du gentilhomme et du catholique s'exprime avec une rude fermeté. Surtout, les *Discours* ont une verve incomparable dans l'attaque. La violence des termes — assassinement, pillerie, monstre barbare... — n'est pas un mérite dans une période où fleurit l'injure. Mais Ronsard a la parole coupante, et les trouvailles de la colère, lorsqu'il parle de la théologie « rance ... et moisie » de ces esprits contournés, ou quand il dessine la silhouette de Bèze prédicateur, avec « son grand front chenu », « sa barbe fourchue » et ses gestes de prophète (*Réponse,* v. 726 sqq.).

Ainsi la poésie hautaine dont rêvait l'auteur des *Odes* est descendue au niveau du quotidien, sous l'influence des événements historiques, mais elle est plus humaine, avec ses craintes, ses haines, ou ses accents de fierté blessée, dans les vers célèbres où Ronsard célèbre son inépuisable génie :

« Vous êtes tous issus de la grandeur de moi. »

quelques formules cinglantes opposent le mépris à la populace :

« Je deviendrai muet : car ce n'est moi qui sers
De bateleur au peuple et de farce au vulgaire. »
(*Rép.,* v. 1158-1159.)

Le Ronsard des *Discours* a grande allure.

Ronsard va reprendre ces thèmes de méditation

1. Sur le contraste entre ce langage et une réalité tragique, v. l'introduction d'Y. Bellenger à son édition des *Discours,* Paris, 1979.

dans les œuvres qu'il publie de 1565 à 1569. L'illusion poétique lui offre maint asile où bercer ses soucis : le monde préservé de la *Bergerie* (1565), pastorale où il imagine une France glorieuse et une humanité innocente [1]; le souvenir du passé médiéval, assez vivace dans les *Cartels* et dans les *Élégies* publiés en 1565 [2]; le retour aux premiers temps du monde, dans les hymnes folkloriques des *Saisons* (1563). Comme autrefois, il se dérobe aux mondains pour contempler le monde, les cycles universels, qu'il évoque dans le *Discours à Maître Julien Chauveau,* ou l'action de l'esprit divin, dont un poème d'inspiration panthéiste décrit la puissance dynamique (*Le Chat,* 1569). Il le doit en partie à ses retraites de plus en plus fréquentes dans des pays qui lui ressemblent, en Touraine au prieuré de Saint-Côme-lès-Tours, ou en bas Vendômois au prieuré de Croixval. Mais l'amertume des *Discours* ne s'est pas apaisée. Ronsard en effet ne cesse de dénoncer les conséquences ruineuses de l'ambition. Ce poète au service des grands, qui participe à l'organisation des divertissements royaux, carnaval de Fontainebleau en 1564 ou fêtes de Bayonne en 1565, pose un regard lucide sur ces races décadentes. Pour un Montmorency, homme de la vieille souche, fidèle à son Dieu et à son prince, que d'intrigants qui se poussent sans scrupules. Dans la *Promesse,* en 1564, ou dans la *Salade,* en 1569, sa peinture de la cour égale les plus virulents sonnets des *Regrets.* Aussi le bon accueil du peuple lui est-il désormais plus cher que la faveur des grands (*Él. à M. de Nicolay,* v. 108. Publiée en 1567).

---

1. Sur les rapports de la *Bergerie* et des événements de la cour, cf. A. Hulubei, *L'Églogue en France au XVI*e *siècle,* Paris, 1939, p. 598 sqq. — Pour la poésie de cour, v. D. Ménager, *Ronsard et le poème de circonstance,* in *Culture et pouvoir au temps de l'Humanisme,* Genève, 1978.

2. Toutefois c'est seulement en 1567, dans la seconde édition des *Œuvres,* que Ronsard constituera quatre livres d'élégies avec des pièces parues sous le titre d'élégie, mais d'abord dispersées dans les livres d'odes, de sonnets, d'hymnes (cf. D. E. Frey, *Le genre élégiaque dans l'œuvre de Ronsard,* Liège, 1939).

La légende antique est un des domaines imaginaires où le poète s'efforce de retrouver l'audace des beaux jours. Entreprise au moins dès 1550, à l'époque où Ronsard célébrait les grands sans réserves, La *Franciade* mettait en scène des héros, race forte et soutenue par les dieux, et elle servait la gloire du peuple français en lui assurant de nobles origines. Ronsard reprenait en effet la légende médiévale de Francus, fils d'Hector et ancêtre mythique des Français, fable déjà exploitée par le Rhétoriqueur Jean Lemaire de Belges en 1513 dans les *Illustrations de Gaule*, et par de nombreux poètes du XVIe siècle avant la Pléiade. Issue de l'enthousiasme des débuts, et refuge dans les heures sombres, La *Franciade* ne peut être considérée a priori comme une tâche officielle, source d'ennui pour le poète, et qui ne contiendrait aucun de ses thèmes favoris de méditation.

Il est vrai que l'œuvre est mal venue : élaboration laborieuse, qui n'aboutit qu'en 1572 à la publication des quatre premiers livres; sujet trop lointain, tout alourdi d'érudition et d'archéologie; choix malencontreux d'un vers qui n'a pas l'ampleur de l'alexandrin, le décasyllabe. Ronsard respecte les caractères de l'épopée gréco-latine, qui est en somme le récit des exploits extraordinaires et des épreuves inouïes d'un peuple, ou de personnages représentatifs de ce peuple : comme il imite sans cesse Homère et Virgile [1], il conserve les principaux éléments de leurs épopées, aventure collective d'un groupe ethnique, héros d'une force et d'une vaillance plus qu'humaines, qui se révèlent dans le combat singulier ou dans les dangers, intervention des dieux, qui suscitent les épreuves ou récompensent les beaux faits. L'ensemble des quatre livres n'a cependant pas d'unité épique. Ils contiennent des épisodes romanesques, par exemple la passion de Clymène et d'Hyante pour Francus, hôte de leur père,

1. Cf. Fr. Rigolot, *Entre Homère et Virgile,* in *Ronsard, Colloque de Neuchâtel,* p. 163 sqq.

et l'analyse de leur jalousie; des exposés d'histoire [1], tels que la généalogie des rois mérovingiens (livre IV); des digressions philosophiques, surtout dans le livre IV, où la prêtresse Hyante explique à Francus la théorie pythagoricienne de la métempsycose. Virgile était parvenu à concilier dans l'*Énéide* des éléments aussi divers, parce que ces légendes étaient encore vivantes à son époque, tandis que l'épaisseur du temps sépare définitivement les Français du XVIe siècle et les héros dont ils se prétendent les héritiers.

Épopée manquée, La *Franciade* est toutefois une émouvante méditation sur le sort des peuples et sur le pouvoir du temps. Elle raconte l'effort de la nation troyenne pour se survivre à elle-même. Les dieux collaborent à ce sauvetage, car ils guident Francus, mais la résurrection troyenne est au prix de la souffrance et du déracinement. Le héros ne comprend pas toujours cette loi du temps, qui ne peut recréer qu'en sacrifiant le passé. Dans ses plus belles pages, La *Franciade* est donc l'œuvre d'un humaniste, vieilli au contact des civilisations disparues.

Tout en continuant à chanter la vie ou la mort de ses maîtres (Tombeau de Charles IX, 1574; Tombeau de Marguerite de France, 1575), Ronsard revient à la poésie d'amour dans deux recueils qui seront publiés en 1578. Les *Sonnets et madrigals pour Astrée* [2] frémissent de l'enthousiasme sensuel du poète quand l'aube ou

---

1. R. Lebègue a montré que la présentation des rois francs est caractérisée par un souci de documentation historique (*Ronsard au travail,* Lettres d'humanité, 1952, p. 72 sqq.). Le rôle du poète est de transformer l'histoire en épopée (v. A. Roubichou-Stretz, *La vision de l'histoire dans l'œuvre de la Pléiade*).

2. Astrée était Françoise d'Estrées, comme l'a prouvé G. Charlier. (*Un amour de Ronsard,* Rev. du XVIe siècle, 1920, p. 123 sqq.). G. Charlier situe sa rencontre avec Ronsard peu après 1570. Toutefois P. Laumonier pense que Ronsard a écrit ces vers pour son ami Béranger Du Gast, qui fut l'amant de Mme d'Estrées. H. Weber (introd. à son éd. des *Amours,* p. XXX) suppose sans l'affirmer que Ronsard aurait aimé Françoise d'Estrées avant Du Gast.

le printemps dévoilent la beauté. Cette admiration est plus complexe dans les *Sonnets pour Hélène,* Hélène de Surgères, fille d'honneur de la reine [1]. Hélène en effet semble être une personnalité. Elle est pensive et solitaire (livre II, sonnet III), et aime à s'entretenir de propos secrets, le « visage abaissé », au point que le poète a peur de rompre son silence. Elle prise les livres et aime « l'intellect » (I, XLII). Il n'était pas question de maturité morale pour Marie, tandis qu'Hélène a le culte de la vertu et de l'honneur, dans un milieu corrompu (v. p. ex. I, IV). Quelque chose en elle est irréductible, et le poète se heurte à ce mystère d'une autre individualité, qui le séduit et qui l'irrite, et qui lui inspire des accents tour à tour respectueux et cyniques. De son côté, Ronsard n'est plus l'amant de 1552, pour qui l'instant se consumait en cris de passion : chaque moment a désormais une richesse due à l'affinement suprême de la sensibilité esthétique. La scène la plus banale, une rencontre en haut d'un escalier, une conversation près d'une fenêtre, les réjouissances du carnaval, sont pénétrées de résonances infinies. Le poète y découvre en transparence un passé légendaire qui le fascine : « beau nom fatal », « sujet qui fit d'Homère le plaisir » (II, XLVI), Hélène vient de la cité troyenne où Ronsard a vécu. Il entrevoit aussi les germes de l'immortalité : Hélène devient la beauté éternelle, sauvée par la poésie. Cette intuition transfigure les petits tableaux de la vie quotidienne, imités de ces pétrarquistes du XVe siècle chers à Philippe Desportes. Et malgré cette foi en son génie, l'horreur

1. Les opinions sont partagées sur la date du début de cette passion : 1572 selon P. de Nolhac, et 1574 selon R. Sorg. La thèse de M. Françon, qui pensait que les *Sonnets pour Hélène* seraient plus ou moins une œuvre de commande, adressée à Henri III (*Ronsard panégyriste de la Cour,* Convivium, 1954, p. 556 sqq.), a été réfutée par I. Silver (*Ronsard studies,* Bibl. Hum. et Ren., 1960, p. 238). — Les tentatives pour établir une chronologie des *Sonnets pour Hélène* (M. Pelan, *Ronsard's Amour d'automne,* French studies, 1953, p. 214 sqq.) ne semblent pas moins hasardeuses.

de la vieillesse ajoute une note grinçante à certaines évocations, lorsqu'il imagine les dernières années de la dame ou du poète (II, XXVI).

Les diverses influences qu'a pu subir le poète des *Sonnets pour Hélène* ou contre lesquelles il se débat sont en définitive moins importantes que cette façon nouvelle de vivre le temps et l'amour, déterminée par les révélations de la cinquantaine. On a pu noter la diversité des sources du recueil, l'influence de l'*Anthologie*, mais aussi celle des élégiaques latins, et de Pétrarque. On a remarqué le goût des subtilités à l'italienne — notamment le jeu sur des objets symboliques, fleur, orange, agathe, verre d'eau... — et une recrudescence du concetto. On a signalé les efforts louables du poète pour platoniser, les chimères platoniciennes étant à la mode chez les habitués du salon de la maréchale de Retz, Desportes et A. Jamyn. On a retrouvé dans la douceur particulière de certains vers les inflexions un peu molles du lyrisme de Desportes, son jeune rival. Mais la lecture de ce recueil laisse surtout une impression mêlée, due à la personnalité du poète. Peu de dispositions pour l'amour platonique, mais une aptitude à contempler le beau, et à en dégager l'essence éternelle, qui, elle, est bien une forme de platonisme; un lyrisme aux accents trop humains, mais une sérénité d'immortel, quand le poète consacre des fontaines à travers les siècles; l'impatience de la passion, mais aussi le « long regard sur le calme des dieux », lorsqu'il admire le visage d'Hélène :

« O beau visage engendré d'un beau Cygne. »

La danse d'Hélène n'est que lumière, déroulée par une Ariane invisible et mouvante (II, XXX), et certains vers, une litanie d'adjectifs, comme si le poète ne pouvait détourner son regard (« De votre belle, vive, angélique lumière... »). La force du recueil est dans ces contradictions.

La même année 1578 paraît la cinquième édition collective des œuvres de Ronsard. Les précédentes étaient de 1560, 1567, 1571, 1573, et il y en aura une sixième en 1584, ainsi qu'une édition posthume en 1587.

Celle de 1578 est particulièrement importante, car elle semble marquer un point de maturité dans le goût et dans le jugement de Ronsard sur ses propres œuvres [1]. Il a modifié, supprimé, raccourci, mais sans sacrifier encore à un purisme excessif.

Ronsard sent venir l'heure des testaments. Il dit adieu à la santé, aux illusions (*Discours* au secrétaire d'État Villeroy, publié en 1584), et aux arbres de sa forêt de Gâtine (*Élégie* de 1584). L'automne 1585 lui prend le peu de vie qui lui restait. A Croixval, puis à Saint Côme, il compose ses derniers sonnets, dictés par la douleur, et où l'on retrouve cependant tous les biens qu'il avait aimés : les formes précieuses, « vergers et jardins », ou « vaisselles et vaisseaux » bien ciselés, sa joie de poète dont la plume volera au ciel, et sa foi en la survie de l'esprit. Il est de ces individus qu'admire Montaigne, ceux dont la mort ne dit rien que la vie n'ait déjà exprimé.

II. LA POÉSIE DE RONSARD

C'est une poésie d'humeur, l'expression d'un tempérament et d'une sensibilité particulièrement doués. Voluptueux, comme ses poètes préférés, Catulle, Ovide, Pétrarque, Ronsard l'est au point que l'amour du plaisir étouffe parfois les réactions de l'affectivité, la tendresse, qu'il apprend péniblement à l'école de Marulle, la fidélité, et toutes les joies de l'union spirituelle : ses démêlés avec Hélène, bas bleu et lectrice de Platon, prouvent suffisamment son incapacité à

1. Un grand nombre de critiques en effet pensent que les dernières corrections effectuées par Ronsard ont parfois gâté ses œuvres (c'est le cas de H. Vaganay, P. de Nolhac, G. Raibaud). Toutefois l'étude de L. Terreaux (*Ronsard correcteur de ses œuvres*) a montré que Ronsard obéit à des motifs plus complexes : effort pour rapprocher la langue poétique de la langue commune, mais aussi souci de l'expressivité ou de l'harmonie.

concevoir une forme d'amour qui ne soit pas uniquement un transport des sens. Le plaisir est pour lui une expérience essentielle : cette ivresse permet à l'homme de goûter le bonheur des dieux. La complaisance avec laquelle il évoque les aventures galantes des Olympiens n'est pas due seulement au souvenir persistant des *Métamorphoses* d'Ovide; elle correspond à l'idée que la volupté révèle une autre façon d'être. Ronsard conçoit cette « douce fureur » (*Mélanges, Hymne de Bacchus,* v. 222) comme une transfiguration de l'être humain : dans une odelette intitulée « Folie » *(Mél.),* le poète ivre est semblable au dieu, couronné de lierre comme Bacchus. Le plaisir est aussi une forme de participation et de connaissance : dès 1550, en effet, Ronsard préfère la théorie sensualiste de la table rase à la théorie platonicienne de la réminiscence (*Odes,* II, VIII). En 1554, 1555 et 1556, il s'intéresse au phénomène de la sensation, source de tout concept, même moral (*Nouv. Cont.,* Ode « Celui qui est mort... »), et il redit en 1578 l'importance de ce moyen de communication avec le monde extérieur (*Sonnets pour Hélène,* I, XLII).

Ces plaisirs [1] sont tantôt gâchés, tantôt exaspérés par l'inquiétude naturelle de Ronsard. La prétendue gaîté des poètes de la Pléiade cache tant de tristesse! De même que Du Bellay est hanté par le souvenir et par la nostalgie d'un autre monde, ou que Pontus de Tyard connaît le doute, Ronsard est dominé par la planète Saturne, qui rend « l'homme mélancolique » (*Les Démons,* v. 195 sqq.). Il est obsédé par la pensée de la mort, qu'il dépeint comme un gouffre ténébreux (*Odes,* I, v), ou comme une nuée qui étreint ses victimes (*Odes,* I, XV). Cette crainte nerveuse est encore renforcée par l'obsédante vision des enfers païens, monde

1. Ronsard est aussi un poète de la lumière (v. G. Gadoffre, *Ronsard et le thème solaire,* dans *Le Soleil à la Renaissance,* Paris, 1965, p. 503) et de l'abondance (v. T. Cave, *Mythes de l'abondance et de la privation chez Ronsard,* Cahiers de l'A.I.E.F., p. 247).

souterrain que des rivières fangeuses étreignent de leurs replis *(A M. de Belot,* v. 158, 6e *liv. des Poèmes).* Il n'est pas plus confiant dans l'avenir immédiat, dont il voudrait déjouer les malices avec l'aide des présages. Ces avertissements énigmatiques (*Hymne des Astres,* v. 218 sqq.) transforment la vie quotidienne en une attente anxieuse : dans *Les Iles fortunées* (1553), dans l'*Hymne de la Justice* (v. 336), dans *La Paix* (1559), Ronsard guette les signes fatidiques dans les formes qui l'entourent. Cette nervosité à fleur de peau est agacée par certains fluides électriques : la présence d'un chat lui fait prendre la fuite,

« Tremblant de nerfs, de veines, et de membres. »
(6e liv. des Poèmes, Le Chat.)

Il est sujet aux insomnies et aux cauchemars, qu'il décrit de façon saisissante dans une page de l'hymne des *Démons* ou dans le poème *Le Chat.* Ce mélancolique est attiré par la solitude, où il fait dès sa jeunesse l'expérience de l'horreur panique dans les antres déserts. Il a pleine conscience de ses tourments psychologiques, et se perçoit

« Farouche, soupçonneux, triste et mélancolique. »

Il avoue ses heures sombres :

« Ah! et en lieu de vivre entre les Dieux,
Je deviens homme à moi-même odieux. »
(A M. de Belot.)

L'appétit de vivre pourrait en être altéré. Mais cet être menacé goûte d'autant plus vivement les joies qui lui sont données. Non seulement le plaisir est attisé par l'idée de la privation imminente, de la nuit, de la vieillesse ou de la mort (v. p. ex. *Odes,* II, XI, IV, XIV), mais le sens du caduque et la crainte de l'avenir incitent Ronsard à transformer la volupté, phénomène superficiel et passager, en une joie plus durable, à laquelle contribue la sensibilité esthétique. Il découvre ainsi d'autres plaisirs, car il complète ceux de la chair par la musique ou par les arts plastiques (*Odes,* I, XX, v. 62; II, XI), ou il leur cherche des ornements exquis, fleurs et parfums. Le plaisir en effet ne peut survivre sans la beauté : de l'ode *Des beautés qu'il voudrait en s'amie* (1547) aux *Sonnets pour Hélène,* Ronsard fait cent fois le portrait de la dame, source éternelle de joie, même si le nom varie, avec la conscience de la préserver du temps. Ces joies d'esthète seront ressuscitées grâce au souvenir et au poème, et il le dit à Sinope :

« Car je n'ai pas égard à cela que vous êtes,
Mais au doux souvenir des beautés que je vis. »

C'est au sein de la nature que ces humeurs contradictoires, inquiétude et amour de la vie, coexistent dans un équilibre passager. Il s'agit rarement d'un abandon total et confiant aux forces naturelles. Les prés et les bois sont trop pleins de la présence divine, qui attire le poète, mais qui lui impose une sorte d'initiation. Les Muses et les Nymphes le guident au profond des forêts; envahis par une végétation intacte, les antres sont remplis de l'esprit apollinien, et plongent le promeneur dans le délire (*Chant pastoral sur les noces du duc de Lorraine,* 1559, v. 111 sqq.). L'impression de nature sauvage est donc liée à un sentiment religieux qui ne va pas sans malaise. La quiétude des pasteurs de la *Bergerie* est conventionnelle, et ne correspond pas aux réactions de Ronsard dans un grand nombre de poèmes. D'autant que le spectacle de la nature avive parfois sa propre mélancolie : la rose flétrie réveille sa tristesse à l'approche de la mort, et les champs de blé, son amour pour une beauté blonde et cruelle. Parfois même, la force et la pérennité de la nature l'isolent dans sa propre faiblesse : les cieux refont leur tour, dit le poète revenu en Vendômois après un temps d'absence, tandis que les hommes ont pour lot une vie intense et brève. Mais cette expérience lui vaut aussi des joies exaltantes, car Ronsard perçoit en lui la même vie qui anime le monde extérieur. Le poète est en effet attentif au mouvement, frénésie des nuages, qu'il décrit dans la huitième *Folâtrie,* course des rivières, qu'il orchestre dans l'ode *De l'élection de son sépulcre,* ailes qui se déploient dans un bruit d'herbes froissées, dans la *Bergerie* de 1565. Cette communion avec la vie végétale et animale va de la flânerie du rêveur allongé dans l'herbe (*Odes*, II, XXIII; *Voyage de Tours*, 1560) à l'allégresse physique du promeneur matinal qui voit s'élever l'alouette, ou à l'étonnante sympathie qui lui fait souffrir la mort des arbres de Gâtine. Aussi la poésie de la nature est-elle un dialogue, comme chez Virgile ou chez Sannazar : les bois, les sources, le vent, répondent au pasteur. Dès l'ode *A la fontaine Bellerie*, la voix des nymphes et le bruit de l'eau se confondent avec le chant de Ronsard.

On voit que dans l'œuvre de Ronsard la poésie de la nature n'est guère descriptive, malgré de jolies évocations de plantes et d'animaux, d'un dessin net et d'une couleur franche (v. p. ex. *Bocage, Le Frelon; 6e liv. des Poèmes, La Salade)*. Le centre du tableau est toujours l'être humain, qui se sent à la fois proche et différent des autres créatures. Le caractère subjectif de ces évocations explique la persistance d'un certain type de paysage d'un recueil à l'autre, et l'ambiguïté de ce paysage. A certains égards, c'est une nature apaisante, telle que peut la rêver un nerveux, assagie par la main de l'homme, transformée en jardins et en vignobles, et tempérée par les fleuves paresseux qui traversent *Le Voyage de Tours*. Elle est sédative : Ronsard y glisse dans une rêverie proche du sommeil *(Ode à la forêt de Gâtine)*, ou du sommeil éternel *(De l'élection de son sépulcre)*. Elle a la sérénité joyeuse des contrées fertiles : des épis et des herbages *(Boc., Épître à Ambroise de La Porte)*, des arbres que l'on secoue (*Mél., La Chasse*, v. 117). Ronsard y projette un rêve de bonheur; dans *Le Voyage de Tours* et dans l'*Élégie à Marie* (1560), la nature abrite une vie innocente qui se prolongera par une immortalité rustique. Mais ce paysage se ressent aussi de l'instabilité du poète. Sauf les descriptions d'animaux ou de fleurs, il n'est pas ordonné dans un cadre; il se déroule en flâneries capricieuses, au gré d'une humeur inquiète (*Réponse aux injures*, v. 532 sqq.). La promenade est une fuite loin du séjour humain. En définitive, s'il emprunte des éléments à la terre natale, le Vendômois, ou aux pays d'adoption, Touraine et Anjou, le paysage ronsardien est surtout l'image du paradis terrestre où il *ferait* bon vivre. Il n'est pas, comme la province idéale qu'imagine Du Bellay, « regretté » à tous les sens du terme, et définitivement perdu; mais il est un grand brouhaha de couleurs, de parfums de sensations tactiles, où s'exalte une vie que le poète voudrait moins brève et encore plus intense.

Cette humeur instable n'était pas toujours facile, d'autant que le caractère du poète semble assez ombrageux. Du gentilhomme, il a l'orgueil. Il énumère ses aïeux dans l'épître *A Pierre de Pascal (Boc.),* et fait valoir « leur noble prouesse », en s'octroyant à peu de frais un ancêtre hongrois, riche et puissant. Il a le culte de l'honneur, et refuse tout mensonge *(Boc., Prosopopée de Louis de Ronsard).* Sa fidélité à son prince, à sa nation et à son Dieu s'exprime avec vigueur dans les *Discours.* La fin de la *Prosopopée* a un accent médiéval, et évoque une belle dynastie, forte et nette en ce monde et en l'autre. Cette fierté se complique d'ambition, mal dont il décrit trop bien les tourments. Elle trouve une satisfaction plus légitime dans la gloire, que le poète n'a cessé de courtiser. Cet orgueil le rend susceptible, car il a du mal à oublier ses démêlés avec Saint-Gelays; mais il comporte aussi une conscience artisanale tout à fait respectable.

La personnalité de Ronsard est donc la principale matière de ses poèmes. Mais elle a besoin de l'érudition pour se dégager et s'exprimer. Les deux éléments sont liés de façon indissoluble.

Ronsard doit à Dorat le goût des textes difficiles. L'obscur Pindare devait d'autant plus rebuter le public du XVIe siècle qu'on ne l'étudiait que dans des textes mal fixés, et que la traduction latine dont on disposait était médiocre. Pindare n'épuise pas le zèle de Dorat, qui cueille pour ses élèves d'autres roses avec épines, dans les œuvres d'Eschyle, de Sophocle ou d'Aristophane. Loin de s'en tenir aux grands classiques, Dorat pratique également des auteurs peu connus, Aratos, Nicandre, Apollonios de Rhodes, qui fourniront des modèles à Ronsard. Cette manie de la trouvaille littéraire est quelquefois snobisme; on sait que Dorat commente la ténébreuse *Cassandra* de Lycophron, dont le texte vient de paraître à Bâle avec un commentaire byzantin (1546). Ces tendances à l'hermétisme expliquent en partie l'emploi d'une mythologie absconse dans les *Amours,* au point que Muret dut l'expliquer dès la seconde édition.

Ronsard a donc traduit et analysé un grand nombre de textes anciens, en compagnie de Dorat : il a palpé les œuvres anciennes, avec leurs métaphores, leur couleur, leur rythme, et cette expérience lui permettra d'en rendre les caractères et la beauté dans notre langue. Cette formation philologique faisait précisément défaut aux poètes de la première moitié du siècle, qui étaient tout au plus capables de lire des textes latins. P. Laumonier a toujours douté que Ronsard ait su le grec, sans toutefois lui refuser une teinture de cette langue. Mais Isidore Silver a montré qu'on peut accorder à Ronsard une connaissance honnête de cet idiome [1]. L'importance de ce contact direct avec la littérature grecque est évidente si l'on compare telle page de Ronsard avec ses modèles anciens. Dans l'*Ode à Michel de L'Hospital,* Ronsard doit à la *Théogonie* d'Hésiode ou à Homère, les différentes attitudes des titans qui combattent contre Zeus, leurs noms aux sonorités barbares, et des détails sculpturaux. Ses prédécesseurs, au contraire, se bornaient à résumer la scène.

Ce commerce prolongé avec les textes anciens n'a pas seulement fait de Ronsard un amateur de formes à l'antique; il lui a permis de vivre une sorte d'amitié avec les personnages gréco-latins. De recueil en recueil,

---

1. Cf. I. Silver, *Ronsard's use of the Greek language,* Studies in Philology, 1955, p. 433 sqq. Pour l'hellénisme, v. le livre magistral du même auteur, *Ronsard and the Hellenic Renaissance in France.*

Ronsard salue au passage les héros qui lui sont chers, et dont la lecture lui a rendu la silhouette et les gestes plus familiers. Tandis qu'Hector est pour ses prédécesseurs un nom célèbre, qu'on mentionne avec un bref compliment — « patron chevalereux », « très preu chevalier » — Ronsard assiste à ses exploits et à sa mort (v. p. ex. *Hymnes* de 1555, *Prière à la Fortune,* v. 187 sqq.; *Franciade,* II, 518 sqq.). Il le voit :

> « Braguard, hautain, superbe, furieux,
> Haut animant la troyenne jeunesse. »
> (*Franc.,* I, 636.)

Comme le Du Bellay du sonnet « Pâles esprits », Ronsard éprouve de la pitié pour ces peuples disparus dans les catastrophes de l'histoire, et dont la sympathie lui fait revivre les épreuves. Ainsi conçue, la lecture devient un dialogue à travers les siècles, et l'humanisme, dont Ronsard est l'héritier par l'intermédiaire de Dorat, une grande source de poésie. L'instant, le motif du *carpe diem,* n'auraient pas une telle intensité dans l'œuvre de Ronsard s'ils ne se situaient sur ce fond de méditation désabusée.

Ronsard a donc exploité ces richesses antiques, et pratiqué l'imitation, en reprenant parfois des genres connus de ses prédécesseurs immédiats, mais en les farcissant de motifs gréco-latins. M. de Schweinitz a montré qu'il a été attiré vers le genre de l'épitaphe par la lecture de celles de Marot et de ses disciples, mais qu'il y a développé des thèmes empruntés à l'*Anthologie* et aux *Tombeaux* des néolatins [1]. L'imitation est sa seconde nature, au point qu'il s'inspire même des imitateurs des anciens, les néolatins, ou son ami Du Bellay [2] : processus comparable à ces accu-

1. Cf. M. de Schweinitz, *Les Épitaphes de Ronsard,* Paris, 1925, et J. Hutton, *Ronsard and the Greek Anthology,* Stud. in Philol., 1943, p. 103 sqq.

2. Cf. I. Silver, *Ronsard imitator of Du Bellay,* Stud. in Philology, XXXVIII, 1941, p. 165 ss. Pour le tombeau de Marguerite de Navarre,

mulations de gloses dont se divertit Montaigne. Aussi est-il parfois difficile de désigner le modèle précis de tel passage. On croit y trouver l'écho d'un texte ancien ; mais des poèmes néolatins des XVe et XVIe siècles, de Sannazar, de Pontano, de Flaminio, contiendraient des développements analogues. C'est le cas pour l'ode *De l'élection de son sépulcre,* dont Paul Laumonier a relevé les sources antiques, mais qui en définitive semble reprendre surtout un schéma commun aux anciens et aux néolatins, sans suivre avec précision le détail d'un de ces modèles : l'expression n'est pas calquée, et le motif traditionnel disparaît dans un sentiment fort et direct, l'intuition de la vie universelle.

Car Ronsard plagie rarement. Non seulement la part de l'imitation littérale semble beaucoup plus restreinte dans les recueils de l'âge mûr et de la vieillesse, mais même dans les dix premières années de sa carrière littéraire, Ronsard cherche surtout l'incitation née du contact avec la pensée et l'art antiques, où il trouve des formes parfaites et où il fait l'expérience du temps : cette rencontre de deux intelligences et de deux sensibilités est sans doute plus importante que la matière empruntée. Le texte ancien suscite en lui des réactions, des visions, des expressions différentes de celles de son indispensable modèle.

Un des éléments les plus critiqués de son érudition poétique, la mythologie, n'est pas un ornement plaqué de façon artificielle sur des œuvres qu'il alourdirait et obscurcirait, mais une source de réflexion personnelle. Ronsard en effet pense comme Dorat et comme maints poètes et mythographes du XVIe siècle que la fable païenne contient des éléments de vérité susceptibles d'être interprétés par les poètes. Les mythes

---

Ronsard a imité dans son *Hymne triomphal* et dans son ode *Aux cendres de Marguerite de Valois* le poème de Du Bellay *Les deux Marguerites,* écrit certainement avant ces deux œuvres de Ronsard.

ronsardiens expriment sous une forme poétique les grands mystères de la vie, la force des éléments, incarnés par Zeus et les divinités rustiques, et les rapports de l'homme et du monde. Ses mythes révèlent aussi la puissance de l'irrationnel, tout ce qui échappe au discours : le mythe de l'Apollon prophète, si important dans la poésie de Ronsard, correspond à une théorie de la « fureur », expérience mystique où l'homme apprendrait sa vocation et sa véritable nature. Le prêtre d'Apollon est un double de Ronsard, mais qui en sait plus que lui sur sa propre mission, et Ronsard présente à plusieurs reprises l'aventure poétique comme un voyage d'initiation en compagnie de la Muse. Sa mythologie est donc une matière vivante, et qui survit le plus souvent aux périls de l'exégèse, malgré l'erreur de l'*Hercule chrétien.* A suivre la légende d'Orphée ou de Jason d'un recueil à l'autre, on voit combien le mythe évolue avec le poète.

Même indépendance sur le plan philosophique : Ronsard remarque au hasard de ses lectures certaines idées exprimées par des auteurs anciens, mais il les présente dans un contexte qui varie selon ses préoccupations, sans se faire le disciple d'aucune secte.

Étudiée par Henri Busson, sa réflexion sur la nature de l'âme illustre assez bien cet éclectisme. Au début, Ronsard pense que l'âme est un élément distinct du corps et qui peut s'en séparer. Dans les *Amours* de 1552, par exemple, ce dualisme spiritualiste provient de Platon, auquel le poète emprunte la métaphore de l'attelage du *Phèdre,* et aussi de l'interprétation traditionnelle d'Aristote [1]. Mais Ronsard s'intéresse bientôt

1. Cf. *Amours,* 69. Ronsard adopte l'interprétation orthodoxe de la définition de l'âme par Aristote dans le *De anima* (« L'âme est l'entéléchie d'un corps naturel, organisé, ayant la vie en puissance »). Ronsard considère en effet cette entéléchie comme un principe de mouvement. D'autres commentateurs d'Aristote, moins nombreux, voyaient dans cette entéléchie la perfection des puissances organiques de l'homme; ils unissaient donc l'âme au corps de façon beaucoup plus étroite, et la

à une doctrine qui unit étroitement l'âme et le corps : l'épicurisme, qui affirme que l'âme est constituée de matière. Bien qu'il refuse à plusieurs reprises ce matérialisme au nom de la foi chrétienne, et qu'il continue à proclamer l'immortalité de l'âme, Ronsard est impressionné par l'idée épicurienne que la sensation disparaît avec le corps. Certes il la présente dans un contexte chrétien : loin de conclure à la mort de l'âme avec le corps, il exploite cet argument de l'insensibilité du corps après le trépas pour préparer le chrétien à perdre la vie sans angoisse (*Nouvelle Continuation,* Ode « Celui qui est mort... »; et surtout *Hymne de la Mort,* v. 105 sqq.). Mais il est clair qu'il conçoit de moins en moins l'intelligence comme une faculté indépendante du corps : dans les *Sonnets pour Hélène* (I, XLIII), il insiste encore sur le rôle des sens dans l'exercice des facultés intellectuelles. Or ce qui est vrai pour l'intelligence risque de l'être pour l'âme tout entière : au XVIe siècle en effet l'âme intellective est une des trois parties qui composent l'âme humaine. Aussi Ronsard est-il de plus en plus attentif à la fusion du corps et de l'âme, éléments indissociables. En 1587, il apporte au sonnet LXIX des *Amours* de Cassandre une correction qui révèle cette évolution [1]. Attiré par le matérialisme épicurien, Ronsard semble également séduit par le rationalisme de l'école de Padoue, après 1560. Henri Busson a en effet relevé dans *L'Excellence de l'esprit de l'homme* (1560), dans *Le Chat* (1569) et dans *Les Étoiles* (1575) des expressions qui permettent de penser que Ronsard a été tenté par les doctrines de Jérôme Cardan, qui

survie de l'âme après la mort corporelle était plus difficile à concevoir.

1. Il adopte la définition de l'entéléchie donnée par le philosophe rationaliste Vicomercato, « une forme informante qui donne l'être aux choses », définition qui met l'accent sur l'union des deux éléments, âme et corps. Ronsard avait écrit :

« Pour me donner et force et mouvement,
N'êtes-vous pas ma seule Entéléchie? »

Il corrige :

« Pour me donner l'être et le mouvement »

commentait Aristote dans une perspective averroïste [1]. En 1545, dans le *De animarum immortalitate,* Cardan avait exposé sa théorie de l'âme unique pour tous les hommes, âme universelle qui contiendrait en elle toutes les autres âmes, mais qui agirait différemment selon les corps. Ronsard croit notamment à l'interprétation du phénomène prophétique proposée par Cardan : certains corps seraient doués d'une plus grande subtilité, qui laisserait mieux pénétrer la lumière de l'esprit commun de l'humanité. Mais là encore, on ne peut faire de Ronsard un disciple des Padouans. De même qu'il refuse de suivre les Épicuriens dans leur négation de l'immortalité de l'âme, de même il se garde de reprendre à son compte une des thèses de Cardan : l'âme individuelle, parcelle de l'âme universelle, se résorberait dans le tout à la mort, et il n'y aurait qu'une survie collective de l'âme. Il n'a cessé d'affirmer, et souvent dans les mêmes textes, sa foi en la survie de l'âme telle que la promettait l'Église. Ce qui nous semble incohérent n'est peut-être que la marque d'une pensée ouverte, respectueuse du mystère, et qui ne s'arroge le droit ni du doute ni de l'affirmation définitifs.

Ronsard puise à toutes les doctrines. Si la conception platonicienne de l'amour ne l'a vraiment inspiré que dans quelques sonnets de jeunesse, il a développé à mainte reprise d'autres thèmes du platonisme, et surtout du *néoplatonisme* florentin. A l'exemple de Ficin et de La Mirandole, Ronsard se présente comme un disciple d'Orphée, un des philosophes poètes auxquels a été transmis le savoir plus qu'humain de ce prêtre en rapport avec les démons et les dieux. Après eux, il conçoit la philosophie, la poésie et la science — essentiellement la magie naturelle — comme dif-

1. Médecin et philosophe arabe, né à Cordoue, Averroès (XIIe siècle) professait une doctrine qui inclinait vers le matérialisme et le panthéisme, et qui avait été condamnée par la Sorbonne, puis par le Saint-Siège.

férentes formes d'un même idéal spirituel, la contemplation, grâce à laquelle l'âme s'élève jusqu'aux secrets divins. Comme eux, il croit à l'efficacité de la « fureur », état où l'esprit divin révèle à l'homme la part immortelle de son être, et d'où procède l'inspiration. Il leur doit sans doute sa conception pessimiste du temps, privation de l'Éternité. Il adopte dans les *Hymnes,* nous l'avons constaté, des thèmes qui leur sont familiers, par exemple la création par l'Harmonie, qui a dégagé le monde du chaos. De l'*aristotélisme,* il retient quelques principes qu'ont admis la plupart des écrivains de son siècle : l'existence des cycles de génération et de corruption dans le monde sublunaire, les métamorphoses de la forme et la subsistance de la matière, et quelques détails de la Physique, ainsi que nous l'a montré l'analyse des hymnes du Ciel et de l'Éternité. Le *stoïcisme* lui a légué une certaine conception de la Providence [1], une tendance au panthéisme, car l'univers lui apparaît comme un grand corps où circule l'esprit divin, et aussi une interprétation générale de la mythologie : contrairement aux Épicuriens, qui considéraient les fables comme des mensonges, les Stoïciens découvraient en effet des allégories physiques ou morales dans les divinités de la religion païenne. Il critique les grands principes de l'*épicurisme,* par exemple l'importance du hasard (*La vertu amoureuse,* v. 115 sqq.), et de façon générale les « frénésies » de cette secte (préface de La *Franciade,* publiée en 1587). Mais nous l'avons vu méditer dans une perspective épicurienne sur le problème de la sensation et de la connaissance. La pensée *biblique et chrétienne* lui a donné sa foi en la puissance de l'homme, créé pour régner sur la terre (v. p. ex. *Hercule chrétien,* v. 27 sqq.), et il ne partage qu'assez rarement le pessi-

1. Dans certains textes, sa Providence semble plus stoïcienne que chrétienne : elle provient d'un Dieu qui est assimilé à la nécessité, souvent qualifiée dans son œuvre par l'adjectif aimantin (v. p. ex. *Hymnes* de 1555, *Hymne de l'Éternité,* v. 32 sqq.).

misme de Pline l'Ancien, qui met l'accent sur les faiblesses de cette créature (*Hymne de l'Or,* v. 187 sqq.), ou des néoplatoniciens, qui la croyaient exilée en ce monde. Il reprend ainsi le thème patristique de la *dignitas hominis.* Il hérite aussi des méditations médiévales sur l'Éternité divine, attribut mystérieux (*Hymne de l'Éternité,* v. 113 sqq.), et des éloges de l'ingénieuse nature, servante de Dieu, qui veille à la conservation des espèces et à l'ordre du monde (*Hymne de la Justice,* v. 455 sqq.). Si les passages où il parle du Christ sont relativement peu nombreux, et d'une grande banalité, il croit à un Dieu tout puissant et omniscient (v. p. ex. Ode *A Gaspar d'Auvergne,* v. 29 sqq.). Enfin Albert-Marie Schmidt verrait une conséquence de l'esprit kabbaliste dans sa tendance à analyser l'être divin en ses attributs, l'Éternité, la Paix, la Puissance [1].

La morale de Ronsard commence par des lieux communs de la poésie antique et s'épanouit peu à peu en sagesse. Les premiers recueils, de 1550 à 1554, ne sont guère cohérents à cet égard, même si Ronsard parle de sa « philosophie » (*Odes,* III, XXVII). Sous l'influence d'Horace, son principal modèle, et de ses disciples néolatins de la Renaissance italienne, Ronsard développe tantôt des thèmes stoïciens, tantôt des motifs épicuriens. Comme celle d'Horace, sa morale prend à chaque école les préceptes utiles pour atteindre le bonheur, son principal but : bien que Ronsard croie à l'autre monde, sa sagesse est une sagesse terrestre, qui contente l'individu en cette vie. Il chante surtout la nécessité de saisir l'instant, règle épicurienne, mais aussi les bienfaits de la maîtrise de soi, vertu plutôt stoïcienne. Après 1560 environ, l'expérience de l'âge mûr et les épreuves des guerres civiles vont infléchir peu à peu la réflexion du poète vers des sujets plus austères : les notions d'autonomie de la

1. *La poésie scientifique en France au XVI*e *siècle,* p. 86 sqq. Sur la présence de Dieu dans son expérience poétique, v. le *Ronsard* d'A. Py, et M. S. Whitney. *Critical reactions and... P. de Ronsard.*

volonté et de mesure s'imposent à son esprit (v. p. ex. *Mélanges* de 1559, *Élégie à Monseigneur le Cardinal de Châtillon,* v. 191 sqq.). Sa sagesse se définit entre deux pôles, le plaisir qui éveille l'âme, et la sérénité. Désormais, la morale de Ronsard n'est pas la juxtaposition de lieux communs dérobés aux anciens, mais une découverte du bonheur, qui suppose un équilibre perpétuellement reconquis entre des tentations contradictoires. Elle est dominée par des problèmes propres au tempérament de Ronsard, que son ardeur naturelle prédispose à épuiser la vie dans son intensité, mais qui cherche à la fois par goût et par prudence à se rasseoir dans le recueillement. Cette quête de la sagesse est possible parce que Ronsard croit dans une certaine mesure à la liberté de modeler son destin. Il pense en effet que la puissance des astres et du sort est mise en échec par l'exceptionnelle autonomie de l'homme qui parvient à dominer son corps [1].

Sa conception de l'histoire unit des idées empruntées à la littérature antique et à la pensée chrétienne. Comme les écrivains médiévaux, il adopte la théorie augustinienne des quatre empires : la puissance et la gloire ont passé d'un règne à l'autre, Perse, Grece, Rome, et les héritiers modernes, les Allemands ou les Français. Les grandeurs terrestres sont éphémères. Ronsard définit parfois les maladies qui causent ces grandes catastrophes, discorde ou passion (v. p. ex. *La Paix,* v. 99). Cette vue pessimiste est corrigée par la notion de *translatio studii,* elle aussi médiévale, et selon laquelle la culture aurait été transmise d'une nation à l'autre, les conquêtes spirituelles d'un peuple pouvant ressusciter chez ses héritiers : Ronsard croit comme Du Bellay à une renaissance des lettres antiques dans la littérature française de son époque, siècle d'or où « fleurit » la civilisation (v.p. ex. *Odes,* III, XIV, v. 55).

1. Car c'est le corps qui est soumis aux astres (cf. *Les Démons,* v. 212 sqq.). Ronsard admet la thèse néoplatonicienne (développée par Ficin) de l'autonomie de l'âme en état de délire et de contemplation.

Mais on perçoit aussi dans ses œuvres l'écho de théories antiques : la loi de l'éternel retour, conception cyclique de l'histoire qui s'oppose à l'idée chrétienne du progrès, et qui l'obsède surtout à partir des guerres civiles, ou la nostalgie de l'âge d'or, qui suppose une sorte de dégradation depuis les origines du monde.

Sa doctrine poétique regroupe et approfondit des idées qui pour la plupart s'étaient introduites dans notre littérature dès la première moitié du siècle. Les trois grands principes exposés par Du Bellay dans la *Défense et Illustration de la langue française,* puis par Ronsard dans la préface des *Odes,* dans l'*Art poétique* (1565) et dans différents poèmes, étaient clairement définis dès 1548 dans l'*Art poétique* de Th. Sébillet, qui les présentait à juste titre comme un legs du règne de François Ier. La notion d'inspiration [1] avait été analysée par Sébillet, et la mystique du poète inspiré, du *vates,* avait été débitée en poncifs dans les vers souvent médiocres de nos poètes néolatins, N. Petit ou S. Macrin, depuis le début du siècle. L'éloge d'une poésie de culture, fondée sur l'imitation des anciens [2], n'était guère original, car la pratique de l'imitation s'était développée dans une certaine mesure de 1530 à 1549. Enfin la nécessité d'écrire en français avait été proclamée avant Du Bellay et Ronsard [3] par des humanistes tels que Geofroy Tory ou Étienne Dolet, qui soutenaient la cause de notre langue. Mais la Pléiade rend à ces idées leur richesse première, en remontant à leur source. C'est par exemple à l'esthétique néoplatonicienne de Marsile Ficin que Ronsard doit sa mystique de l'inspiration, plus précise et plus complexe que les lieux communs de ses prédécesseurs immédiats. Comme Ficin, Ronsard évoque dans l'ode *A Michel de L'Hospital* ou dans l'*Élégie à Jacques Grévin* le pouvoir

1. Cf. *Défense,* II, 3; Pontus de Tyard, dialogue du *Solitaire premier* (1552); Ronsard, *Ode à Michel de L'Hospital...* etc.

2. Cf. *Défense,* I, 8; Ronsard, *Art poétique.*

3. Cf. *Défense,* I, 5 ss.; Peletier du Mans, *Art poétique* (1555); Ronsard, *Art poétique.*

de la « fureur », qui élève l'inspiré à la contemplation de l'univers, et le rend prophète. Il accepte l'éthique dont cette théorie s'accompagnait chez Ficin, et décrit la pureté spirituelle du poète, dont l'âme doit être bonne et vertueuse, et ouverte au divin. De même, l'*Art poétique* d'Horace soutient sa théorie de l'imitation. Des notions qui avaient été adoptées sous leur forme la plus banale et la plus simpliste étaient donc recréées par la diversité de ses lectures. Diversité d'autant plus grande que l'influence antique est parfois confirmée par l'attitude de poètes contemporains estimés de la Pléiade : ainsi le dédain horatien du vulgaire est renforcé par l'exemple de l'aristocratique école lyonnaise, par les œuvres de Scève et de Pontus de Tyard.

L'éclectisme caractérise également les goûts esthétiques de Ronsard, qui a trop admiré pour ne pas tout admettre. Il est ouvert à d'autres formes de création : il s'intéresse aux beaux-arts, même s'il en aborde souvent les chefs-d'œuvre par l'intermédiaire de sources livresques [1], et surtout à la musique. Nous l'avons vu tenter de ressusciter le lyrisme antique dans les *Odes* de 1550. Il pense que « la poésie sans les instruments... n'est nullement agréable » *(Art poétique)*, et il obtient dès 1552 le concours des musiciens, qu'il conservera jusqu'à sa mort ; Antoine de Bertrand, Nicolas de La Grotte, Guillaume Costeley, et Roland de Lassus mettront en musique les plus beaux de ses poèmes. Son goût n'est pas étroit. D'une part, la construction équilibrée de certains sonnets, dans les *Amours* ou dans la poésie officielle, de l'autre les formes baroques de la huitième *Folâtrie,* de l'*Hymne de Bacchus,* des *Démons :* la tentation du bizarre, du monstrueux, du

1. Comme l'a montré R. Lebègue dans son article *La Pléiade et les beaux-arts* (Atti del quinto congresso internaz. di lingue et letterature moderne, Florence, 1955), où il étudie les relations de Ronsard avec les artistes de son temps, sa contribution au programme de décoration pour l'entrée de Charles IX à Paris en 1571, ses descriptions d'œuvres d'art imaginaires. Le plus souvent, Ronsard semble puiser dans les livres.

boursouflé, correspond parfois à un sentiment tragique de l'existence [1]. Il admire la facture parfaite des grandes œuvres classiques, mais ne dédaigne pas l'ingéniosité alexandrine ou l'inégale splendeur de la littérature archaïque, de Pindare ou d'Eschyle [2]. Rien de ce qui est beau ne lui est étranger.

La variété est sa devise, et pas seulement dans les thèmes que nous l'avons vu aborder, le plaisir, l'amour, la mort, la religion, la philosophie et la science, la nature, le pays natal, la gloire... Ingénieux artisan, Ronsard a créé des formes multiples. Les genres légués par ses prédécesseurs, l'épigramme, l'églogue et même l'épopée, sont sans cesse renouvelés par les différences de ton ou de modèles [3]. Son mérite est moins d'avoir contribué, après Du Bellay et ses prédécesseurs, à acclimater le sonnet, que d'en avoir montré les nom-

1. Cette inspiration baroque de certaines œuvres de Ronsard a été étudiée par M. Raymond (*Quelques aspects de la poésie de Ronsard,* in *Baroque et baroquisme,* Paris, 1955) et par A. Baïche (*La naissance du baroque français,* Toulouse, 1976). Certaines de ces tendances, par exemple le jeu sur les lignes, sont issues du maniérisme, comme l'a montré Cl. G. Dubois (*Le baroque,* Paris, 1973, p. 42 sqq.).
On peut penser qu'il s'agit d'une tendance constante de son esthétique, qui correspond à son sens de l'instable, mais dont il prend plus nettement conscience à partir des *Hymnes*, avec l'inquiétude philosophique.

2. L'*Ode à Michel de L'Hospital* (v. 545-602) et l'*Art poétique* distinguent trois âges dans l'histoire de la poésie : celui des poètes divins, qui furent aussi des prêtres; celui des poètes humains, les écrivains de l'époque attique et de l'époque alexandrine; enfin l'âge des poètes romains, inférieurs aux Grecs, exception faite de quelques génies.

3. Le plus souvent, l'épigramme n'est pas traitée à la façon de Marot, mais rapprochée par Ronsard de la conception grecque : en 1553, Ronsard tire de l'*Anthologie* une vingtaine de pièces d'une grande simplicité. Il rend au terme épigramme son sens primitif d'inscription, et compose des pièces votives ou funéraires (*Bocage* de 1554, *Mélanges* de 1555). — L'églogue est comme chez les Rhétoriqueurs ou comme chez Marot et ses imitateurs un cadre commode pour célébrer les grands. Mais Ronsard la renouvelle en puisant aux sources antiques, Théocrite et Virgile, ou néolatines, p. ex. les poèmes bucoliques de l'Italien Flaminio. — Quant à l'épopée, La *Franciade* est un échec, mais Ronsard a composé d'autres poèmes, l'*Hymne de Pollux et de Castor,* le *Discours de l'équité des vieux Gaulois* (1584), qui prouvent qu'il avait l'imagination épique.

breuses possibilités, en lui prêtant les sujets les plus divers. L'ode est tantôt héroïque, tantôt morale, tantôt bachique et érotique, et l'ode imitée de Pindare n'a rien de commun avec l'odelette à la manière d'Anacréon. Ronsard a également donné à la littérature du XVIe siècle le genre satirique du discours en vers, et l'hymne imité de Marulle, inaugurant ainsi tout un courant de poésie philosophique.

L'étude de la langue et du style de Ronsard est encore insuffisante, dans l'état actuel des travaux, mais elle révélerait le même effort pour enrichir l'instrument littéraire, comme le poète l'a dit lui-même à plusieurs reprises (v. p. ex. *Mél.* de 1559, *Complainte contre Fortune,* v. 91 sqq.; *Réponse aux injures,* v. 1035 sqq.). Ronsard met en pratique les préceptes de la *Défense,* qui souvent généralisaient les procédés poétiques déjà essayés dans la première moitié du siècle. Comme Du Bellay, Ronsard tente par exemple de conserver et parfois de ressusciter les vieux termes de notre langue *(Art poétique;* Préface de La *Franciade).* Bien qu'il les ait parfois supprimés dans ses corrections au profit de termes moins désuets, il emploie des mots vieillis, « envis », c'est-à-dire à contrecœur, du latin *invitus* (*Odes,* II, VII), « touiller », c'est-à-dire souiller (*Odes,* IV, XVI). Il ajoute au programme de la *Défense* l'utilisation des dialectes provinciaux, qu'il conseille dès 1550 (*Suravertissement au lecteur,* dans les *Odes,* qui sont pourvues de quelques mots vendômois : « nuaus » pour « nuages », « huller » pour « hurler »). Il y revient dans l'*Art poétique* et dans la préface posthume de La *Franciade,* bien qu'à première vue le nombre de mots dialectaux utilisés dans son œuvre ne soit guère important. Il définit aussi le provignement, dont Du Bellay n'avait pas parlé : c'est la dérivation, recommandée dans l'*Art poétique* et dans la préface posthume de *La Franciade,* et qui lui permet de créer des mots nouveaux, *myrteux, aimantin,* à partir de vieilles souches, et des mots composés, d'un effet parfois contestable (l'Aube « jour-apporte », dans La *Franciade,* selon la tournure grecque).

Malgré cette volonté d'enrichir notre langue, il ne semble cependant pas avoir abusé de l'introduction de termes étrangers, qu'ils soient empruntés à des langues mortes ou à des langues vivantes. A part quelques audaces regrettables (« ocymore, dyspotme, oligochronien », termes accumulés dans le *Tombeau de Marguerite de France,* en 1575), ses emprunts à la langue grecque se réduisent à des noms propres ou à des périphrases mythologiques, déjà fréquentes chez les Rhétoriqueurs. A juste titre, il reproche à ses prédécesseurs d'avoir fait pénétrer trop de mots latins dans la langue française *(Art poétique)*. La plupart de ses latinismes semblent avoir un passé dans notre langue, chez Lemaire de Belges, Rabelais ou Calvin. Il préfère créer des mots, plutôt que de les prendre à d'autres idiomes. S'il emploie des termes transalpins, la langue française avait déjà acquis un vocabulaire d'origine italienne, termes de guerre et termes d'art, et l'on peut penser que les mots vraiment nouveaux tirés de l'italien sont dans son œuvre en nombre réduit. Le commentaire de M. A. Muret signale par exemple cinq ou six italianismes dans les *Amours* (« à l'heure à l'heure », c'est-à-dire « allora, allora », sur l'heure; « bastant », c'est-à-dire « bastante », suffisant... etc.). Le sens de certains mots est tout au plus modifié par le souvenir de la signification qu'ils présentent dans la langue italienne. De toute façon, ses emprunts semblent moins fréquents que ceux de Du Bellay, qui a vécu en Italie. H. Chamard remarque d'ailleurs que les néologismes puisés dans les langues étrangères se rencontrent surtout dans les premiers recueils de Ronsard, et que les corrections des éditions ultérieures les ont fait parfois disparaître.

Ronsard affirme dès 1550 sa volonté de « prendre style *à part* » (Préface des *Odes*), contrairement à Marot. Il le redit dans une belle formule de la préface posthume

1. D'où le rôle du procédé, de la « ruse » poétique (I. Silver, *Ronsard poète rusé,* CAIEF, 1970, p. 41 ssq.), et aussi de l'allusion (G. Mathieu, *Le régime allusif chez Ronsard,* « Littérature », 1984, p. 24 sqq.).

de La *Franciade :* « le style prosaïque est ennemi capital de l'éloquence poétique ». Son style veut donc être *expressif.* Il recherche les mots à valeur concrète, soit pittoresque, soit affective : les adverbes en « ment », les verbes composés, qu'il préfère aux verbes simples [1], les diminutifs, dont l'emploi, déjà fréquent dans les *Amours* de 1552, se multiplie dans les recueils de 1555 et 1556. Il a recours à quelques tours recommandés par Du Bellay dans la *Défense,* l'infinitif et l'adjectif substantivés, tours expressifs et familiers à la langue italienne, et aussi, plus contestable, l'adjectif à valeur adverbiale. Il ne lésine pas sur la métaphore, destinée à traduire la beauté et le mystère des apparences terrestres. Bien que Ronsard ait parfois des trouvailles simples et évocatrices, qui suggèrent un contour ou une couleur (« les épis crêtés »), son goût de la métaphore originale aboutit aux superpositions d'images que nous avons rencontrées dans les odes pindariques ou dans certains sonnets pétrarquistes, et à l'ingéniosité des métaphores filées. Ronsard n'évite pas non plus le snobisme de la métaphore technique, empruntée à l'artisanat ou aux arts mécaniques, par exemple dans La *Franciade.* Quant aux épithètes, il accumule parfois les adjectifs, selon un procédé cher aux poètes italiens. De même que Du Bellay déconseillait les épithètes banales (*Défense,* II, 9), de même Ronsard rappelle que « [les] épithètes seront recherchées pour signifier, et non pour remplir [le] carme » *(Art poétique).*

Ronsard s'efforce également d'*ennoblir* son style, en exploitant les procédés de la rhétorique, « figures, schèmes, tropes... et périphrases éloignées presque du tout, ou pour le moins séparées de la prose triviale ou vulgaire » (Préface de La *Franciade*). L'allégorie s'épanouit en particulier dans les *Hymnes,* où elle retrouve sa dignité philosophique. L'antithèse a sa place dans les *Amours,* où elle correspond à l'instabilité caractéristique

1. On en trouvera des exemples dans l'étude du style des *Amours* par H. Weber, dans l'introd. à son édition, p. XLV.

de la passion. La périphrase triomphe dans la mythologie, où elle désigne les dieux sans les ravaler au rang de créatures mortelles. Toutefois ce style qui refuse la banalité prosaïque fuit le plus souvent l'emphase. A partir de 1555 surtout, le choix des termes tend en général à un style tempéré :

« Ni trop haut, ni trop bas, c'est le souverain style »,
à mi-chemin entre la vulgarité et la grandiloquence pompeuse.

La versification est dominée par le souci de rapprocher la poésie et la musique. Ainsi s'expliquent la relative fidélité de Ronsard à quelques principes, et au contraire les libertés qu'il prend avec certaines règles formulées par la *Défense*.

La grande loi est le respect de l'harmonie, que Du Bellay préconisait dans la *Défense,* et que Ronsard considère comme une affaire de goût, de sens inné : c'est l'oreille qui « est certain juge de la structure des vers, comme l'œil de la peinture des tableaux » *(Art poétique)*. Aussi Ronsard observe-t-il d'instinct certains préceptes, qu'il définira en 1565. Il choisit des rimes sonores, troupe plutôt que trope, épouse plutôt qu'épose. Il évite les accumulations de monosyllabes dans un même vers, ou les mots trop longs, les termes en « ion », « car tels mots sont languissants, et ont une traînante voix » (préface posthume de La *Franciade*). Il les réserve plutôt à des effets comiques, par exemple pour la rime génération-corruption dans l'*Épitaphe de François Rabelais (Mélanges)*. Malgré quelques vers un peu rudes, il se refuse l'hiatus. Ces interdits seraient inutiles sans le don du vers harmonieux, modulation de voyelles et de consonnes liquides :

« Et sa bouche mielleuse emplissent de leur grâce... »
(Boc., Odelette à J. Du Bellay.)

particulièrement apte à évoquer des souffles légers ou des grâces languissantes :

« Quand le Somme vint lier
D'une chaîne miélière

Mes yeux clos sous la paupière... »
(Boc., Ode ou Songe.)

Ces vers doivent souvent leur beauté à la profondeur des sonorités, eau, ou, et les nasales :
« Beauté dont la douceur pourrait vaincre les Rois. »
Mais Ronsard excelle aussi dans l'orchestration frénétique, par exemple dans la tourmente de l'*Hymne de Bacchus,* riche en dentales, en gutturales et en rimes sonores, ou dans les scènes de guerre *(Mél., Les Armes)*. Il a

« la voix d'airain
Et la langue de fer. »
(Mél., La Chasse.)

Ce souci de l'harmonie explique également la relative indépendance de Ronsard envers la tyrannie de la rime. Du Bellay avait déjà réagi dans la *Défense* contre l'amour de la rime riche, cultivée par les Rhétoriqueurs; sous sa forme extrême, la rime équivoquée, elle survivait chez Marot, et elle était louée par Th. Sébillet dans son *Art poétique* de 1548. Du Bellay voulait une rime riche, mais qui ne fût pas « contrainte » : une rime « naturelle » et non pas « aliène » et forcée. Ronsard n'est pas tenté par la rime riche. On peut relever dans ses premiers recueils de simples assonances (feu-peu), et bon nombre de rimes pauvres (cornüe-herbue, *Boc., Épitaphe de Marulle*). Il ne se gêne pas non plus pour faire rimer, contrairement aux préceptes de la *Défense,* des mots longs et des mots brefs (place et grâce), et très souvent, le simple et le composé, bien qu'il tâte aussi de la rime équivoquée (fut tirée — fut irée, *Hymne de Bacchus*). Il ne partage pas le respect de Peletier du Mans, qui rappelle dans son *Art poétique* (1555) les bienfaits de cette contrainte. Ronsard se borne à rimer correctement. Il déclare dans son *Art poétique* que la rime doit être « d'un son entier et parfait », mais ajoute : « tu seras plus soigneux de la belle invention et des mots que de la rime, laquelle vient assez aisément d'elle-même, après quelque peu d'exercice et labeur ».

En revanche, il se pliera plus facilement à la règle de l'alternance des rimes masculines et féminines, à cause des exigences de la musique [1]. Certains Rhétoriqueurs en avaient fait un emploi systématique; Marot, qui ne la pratique ni dans ses épîtres, ni dans ses élégies, ni dans ses épigrammes, avait dû l'admettre pour sa traduction des *Psaumes* : l'alternance n'y est pas absolue, mais l'auteur conserve au même endroit de chaque strophe la même nature de rime, masculine ou féminine. Du Bellay dans la *Défense* critique cette règle de l'alternance lorsqu'elle tourne à la superstition, mais lui-même et Ronsard viennent à l'appliquer, afin que leurs poèmes soient « propres à la lyre ». Elle n'est pas admise dans les premiers essais de Ronsard, regroupés dans le *Bocage* qui parut à la fin des *Odes* de 1550; mais les odes la respectent. L'infraction à cette règle dans les pièces non strophiques — les pièces strophiques ayant parfois des combinaisons particulières, rimes croisées, embrassées..., comme nous l'avons vu — est exceptionnelle dans les recueils de 1554 et de 1555 (v. p. ex. *Mél., Odelette à Jane,* toute en rimes masculines). Ronsard est désormais fidèle à ce principe.

Ainsi Ronsard fait siens les préceptes qui lui semblent justifiés par des raisons musicales. Ce principe le conduit à opérer un tri parmi les différentes formes de sonnets. Avant 1550, la plus grande confusion règne dans la structure des tercets. Ronsard est le premier à y mettre un peu d'ordre, en rejetant dans les *Amours* de 1552 les diverses combinaisons que Du Bellay dans son *Olive* et Pontus de Tyard dans les *Erreurs amoureuses* (1549) avaient quelquefois adoptées sur l'exemple des Italiens (CDE-CDE; CDC-EDE; CDC-EED; CDC-DEE). Il ne conserve que les deux formes uti-

1. A la différence du musicien, le poète ne tient pas compte, dans la mesure des vers, de l'e muet final des rimes féminines. Par conséquent, la même mélodie ne peut servir pour toute une série de strophes que si elles présentent toujours aux mêmes places rimes masculines et féminines.

lisées par Marot (CCD-EED) et Peletier du Mans (CCD-EDE). Les *Amours* de 1552 contiennent seulement trois sonnets sur le moule CCD-CCD. En réduisant ainsi à deux schémas la disposition possible dans les tercets, Ronsard diminuait le nombre de mélodies qui permettaient de chanter l'ensemble du recueil, tandis que les multiples combinaisons de Du Bellay auraient obligé les musiciens à de nombreux types d'accompagnement. Les sonnets qu'il ajoute aux *Amours* en 1553 sont caractérisés par la même préférence pour ces deux dispositions. Dans les deux recueils de 1554-1555, sur douze sonnets du *Bocage* et cinq des *Mélanges,* huit sont du type CCD-EED, et neuf du type CCD-EDE. Certes la *Continuation des Amours* et la *Nouvelle Continuation* (1555 et 1556) offrent quelques exemples de combinaisons que Ronsard avait d'abord dédaignées, et il a parfois recours dans les *Sonnets pour Hélène* au système CDC-DCD. Mais il marque une nette préférence pour le double système qu'il avait adopté dès le début, surtout le type marotique, et il crée ainsi le sonnet régulier.

Comme la musique, la poésie dispose du rythme. Ronsard avouera dans la préface posthume de La *Franciade* qu'à l'époque de ses premiers recueils il n'usait pas sans réticence du rejet et du contrerejet. Mais le rythme est d'une grande souplesse, surtout à partir des recueils de 1554 et 1555. Des séries d'enjambements évoquent souvent le flot qui coule, rivières tumultueuses ou sève dans le pressoir. Rejets et contrerejets soulignent la violence de l'action. Les coupes sont très variées. Pour l'alexandrin par exemple, Ronsard a dès 1555 une prédilection pour la coupe 6-6, qu'il préconisera dans l'*Art poétique,* mais il allège aussi ce vers par une coupe 3-3-6, ou rend le rythme haletant grâce à la coupe 2-2-2-6. La coupe 4-2-6 est fréquente dans le discours ou dans la conversation; elle semble correspondre à un vers moins pittoresque. Le second hémistiche est moins souvent coupé, malgré différentes combinaisons qui servent surtout à amorcer un rejet. Quelques vers sont entièrement désarticulés, par exemple dans les litanies barbares de l'*Hymne de Bacchus* (v. 231 sqq.). Cette volonté de varier les coupes explique sans doute que Ronsard dans le lyrisme léger ait préféré l'octosyllabe au vers de sept syllabes. Le premier offre de nombreuses possibilités : le plus souvent, il présente une coupe 3-5, ou, un peu moins fréquente, une coupe 2-6, mais il permet d'autres recherches, surprise (1-7), ou symétrie légère (3-2-3). Le vers de sept syllabes, en revanche, est souvent sans coupe, ou se contente de la coupe 3-4 ou 4-3. Lorsqu'il s'essaie à d'autres combinaisons (2-3-2, 3-2-2), il n'en résulte pas d'effet particulier, à la fois parce qu'il est court et parce qu'il est impair, donc moins fortement rythmé : le vers se morcèle et revient à la prose.

La poésie est faite pour être chantée, et c'est pourquoi Ronsard apprécie le lyrisme strophique. Les différentes strophes d'une ode ont en effet le même schéma de mètres et de rimes, ce qui permet la reprise d'une même mélodie. Ronsard a pratiqué les deux formes de strophisme, hétérométrique, par exemple dans l'ode *De l'élection de son sépulcre,* où le retour régulier d'un vers court (quatre syllabes) en fin de strophe, après trois vers de six syllabes, rythme l'écoulement de l'élément liquide, et isométrique, où les strophes ne comportent qu'un seul type de mètre, mais sont souvent rehaussées par des combinaisons de rimes harmonieuses : le dizain de l'ode *Au roi* (« Comme un qui prend une coupe... »), toute en heptasyllabes, présente le schéma ABAB-CCDEED. Toutefois la strophe suit l'évolution des sujets et du style : dans les recueils de 1554 et de 1555, par exemple, il est clair que les goûts de Ronsard vont vers la simplicité, à tous égards. Le système pindarique — strophe, antistrophe, épode — lui semble pesant, et il abandonne ce strophisme compliqué. En outre, il marque une préférence pour les strophes isométriques, sans recours à des vers différents. Quant aux combinaisons de rimes, il choisit les plus simples : dans le quatrain par exemple il adopte la combinaison à rimes croisées (ABAB) plutôt que celle à rimes embrassées (ABBA), pourtant plus harmonieuse. Dans le huitain prédomine la structure à rimes plates. Enfin il pratique plutôt les strophes courtes, sizains et quatrains. L'étude des recueils ultérieurs aboutirait aux mêmes résultats : du quatrain au dizain, Ronsard n'a cessé de varier les moules strophiques — parfois utilisés par ses prédécesseurs — selon la matière et l'idéal poétiques.

Le choix du vers semble lui aussi caractérisé par le souci d'adapter avec la plus grande diversité la forme métrique à l'idée ou au sentiment exprimés [1]. C'est ce besoin qui explique notamment la restauration de l'alexandrin. Dans les odes pindariques, Ronsard avait mal résolu le problème du vers majestueux, car il avait composé des strophes trop longues en vers trop brefs. Dans le sonnet, il commence également par le décasyllabe. Or il découvre bientôt dans l'alexandrin le vers à la fois ample et souple qui pouvait convenir à un grand nombre de sujets, du sentiment amoureux à l'exposé didactique ou au plaidoyer oratoire. Détrôné à la fin du Moyen Age par le décasyllabe et l'octosyllabe, l'alexandrin avait tenté J. Lemaire de Belges, puis Marot dans une douzaine de pièces. Certes le mérite de l'avoir restauré ne revient pas seulement à Ronsard, car la rentrée définitive de ce vers dans la métrique française a été préparée par toute une série d'essais. Ronsard l'adopte dans trois odes de 1550, et en 1553 dans trois sonnets des *Amours,* dans trois épigrammes du *Livret de Folâtries,* dans la *Harangue du Duc de Guise,* et, en alternance avec le décasyllabe, dans les distiques de l'*Élégie sur le trépas d'Antoine Châteignier*. Mais on pourrait aussi relever les tentatives de Peletier en 1547, de Pontus de Tyard en 1549, de Baïf en 1552... Il

1. Sur cette convergence de la rhétorique et de la versification, voire l'analyse de M. Schaettel, *Autour du dernier sonnet de Ronsard,* « Renaissance Studies in honor of I. Silver », 1975.

n'en reste pas moins que Ronsard a révélé la possibilité d'un emploi systématique et varié de l'alexandrin. Nous avons pu constater le rôle de ce vers dans le *Bocage,* dans les *Mélanges,* dans la *Continuation des Amours* et dans les *Hymnes,* pour nous en tenir aux premiers recueils.

Ainsi la technique du vers semble caractérisée par un heureux équilibre entre la contrainte savante et le laisser-aller. Ronsard découvre l'alexandrin, mais il exploite aussi des mètres alertes, et quasi prosaïques. Il conserve les combinaisons strophiques, mais sans excès d'ingéniosité. Son œuvre n'offre qu'un petit nombre de recherches bizarres, dix-huit sonnets madrigalesques [1], et un seul sonnet en vers rapportés, dans les *Amours* de Cassandre [2].

***

Autour de Ronsard se regroupent les poètes de la Pléiade, qui sont aussi, dans une moindre mesure, des héritiers des écoles antérieures, celle de Marot, ou celle des Lyonnais, patronnée par Maurice Scève. La Brigade que Ronsard dénombre dans les *Bacchanales* (1549) est constituée par les camarades de Ronsard à Coqueret. En 1553, l'*Élégie à Jean de La Péruse* désigne de façon plus précise les étoiles de la nouvelle constellation : Ronsard, Du Bellay et Baïf, mais encore deux poètes plus ou moins influencés par l'école lyonnaise, Tyard et Des Autels, et deux écrivains introduits dans les cercles littéraires que fréquentaient les marotiques, La Péruse et Jodelle. En 1555, Des Autels est remplacé par un autre admirateur de l'école lyonnaise, Peletier du Mans; en 1556, la place de La Péruse est donnée à Rémi Belleau, familier de différents cercles littéraires.

1. Sonnets qui ont plus de quatorze lignes.
2. Vers composés de parties analogues, dans chacune desquelles certains mots font écho à ceux qui étaient employés dans la partie correspondante (premier vers composé des éléments ABCD; second vers, de leurs homologues A′, B′, C′, D′... etc.).

Ainsi le prestige de Ronsard réunit des auteurs de formation assez diverse.

Son influence est immédiate. Elle s'exerce sur la lignée de Marot : Étienne Forcadel réédite ses œuvres en les mettant au goût du jour (*La Poésie,* 1551 ; *Œuvres poétiques,* éd. posthume de 1579), et Charles Fontaine adopte les thèmes favoris de la Pléiade (*Les Ruisseaux de Fontaine,* 1555). Elle touche les amis de l'école lyonnaise, Philibert Bugnyon (*Érotasmes de Phidie et Gélasine,* 1557) ou Guillaume de La Tayssonnière (*Les Amoureuses occupations,* 1556). Toutes ces œuvres ont la saveur particulière des produits de coupage. Ces ralliés lui doivent cependant moins que les vrais disciples, qui suivent le maître dans ses diverses tentatives. Jacques Tahureau (1527-1555) et Olivier de Magny (1529-1561) s'essaient à l'ode, mais chantent aussi le plaisir en des vers élégants. Les *Sonnets amoureux* du Breton Charles d'Espinay (1559) et l'*Amalthée* du Savoyard Marc-Claude de Buttet (1561) attestent le réveil de l'inspiration poétique dans les provinces les plus lointaines.

La guerre civile va priver Ronsard d'un certain nombre d'admirateurs. Le paganisme de la Pléiade avait déjà suscité des critiques, ou gêné un Denisot, qui compose des *Cantiques chrétiens* (1553). Après 1560, les huguenots optent pour une poésie étroitement religieuse. Louis Des Masures oublie l'inspiration profane de ses *Œuvres poétiques* (1557), et Jacques Grévin, auteur de l'*Olympe* (1560), se brouille avec Ronsard. En revanche, les catholiques imitent les *Discours*. Au grand lyrisme de 1550 succèdent d'une part une poésie engagée, oratoire et satirique, par exemple dans les *Odes lamentables* de François d'Amboise (1568), d'autre part une poésie banale et aimable : les provinciaux P. Le Loyer et P. Boton préfèrent le badinage amoureux à l'hymne ou à l'ode héroïque, et Philippe Desportes (1546-1606, premières œuvres publiées en 1573) met à la mode un style coulant et un peu fade qui influence le secrétaire de Ronsard,

Amadis Jamyn. Les provinciaux fidèles au pur idéal ronsardien feront figure d'attardés. Mais le lecteur moderne apprécie la fraîcheur de leurs tableaux rustiques (*Le Lièvre,* de Simon de Bullandre, 1585).

Diverse et changeante comme l'œuvre du maître, l'influence de Ronsard est à certains égards néfaste parce qu'elle conduit rapidement à une imitation servile de son œuvre, et contribue à l'élaboration d'un matériel classique de poncifs. Mais les écrivains doués ont su trouver dans les œuvres de Ronsard une source vivante de poésie. Le goût du syncrétisme religieux et de la synthèse philosophique et scientifique font de la poésie une recherche essentielle. L'amour du beau et la foi en la vocation du poète — l'essentiel du credo ronsardien — donnent une fonction nouvelle à la poésie, désormais chargée d'opposer à une tristesse naturelle les joies de la création artistique. Les Odes et les Odelettes de Ronsard chantent la beauté périssable, mais d'autant plus précieuse à l'artiste, et les *Sonnets pour Hélène* sont un automne magnifié par le don de contemplation. De même, les *Regrets* sont l'histoire d'un sauvetage par la poésie; et les *Mimes* de Baïf, le dépassement d'une amertume croissante, grâce à la méditation poétique. Ronsard leur a encore révélé la saveur d'une langue poétique riche en images et en termes pittoresques, et évocatrice d'une beauté concrète que ses prédécesseurs avaient trop souvent ignorée.

Vers la fin du siècle, l'étoile de Ronsard baisse à l'horizon. Malherbe le dénigre, et dès le règne de Louis XIII son œuvre est laissée aux provinciaux demeurés. Boileau l'exécute. Il faut attendre la seconde moitié du XVIIIe siècle pour que se dessine une timide réaction. Ronsard sera réhabilité par les romantiques, notamment par Sainte-Beuve et Banville. A l'étranger, cependant la gloire, du poète semble avoir été plus durable qu'en France [1], malgré une inspiration épi-

1. Cf. I. Silver, *Ronsard in European literature,* Bibl. Hum. et Ren., 1954, p. 241 sqq.

curienne qui aurait pu choquer luthériens et calvinistes.

Une Muse au « faste pédantesque », disait Boileau, une Muse embarrassée d'un fatras gréco-latin... Pour Ronsard, tout commence par un livre, et même ses descriptions d'œuvres d'art, inspirées de textes plutôt que d'œuvres plastiques. Cette muse savante n'a pas honte de l'être : malgré un retour à une relative simplicité, elle n'écrit pas pour le vulgaire, et le poète a tous les orgueils, celui de l'aristocrate et celui du lettré. Mais Ronsard a su poser le livre pour savourer la joie d'être poète,

« Aux jardins de Bourgueil, près d'une eau solitaire. »

Ce jour-là, comme les héros de Dante, il ne lut pas plus avant.

SOMMAIRE BIOGRAPHIQUE

1524. — Nuit du 10 au 11 SEPTEMBRE. Naissance de Pierre de Ronsard au château de la Possonnière, en Vendômois. Son père Louis de Ronsart avait pris part aux guerres d'Italie, puis avait escorté les enfants royaux en Espagne, pendant leur captivité, comme maître d'hôtel du Dauphin.

1533-1534. — Ronsard est élève du collège de Navarre, à Paris. Ses parents le reprennent au bout de six mois, sans doute parce qu'il eut de la peine à suivre, et il revient à la vie campagnarde.

1536. — Ronsard entre comme page à la Cour de France, vers le milieu de l'année.

1537-1539. — Le 1er JANVIER 1537, Ronsard assiste à Paris au mariage de Madeleine de France avec le roi d'Écosse Jacques V. En MAI, il suit en Écosse la jeune souveraine, bientôt emportée par la phtisie (JUILLET). Rentré en France en AOUT 1538, Ronsard fait un second voyage en Écosse de DÉCEMBRE 1538 à MARS 1539, avec Claude d'Humières, chargé d'une mission diplomatique. A son retour d'Écosse, il devient « valet d'écurie » à l'Écurie royale, et se lie avec un gentilhomme piémontais, Claudio Duchi, qui lui fait lire Horace.

1540. — L'ambassadeur Lazare de Baïf emmène en Alsace son secrétaire Pierre de Ronsard, qui a ainsi l'occasion de rencontrer des érudits des pays germaniques.

1540-1543. — Ronsard est malade à la Possonnière (sans doute des crises d'arthritisme accompagnées d'otite chronique). Il devient sourd. Il compose vers 1542 ses premiers essais horatiens.

1543. — Le 5 MARS, au Mans, Ronsard assiste avec son père aux funérailles de Guillaume Du Bellay, gouverneur du Piémont. Le lendemain, il est tonsuré par l'évêque René Du Bellay : ce titre de clerc lui permettra d'obtenir des bénéfices ecclésiastiques, mais lui impose le célibat. Il rencontre Jacques Peletier, secrétaire de l'évêque, et il lui montre ses premiers essais poétiques.

1544-1547. — A la mort de son père (le 6 JUIN), Pierre de Ronsard se rend à Paris. Il bénéficie des leçons données à Jean-Antoine de Baïf (alors âgé de douze ans) par Jean Dorat, que Lazare de Baïf avait engagé comme précepteur.

1545. — Le 21 AVRIL, Ronsard rencontre Cassandre Salviati, fille d'un banquier italien, dans une fête de la Cour, à Blois. Elle a quinze ans.

1546. — Le 23 NOVEMBRE, Cassandre épouse Jehan Peigné, gentilhomme vendômois.

1547. — Le 31 MARS, mort de François Ier. Avènement d'Henri II.
Ronsard suit Dorat au collège de Coqueret, à la mort de Lazare de Baïf. Il va donner le nom de Brigade à la troupe des élèves de Dorat, parmi lesquels Baïf, le peintre et poète Nicolas Denisot, le futur médecin Pierre Des Mireurs, et Guillaume Capel, le traducteur de Machiavel.

1548. — En JUIN, Thomas Sebillet publie son *Art poétique français,* dont un certain nombre d'idées préfigurent les grands principes de la Pléiade.

1549. — En AVRIL, Du Bellay publie sa *Defense et Illustration de la langue française,* l'*Olive* et les *Vers lyriques.* Le ton de la *Defense* suscite une riposte : la préface de Sebillet à sa traduction d'Euripide (NOV. 1549) et le *Quintil Horatian* de Barthélemy Aneau (FÉV. OU MARS 1550).
Ronsard publie son *Épithalame* d'Antoine de Bourbon et Jeanne de Navarre (début de l'année) et son *Hymne de France* (NOVEMBRE). — Le 16 JUIN, entrée solennelle d'Henri II à Paris. Ronsard compose son *Avant-entrée du Roi très chrétien.*

1550. — Au DÉBUT DE L'ANNÉE, Ronsard publie ses quatre premiers livres d'*Odes.*

En MAI ou JUIN, Mellinde Saint-Gelais critique les odes de Ronsard, au Louvre. Le jeune poète est défendu par Madame Marguerite, sœur du roi, et par Michel de L'Hospital. Il se réconciliera avec Saint-Gelais et lui dédiera une ode le 1er JANVIER 1553.

1552. — 1re édition des *Amours,* et du 5e livre des *Odes.*

1553. — Ronsard donne une deuxième édition des quatre premiers livres d'*Odes,* et une deuxième édition des *Amours,* augmentée. Il publie son *Livret de Folâtries* sous le voile de l'anonyme.
Il obtient la cure de Marolles-en-Brie, suivie en 1554 de celle de Challes-au-Maine, en 1555, de la cure-baronnie d'Evaillé-au-Maine, en 1557, des cures de Warluis-en-Beauvaisis et de Champfleur-au-Maine.

1554. — Ronsard publie le *Bocage.*

1555. — Au DÉBUT DE L'ANNÉE, publication des *Mélanges* et d'une troisième édition des *Odes.*
Le 20 AVRIL, Ronsard rencontre Marie à Bourgueil. Vers le mois d'AOUT, il publie la *Continuation des Amours.*
En NOVEMBRE, 1er livre des *Hymnes.*

1556. — Dans la SECONDE MOITIÉ DE L'ANNÉE, publication de la *Nouvelle Continuation des Amours* et du second livre des *Hymnes.*

1558. — Après deux victoires françaises (prise de Calais sur les Anglais, le 8 janvier, et prise de Thionville par le duc de Guise, le 22 juin), l'Angleterre et l'Espagne préparent leur revanche. Ronsard publie dans la SECONDE MOITIÉ DE L'ANNÉE une *Exhortation au camp du Roi pour bien combattre,* et quelques semaines plus tard, une *Exhortation pour la paix* (des pourparlers ayant été entamés, d'où devait sortir le traité de Cateau-Cambrésis).
Ronsard succède à Mellin de Saint-Gelais comme « aumônier ordinaire du Roi ».

1559. — 3 AVRIL : traité de Cateau-Cambrésis, célébré par Ronsard *(Chant de liesse; La Paix au Roi).*
28 JUIN : Henri II blessé dans un tournoi. Il meurt le 10 juillet.
18 SEPTEMBRE : sacre de François II.

1560. — 1er JANVIER : mort de Joachim Du Bellay, à l'âge de 37 ans.
5 DÉCEMBRE : mort de François II. Avènement de Charles IX, qui sera pour Ronsard un protecteur et un ami.
DÉCEMBRE : 1re édition collective des *Œuvres*. Ronsard obtient, avec l'archidiaconé de Château-du-Loir, un canonicat à Saint-Julien-du-Mans.

1562. — 1er MARS : le massacre de Vassy (des calvinistes surpris dans une grange sont massacrés par les soldats du duc de Guise) donne le signal des guerres religieuses. En avril, Ronsard lutte les armes à la main contre des bandes protestantes, dans le Maine. Du 25 NOVEMBRE au 10 DÉCEMBRE, siège de Paris par le prince de Condé, chef des Huguenots. Ronsard publie l'*Institution* et les deux *Discours des misères de ce temps*.

1563. — Au DÉBUT DE L'ANNÉE, Ronsard publie sa *Remontrance au peuple de France*.
19 MARS : paix d'Amboise, qui termine la 1re guerre de religion.
En AVRIL ou MAI, Ronsard publie sa *Réponse aux injures*.
OCTOBRE : Ronsard publie le *Recueil des Nouvelles Poésies*, qui contient notamment les *Hymnes des Saisons*.

1564. — 13-15 FÉVRIER : à l'occasion du carnaval, Ronsard collabore par des mascarades et par des cartels aux fêtes de Fontainebleau.
Au printemps, il compose la *Bergerie*.

1565. — Ronsard prend possession du prieuré de Saint-Cosme-les-Tours.
Il publie ses *Élégies, Mascarades et Bergerie*, et son *Abrégé de l'Art poétique français*.

1566. — Ronsard obtient le prieuré-baronnie de Croixval en Vendômois.

1568. — Ronsard à Saint-Cosme presque toute l'année. Il est malade.

1569. — Deux victoires des catholiques sur les protestants (Jarnac, le 13 mars, et Moncontour, le 3 octobre), célébrées par Ronsard.
En AOUT, Ronsard publie les 6e et 7e livres des *Poèmes*.

1572. — Le 24 AOUT, massacre de la Saint-Barthélemy. En SEPTEMBRE, Ronsard publie les quatre premiers chants de La *Franciade*.

1574. — Mort de Charles IX. Avènement d'Henri III, auquel Ronsard offre ses services : il lui adresse un *Discours,* et à la fin de l'année, des *Étrennes*. Henri III continuera à le pensionner, mais ses goûts vont vers une poésie plus facile et plus brillante.

1576. — Ronsard passe l'année à Saint-Cosme.

1578. — 5ᵉ édition collective des *Œuvres*. — Elle révèle au public les *Amours d'Eurymédon et de Callirée,* les *Sonnets et Madrigals pour Astrée,* les *Sonnets pour Hélène*.

1578-1583. — On ne sait pas grand'chose de la vie de Ronsard pendant ces cinq années où il se réfugie à la campagne.
A la FIN DE 1583, il fait un séjour à Paris au collège de Boncourt pour travailler à la dernière édition collective de ses *Œuvres,* qui sera publiée en JANVIER 1584. Il regagne Croixval au printemps 1584.

1585. — De FÉVRIER à JUIN, dernier séjour au collège de Boncourt, où Ronsard est malade.
Le 13 JUIN, il retourne à Croixval, qu'il quitte en décembre pour Saint-Cosme. Il y parvient après un voyage pénible le 22 DÉCEMBRE, et meurt très chrétiennement dans la nuit du 27 au 28. Il est inhumé dans le chœur de Saint-Cosme.

1587. — 1ʳᵉ édition posthume des *Œuvres* de Ronsard.

BIBLIOGRAPHIE

On trouvera un état des études sur Ronsard dans le numéro spécial d'*Œuvres et critiques,* VI, 2, 1981-1982.

L'année 1985 (4e centenaire de la mort de Ronsard) a été marquée par un renouveau des études ronsardiennes et de nombreux colloques.

ÉDITIONS

On utilisera de préférence l'édition critique de Paul Laumonier, *Œuvres complètes* de P. de Ronsard, Paris, 1914 à 1975, 20 tomes (achevée par les soins d'I. Silver et R. Lebègue). Elle donne le texte original et les variantes des éditions ultérieures. Elle est pourvue de notes abondantes.

Mais il existe d'autres éditions des *Œuvres complètes* (texte de 1578, 1584 ou 1587) et de nombreuses éditions d'œuvres séparées, notamment des *Amours* (en particulier l'édition des *Amours* par H. et C. Weber, Paris, 1963, Class. Garnier).

ÉTUDES SUR LA PLÉIADE

H. CHAMARD. — *Histoire de la Pléiade,* Paris, 1939-1941, 4 vol. Nouv. éd. en 1963.

R. J. CLEMENTS. — *Critical Theory and Practice of the Pleiade,* Cambridge, 1942.

H. WEBER. — *La Création poétique au XVIe siècle en France,* Paris, 1956.

G. R. CASTOR. — *Pleiade Poetics,* Cambridge, 1964.

Y. BELLENGER. — *La Pléiade,* Paris, 1978.

SUR RONSARD

P. Laumonier. — *Ronsard poète lyrique,* Paris, 1909 (ouvrage de base). 2e éd. en 1923.
P. de Nolhac. — *Ronsard et l'humanisme,* Paris, 1921.
R. Lebègue. — *Ronsard, l'homme et l'œuvre,* Paris, 1950. 3e éd. en 1961.
M. Dassonville. — *Ronsard : étude historique et littéraire,* Genève, 4 tomes parus, 1968-1985.
A. Py. — *Imitation et Renaissance dans la poésie de Ronsard,* Genève, 1984.

SUR CERTAINES ŒUVRES DE RONSARD

Sur les Amours :
F. Desonay. — *Ronsard, poète de l'amour,* Bruxelles, 1952-1959, 3 vol.
D. Stone. — *Ronsard's Sonnet Cycles,* Londres, 1966.
A. Gendre. — *Ronsard poète de la conquête amoureuse,* Neuchâtel, 1970.
R. Garapon. — *Ronsard chantre de Marie et d'Hélène,* Paris, 1981.
Numéro spécial de la *Rev. Hist. litt. Fr.,* juillet 1986.
Sur les Odes :
J. Vianey. — *Les Odes de Ronsard,* Paris, 1932.
E. Ahmed. — *Ronsard's 1550 Odes,* Bibl. Hum. et Ren., 1987, p. 587 sqq.
Sur les Hymnes :
G. Lafeuille. — *Cinq Hymnes de Ronsard,* Genève, 1973.
Études autour des Hymnes de Ronsard, rassemblées par M. Lazard, Paris, 1984.
Sur les Discours :
J. Pineaux. — *La polémique protestante contre Ronsard,* Paris, 1973, 2 vol.
J.-P. Barbier. — *Bibliographie des discours politiques de Ronsard,* Genève, 1984.

LES IDÉES ET LA FOI DE RONSARD

H. Franchet. — *Le Poète et son œuvre d'après Ronsard,* Paris, 1923.
H. Busson. — *Le rationalisme dans la littérature française de la Renaissance,* Paris, 1955, p. 362 sqq.

R. V. MERRILL. — *Platonism in French Renaissance poetry,* New York, 1957.

I. SILVER. — *The intellectual evolution of Ronsard,* Washington, 1969-73, 2 vol.

A. PY. — *Ronsard,* Paris, 1972.

A. ROUBICHOU-STRETZ. — *La vision de l'histoire dans l'œuvre de la Pléiade,* Paris, 1973.

L. KELLER. — *Palingène, Ronsard, Du Bartas,* Berne, 1974.

J. CEARD. — *La nature et les prodiges,* Genève, 1977.

D. MÉNAGER. — *Ronsard. Le roi, le poète et les hommes,* Paris, 1979.

I. SILVER. — *Ronsard and the Hellenic Renaissance in France.* Genève, 1981-1987, 3 vol.

Catalogue de l'exposition « Ronsard et la Rome protestante », Genève, 1985.

THÈMES ET IMAGINAIRE

D. B. WILSON. — *Ronsard poet of nature,* Manchester, 1961.

H. NAIS. — *Les animaux dans la poésie de la Pléiade,* Paris, 1961.

E. ARMSTRONG. — *Ronsard and the Age of Gold,* Cambridge, 1968.

F. JOUKOVSKY. — *Poésie et mythologie au XVIe siècle,* Paris, 1969.

G. DEMERSON. — *La mythologie classique dans l'œuvre lyrique de la Pléiade,* Genève, 1972.

Ronsard the Poet, éd. T. Cave, Londres, 1973 (volume collectif).

Y. BELLENGER. — *La journée et ses moments dans la poésie française du XVIe siècle,* Paris, 1975.

Ronsard et l'imaginaire, Florence, 1986.

RONSARD ET LES ARTS

G. THIBAULT et H. PERCEAU. — *Bibliographie des poésies de Ronsard mises en musique au XVIe siècle,* Paris, 1941.

R. LEBÈGUE. — *Ronsard et la musique,* in *Musique et poésie au XVIe siècle,* Paris, 1954, p. 82 sqq.

J. ADHEMAR. — *Ronsard et l'école de Fontainebleau,* Bibl. Hum. et Ren., 1958, p. 344 sqq.

W. M. JOHNSON et V. E. GRAHAM. — *Ronsard et la Renommée du Louvre,* Bibl. Hum. et Ren., 1968, p. 7 sqq.

Les Fêtes de la Renaissance, III, Paris, 1975.

STYLE ET CORRECTIONS

L. TERREAUX. — *Ronsard correcteur de ses œuvres,* Genève, 1968.

A. GORDON. — *Ronsard et la rhétorique,* Genève, 1970.

M. GLATIGNY. — *Le vocabulaire galant dans les « Amours » de Ronsard,* Paris, 1976.

INFLUENCE

M. RAYMOND. — *L'influence de Ronsard sur la poésie française (1550-1585),* Paris, 1927, 2 vol. Nouv. éd., Genève, 1965, 1 vol.

R. A. KATZ. — *Ronsard's French critics,* 1585-1828, Genève, 1966.

G. MATHIEU-CASTELLANI. — *Les thèmes amoureux dans la poésie française du XVI*e *siècle,* Paris, 1975.

Cl. FAISANT. — *La « résurrection » de la Pléiade,* in *Études seiziémistes offertes à V. L. Saulnier,* Genève, 1980, p. 257 sqq.

Œuvres et critiques, VI, 2, 1981-1982, *Le cas Ronsard.*

On trouvera différents articles sur Ronsard dans les volumes suivants :

— *Lumières de la Pléiade,* Paris, 1966.
— *Essays ... A. M. Boase,* Londres, 1968.
— *Mélanges R. Lebègue,* Paris, 1969.
— le numéro X (1970) de l'*Esprit Créateur.*
— le numéro XXII (1970) des *Cahiers de l'A.I.E.F.*
— *Mélanges V. L. Saulnier,* Genève, 1984, p. 361 sqq.
— *Ronsard. Scève, Europe,* nov. déc. 1986.
— *Ronsard in Cambridge,* Actes du Colloque d'avril 1985, 1986.
— *Ronsard. Colloque de Neuchâtel,* Neuchâtel, 1987.
— *Ronsard en son IV*e *Centenaire,* Genève, 1989.
— *Ronsard et la Grèce,* Actes du Colloque d'Athènes, 1985. Paris, 1989.

AVERTISSEMENT

[pour la présente édition]

Les lettrés à qui s'adresse ce recueil jugeront qu'il a été composé pour faire mieux comprendre Ronsard, c'est-à-dire le faire mieux aimer. Tout y voudrait servir, le choix des meilleurs textes, le rajeunissement de l'orthographe et de la ponctuation, surtout la distribution des extraits en séries distinctes, correspondant à peu près aux inspirations diverses du poète et aux thèmes principaux abordés par lui au cours de sa vie. Ce dernier arrangement, sans gêner la liberté du lecteur, sert cependant à le guider, et lui permet de s'orienter aussitôt dans une œuvre trop vaste et trop touffue pour ne pas décourager le débutant.

Ronsard, à mainte reprise et presque d'une édition à l'autre, a changé la place de ses poèmes, non moins que le détail de leurs vers, disloqué et défiguré parfois ses recueils originaux. Rien n'oblige donc, pour un choix tel que celui-ci, à le puiser tout entier dans une même édition. On a pu, au contraire, se permettre de choisir, parmi des textes si fréquemment remaniés, soit le premier publié, qui a souvent plus de saveur que les autres, soit celui qui présente le plus grand nombre de corrections heureuses et, à notre avis du moins, la plus satisfaisante réussite. Il ne s'agissait pas, bien entendu, comme l'a fait parfois Blanchemain, de mêler des textes d'âge différent, mais bien de saisir la pensée de Ronsard, pour une pièce entière ou un extrait de pièce, au moment où elle nous semble le plus près de la perfection.

On trouvera, pensons-nous, quelque commodité à l'orthographe adoptée et aussi à l'usage d'une simplification de ponctuation, qui prend parfois, dans ces anciens textes, l'intérêt d'un commentaire sur le sens. Peu de personnes regretteront l'abandon d'une ancienne orthographe qui a varié suivant les éditions et qu'on croit celle de Ronsard, alors qu'elle n'est souvent que celle de ses typographes. La plupart des collecteurs modernes ont même fait leur choix sur la première édition posthume ou celles du XVIIe siècle. Au reste, nous avons été obligés de maintenir les formes anciennes dans un certain nombre de cas, soit pour garder le nombre de syllabes à l'intérieur du vers, soit à la fin pour justifier l'emploi d'une rime aujourd'hui vieillie. Le lecteur reconnaîtra aisément la raison de ces exceptions.

Le choix a été guidé surtout par des raisons de goût littéraire, quelquefois par l'intérêt historique, très rarement par la pure curiosité. Pour ne pas surcharger un volume déjà trop rempli, l'annotation a dû se réduire à l'essentiel. On aurait souhaité l'étendre, notamment pour les passages d'anciens auteurs qu'a utilisés Ronsard par imitation volontaire ou simple réminiscence. Le regret est encore plus vif pour tant de pages qu'il a fallu omettre. Plus d'un beau sonnet, plus d'une exquise chanson nous semblent manquer ici. Que de pittoresques morceaux restent à prendre dans les *Poèmes* ou dans les *Hymnes !* N'est-ce pas sa longueur seule qui a fait écarter le récit *Sur l'équité des vieux Gaulois,* qu'il n'était pas possible de mutiler? Notre lecteur, s'il est mis en goût, peut toujours recourir aux réimpressions complètes.

Les suppressions qu'on s'est permis de faire à l'intérieur des morceaux sont toujours indiquées par des points suspensifs. Un des défauts de Ronsard, on le sait trop, est la prolixité; son abondance verbale, qui produit quelquefois des jeux d'amusante virtuosité, alourdit fort souvent ses plus belles pages. Nous avons sacrifié des répétitions dénuées d'intérêt, des allusions mythologiques devenues pour nous fastidieuses, des redondances de développement qui eussent occupé sans profit une place précieuse. Parfois la suppression de quelques vers a suffi pour rendre le texte plus vif ou épargner l'ennui d'un commentaire. Daigne Ronsard pardonner nos hardiesses ! Toujours dirigées par un respect filial et méditées pour servir sa gloire, elles aideront sans doute à le faire goûter plus facilement des générations nouvelles.

PIERRE DE NOLHAC.

Cl. Roger-Viollet

BUSTE DE RONSARD

Moulage du bronze du XVIe siècle qui ornait le monument funéraire de Ronsard à l'abbaye de Saint-Côme.

B. N. Imprimés, Réserve *Cl. B. N.*

PORTRAIT DE RONSARD PAR LÉONARD GAULTIER
exécuté d'après le médaillon des Amours, sur la page de titre des *Œuvres*
publiées en 1609 et en 1623.

B. N. Imprimés, Réserve *Cl. B. N.*

RONSARD sur la page de titre de la « Seconde Response de F. [Chrestien] de la Baronie à Messire Pierre de Ronsard », 1563.

B. N. Imprimés *Cl. Lalance*

Portrait de Jean Dorat extrait des *Poematia,* 1586
Voir *A son maître Jean Dorat,* p. 10.

ROSSIGNOL DE MVR.

Ie n'ay que le Printemps pour fredonner au bois,
Iris plaignant la mort de ma tendre ieuneſſe :
Puis quand i'ay des petits, ie vay ceſſant ma voix,
Figurant en cela la caducque vieilleſſe. 4.

B. N. Estampes, Réserve *Cl. B. N.*

ROSSIGNOL DE MUR, PAR JEAN II LECLERC

« *Je te supplie...*
De dire à ma douce inhumaine »
(*A un rossignol*, p. 53)

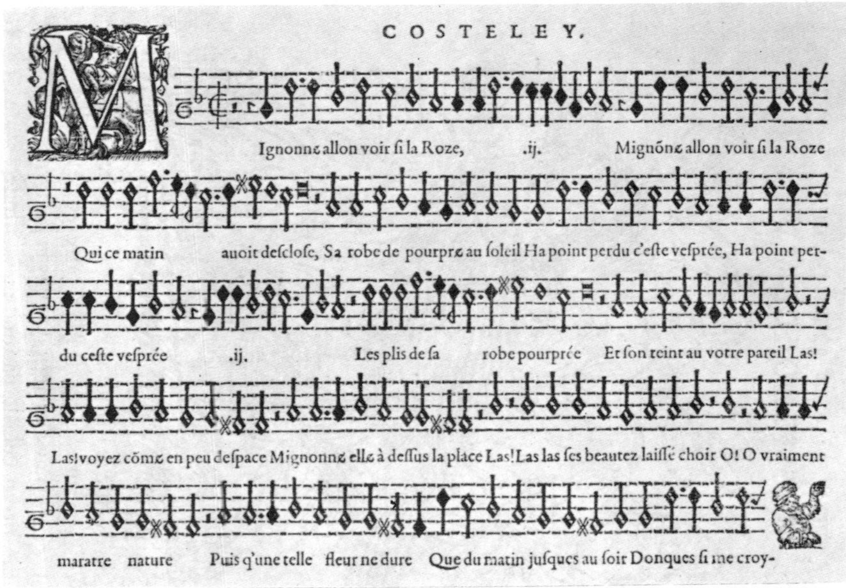

B. N. Musique — *Cl. B. N.*

MUSIQUE DE GUILLAUME COSTELEY, 1570, pour
« *Mignonne, allons voir si la rose* » (voir p. 83)

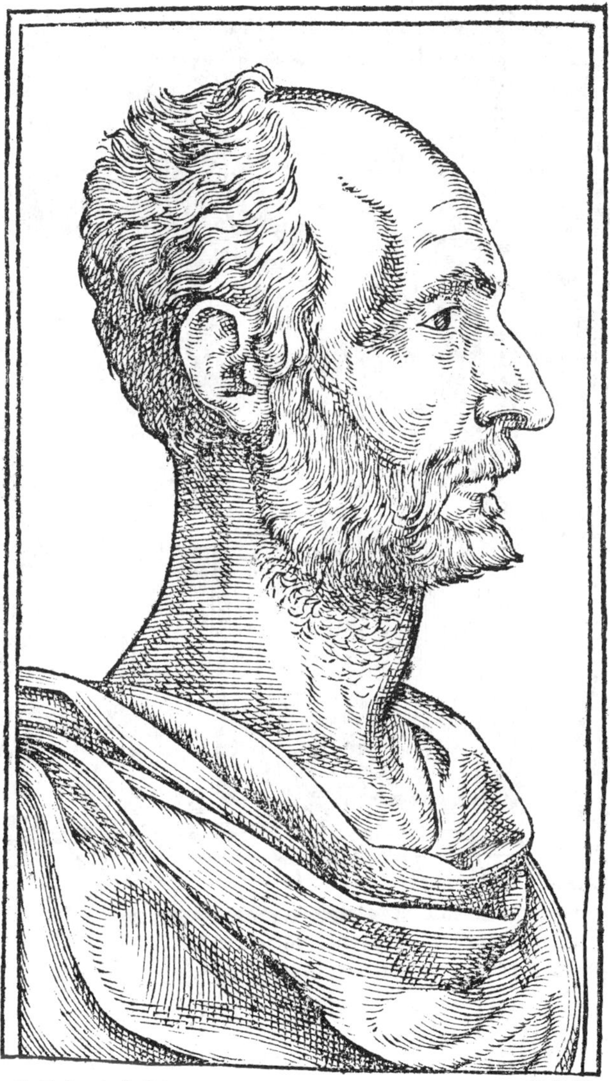

B. N. Imprimés, Réserve — *Cl. B. N.*

PORTRAIT DE JEAN-ANTOINE DE BAÏF extrait des *Mimes,* 1576. Voir *Le Voyage de Tours,* p. 93, et note 128.

Des mors. Fo.lv.

J'Ay bien ayme/honneur/paix/et iustice
Par quoy mon dieu/en temps et en saison

Dilexi quoniam exaudiet dominus vocem orationis mee.

B. N. Imprimés, Réserve *Cl. B. N.*

Heures de Nostre Dame translatées par P. Gringoire, Paris, 1527 : la mort piétinant le corps d'un roi mort entouré de pleurants, par Gabriel Salmon.

« *Si les hommes pensaient à part eux quelquefois*
Qu'il nous faut tous mourir, et que même les Rois
Ne peuvent éviter de la Mort la puissance »
(*Hymne de la mort*, p. 229)

Musée Condé, Chantilly *Cl. Giraudon*

CHARLES IX PAR FRANÇOIS CLOUET.

Voir *Éloge de la vieillesse,* réponse à des vers de Charles IX, p. 239.

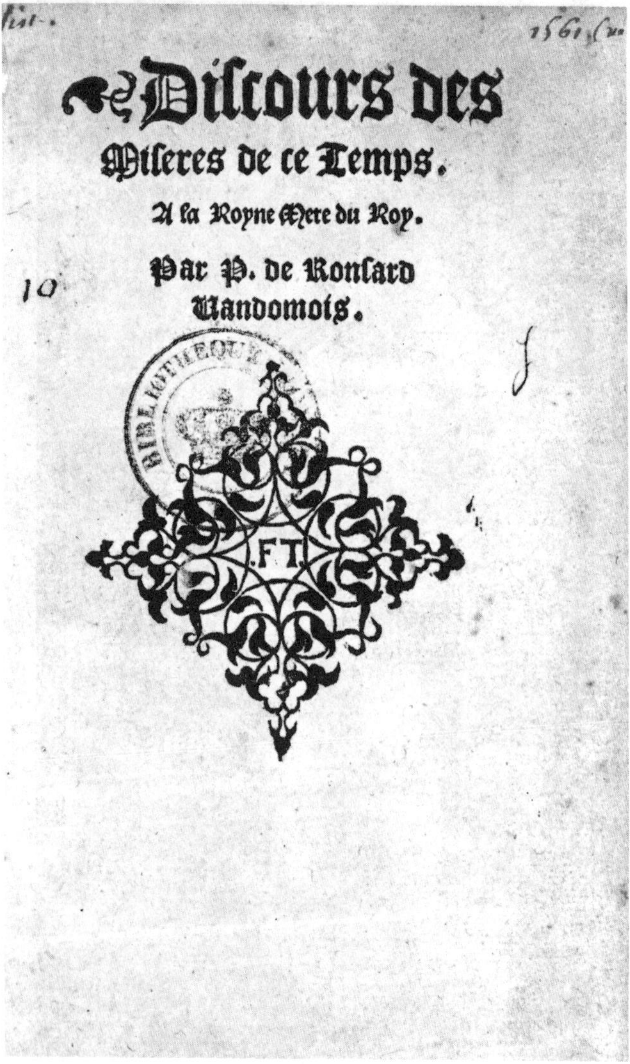

Discours des Miseres de ce Temps.

A la Royne Mere du Roy.

Par P. de Ronsard Vandomois.

B. N. Imprimés, Réserve — *Cl. B. N.*

PAGE DE TITRE
de la seconde édition, 1562.

B. N. Estampes *Cl. B. N.*

MONUMENT POUR LE CŒUR DE HENRI II.

« *Par une Reine où sont toutes les grâces*
Trois Grâces sont mises dessus ce cœur »...
(Voir p. 299 et note 321)

B. N. Estampes

La bataille de Jarnac.

Cl. B. N.

Voir *Hymne sur la victoire du duc d'Anjou*, p. 319.

Musée de Cluny, Paris *Cl. Alinari-Giraudon*

PORTRAIT SUR ÉMAIL DE CATHERINE DE MÉDICIS, Limoges, XVIe siècle.
Voir *A la Reine Catherine de Médicis,* p. 353.

Musée Condé, Chantilly *Cl. Giraudon*

Le cardinal de Lorraine, dessin de François Clouet.
Voir *Éloge du cardinal de Lorraine,* p. 364.

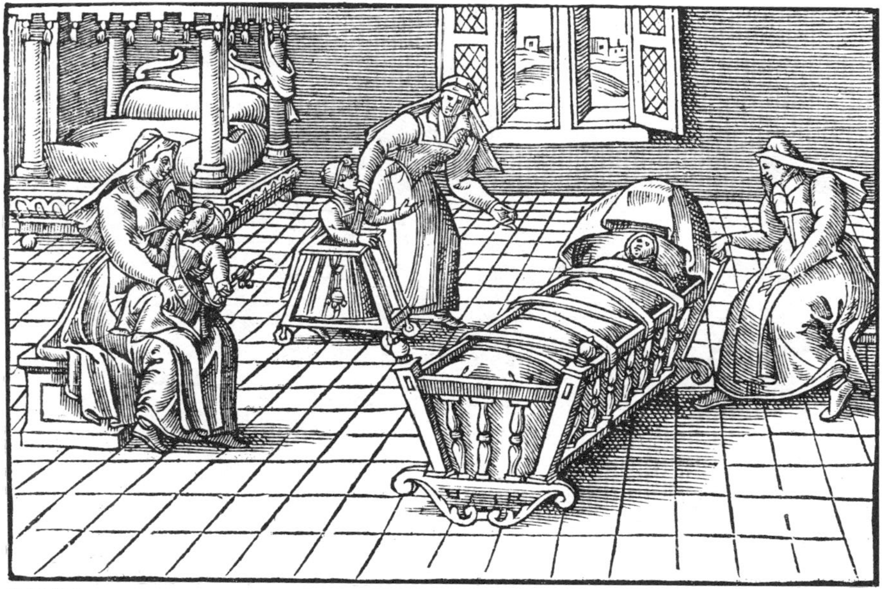

B. N. Estampes — *Cl. B. N.*

Guillaume Le Bé, Comme s'appaisent les petits enfans, 1587.

« *Mais sitôt, qu'il la voit, en lui riant s'apaise* »
(Voir *La Nourrice*, pp. 384-385)

B. N. Imprimés — Cl. Lalance

Thevet, *Cosmographie universelle*, 1575, vignette représentant un hérisson de mer.
Voir p. 399 *Au Cosmographe André Thevet* :

« Qui a décrit mille façons
D'oiseaux, de serpents, de poissons
Nouveaux à notre connaissance »

POÉSIES CHOISIES

LES ODES DE JEUNESSE

LES ODES DE JEUNESSE

I

[L'HONNEUR DU LAURIER] [1]

... L'honneur sans plus du vert Laurier m'agrée.
Par lui je hais le vulgaire odieux;
Voilà pourquoi Euterpe la sacrée
M'a de mortel fait compagnon des Dieux.
* La belle m'aime, et par ses bois m'amuse,
Me tient, m'embrasse et, quand je veux sonner,
De m'accorder ses flûtes ne refuse,
Ni de m'apprendre à bien les entonner.
* Dès mon enfance, en l'eau de ses fontaines
Pour Prêtre sien me plongea de sa main,
Me faisant part du haut honneur d'Athènes
Et du savoir de l'antique Romain.

II

« A LA FORÊT DE GASTINE » [2]

* Couché sous tes ombrages verts,
Gastine, je te chante [3],
Autant que les Grecs par leurs vers
La forêt d'Érymanthe,
Car malin, celer je ne puis
A la race future

De combien obligé je suis
A ta belle verdure.
Toi, qui sous l'abri de tes bois
Ravi d'esprit m'amuses,
Toi, qui fais qu'à toutes les fois
Me répondent les Muses,
Toi, par qui de ce méchant soin
Tout franc je me délivre,
Lorsqu'en toi je me perds bien loin
Parlant avec un livre;
Tes bocages soient toujours pleins
D'amoureuses brigades,
De Satyres et de Sylvains,
La crainte des Naïades!
En toi habite désormais
Des Muses le collège,
Et ton bois ne sente jamais
La flamme sacrilège!

III

« A LA FONTAINE BELLERIE »[4]

O Fontaine Bellerie[5],
Belle Fontaine chérie
De nos Nymphes, quand ton eau
Les cache au creux de ta source
Fuyantes le Satyreau,
Qui les pourchasse à la course
Jusqu'au bord de ton ruisseau,
Tu es la Nymphe éternelle
De ma terre paternelle;
Pour ce en ce pré verdelet
Vois ton Poète qui t'orne
D'un petit chevreau de lait,
A qui l'une et l'autre corne
Sortent du front nouvelet.
L'été, je dors ou repose

Sur ton herbe, où je compose,
Caché sous tes saules verts,
Je ne sais quoi, qui ta gloire
Enverra par l'univers,
Commandant à la mémoire
Que tu vives par mes vers.
  L'ardeur de la Canicule
Ton vert rivage ne brûle,
Tellement qu'en toutes parts
Ton ombre est épaisse et drue
Aux pasteurs venant des parcs,
Aux bœufs las de la charrue
Et au bestial épars.
  Iô ! tu seras sans cesse
Des fontaines la princesse,
Moi célébrant le conduit
Du rocher percé, qui darde
Avec un enroué bruit
L'eau de ta source jasarde
Qui trépillante se suit.

IV

[A LA MÊME FONTAINE] [6]

* Écoute un peu, Fontaine vive,
En qui j'ai rebu si souvent,
Couché tout plat dessus ta rive,
Oisif à la fraîcheur du vent,
  Quand l'été ménager moissonne
Le sein de Cérès dévêtu,
Et l'aire par compas résonne
* Gémissant sous le blé battu.
* Ainsi toujours puisses-tu être
En dévote religion
Au bœuf et au bouvier champêtre
De ta voisine région !

Ainsi toujours la lune claire
Voie à minuit au fond d'un val
Les Nymphes près de ton repaire
A mille bonds mener le bal!
Comme je désire, Fontaine,
De plus ne songer boire en toi,
L'été, lorsque la fièvre amène
La mort dépite contre moi.

V

« DE L'ÉLECTION DE SON SÉPULCRE »[7]

* Antres et vous, fontaines,
De ces roches hautaines,
Qui tombez contre-bas
D'un glissant pas,
Et vous, forêts et ondes
Par ces prés vagabondes,
Et vous, rives et bois,
Oyez ma voix!
Quand le ciel et mon heure
Jugeront que je meure,
Ravi du beau séjour
Du commun jour,
Je défends qu'on ne rompe
Le marbre, pour la pompe
De vouloir mon tombeau
Bâtir plus beau.
Mais bien je veux qu'un arbre
M'ombrage au lieu d'un marbre,
Arbre qui soit couvert
Toujours de vert.
De moi puisse la terre
Engendrer un lierre,
M'embrassant en maint tour
Tout à l'entour,

Et la vigne tortisse
Mon sépulcre embellisse,
Faisant de toutes parts
Un ombre épars !
Là viendront chaque année,
A ma fête ordonnée,
* Avecque leurs taureaux
Les pastoureaux;
Puis ayant fait l'office
Du dévot sacrifice,
Parlant à l'île ainsi,
Diront ceci :
« Que tu es renommée
D'être tombe nommée
D'un de qui l'univers
Chante les vers!
Qui onques en sa vie
Ne fut brûlé d'envie
D'acquérir les honneurs
Des grands seigneurs,
Ni n'enseigna l'usage
De l'amoureux breuvage,
Ni l'art des anciens
Magiciens,
Mais bien à nos campagnes
Fit voir les Sœurs compagnes,
Foulantes l'herbe aux sons
De ses chansons.
Car il fit à sa Lyre
Si bons accords élire,
Qu'il orna de ses chants
Nous et nos champs.
La douce manne tombe
A jamais sur sa tombe,
Et l'humeur que produit
En mai la nuit!
Tout à l'entour l'emmure
L'herbe et l'eau qui murmure,
* L'un toujours verdoyant,

L'autre ondoyant !
Et nous, ayant mémoire
* De sa fameuse gloire,
Lui ferons comme à Pan
Honneur chaque an. »
Ainsi dira la troupe,
Versant de mainte coupe
Le sang d'un agnelet
Avec du lait,
Dessus moi qui à l'heure
Serai par la demeure
Où les heureux esprits
Ont leurs pourpris.
La grêle ni la neige
N'ont tels lieux pour leur siège,
Ni la foudre onques là
Ne dévala ;
Mais bien constante y dure
L'immortelle verdure,
Et constant en tout temps
Le beau printemps...

VI

[A SON MAITRE JEAN DORAT] [8]

Puissé-je entonner un vers
Qui raconte à l'univers
Ton los porté sur son aile,
Et combien je fus heureux
Sucer le lait savoureux
De ta féconde mamelle !
Sur ma langue doucement
Tu mis au commencement,
Je ne sais quelles merveilles,
Que vulgaires je rendis
Et premier les épandis

Dans les Françaises oreilles.
  Si en mes vers tu ne vois
Sinon le miel de ma voix
Versé pour ton los repaître
Qui m'en oserait blâmer?
Le disciple doit aimer
Vanter et louer son maître.
  Nul ne peut montrer devant
Qu'il soit expert et savant,
Et l'ignorance n'enseigne
Comme on se doit couronner
Et le chef environner
D'une verdoyante enseigne.
  Si j'ai du bruit, il n'est mien ;
Je le confesse être tien
Dont la science hautaine
Tout altéré me trouva
Et bien jeune m'abreuva
De l'une et l'autre fontaine...
  On ne se travaille point
Ayant un disciple époint
A vertu dès sa naissance;
En peu de jours il est fait
D'apprenti maître parfait,
J'en donne assez connaissance.

VII

« A BERTRAND BERGIER, DE POITIERS » [9]

  La mercerie que je porte [10],
Bertrand, est bien d'une autre sorte
Que celle que l'usurier vend
Dedans ses boutiques avares,
Ou celles des Indes barbares
Qui enflent l'orgueil du Levant.
  Ma douce navire immortelle

Ne se charge de drogue telle,
Et telle de moi tu n'attends
Ou si tu l'attends tu t'abuses :
Je suis le trafiqueur des Muses
Et de leurs biens, maîtres du temps.
  Leur marchandise ne s'étale
Au plus offrant dans une halle,
Leur bien en vente n'est point mis
Et pour l'or il ne s'abandonne;
Sans plus, libéral je le donne
A qui me plaît de mes amis.
  Reçois donque cette largesse,
Et crois que c'est une richesse
Qui par le temps ne s'use pas,
Mais contre le temps elle dure
Et de siècle en siècle plus dure
Ne donne point aux vers d'appâts.
  L'audacieuse encre d'Alcée
Par les ans n'est point effacée,
Et vivent encore les sons
Que l'amante baillait en garde
A sa Tortue babillarde,
La compagne de ses chansons [11].
  Mon grand Pindare vit encore,
Et Simonide, et Stésichore,
Sinon en vers, au moins par nom,
Et des chansons qu'a voulu dire
Anacréon dessus sa lyre
Le temps n'efface le renom...

VIII

« ODELETTE » [12]

  J'ai l'esprit tout ennuyé
D'avoir trop étudié
Les Phœnomènes d'Arate [13];

Il est temps que je m'ébatte
Et que j'aille aux champs jouer.
Bons Dieux ! qui voudrait louer
Ceux qui collés sus un livre
* N'ont jamais souci de vivre?
  Que nous sert d'étudier,
Sinon de nous ennuyer
Et soin dessus soin accroistre
A nous, qui serons peut-estre
Ou ce matin, ou ce soir,
Victime de l'Orque noir [14],
De l'Orque qui ne pardonne,
Tant il est fier, à personne !
  Corydon, marche devant;
Sache où le bon vin se vend;
* Fais après à ma bouteille
Des feuilles de quelque treille
Un tapon pour la boucher;
Ne m'achète point de chair,
Car, tant soit-elle friande,
L'été je hais la viande.
  Achète des abricots,
Des pompons, des artichauts,
Des fraises et de la crème;
C'est en été ce que j'aime,
Quand sur le bord d'un ruisseau
Je la mange au bruit de l'eau,
Étendu sur le rivage
* Ou dans un antre sauvage.
  Ores que je suis dispos,
Je veux boire sans repos,
De peur que la maladie
Un de ces jours ne me die,
Me happant à l'imprévu :
Meurs, galant, c'est assez bu.

IX

« A SON PAGE »[15]

Rafraîchis-moi le vin, de sorte
Qu'il soit aussi froid qu'un glaçon;
Fais venir Janne, qu'elle apporte
Son luth pour dire une chanson;
Nous ballerons tous trois au son;
Et dis à Barbe qu'elle vienne,
Les cheveux tors à la façon
D'une folâtre Italienne.
Ne vois-tu que le jour se passe?
Je ne vis point au lendemain;
Page, reverse dans ma tasse,
Remplis-moi ce verre tout plein.
Maudit soit qui languit en vain!
Les Philosophes je n'appreuve :
Le cerveau n'est jamais bien sain
Que l'Amour et le vin n'abreuve.

X

[A LA MUSE CALLIOPE][16]

Descends du ciel, Calliope, et repousse
Tous les ennuis de ce tien nourrisson,
Soit de ton luth, ou soit de ta voix douce,
Ou par le miel qui coule en ta chanson.
Par toi je respire,
C'est toi qui ma lyre
Guides et conduis;
C'est toi, ma Princesse,
Qui me fais sans cesse
Fol comme je suis.
Certainement avant que né je fusse,

Pour te chanter tu m'avais ordonné;
Le Ciel voulut que cette gloire j'eusse
D'être ton chantre avant que d'être né.
La bouche m'agrée
Que ta voix sucrée
De son miel a pu [17],
Laquelle en Parnase
De l'eau de Pégase
Gloutement a bu.

Heureux celui que ta folie amuse!
Ta douce erreur ne le peut faire errer,
Voire et si doit t'ayant pour guide, ô Muse,
Hors du tombeau tout vif se déterrer...
Si dès mon enfance
Le premier de France
J'ai pindarisé,
De telle entreprise
Heureusement prise
Je me vois prisé...

C'est toi qui fais que j'aime les fontaines
Tout éloigné de ce monstre ignorant,
Tirant mes pas par les roches hautaines
Après les tiens que je suis adorant.
Tu es ma liesse,
Tu es ma Déesse,
Mes souhaits parfaits;
Si rien je compose,
Si rien je dispose,
En moi tu le fais.

Dedans quel antre, en quel désert sauvage
Me guides-tu, et quel ruisseau sacré
A ta grandeur me sera doux breuvage,
Pour mieux chanter ta louange à mon gré?...
Sus debout, ma lyre!
Un chant je veux dire
Sur tes cordes d'or :
La divine grâce
Des beaux vers d'Horace
Me plaît bien encor...

XI

« A CUPIDON »[18]

Le jour pousse la nuit,
Et la nuit sombre
Pousse le jour qui luit
D'une obscure ombre.
L'Automne suit l'Été,
Et l'âpre rage
Des vents n'a point été
Après l'orage.
* Mais le mal nonobstant
D'amour dolente
Demeure en moi constant
Et ne s'alente.
Ce n'était pas nous, Dieu,
Qu'il fallait poindre,
Ta flèche en autre lieu
Se devait joindre.
Poursuis les paresseux
Et les amuse,
Mais non pas moi ni ceux
Qu'aime la Muse...

XII

« A SA LYRE »[19]

Lyre dorée où Phœbus seulement
Et les neuf Sœurs ont part également,
Le seul confort qui mes tristesses tue,
Que la danse oit, et toute s'évertue
De t'obéir et mesurer ses pas
Sous tes fredons mignardés par compas,

Lorsqu'en bruyant tu marques la cadence
D'un avant-jeu, le guide de la danse...
  Celui n'est pas le bien-aimé des Dieux
A qui déplaît ton chant mélodieux,
Heureuse lyre, honneur de mon enfance!
Je te sonnai devant tous en la France
De peu à peu; car quand premièrement
Je te trouvai, tu sonnais durement,
Tu n'avais point de cordes qui valussent,
Ni qui répondre aux lois de mon doigt pussent.
Moisi du temps ton fût ne sonnait point;
Mais j'eus pitié de te voir mal en point,
Toi qui jadis des grands rois les viandes
Faisais trouver plus douces et friandes.
Pour te monter de cordes et d'un fût,
Voire d'un son qui naturel te fût,
Je pillai Thèbe et saccageai la Pouille [20],
T'enrichissant de leur belle dépouille.
  Et lors en France avec toi je chantai
Et, jeune d'ans, sur le Loir inventai
De marier aux cordes les victoires,
Et des grands rois les honneurs et les gloires.
Puis, affectant un œuvre plus divin,
Je t'envoyai sous le pouce Angevin [21],
Qui depuis moi t'a si bien fredonnée
Qu'à nous deux seuls la gloire en soit donnée...
  Déjà, ma lyre, un honneur tu reçois,
Et jà déjà la race des François
Me veut nombrer entre ceux qu'elle loue,
Et pour son chantre heureusement m'avoue.
O Muse douce, ô Cléion, ô les Sœurs
Qui animez de mon luth les douceurs!
Je vous salue, et resalue encore,
Et toi, mon Luth, par lequel je m'honore.
  Par toi je plais et par toi je suis lu :
C'est toi qui fais que Ronsard soit élu
Harpeur Français, et quand on le rencontre
Qu'avec le doigt par la rue on le montre;
Si je plais donc, si je sais contenter,

Si mon renom la France veut chanter,
Si de mon front les étoiles je passe,
Certes, mon Luth, cela vient de ta grâce.

XIII

« LE FOLATRISSIME VOYAGE D'ARCUEIL »

[Fin de la soirée] [22]

... Chacun ait la main armée
De ramée!
Chacun d'une gaie voix
Assourdisse les campagnes,
Les montagnes,
Les eaux, les prés et les bois!
Jà la cuisine allumée
Sa fumée
Fait tressauter jusqu'aux cieux,
Et jà les tables dressées
Sont pressées
De repas délicieux.
Cela vraiment nous invite
D'aller vite,
Pour apaiser un petit
La furie véhémente
Qui tourmente
Notre aboyant appétit...
Qu'on prodigue, qu'on répande
La viande
D'une libérale main,
Et les vins dont l'ancienne
Memphienne
Festia le mol Romain [23]!
Douce rosée divine
Angevine,
Bacchus sauve ta liqueur!

L'amitié que je te porte
Est tant forte,
Que je l'ai toujours au cœur.
Je veux que la tasse pleine
Se promène
Tout autour, de poing en poing,
Et veux qu'au fond d'elle on plonge
Ce qui ronge
Nos cerveaux d'épineux soin.
Ores, amis ! qu'on n'oublie
De l'amie
Le nom, qui vos cœurs lia ;
Qu'on vide autant cette coupe,
Chère troupe,
Que de lettres il y a.
Neuf fois au nom de Cassandre
Je vais prendre
Neuf fois du vin au flacon,
Afin de neuf fois le boire
En mémoire
Des neuf lettres de son nom.
Iô ! qu'on boive, qu'on chante,
Qu'on enchante
La dent des soucis félons !
La vieillesse larronnesse
Jà nous presse
Le derrière des talons.
Iô ! garçon, verse encore !
Que j'honore
D'un sacrifice joyeux
Ceste belle onde verrée
Consacrée
Au plus gai de tous les Dieux...
Évan [24] ! ta force divine
Ne domine
Les hommes tant seulement,
Elle étreint de toutes bêtes
Toutes têtes
D'un effort également.

Voyez-vous cette grenouille
Qui gazouille
Ivre sur le haut de l'eau,
Tant l'odeur d'une bouteille,
Grand'merveille,
Lui enchante le cerveau!
Comme elle du vin surprise
Est assise
Sur nos flacons entr'ouverts!
Comme sur l'un et sur l'autre
Elle vautre
Son corps flottant à l'envers!
Mais tandis que cette bête
Nous arrête,
D'autre côté n'oyez-vous
De Dorat la voix sucrée
Qui récrée
Tout le ciel d'un chant si doux?
Iô, Iô! qu'on s'avance!
Il commence
Encore à former ses chants,
Célébrant en voix Romaine
La fontaine
Et tous les Dieux de ces champs [25].
Prêtons donc à ses merveilles
Nos oreilles;
L'enthousiasme Limousin
Ne lui permet rien de dire
Sur sa lyre
Qui ne soit divin, divin.
Iô! Iô! quel doux style
Se distille
Parmi ses nombres divers!
Nul miel tant ne me recrée,
Que m'agrée
Le doux nectar de ses vers.
Quand je l'entends, il me semble
Que l'on m'emble
Mon esprit ravi soudain,

Et que loin du peuple j'erre
Sous la terre
Avec l'âme du Thébain [26]
Avecque l'âme d'Horace;
Telle grâce
* Se distille de son miel,
Et de sa voix Limousine
Vraiment digne
D'être Sirène du ciel [27].
Ha Vesper! brunette étoile,
* Qui d'un voile
Par tout embrunis les cieux,
Las! en ma faveur encore
Ne décore
L'arche du ciel de tes yeux.
Tarde un peu, noire courrière,
Ta lumière,
Pour ouïr plus longuement
La douceur de sa parole,
Qui m'affole
D'un si gai chatouillement.
* Quoi, des Astres la compaigne!
Tu dédaigne
Ma prière, et sans séjour
Devant l'heure tu flamboies
Et envoies
Sous les ondes notre jour.
Va, va, jalouse, chemine!
Tu n'es digne,
Ni tes étoiles, d'ouïr
Une chanson si parfaite,
Qui n'est faite
Que pour les Dieux éjouïr.
Donque, puisque la nuit sombre
Pleine d'ombre
Vient les montagnes saisir,
Retournons, troupe gentille,
Dans la ville
Demi-saoulés de plaisir.

Jamais l'homme, tant qu'il meure,
Ne demeure
* Bienheureux parfaitement :
Toujours avec la liesse
La tristesse
Se mêle secrètement.

L'INSPIRATION PINDARIQUE

L'INSPIRATION PINDARIQUE

I

[FRAGMENT D'UNE ODE AU ROI HENRI II] [28]

Comme un qui prend une coupe,
Seul honneur de son trésor,
Et de rang verse à la troupe
Du vin qui rit dedans l'or :
Ainsi versant la rosée,
Dont ma langue est arrosée,
Sur la race des Valois,
En son doux nectar j'abreuve
Le plus grand roi qui se treuve
Soit en armes ou en lois [29].

De Jupiter les antiques
Leurs écrits embellissaient;
Par lui leurs chants poétiques
Commençaient et finissaient,
Réjoui d'entendre bruire
Ses louanges sur la lyre;
Mais Henri sera le dieu
Qui commencera mon hymne,
Et que seul j'estime digne
De la fin et du milieu...

II

« LA VICTOIRE DE FRANÇOIS DE BOURBON

Comte d'Enghien, a Cerisoles » [30]

Strophe I

L'hymne qu'après tes combats
Marot fit de ta victoire,
Prince heureux, n'égala pas
Les mérites de ta gloire.
Je confesse bien qu'à l'heure
Sa plume était la meilleure
Pour dessiner simplement
Les premiers traits seulement.
Or moi, né d'un meilleur âge
Et plus que lui studieux,
Je veux parfaire l'ouvrage
D'un art plus laborieux.

Antistrophe

Moi donc qui tiens dans le poing
L'arc des Muses bien peignées,
Je ru'rai l'honneur plus loin
De tes victoires gagnées,
Et jusqu'aux pays étranges
Je darderai tes louanges,
Tes coups de masse, et l'horreur
De ta vaillante fureur
Qui tonnait en ton jeune âge,
Moissonnant les ennemis
Que le Martial orage
Devant ta foudre avait mis.

Épode

Vois voler mon dard étrange,
Par la Muse emmiellé,

Et de ta couronne ailé
Qui vient frapper ta louange.
Ores il ne faut pas dire
Un bas ton dessus ma lyre,
Mais bien nos meilleurs fredons,
Haut célébrant par cette Ode
Dite à la Thébaine mode
François, l'honneur des Bourbons [31].

. . . .

Strophe 3

Muses, ne vaut-il pas mieux
Que le son de ma lyre aille
Aux vieux Bourbons ses aïeux
Annoncer cette bataille,
Seule douce récompense
Des coûts et de la dépense?
La poudre des vieux tombeaux
N'engarde que les faits beaux
Des fils ornés de merveilles
N'aillent là-bas réjouir
De leurs pères les oreilles
Égayés de les ouïr.

Antistrophe

Fille du neveu d'Atlas [32],
Poste du monde où nous sommes,
Qui n'eus oncques le bec las
D'éventer les faits des hommes,
Va-t'en là-bas sous la terre,
Et à Charles, et à Pierre
Dis que François leur neveu
Aujourd'hui vainqueur s'est veu
De l'Impériale audace,
Et dis que sa jeune main
N'a point démenti sa face
Par un fait couard et vain.

Épode

Autour de la vie humaine
Maint orage va volant,
Qui ores le bien amène,
Ores le mal violent.
La roue de la Fortune
Ne se montre aux Rois toute une,
Et jamais nul ne se treuve
Qui jusqu'à la fin épreuve
L'entière félicité.
Les hommes journaliers meurent;
Les Dieux seulement demeurent
Francs de toute adversité.

III

« A JOACHIM DU BELLAY, ANGEVIN » [33]

Strophe 1

Aujourd'hui je me vanterai
Que jamais je ne chanterai
Un homme plus aimé que toi
Des neuf Pucelles et de moi,
Poste qui cornera ta gloire
Que toute France est approuvant,
Dans les délices s'abreuvant,
Dont tu flattes l'orgueil de Loire;
Car si un coup elle aperçoit
Qu'à Du Bellay mon hymne soit,
Par monceaux elle accourra toute
Autour de ma lyre, où dégoutte
L'honneur distillant de ton nom
Mignardé par l'art de mon pouce,
Et pour cueillir la gloire douce
Qui emmielle ton renom.

Antistrophe

Sus avant, Muse, ores il faut
Le guinder par l'air aussi haut
Que ses vertus m'ont mis ici
Dessous le joug d'un doux souci;
Il le mérite, ma mignonne.
Nul tant que lui n'est honorant
Les vers dont tu vas redorant
La gloire de ceux que je sonne :
Il s'égaie de tes chansons
Et de ces nouvelles façons
Auparavant non imitables,
Qui font émerveiller les tables
Et les gros sourcils renfoncer
De cette jalouse Ignorance,
Qui ose déjà par la France
L'honneur de nos vers offenser.

Épode

L'homme est fol qui se travaille
Porter en la mer des eaux,
A Corinthe des vaisseaux,
Et fol qui des vers te baille;
Si t'enverrai-je les miens
Pour renchérir plus les tiens,
Dont les douceurs nonpareilles
Savent flatter les oreilles
Des rois joyeux de t'ouïr;
Seule en France est notre lyre,
Qui les fredons puisse élire
Pour les Princes réjouir.

Strophe 2

Le bon Poète endoctriné
Par le seul naturel bien-né
Se hâte de ravir le prix;

Mais ces rimeurs qui ont appris
Avec travail, peines et ruses,
A leur honte enfantent des vers,
Qui toujours courent de travers
Outre la carrière des Muses [34].
Eux comparés à nos chants beaux
Sont faits semblables aux corbeaux
Qui dessous les feuilles caquettent
Contre deux Aigles, qui aguettent
Auprès du trône de leur Roi,
Le temps de ruer leurs tempêtes
Dessus les misérables têtes
De ces criards pâles d'effroi.

. . . .

Strophe 5

[Phœbus] m'encharge de chanter
Son Du Bellay, pour le vanter
Sur tous ses enfants qui ont bien
Mâché du Laurier Delphien.
Obéissant à la voix sainte,
Mon trait par le Ciel galopant
L'air Angevin n'ira coupant
Sans que ta gloire en soit atteinte,
Chantant l'homme être bienheureux,
Qui en ton nectar doucereux
Ses belles louanges enivre,
Mille fois nommé dans ton livre.
Que dirai plus? Le Ciel t'a fait
(Te fortunant de main non chiche)
Jeune, dispos, savant et riche,
Dessus son moule plus parfait.

Antistrophe

Mes doigts ne pourraient se lasser
De faire mon bateau passer
Par les vagues de ton renom;
Et ramerais encor, sinon

Que j'ai déjà prévu l'orage
Des médisants impétueux,
Qui contre les plus vertueux
Dégorgent volontiers leur rage,
Qui sotte en babil s'étendant
Comme un grand tonnerre grondant,
De son murmure m'admoneste
De tromper l'horrible tempeste
Aboyant et tant seulement
Les nourrissons des neuf Pucelles,
Qui se sont mis au dos des ailes
Pour voler éternellement.

Épode

Ore donque, frère d'Hélène,
Les Amycléans flambeaux
Du Ciel [35], montrez-vous jumeaux
Et mettez but à ma peine;
Faites ancrer à ce bord
Ma navire en quelque port
Pour finir mon navigage,
Et détournez le langage
Du médisant que je vois,
Qui toujours sa dent travaille
De me mordre, afin qu'il aille
Pincer un autre que moi.

IV

[ÉLOGE DE MICHEL DE L'HOSPITAL] [36]

Strophe 1

Errant par les champs de la Grâce
Qui peint mes vers de ses couleurs,
Sur les bords Dircéans j'amasse
L'élite des plus belles fleurs,

Afin qu'en pillant je façonne
D'une laborieuse main
La rondeur de cette couronne
Trois fois torse d'un pli Thébain,
Pour orner le haut de la gloire
Du plus heureux mignon des Dieux,
Qui çà-bas ramena des cieux
Les filles qu'enfanta Mémoire [37].

. . . .

Épode

Faisant parler sa grandeur
Aux sept langues de ma lyre,
De lui je ne veux rien dire
Dont je puisse être menteur;
Mais véritable il me plaît
De chanter bien haut, qu'il est
L'ornement de notre France,
Et qu'en fidèle équité,
En justice et vérité
Les vieux siècles il devance.

Strophe 23

C'est lui dont les grâces infuses
Ont ramené par l'univers
Le chœur des Piérides Muses
Faites illustres par ses vers :
Par lui leurs honneurs s'embellissent,
Soit d'écrits rampants par deux pieds,
Ou soit par des nombres qui glissent
De pas tout francs et déliés [38];
C'est lui qui honore et qui prise
Ceux qui font l'amour aux neuf Sœurs,
Et qui estime leurs douceurs,
Et qui anime leur emprise.

Antistrophe

C'est lui, chanson, que tu révères
* Comme l'honneur de notre ciel,

C'est celui qui aux lois sévères
A fait goûter l'attique miel,
C'est lui qui la sainte balance
Connaît et qui, ni bas ni haut,
Juste son poids douteux n'élance,
La tenant droite comme il faut,
C'est lui dont l'œil non variable
Note les méchants et les bons,
Et qui contre le heurt des dons
Oppose son cœur imployable.

Épode

J'avise au bruit de ces mots
Toute France qui regarde
Mon trait, qui droitement darde
Le riche but de ton los.
Je trahirais les vertus
Et les hommes revêtus
De vertueuses louanges,
Sans publier leur renom
Et sans envoyer leur nom
* Jusques aux terres étranges...

V

[PREMIER SÉJOUR DES MUSES SUR LA TERRE] [39]

Antistrophe 16

... Elles, tranchant les ondes bleues,
Vinrent du fond des flots chenus,
Ainsi que neuf petites nues
Parmi les peuples inconnus;
Puis, dardant leurs flammes subtiles,
Du premier coup ont agité
Le cœur prophète des Sibylles

Époint de leur divinité,
Si bien que leur langue comblée
* D'un son douteusement obscur
Chantait aux hommes le futur
D'une bouche toute troublée.

Épode

Après par tout l'univers
Les réponses prophétiques
De tant d'oracles antiques
Furent dites par les vers.
En vers se firent les lois,
Et les amitiés des Rois
Par les vers furent acquises;
Par les vers on fit armer
Les cœurs, pour les animer
Aux vertueuses emprises.

Strophe 17

Au cri de leurs saintes paroles
Se réveillèrent les Devins,
Et disciples de leurs écoles
Vinrent les Poètes divins :
Divins, d'autant que la nature
Sans art librement exprimaient,
Sans art leur naïve écriture
Par la fureur ils animaient.
Eumolpe vint, Musée, Orphée,
L'Ascréan, Line, et celui-là
Qui si divinement parla,
Dressant à la Grèce un trophée [40].

Antistrophe

Eux, piqués de la douce rage
Dont ces filles les tourmentaient,
D'un démoniacle courage
Les secrets des Dieux racontaient;

Si que paissant par les campagnes
Les troupeaux dans les champs herbeux,
Les Daimons et les Sœurs compagnes
La nuit apparaissaient à eux,
Et loin sur les eaux solitaires,
Carolant en rond par les prés,
Les promouvaient Prêtres sacrés
De leurs plus orgieux mystères.

Épode

Après ces Poètes saints
Avec une suite grande
Arriva la jeune bande
D'autres Poètes humains;
Dégénérant des premiers
Comme venus les derniers,
Par un art mélancolique
Trahirent avec grand soin
Les vers éloignés bien loin
De la sainte ardeur antique.

Strophe 18

L'un sonna l'horreur de la guerre
Qu'à Thèbes Adraste conduit,
L'autre comme on tranche la terre,
L'autre les flambeaux de la nuit;
L'un sur la flûte départie
En sept tuyaux Siciliens
Chanta les bœufs, l'autre en Scythie
Fit voguer les Thessaliens;
L'un fit Cassandre furieuse,
L'un au ciel poussa les débats
Des Rois chétifs, l'autre plus bas
Traîna la chose plus joyeuse [41].

Antistrophe

Par le fil d'une longue espace,
Après ces Poètes humains

Les Muses soufflèrent leur grâce
Dessus les Prophètes Romains,
Non pas comme fut la première
Ou comme la seconde était,
Mais comme toute la dernière
Plus lentement les agitait.
Eux toutefois pinçant la lyre
Si bien s'assouplirent les doigts
Qu'encor le fredon de leur voix
Passe l'honneur de leur Empire.

Épode

Tandis l'Ignorance arma
L'aveugle fureur des Princes,
Et le peuple des provinces
Contre les Sœurs anima.
* Jà l'horreur les enserrait,
Mais plus tôt les enferrait,
Quand les Muses détournées
Voyant du fer la rayeur,
Haletantes de frayeur
Dans le ciel sont retournées...

VI

[LES JEUX OLYMPIQUES ET LA POÉSIE DE PINDARE] [42]

... L'un crie que trop je me vante,
L'autre que le vers que je chante
N'est point bien joint ni maçonné;
L'un prend horreur de mon audace,
Et dit que sur la Grecque trace
Mon œuvre n'est point façonné.
Je leur fais réponse au contraire,
Comme l'ayant bien su portraire
Dessus le moule des plus vieux,

Et comme cil qui ne s'égare
Des vers repliés de Pindare
Inconnus de mes envieux.
  L'étable du grand Roi d'Élide,
Nette par les travaux d'Alcide [43],
Fonda près les champs Éléans
D'Olympe les joûtes illustres,
Qui retournaient par chacuns lustres
Anoblir les bords Piséans.
  Là s'amoncelait la jeunesse
Des plus belliqueux de la Grèce,
Studieuse à ravir l'honneur
De l'étrange feuille honorée
Que de la terre Hyperborée
Apporta le Thébain veneur [44].
  Ceux qui suants par la carrière
Laissaient leurs compagnons derrière,
Et ceux qui de courgés plombés [45]
Meurtrissaient la chair ampoulée,
Et ceux qui par la lutte huilée
Contre-tenaient les bras courbés;
  Ceux qui à leurs flèches soudaines
Commandaient d'être plus certaines,
Et ceux qui en rouant tournaient
Un grand caillou d'horrible masse,
Outre-volant le long espace
Du but où les coups se bornaient;
  Ceux qui en limons ou en selle
Devant la Grèce universelle
Par douze fois rasaient le tour
De la course douze fois torte,
Et d'une roue entière et forte
S'achetaient un brave retour;
* Vainqueurs, de cette feuille heureuse
Laçaient leur perruque poudreuse,
Et craignant perdre les labeurs
Pour qui leurs vertus travaillèrent,
Après la victoire éveillèrent
Le métier des premiers harpeurs;

Lesquels au soir par l'assemblée,
Quand l'œil de la Lune doublée
Ardait le voile obscur des cieux,
Avec les flûtes doux-sonnantes
Et les trompettes haut-parlantes
* Célébraient les victorieux.
Archiloc premier osa dire
D'un refrain simple sur sa lyre
Les honneurs d'Hercule en ses vers,
Vers qui longtemps chantés servirent
A tous les vainqueurs qui ravirent
L'olive par combats divers.
* Après comme une eau débordée
Ou comme la foudre guindée
Sur la nue au mois le plus chaud,
S'ouït tonner la voix Dircée,
Qui par l'air s'est si bien dressée
Que nulle n'a bondi plus haut.
Elle par les terres étranges
Cria des vainqueurs les louanges,
Et plutôt les fut élevant
Que l'air n'est froissé par la vire [46],
* Ou l'eau qui bruit sous le navire
Souffleté des gorges du vent.
Aussi nul chant ne s'accompare
Au chant courageux de Pindare,
Que la honte ne colorait
D'entremêler ses propres gloires
Avec les fameuses victoires
Des batailles qu'il honorait;
Et tout ensemble les sut vendre
* Au marchand qui les voulait prendre,
Plus chèrement qu'on n'achetait
Une statue feinte en cuivre
Que le vainqueur pour mieux revivre
Au plus haut d'Olympe mettait;
Tant la Grèce était studieuse
De sa Muse laborieuse.
Et tant son art eut de bonheur,

Que ses paroles honorées
Écrites en lettres dorées
Aux temples pendaient en honneur.
  Avec Hiéron, roi de Sicile,
Trafiqua maint vers difficile,
Où des brocards injurieux
De Bacchylide son contraire
Fut moqué, comme chez ton frère
M'ont moqué ceux des envieux [47]...
  Que plût à Dieu, qu'à sa hautesse
Fût égale ma petitesse
Et mes vers à ses chants nerveux !
Par ta sainte grandeur, je jure
* Que j'entonnerais cette injure
Aux oreilles de nos neveux.

L'INSPIRATION ANACRÉONTIQUE

L'INSPIRATION ANACRÉONTIQUE

I

« ODELETTE A CORYDON » [48]

Nous ne tenons en notre main
* Le temps futur du lendemain;
La vie n'a point d'assurance,
Et pendant que nous désirons
La faveur des Rois, nous mourons
Au milieu de notre espérance.
L'homme après son dernier trépas
Plus ne boit ni mange là-bas,
Et sa grange qu'il a laissée
Pleine de blé devant sa fin
Et sa cave pleine de vin
Ne lui viennent plus en pensée.
Hé, quel gain apporte l'émoi?
Va, Corydon, apprête-moi
Un lit de roses épanchées;
Il me plaît, pour me défâcher,
A la renverse me coucher
Entre les pots et les jonchées.
Fais-moi venir Dorat ici,
* Fais-y venir Jodelle aussi,
Et toute la Musine troupe;
Depuis le soir jusqu'au matin,
Je veux leur donner un festin
Et cent fois leur pendre la coupe.
Verse donc, et reverse encor

Dedans cette grand' coupe d'or,
Je vais boire à Henry Estienne,
Qui des enfers nous a rendu
Du vieil Anacréon perdu
* La douce lyre Téienne [49].
A toi, gentil Anacréon,
Doit son plaisir le biberon,
Et Bacchus te doit ses bouteilles;
Amour son compagnon te doit
Vénus, et Silène qui boit
L'été dessous l'ombre des treilles.

II

Du grand Turc je n'ai souci [50],
Ni du grand Soudan aussi;
L'or ne maîtrise ma vie,
Aux Rois je ne porte envie;
* J'ai souci tant seulement
De parfumer cointement
Ma barbe, et qu'une couronne
De fleurs le chef m'environne.
* Le soin de ce jour me point,
Du demain je n'en ai point.
Qui, bons Dieux! pourrait connaître
Si un lendemain doit être?
Vulcain, en faveur de moi,
Je te pri', dépêche-toi
De me tourner une tasse,
Qui de profondeur surpasse
Celle du vieillard Nestor;
Je ne veux qu'elle soit d'or,
Sans plus fais-la-moi de chêne,
Ou de lierre, ou de frêne.
Ne m'engrave point dedans
Ces grands panaches pendants,
Plastrons, morions, ni armes :
Qu'ai-je souci des alarmes,

Des assauts ou des combats?
Aussi ne m'y grave pas
Ni le Soleil, ni la Lune,
Ni le jour, ni la nuit brune,
Ni les Astres radieux :
Et quel soin ai-je des cieux,
De leurs Ours, de leur Charrette?
D'Orion ou de Boëte [51]?
Mais peins-moi, je te supplie,
D'une treille le repli
Non encore vendangée;
Peins une vigne chargée
De grappes et de raisins;
Peins-y des fouleurs de vins,
Le nez et la rouge trogne
D'un Silène et d'un ivrogne.

III

* Bois, Janin, à moi tour à tour [52],
Et ne ressembles au vautour
Qui toujours tire la charogne.
Tu es trompé : un bon ivrogne
Autant pour une noce vaut
Qu'un bon guerrier pour un assaut [53].
Car ce n'est moins entre les pots
D'enhardir par vineux propos
Un homme paresseux à boire,
Que pour gagner une victoire,
Rendre à la bataille hardi
* Un Capitaine accouardi.
Bois donc, ne fais plus du songeard;
Au vin gît la plus grande part
Du jeu, d'amour et de la danse.
L'homme sot qui lave sa panse
D'autre breuvage que du vin
Meurt toujours de mauvaise fin.
A bon droit le ciel a donné

A l'homme qui n'est aviné
Toujours quelque fortune dure;
Autrement la mordante cure,
Qui nous cuit l'âme à petit feu,
Ne s'en va qu'après avoir beu.
Après le vin on n'a souci
D'amour ni de la Cour aussi,
Ni de procès ni de la guerre.
Hé, que celui lâchement erre
Qui, faisant ainsi que Penthé,
Bacchus en ses vers n'a chanté!
Bois donques à moi tour à tour,
Et ne ressembles au vautour
Qui toujours tire la charogne :
Il vaut mieux voir en peau d'ivrogne
Là-bas l'infernal passager,
Que de crever de trop manger.

IV

La belle Vénus un jour [54]
M'amena son fils Amour,
Et l'amenant me vint dire :
« Écoute, mon cher Ronsard,
Enseigne à mon enfant l'art
De bien jouer de la lyre. »
Incontinent je le pris,
Et soigneux je lui appris
Comme Mercure eut la peine
De premier la façonner
Et de premier en sonner
Dessus le mont de Cyllène;
Comme Minerve inventa
Le hautbois, qu'elle jeta
Dedans l'eau toute marrie;
Comme Pan le chalumeau,
Qu'il pertuisa du roseau
Formé du corps de s'amie.

Ainsi pauvre que j'étais,
Tout mon art je recordais
A cet enfant pour l'apprendre;
Mais lui, comme un faux garçon,
Se moquait de ma chanson
Et ne la voulait entendre.
« Pauvre sot, ce me dit-il,
Tu te penses bien subtil!
Mais tu as la tête folle
D'oser t'égaler à moi,
Qui jeune en sais plus que toi
Ni que ceux de ton école. »
Et alors il me sourit,
Et en me flattant m'apprit
Tous les œuvres de sa mère,
Et comme pour trop aimer
Il avait fait transformer
En cent figures son père [55].
Il me dit tous ses attraits,
Tous ses jeux, et de quels traits
Il blesse les fantaisies
Et des hommes et des Dieux,
Tous ses tourments gracieux
Et toutes ses jalousies.
Et me les disant, alors
J'oubliai tous les accords
De ma lyre dédaignée,
Pour retenir en leur lieu
L'autre chanson que ce Dieu
M'avait par cœur enseignée.

V

Les Muses lièrent un jour [56]
De chaînes de roses Amour,
Et pour le garder le donnèrent
Aux Grâces et à la Beauté,
Qui, voyant sa déloyauté,

Sur Parnasse l'emprisonnèrent,
  Sitôt que Vénus l'entendit,
Son beau ceston elle vendit
A Vulcain pour la délivrance
De son enfant, et tout soudain,
Ayant l'argent dedans la main,
Fit aux Muses la révérence :
  « Muses, déesses des chansons,
Quand il faudrait quatre rançons
Pour mon enfant, je les apporte.
Délivrez mon fils prisonnier. »
Mais les Muses l'ont fait lier
D'une chaîne encore plus forte.
  Courage donques, amoureux,
Vous ne serez plus langoureux,
* Amour est au bout de ses ruses;
Plus n'oserait, ce faux garçon,
Vous refuser quelque chanson
Puisqu'il est prisonnier des Muses.

VI

  Le petit enfant Amour [57]
Cueillait des fleurs à l'entour
D'une ruche, où les avettes
Font leurs petites logettes,
  Comme il les allait cueillant,
Une avette sommeillant
Dans le fond d'une fleurette
* Lui piqua la main douillette.
  Sitôt que piqué se vit,
« Ah! je suis perdu », ce dit,
Et s'encourant vers sa mère
Lui montra sa plaie amère.
  « Ma mère, voyez ma main »,
Ce disait Amour tout plein
De pleurs, « voyez quelle enflure
M'a fait une égratignure. »

Alors Vénus se sourit
Et en le baisant le prit,
Puis sa main lui a soufflée
Pour guérir sa plaie enflée :
« Qui t'a, dis-moi, faux garçon,
Blessé de telle façon?
Sont-ce mes Grâces riantes
De leurs aiguilles poignantes?
— Nenni, c'est un serpenteau,
Qui vole au Printemps nouveau
Avecque deux ailerettes
Çà et là sur les fleurettes.
— Ah! vraiment je le connois,
Dit Vénus, les villageois
De la montagne d'Hymette
* Le surnomment Mélissette [58].
« Si donques un animal
Si petit fait tant de mal,
Quand son alène époinçonne
La main de quelque personne,
« Combien fais-tu de douleur
* Au prix de lui, dans le cœur
De celui en qui tu jettes
Tes amoureuses sagettes? »

VII

Du malheur de recevoir [59]
Un étranger, sans avoir
De lui quelque connaissance,
Tu as fait expérience,
Ménélas, ayant reçu
Pâris dont tu fus déçu;
Et moi je la viens de faire
* Qui ore ai voulu retraire
* Sottement un étranger
Dans ma chambre, et le loger [60].
Il était minuit, et l'Ourse

De son char tournait la course
Entre les mains du Bouvier,
Quand le somme vint lier
* D'une chaîne sommeillère
Mes yeux clos sous la paupière.
Jà je dormais en mon lit
Lorsque j'entr'ouïs le bruit
D'un qui frappait à ma porte
Et heurtait de telle sorte
Que mon dormir s'en alla.
Je demandai : « Qu'est-ce là
Qui fait à mon huis sa plainte?
— Je suis enfant, n'aye crainte »,
Ce me dit-il, et adonc
Je lui desserre le gond
De ma porte verrouillée.
« J'ai la chemise mouillée
Qui me trempe jusqu'aux os »,
Ce disait; « dessus le dos
Toute nuit j'ai eu la pluie,
Et pour ce je te supplie
De me conduire à ton feu
Pour m'aller sécher un peu. »
Lors je pris sa main humide,
* Et plein de pitié le guide
En ma chambre, et le fis seoir
Au feu qui restait du soir;
Puis, allumant des chandelles,
Je vis qu'il portait des ailes,
Dans la main un arc Turquois
Et sous l'aisselle un carquois.
Adonc en mon cœur je pense
Qu'il avait quelque puissance
Et qu'il fallait m'apprêter
Pour le faire banqueter.
Cependant il me regarde
D'un œil, de l'autre il prend garde
Si son arc était séché;
Puis, me voyant empêché

A lui faire bonne chère,
Me tire une flèche amère
Droit en l'œil, et qui de là
Plus bas au cœur dévala,
Et m'y fit telle ouverture
* Qu'herbe, drogue ni murmure
N'y servirait plus de rien.
Voilà, Revergat, le bien
(Mon Revergat qui embrasses
L'heur des Muses et des Grâces),
Le bien qui m'est survenu
Pour loger un inconnu.

VIII

« LA ROSE » [61]

* Versons ces roses près ce vin,
Près de ce vin versons ces roses !
Et buvons l'un à l'autre, afin
Qu'au cœur nos tristesses encloses
Prennent en buvant quelque fin.
La Rose est l'honneur d'un pourpris,
La Rose est des fleurs la plus belle
Et dessus toutes a le prix ;
C'est pour cela que je l'appelle
La violette de Cypris.
La Rose est le bouquet d'Amour,
La Rose est le jeu des Charites,
* La Rose blanchit tout au tour
Au matin de perles petites
Qu'elle emprunte du point du jour.
La Rose est le parfum des Dieux,
La Rose est l'honneur des pucelles,
Qui leur sein beaucoup aiment mieux
Enrichir de Roses nouvelles
Que d'un or, tant soit précieux.

Est-il rien sans elle de beau?
La Rose embellit toutes choses
Vénus de Roses a la peau,
Et l'Aurore a les doigts de Roses,
Et le front le Soleil nouveau.
Les Nymphes de Rose ont le sein,
Les coudes, les flancs et les hanches
Hébé de Roses a la main,
Et les Charites, tant soient blanches,
Ont le front de Roses tout plein
* Que le mien en soit couronné.
Ce m'est un Laurier de victoire;
Sus, appelons le deux-fois-né,
Le bon Père [62], et le faisons boire
De ces Roses environné.
* Bacchus, épris de la beauté
Des Roses aux feuilles vermeilles,
Sans elles n'a jamais été,
Quand en chemise sous les treilles
Buvait au plus chaud de l'été.

IX

Les épis sont à Cérès [63],
* Aux dieux bouquins les forêts,
A Chloris l'herbe nouvelle,
A Phœbus le vert laurier,
A Minerve l'olivier,
Et le beau pin à Cybèle;
Aux Zéphyres le doux bruit,
A Pomone le doux fruit,
L'onde aux Nymphes est sacrée,
A Flore les belles fleurs;
Mais les soucis et les pleurs
Sont sacrés à Cythérée.

X

Cependant que ce beau mois dure [64],
Mignonne, allons sur la verdure,
Ne laissons perdre en vain le temps;
L'âge glissant qui ne s'arrête,
Mêlant le poil de notre tête,
S'enfuit ainsi que le printemps.
Donc, cependant que notre vie
Et le temps d'aimer nous convie,
Aimons, moissonnons nos désirs,
Passons l'amour de veine en veine;
Incontinent la mort prochaine
Viendra dérober nos plaisirs.

XI

« A UN ROSSIGNOL » [65]

* Chantre Rossignol passager,
Qui t'es encor venu loger
Dedans cette fraîche ramée
* Sur ton épine accoutumée,
Et qui nuit et jour de ta voix
Assourdis les monts et les bois,
Redoublant la vieille querelle
De Térée et de Philomèle,
Je te supplie (ainsi toujours
Puisses jouir de tes amours)
De dire à ma douce inhumaine,
Au soir quand elle se promène
Ici pour ton nid épier,
Que jamais ne faut se fier
En la beauté ni en la grâce
Qui plus tôt qu'un songe se passe.

Dis-lui que les plus belles fleurs
En Janvier perdent leurs couleurs,
Et quand le mois d'Avril arrive
Qu'ils revêtent leur beauté vive;
Mais quand des filles le beau teint
Par l'âge est une fois éteint,
Dis-lui que plus il ne retourne,
Mais bien qu'en sa place séjourne
Au haut du front je ne sais quoi
De creux à coucher tout le doigt,
Et toute la face séchée
Se fait comme une fleur touchée
Du soc aigu; dis-lui encor
Qu'après qu'elle aura changé l'or
De ses blonds cheveux, et que l'âge
* Aura crespé son beau visage,
Qu'en vain lors elle pleurera
De quoi jeunette elle n'aura
Pris les plaisirs qu'on ne peut prendre
Quand la vieillesse nous vient rendre
Si froids d'amours et si perclus
Que les plaisirs ne plaisent plus.
Mais, Rossignol, que ne vient-elle
Maintenant sur l'herbe nouvelle
Avecque moi sous ce buisson?
Au bruit de ta douce chanson,
Je lui ferais sous la coudrette
Sa couleur blanche vermeillette.

XII

[A REMI BELLEAU

TRADUCTEUR D'ANACRÉON] [66]

Tu es un trop sec biberon
Pour un tourneur d'Anacréon [67],
Belleau; et quoi ! cette comète

Qui naguère au ciel reluisait
Rien que la soif ne prédisait,
Ou je suis un mauvais prophète.
  Les plus chauds astres éthérés
* Ramènent les jours altérés
En ce mois pour nous faire boire.
Bois donques ! après le trépas,
Ombre, tu ne boiras là-bas
Que je ne sais quelle onde noire.
  Mais non, ne bois point, mon Belleau,
Si tu veux monter au troupeau
Des Muses, dessus leur montagne ;
Il vaut trop mieux étudier
Comme tu fais, que s'allier
De Bacchus et de sa compagne.
  Quand avecque Bacchus on joint
Vénus sans mesure, on n'a point
Saine du cerveau la partie.
Donc, pour corriger son défaut,
Un vieil pédagogue il lui faut,
Un Silène qui le châtie,
  Ou les pucelles dont il fut
Nourri, quand Jupin le reçut
Tout vif de sa mère brûlée.
Ce furent les Nymphes des eaux ;
Car Bacchus gâte nos cerveaux,
Si la Nymphe n'y est mêlée.

XIII

[LA GAIETÉ D'HOMÈRE] [68]

  Assez vraiment on ne révère
Les divines bourdes d'Homère [69],
Qui dit qu'on ne saurait avoir
Si grand plaisir que de se voir
Entre ses amis à la table,

Quand un ménétrier délectable
Paît l'oreille d'une chanson,
Et quand l'ôte-soif échanson
Fait aller en rond par la troupe
De main en main la pleine coupe.
  Je te salue, heureux buveur,
Des meilleurs le meilleur rêveur,
Je te salue, esprit d'Homère !
Tes vers cachent quelque mystère ;
Il me plaît de voir si ce vin
M'ouvrira leur secret divin.
Iô ! je l'entends, chère troupe,
La seule odeur de cette coupe
M'a fait un rhapsode gaillard
Pour bien entendre ce vieillard.
  Tu voulais dire, bon Homère,
Qu'on doit faire très bonne chère,
Tandis que l'âge et la saison
Et la peu-maîtresse raison
Permettent à notre jeunesse
Les libertés de la liesse,
Sans avoir soin du lendemain ;
  Mais d'un hanap de main en main,
D'une trépignante cadence,
D'un rouer autour de la danse,
De meutes de chiens par les bois,
De luths mariés à la voix,
D'un flux, d'un dé, d'une première,
D'une belle fleur printanière,
D'une pucelle de quinze ans,
Et de mille autres jeux plaisants
* Donner soulas à notre vie
Qui bien tôt nous sera ravie.
  Moi doncques oisif maintenant,
Que la froideur est détenant
D'une claire bride glacée
L'humeur des fleuves amassée ;
Ores que les vents outrageux
Démènent un bruit orageux...

Que ferai-je en telle saison,
Sinon oiseux à la maison
Ensuivant l'oracle d'Homère
Près du feu faire bonne chère?
Et souvent baigner mon cerveau
Dans la liqueur d'un vin nouveau,
Qui toujours traîne pour compaigne
Ou la rôtie, ou la châtaigne?
En cette grande coupe d'or
Verse, page, et reverse encor!
Il me plaît de noyer ma peine
Au fond de cette tasse pleine
Et d'étrangler avec le vin
Mon souci qui n'a point de fin...
Çà, page, donne ce Catulle,
Donne-moi Tibulle et Marulle,
Donne ma lyre et mon archet,
Dépends-la tôt de ce crochet;
Vite donc, afin que je chante,
Afin que par mes vers j'enchante
Ce soin que l'amour trop cruel
Fait mon hôte perpétuel.
O Père, ô Bacchus! je te prie
Que ta sainte fureur me lie
Dessous ton thyrse, à celle fin,
O Père, que j'erre sans fin
Par tes montagnes reculées
Et par l'horreur de tes vallées.
Ce n'est pas moi, las! ce n'est pas
Qui dédaigne suivre tes pas
Et, couvert de lierre, braire
Par la Thrace : « Evan! » pourvu, Père,
Las! pourvu, Père, las! pourveu
Que ta flamme éteigne le feu
Qu'Amour de ses rouges tenailles
Me tournasse par les entrailles.

XIV

[A OLIVIER DE MAGNY] [70]

Si tu me peux compter les fleurs
Du Printemps, et combien d'arène
La mer, trouble de ses erreurs,
Contre le bord d'Afrique amène;
Si tu me peux compter des cieux
Toutes les étoiles ardentes,
Et des vieux chênes spacieux
Toutes les feuilles verdoyantes;
Si tu me peux compter l'ardeur
Des amants et leur peine dure,
Je te ferai le seul compteur,
Magny, des amours que j'endure.
Compte d'un rang premièrement
Deux cents que je pris en Touraine,
De l'autre rang secondement
Quatre cents que je pris au Maine.
Compte, mais jette près à près
Tous ceux d'Angers, et de la ville
D'Amboise, et de Vendôme après,
Qui se montent plus de cent mille.
Compte après six cents à la fois
Dont à Paris je me vis prendre,
Compte cent millions qu'à Blois
Je pris dans les yeux de Cassandre.
Quoi ! tu fais les comptes trop courts :
Il semble que portes envie
Au grand nombre de mes amours;
Compte-les tous, je te supplie.
Mais non, il les vaut mieux ôter,
Car tu ne trouverais en France
Assez de jetons pour compter
D'amours une telle abondance.

XV

[A JOACHIM DU BELLAY] [71]

Écoute, Du Bellay, ou les Muses ont peur
De l'enfant de Vénus, ou l'aiment de bon cœur,
Et toujours pas à pas accompagnent sa trace;
Car celui qui ne veut les amours dédaigner,
Toutes à qui mieux mieux le viennent enseigner,
Et sa bouche mielleuse emplissent de leur grâce.
* Mais au brave qui met les amours à dédain,
Toutes le dédaignant l'abandonnent soudain,
Et plus ne lui font part de leur gentille veine :
Ains Cléion lui défend de ne se plus trouver
En leur danse, et jamais ne venir abreuver
Sa bouche non amante en leur belle fontaine.
Certes, j'en suis témoin; car, quand je veux louer
Quelque homme ou quelque Dieu, soudain je sens [nouer
La langue à mon palais, et ma gorge se bouche;
Mais quand je veux d'amour ou écrire ou parler,
Ma langue se dénoue, et lors je sens couler
Ma chanson d'elle-même aisément en la bouche.

XVI

[A ÉTIENNE PASQUIER] [72]

Tu me fais mourir de me dire
Qu'il ne faut sinon qu'une lyre
Pour m'amuser, et que toujours
Je ne veux chanter que d'amours.
Tu dis vrai, je te le confesse;
Mais il ne plaît à la Déesse,
Qui mêle un plaisir d'un souci,

Que je vive autrement qu'ainsi.
Car quand Amour un coup enflamme
De son feu quelque gentille âme,
Impossible est de l'oublier,
Ni de ses rets se délier.
* Mais toi, Pasquier, en qui Minerve
A tant mis de biens en réserve,
Qui as l'esprit ardent et vif
Et né pour n'être point oisif,
Élève au ciel par ton histoire
De nos Rois les faits et la gloire,
Et prends sous ta diserte voix
La charge des honneurs François [73];
* Et désormais vivre me laisse
Sans gloire au sein de ma maîtresse,
Et parmi ses ris et ses jeux
Laisse grisonner mes cheveux.

XVII

[LA NATURE AMOUREUSE] [74]

« ÉLÉGIE »

Voici le temps, Candé, qui joyeux nous convie
Par l'amour, par le vin, d'ébattre notre vie.
L'an reprend sa jeunesse, et nous montre comment
Il faut, ainsi que lui, rajeunir doucement.
Ne vois-tu pas, Candé, ces jeunes Arondelles,
Ces Pigeons trémoussants et du bec et des ailes,
Se baiser goulûment et de nuit et de jour
Sur le haut d'une tour se soulasser d'amour?
Ne vois-tu pas comment ces vignes enlacées
* Tiennent des grands ormeaux les branches embrassées?
Regarde ce bocage, et vois d'une autre part
Les bras longs et tortus du lierre grimpart
En serpent se virer à l'entour de l'écorce
De ce chêne aux longs bras, et le baiser à force.

N'ois-tu le Rossignol, chantre Cécropien,
Qui se plaint toute nuit du forfait ancien
Du malheureux Térée, et d'une langue habile
Gringoter par les bois la mort de son Ityle?
Il reprend, il retient, il recoupe le son
Tantôt haut, tantôt bas, de sa longue chanson,
Apprise sans nul maître, et d'une forte haleine
Raconte de sa sœur les larmes et la peine.
Ne vois-tu d'autre part les Nymphes dans ces prés
Émaillés, peinturés, verdurés, diaprés,
D'un pouce délicat moissonner les fleurettes
Qui devaient être proie aux gentilles avettes,
Lesquelles en volant de sillons en sillons,
De jardins en jardins avec les papillons,
A petits branles d'aile amassent ménagères
Des printanières fleurs les odeurs passagères?
Cela nous admoneste en ces mois si plaisants
De ne frauder en rien l'usufruit de nos ans.
Voici la Mort qui vient, la vieille rechignée,
D'une suite de maux toujours accompagnée.
Il faut en dépit d'elle empoigner le plaisir,
* Et non pas ce jourd'hui qu'en avons le loisir,
* Que notre âge et le sang, qui chaudement bouillonne
A l'entour de nos cœurs, la jeunesse aiguillonne...

XVIII

« A JANNE IMPITOYABLE » [75]

Jeune beauté, mais trop outrecuidée
Des présents de Vénus,
* Quand tu verras ta peau toute ridée
Et tes cheveux chenus,
Contre le temps et contre toi rebelle
Diras, en te tançant :
« Que ne pensai-je, alors que j'étais belle,
Ce que je vais pensant?

Ou bien pourquoi à mon désir pareille
  Ne suis-je maintenant?
La beauté semble à la rose vermeille
  Qui meurt incontinent ».
Voilà les vers tragiques et la plainte
  Qu'au ciel tu enverras,
Incontinent que ta face dépeinte
  Par le temps tu verras.
Tu sais combien ardemment je t'adore,
  Indocile à pitié,
Et tu me fuis, et tu ne veux encore
  Te joindre à ta moitié.
O de Paphos et de Cypre régente,
  Déesse aux noirs sourcils!
Plus tôt encor que le temps, sois vengeante
  Mes dédaignés soucis;
Et du brandon dont les cœurs tu enflammes
  Des juments tout autour,
Brûle-la-moi, afin que de ses flammes
  Je me rie à mon tour.

XIX

  Ma petite colombelle [76],
Ma petite toute belle,
Mon petit œil, baisez-moi,
D'une bouche toute pleine
D'amours, chassez-moi la peine
De mon amoureux émoi.
  Quand je vous dirai : Mignonne,
Approchez-vous; qu'on me donne
Neuf baisers tout à la fois,
Donnez-m'en seulement trois,
  Tels que Diane guerrière
Les donne à Phœbus son frère,
Et l'Aurore à son vieillard;
Puis reculez votre bouche,
Et bien loin toute farouche

Fuyez d'un pied frétillard.
  Comme un taureau par la prée
Court après son amourée,
Ainsi tout plein de courroux
Je courrai fol après vous;
  Et, prise d'une main forte,
Vous tiendrai de telle sorte
Qu'un aigle un pigeon tremblant;
Lors, faisant de la modeste,
De me redonner le reste
Des baisers ferez semblant.
  Mais en vain serez pendante
Toute à mon col attendante,
Tenant un peu l'œil baissé,
Pardon de m'avoir laissé.
  Car en lieu de six adonques
J'en demanderai plus qu'onques
Tout le ciel d'étoiles n'eut,
Plus que d'arène poussée
Aux bords, quand l'eau courroucée
Contre les rives s'émeut.

XX

  Quand je veux en amour prendre mes passe-temps [77],
M'amie en se moquant laid et vieillard me nomme :
« Quoi ! dit-elle, rêveur, tu as plus de cent ans
Et tu veux contrefaire encore le jeune homme !
  « Tu ne fais que hennir, tu n'as plus de vigueur,
Ta couleur est d'un mort qu'on dévale en la fosse;
Vrai est, quand tu me vois, tu prends un peu de cœur,
Car un gentil cheval ne devient jamais rosse.
  « Si tu veux le savoir, prends ce miroir, et vois
Ta barbe en tous endroits de neige parsemée,
Ton œil qui fait la cire épaisse comme un doigt
Et ta face qui semble une idole enfumée. »
  Alors je lui réponds : « Quant à moi, je ne sai
Si j'ai l'œil chassieux, si j'ai perdu courage,

Si mes cheveux sont noirs ou si blancs je les ai,
Car jamais je n'appris à mirer mon visage.
* « Mais, puisque le tombeau me doit bientôt avoir,
Certes tu me devrais d'autant plus être humaine,
* Car le vieil homme doit, ou jamais, recevoir
Ses plaisirs, même au temps qu'il sent la mort pro-
[chaine ».

XXI

Ma douce jouvence est passée [78],
Ma première force est cassée;
J'ai la dent noire et le chef blanc;
Mes nerfs sont dissous, et mes veines,
Tant j'ai le corps froid, ne sont pleines
Que d'une eau rousse en lieu de sang.
Adieu ma lyre ! adieu fillettes,
Jadis mes douces amourettes !
Adieu, je sens venir ma fin;
Nul passe-temps de ma jeunesse
Ne m'accompagne en la vieillesse
Que le feu, le lit et le vin.
J'ai la tête tout alourdie
De trop d'ans et de maladie;
De tous côtés le soin me mord;
Et soit que j'aille ou que je tarde,
Toujours après moi je regarde
Si je verrai venir la Mort;
Qui doit, ce me semble, à toute heure
Me mener là-bas où demeure
Je ne sais quel Pluton, qui tient
Ouvert à tous venants un antre,
Où bien facilement on entre,
Mais d'où jamais on ne revient.

XXII

[A GASPARD D'AUVERGNE] [79]

... Le marchand hardiment vire,
Par la mer, de sa navire
La proue et la poupe encor;
Je ne suis brûlé d'envie,
Aux chers dépens de ma vie,
De gagner des lingots d'or.
Tous ces biens je ne quiers point,
Et mon courage n'est point
De telle gloire excessive.
Manger, ô mon compagnon,
Ou la figue d'Avignon,
Ou la provençale olive,
L'artichaut et la salade,
L'asperge et la pastenade,
Et les pepons Tourangeaux
Me sont herbes plus friandes
Que les royales viandes
Qui se servent à monceaux.
Puisqu'il faut si tôt mourir,
Que me vaudrait d'acquérir
* Un bien qui ne dure guère?
Qu'un héritier qui viendrait
Après mon trépas vendrait,
Et en ferait bonne chère?
Tant seulement je désire
Une santé qui n'empire;
Je désire un beau séjour,
Une raison saine et bonne,
Et une lyre qui sonne
Toujours le Vin et l'Amour.

XXIII

[A REMI BELLEAU] [80]

Je veux, me souvenant de ma gentille amie,
Boire ce soir d'autant, et pour ce, Corydon,
Fais remplir mes flacons, et verse à l'abandon
Du vin pour réjouir toute la compagnie.
   Soit que m'amie ait nom ou Cassandre ou Marie,
* Neuf fois je m'en vais boire aux lettres de son nom,
Et toi, si de ta belle et jeune Madelon,
Belleau, l'amour te point, je te pri' ne l'oublie
*   Apporte ces bouquets que tu m'avais cueillis,
* Ces roses, ces œillets, ce jasmin et ces lis;
* Attache une couronne à l'entour de ma tête.
*   Gagnons ce jour ici, trompons notre trépas :
* Peut-être que demain nous ne reboirons pas;
* S'attendre au lendemain n'est une chose prête.

L'AMOUR DE CASSANDRE

L'AMOUR DE CASSANDRE

I

Qui voudra voir comme un Dieu me surmonte [81],
Comme il m'assaut, comme il se fait vainqueur,
Comme il renflamme et renglace mon cœur,
Comme il reçoit un honneur de ma honte;
Qui voudra voir une jeunesse prompte,
Qui voudra voir un sujet de malheur,
Me vienne lire; il lira ma douleur,
Dont ma maîtresse et Amour ne font compte;
* Il connaîtra que faible est la raison
Contre son trait, quand sa douce poison
Corrompt le sang, tant le mal nous enchante;
Et connaîtra que je suis trop heureux
D'être en mourant nouveau cygne amoureux,
Qui son obsèque à soi-même se chante [82].

II

Le plus touffu d'un solitaire bois [83],
Le plus aigu d'une roche sauvage,
Le plus désert d'un séparé rivage
Et la frayeur des antres les plus cois
Soulagent tant les soupirs de ma voix,
Qu'au seul écart de leur secret ombrage
Je sens guérir cette amoureuse rage
Qui me raffole au plus vert de mes mois.
Là renversé dessus la terre dure,

Hors de mon sein je tire une peinture,
De tous mes maux le seul allégement,
Dont les beautés, par Denisot encloses,
Me font sentir mille métamorphoses
Tout en un coup d'un regard seulement.

III

* Une beauté de quinze ans enfantine [84],
Un or frisé de maint crespe annelet,
Un front de rose, un teint damoiselet,
Un ris qui l'âme aux astres achemine;
Une vertu de telle beauté digne,
Un col de neige, une gorge de lait,
Un cœur jà mûr en un sein verdelet,
En dame humaine une beauté divine;
Un œil puissant de faire jours les nuits,
* Une main douce à forcer les ennuis
Qui tient ma vie en ses doigts enfermée,
* Avec un chant découpé doucement
Or' d'un souris, or' d'un gémissement :
De tels sorciers ma raison fut charmée.

IV

« Avant le temps tes tempes fleuriront [85],
De peu de jours ta fin sera bornée,
Avant le soir se clora ta journée,
Trahis d'espoir tes pensers périront;
« Sans me fléchir tes écrits flétriront,
En ton désastre ira ma destinée,
Ta mort sera pour m'aimer terminée,
De tes soupirs nos neveux se riront.
« Tu seras fait d'un vulgaire la fable,
Tu bâtiras sur l'incertain du sable
Et vainement tu peindras dans les cieux. »

Ainsi disait la nymphe qui m'affole,
Lorsque le ciel, témoin de sa parole,
D'un dextre éclair fut présage à mes yeux [86].

V

* Ha ! je voudrais, richement jaunissant [87],
En pluie d'or goutte à goutte descendre
Dans le giron de ma belle Cassandre,
Lorsqu'en ses yeux le somme va glissant;
Puis je voudrais en taureau blanchissant
Me transformer pour finement la prendre,
* Quand en avril par l'herbe la plus tendre
Elle va, fleur, mille fleurs ravissant.
Ha ! je voudrais pour alléger ma peine,
Être un Narcisse, et elle une fontaine,
Pour m'y plonger une nuit à séjour;
Et si voudrais que cette nuit encore
Fût éternelle, et que jamais l'Aurore
D'un feu nouveau ne rallûmat le jour [88].

VI

Plus tôt le bal de tant d'astres divers [89]
* Sera lassé, et l'Océan sans onde,
Et du Soleil la fuite vagabonde
Ne courra plus en tournant de travers;
Plus tôt des cieux les murs seront ouverts,
Plus tôt sans forme ira confus le monde,
Que je sois serf d'une maîtresse blonde,
Ou que j'adore une femme aux yeux verts.
* O bel œil brun ! que je sens dedans l'âme,
Tu m'as si bien allumé de ta flamme
Qu'un autre œil vert n'en peut être vainqueur;
Si que toujours, en peau jeune et ridée,
Voire au tombeau, je veux aimer l'idée
De ces yeux bruns, deux soleils de mon cœur.

VII

Quand au matin ma déesse s'habille [90],
D'un riche or crespe ombrageant ses talons,
Et les filets de ses beaux cheveux blonds
En cent façons enonde et entortille,
Je l'accompare à l'écumière fille
* Qui, or' pignant les siens brunement longs,
Or' les frisant en mille crespillons,
* Nageait à bord dedans une coquille.
De femme humaine encore ne sont pas
Son ris, son front, ses gestes ni ses pas,
Ni de ses yeux l'une et l'autre étincelle.
Rocs, eaux ni bois ne logent point en eux
Nymphe qui ait si folâtres cheveux,
Ni l'œil si beau, ni la bouche si belle.

VIII

Amour me tue, et si je ne veux dire [91]
Le plaisant mal que ce m'est de mourir,
Tant j'ai grand-peur qu'on veuille secourir
Ce doux tourment pour lequel je soupire.
Il est bien vrai que ma langueur désire
Qu'avec le temps je me puisse guérir :
Mais je ne veux ma dame requérir
Pour ma santé, tant me plaît mon martyre.
Tais-toi, langueur, je sens venir le jour
Que ma maîtresse après si long séjour,
Voyant le mal que son orgueil me donne,
A la douceur la rigueur fera lieu,
En imitant la nature de Dieu,
Qui nous châtie, et puis il nous pardonne.

IX

Divin Bellay, dont les nombreuses lois [92],
Par une ardeur du peuple séparée,
Ont revêtu l'enfant de Cythérée
D'arcs, de flambeaux, de traits et de carquois,
Si le doux feu dont jeune tu ardois
Enflambe encor' ta poitrine sacrée,
Si ton oreille encore se récrée
D'ouïr les plaints des amoureuses voix,
Oy ton Ronsard qui sanglote et lamente,
* Pâle de peur, pendu sur la tourmente,
Croisant en vain ses mains devers les cieux,
En frêle nef, sans mât, voile ni rame,
Et loin du havre, où pour astre ma dame
Me conduisait du Phare de ses yeux.

X

Comme un Chevreuil, quand le printemps détruit [93]
* Du froid hiver la poignante gelée,
Pour mieux brouter la feuille emmiellée,
Hors de son bois avec l'Aube s'enfuit,
Et seul, et sûr, loin de chiens et de bruit,
Or' sur un mont, or' dans une vallée,
Or' près d'une onde à l'écart recelée,
Libre, folâtre où son pied le conduit,
De rets ni d'arc sa liberté n'a crainte,
Sinon alors que sa vie est atteinte
* D'un trait meurtrier empourpré de son sang.
Ainsi j'allais sans espoir de dommage,
Le jour qu'un œil, sur l'avril de mon âge,
Tira d'un coup mille traits en mon flanc.

XI

Ciel, air et vents, plains et monts découverts [94],
* Tertres vineux et forêts verdoyantes,
Rivages tors et sources ondoyantes,
Taillis rasés et vous, bocages verts,
Antres moussus à demi-front ouverts,
Prés, boutons, fleurs et herbes rousoyantes,
* Coteaux vineux et plages blondoyantes,
Et vous rochers, écoliers de mes vers !
Puisqu'au partir, rongé de soin et d'ire,
A ce bel œil adieu je n'ai su dire,
Qui près et loin me détient en émoi,
Je vous suppli', ciel, air, vents, monts et plaines,
Taillis, forêts, rivages et fontaines,
Antres, prés, fleurs, dites-le-lui pour moi.

XII

Amour, que n'ai-je en écrivant la grâce [95]
Divine autant que j'ai la volonté !
Par mes écrits tu serais surmonté,
Vieil enchanteur des vieux rochers de Thrace [96].
Plus haut encor que Pindare et qu'Horace,
J'appenderais à ta divinité
Un livre enflé de telle gravité
Que Du Bellay lui quitterait la place.
Si, vive encor, Laure par l'Univers
Ne fuit volant dessus les Thusques vers,
Que notre siècle heureusement estime,
Comme ton nom, honneur des vers François,
Victorieux des peuples et des Rois,
S'envolerait sur l'aile de ma rime !

XIII

Je meurs, Paschal, quand je la vois si belle [97],
Le front si beau, et la bouche et les yeux;
Yeux le logis d'Amour victorieux,
Qui m'a blessé d'une flèche nouvelle.
Je n'ai ni sang, ni veine, ni moelle
Qui ne se change; et me semble qu'aux cieux
Je suis ravi, assis entre les Dieux,
Quand le bonheur me conduit auprès d'elle.
Ah! que ne suis-je en ce monde un grand Roi!
Elle serait ma Reine auprès de moi;
Mais, n'étant rien, il faut que je m'absente
De sa beauté, dont je n'ose approcher,
Que d'un regard transformer je ne sente
Mes yeux en fleuve et mon cœur en rocher.

XIV

Soit que son or se crespe lentement [98],
Ou soit qu'il vague en deux glissantes ondes,
Qui çà, qui là, par le sein vagabondes
Et sur le col nagent folâtrement,
Ou soit qu'un nœud diapré richement
De maints rubis et maintes perles rondes,
Serre les flots de ses deux tresses blondes,
* Mon cœur se plaît en son contentement.
Quel plaisir est-ce, ainçois quelle merveille,
Quand ses cheveux troussés dessus l'oreille
D'une Vénus imitent la façon,
Quand d'un bonnet sa tête elle adonise
Et qu'on ne sait s'elle est fille ou garçon,
Tant en ces deux sa beauté se déguise!

XV

Prends cette rose aimable comme toi [99]
Qui sers de rose aux roses les plus belles,
Qui sers de fleurs aux fleurs les plus nouvelles,
* Qui sers de Muse aux Muses et à moi.
Prends cette rose, et ensemble reçois
Dedans ton sein mon cœur qui n'a point d'ailes;
Il vit, blessé de cent playes cruelles,
Opiniâtre à garder trop sa foi.
La rose et moi différons d'une chose :
Un soleil voit naître et mourir la rose,
* Mille soleils ont vu naître m'amour,
Qui ne se passe et jamais ne repose.
Que plût à Dieu que mon amour éclose
Comme une fleur ne m'eût duré qu'un jour!

XVI

* Plus que les Rois, leurs sceptres et leur bien [100],
J'aime ce front où mon Tyran se joue
Et le vermeil de cette belle joue
Qui fait honteux le pourpre Tyrien.
Toutes beautés à mes yeux ne sont rien
Au prix du sein qui lentement secoue
Son gorgerin, sous qui doucement noue
Le branle égal d'un flot Cythérien.
En la façon que Jupiter est aise
Quand de son chant une Muse l'apaise,
Ainsi je suis de ses chansons épris,
Lorsqu'à son luth ses doigts elle embesogne
Et qu'elle dit le branle de Bourgogne
Qu'elle disait le jour que je fus pris.

XVII

Ce petit chien qui ma maîtresse suit [101]
Et qui jappant ne reconnaît personne,
Et cet oiseau qui ses plaintes résonne
Au mois d'Avril soupirant toute nuit;
Et la barrière où, quand le chaud s'enfuit,
Ma dame seule en pensant s'arraisonne,
Et ce jardin où son pouce moissonne
Toutes les fleurs que Zéphyre produit;
Et cette danse ou la flèche cruelle
M'outreperça, et la saison nouvelle
Qui tous les ans rafraîchit mes douleurs,
Et son œillade, et sa parole sainte,
Et dans le cœur sa grâce que j'ai peinte,
Baignent mes yeux de deux ruisseaux de pleurs.

XVIII

* Ville de Blois, naissance de ma dame [102],
Séjour des Rois et de ma volonté,
Où jeune d'ans d'Amour je fus dompté
Par un œil brun qui m'outreperça l'âme;
Chez toi je pris cette première flamme,
Chez toi je vis cette unique beauté,
Chez toi je vis la douce cruauté
Dont le beau trait la franchise m'entame.
Habite Amour en ta ville à jamais!
Et son carquois, ses lampes et ses traits
Pendent en toi, le temple de sa gloire!
Puisse toujours tes murailles couver
Dessous son aile et nu toujours laver
Son chef crépu dans les flots de ton Loire [103]!

XIX

Sainte Gastine, ô douce secrétaire [104]
De mes ennuis, qui réponds en ton bois
Ores en haute, ores en basse voix,
Aux longs soupirs que mon cœur ne peut taire;
Loir, qui refreins la course volontaire
* Du plus courant de tes flots Vendômois,
Quand accuser cette beauté tu m'ois,
De qui toujours je m'affame et m'altère;
Si dextrement l'augure j'ai reçu
Et si mon œil ne fut hier déçu
Des doux regards de ma douce Thalie,
Malgré la mort Poète me ferez,
Et par la France appelés vous serez,
L'un mon Laurier, l'autre ma Castalie.

XX

Un voile obscur par l'horizon épars [105]
Troublait le ciel d'une humeur survenue,
Et l'air crevé d'une grêle menue
Frappait à bonds les champs de toutes parts;
Déjà Vulcain de ses borgnes soudars
Hâtait les mains à la forge connue,
Et Jupiter dans le creux d'une nue
Armait sa main de l'éclair de ses dards;
Quand ma nymphette, en simple vertugade
Cueillant les fleurs, des rais de son œillade
Essuya l'air grêleux et pluvieux,
Des vents sortis remprisonna les tropes,
Et fit cesser les marteaux des Cyclopes,
Et de Jupin rasséréna les yeux.

XXI

Ah! Bel-Accueil, que ta douce parole [106]
Vint traîtrement ma jeunesse offenser,
Quand au verger tu la menas danser
Sur mes vingt ans l'amoureuse carolle!
Amour adonc me mit à son école,
Ayant pour maître un peu sage penser,
Qui sans raison me mena commencer
Le chapelet d'une danse plus folle.
* Depuis cinq ans hôte de ce verger,
Je vais ballant avecque Faux-Danger,
Tenant la main d'une dame trop caute [107].
Je ne suis seul par Amour abusé;
A ma jeunesse il faut donner la faute :
En cheveux gris je serai plus rusé.

XXII

Voici le bois que ma sainte Angelette [108]
Sur le printemps réjouit de son chant;
Voici les fleurs où son pied va marchant
Quand à soi-même elle pense seulette.
Voici la prée et la rive mollette
Qui prend vigueur de sa main la touchant,
Quand pas à pas dans son sein va cachant
Le bel émail de l'herbe nouvelette.
Ici chanter, là pleurer je la vis,
Ici sourire, et là je fus ravi
De ses discours par lesquels je desvie;
Ici s'asseoir, là je la vis danser :
Sur le métier d'un si vague penser
Amour ourdit les trames de ma vie.

XXIII

Que dites-vous, que faites-vous, mignonne [109]?
Que songez-vous? pensez-vous point en moi?
Avez-vous point souci de mon émoi,
Comme de vous le souci m'époinçonne?
De votre amour tout le cœur me bouillonne,
Devant mes yeux sans cesse je vous voi,
Je vous entends absente, je vous oi,
Et mon penser d'autre amour ne résonne.
J'ai vos beautés, vos grâces et vos yeux
Gravés en moi, les places et les lieux,
Où je vous vis danser, parler et rire.
Je vous tiens mienne, et si ne suis pas mien :
* En vous je vis, je m'anime et respire,
Mon tout, mon cœur, mon sang et tout mon bien.

XXIV

[A JANET, PEINTRE DU ROI] [110]

Peins-moi, Janet, peins-moi, je te supplie,
Sur ce tableau les beautés de m'amie
De la façon que je te les dirai.
Comme importun je ne te supplierai
D'un art menteur quelque faveur lui faire;
Il suffit bien si tu la sais portraire
Ainsi qu'elle est, sans vouloir déguiser
Son naturel pour la favoriser;
Car la faveur n'est bonne que pour celles
Qui se font peindre, et qui ne sont pas belles.
Fais-lui premier les cheveux ondelés,
Serrés, retors, recrespés, annelés,
Qui de couleur le cèdre représentent;
Ou les allonge, et que libres ils sentent

Dans le tableau, si par art tu le peux,
La même odeur de ses propres cheveux;
* Car ses cheveux comme fleurettes sentent,
Quand les zéphyrs au printemps les éventent.
  Que son beau front ne soit entre-fendu
De nul sillon en profond étendu,
Mais qu'il soit tel qu'est l'eau de la marine,
Quand tant soit peu le vent ne la mutine
Et que gisante en son lit elle dort
Calmant les flots sillés d'un somme mort.
  Tout au milieu par la grève descende
Un beau rubis, de qui l'éclat s'épande
Par le tableau, ainsi qu'on voit de nuit
Briller les rais de la lune, qui luit
Dessus la neige au fond d'un val coulée,
De trace d'homme encore non foulée.
  Après fais-lui son beau sourcil voûtis
D'ébène noir, et que son pli tortis
Semble un croissant, qui montre par la nue
Au premier mois sa voûture cornue;
Ou, si jamais tu as vu l'arc d'Amour,
Prends le portrait dessus le demi-tour
De sa courbure à demi-cercle close,
Car l'arc d'Amour et lui n'est qu'une chose.
  Mais las! Janet, hélas, je ne sais pas
Par quel moyen, ni comment tu peindras
(Voire eusses-tu l'artifice d'Apelle)
De ses beaux yeux la grâce naturelle,
Qui font vergogne aux étoiles des cieux...
  Après fais-lui sa rondelette oreille,
Petite, unie, entre blanche et vermeille,
Qui sous le voile apparaisse à l'égal
Que fait un lis enclos dans un cristal,
Ou tout ainsi qu'apparaît une rose
Tout fraîchement dedans un verre enclose.
  Mais pour néant tu aurais fait si beau
Tout l'ornement de ton riche tableau,
Si tu n'avais de la linéature
De son beau nez bien portrait la peinture.

Peins-le-moi donc grêle, long, aquilin,
Poli, traitis, où l'envieux malin
Quand il voudrait n'y saurait que reprendre,
Tant proprement tu le feras descendre
Parmi la face, ainsi comme descend
Dans une plaine un petit mont qui pend.
  Après au vif peins-moi sa belle joue
Pareille au teint de la rose qui noue
Dessus du lait, ou au teint blanchissant
Du lis qui baise un œillet rougissant.
Dans le milieu portrais une fossette,
Fossette, non, mais d'Amour la cachette,
D'où ce garçon de sa petite main
Lâche cent traits, et jamais un en vain,
Que par les yeux droit au cœur il ne touche.
  Hélas! Janet, pour bien peindre sa bouche,
A peine Homère en ses vers te dirait
Quel vermillon égaler la pourrait;
Car pour la peindre ainsi qu'elle mérite
Peindre il faudrait celle d'une Charite.
Peins-la-moi donc qu'elle semble parler,
Ores sourire, ores embaumer l'air
De ne sais quelle ambroisienne haleine;
Mais par-sus tout fais qu'elle semble pleine
De la douceur de persuasion.
Tout à l'entour attache un million
De ris, d'attraits, de jeux, de courtoisies,
Et que deux rangs de perlettes choisies
D'un ordre égal en la place des dents
Bien poliment soient arrangés dedans...
  Plus blanc que lait caillé dessus le jonc
Peins-lui le col, mais peins-le un petit long,
* Grêle et charnu, et sa gorge douillette
Comme le col soit un petit longuette.
  Après fais-lui, par un juste compas,
Et de Junon les coudes et les bras,
Et les beaux doigts de Minerve, et encore
La main égale à celle de l'Aurore.
  Je ne sais plus, mon Janet, où j'en suis;

Je suis confus et muet, je ne puis
Comme j'ai fait te déclarer le reste
De ces beautés qui ne m'est manifeste;
Las! car jamais tant de faveurs je n'eu,
Que d'avoir vu ses beaux tetins à nu.
Mais si l'on peut juger par conjecture,
Persuadé de raisons je m'assure
Que la beauté qui ne s'apparaît doit
Être semblable à celle que l'on voit.
Donque peins-la, et qu'elle me soit faite
Parfaite autant comme l'autre est parfaite...

XXV

« A CASSANDRE » [111]

Mignonne, allons voir si la rose
Qui ce matin avait déclose
Sa robe de pourpre au soleil,
A point perdu, cette vêprée,
Les plis de sa robe pourprée
Et son teint au vôtre pareil.
Las! voyez comme en peu d'espace,
Mignonne, elle a dessus la place,
Las, las! ses beautés laissé choir;
O vraiment marâtre Nature,
Puisqu'une telle fleur ne dure
Que du matin jusques au soir!
Donc, si vous me croyez, mignonne,
Tandis que votre âge fleuronne
En sa plus verte nouveauté,
Cueillez, cueillez votre jeunesse :
Comme à cette fleur, la vieillesse
Fera ternir votre beauté.

XXVI

[CHANSON] [112]

Quand je suis vingt ou trente mois
Sans retourner en Vendômois,
Plein de pensées vagabondes,
Plein d'un remords et d'un souci,
Aux rochers je me plains ainsi,
Aux bois, aux antres et aux ondes :

Rochers, bien que soyez âgés
De trois mille ans, vous ne changez
Jamais ni d'état ni de forme,
Mais toujours ma jeunesse fuit,
Et la vieillesse qui me suit
De jeune en vieillard me transforme.

Bois, bien que perdiez tous les ans,
* En l'hiver, vos cheveux plaisants,
L'an d'après, qui se renouvelle,
Renouvelle aussi votre chef;
Mais le mien ne peut derechef
Ravoir sa perruque nouvelle.

Antres, je me suis vu chez vous
Avoir jadis verts les genoux,
Le corps habile et la main bonne;
Mais ores j'ai le corps plus dur
Et les genoux que n'est le mur
Qui froidement vous environne.

Ondes, sans fin vous promenez
Et vous menez et ramenez
Vos flots d'un cours qui ne séjourne;
Et moi, sans faire long séjour,
Je m'en vais de nuit et de jour
* Mais comme vous je ne retourne.

Si est-ce que je ne voudrois
* Avoir été ni roc, ni bois,
Antre ni onde pour défendre

Mon corps contre l'âge emplumé [113],
Car ainsi dur je n'eusse aimé [114]
* Toi qui m'as fait vieillir, Cassandre !

XXVII

[DERNIERS VERS POUR CASSANDRE] [115]

L'absence, ni l'oubli, ni la course du jour
N'ont effacé le nom, les grâces ni l'amour
Qu'au cœur je m'imprimai dès ma jeunesse tendre,
Fait nouveau serviteur de toi, belle Cassandre !
Qui me fus autrefois plus chère que mes yeux,
Que mon sang, que ma vie, et que seule en tous lieux
Pour sujet éternel ma Muse avait choisie,
Afin de te chanter par longue poésie...
Et si l'âge, qui rompt et murs et forteresses,
En coulant a perdu un peu de nos jeunesses,
Cassandre, c'est tout un; car je n'ai pas égard
A ce qui est présent, mais au premier regard,
Au trait qui me navra de ta grâce enfantine...
Toujours me souvenait de cette heure première,
Où jeune je perdis mes yeux en ta lumière,
Et des propos qu'un soir nous eûmes, devisant,
Dont le seul souvenir, non autre, m'est plaisant.
Ce fut en la saison du Printemps qui est ores;
En la même saison je t'ai revue encores;
Fasse Amour que l'Avril où je fus amoureux
Me fasse aussi content que l'autre malheureux !

L'AMOUR DE MARIE

L'AMOUR DE MARIE

I

Si quelque amoureux passe en Anjou par Bourgueil [116],
Voie un pin qui s'élève au-dessus du village,
Et là, sur le sommet de son pointu feuillage,
* Verra ma liberté triomphe d'un bel œil,
Qu'Amour victorieux, qui se plaît de mon deuil,
Appendit pour trophée et pour servile hommage,
Afin qu'à tous passants elle fût témoignage
Que l'amoureuse vie est un plaisant cercueil.
Je ne pouvais trouver plante plus estimée
Pour pendre ma dépouille, en qui fut transformée
La jeune peau d'Atys dessus le mont Idé [117].
Mais entre Atys et moi il y a différence,
* C'est qu'il fut amoureux d'un visage ridé
Et moi d'une beauté qui ne sort que d'enfance.

II

* Marie, qui voudrait votre nom retourner [118],
Il trouverait *aimer* : aimez-moi donc Marie,
* Votre nom de nature à l'amour vous convie.
Pécher contre son nom ne se doit pardonner.
S'il vous plaît votre cœur pour gage me donner,
Je vous offre le mien; ainsi de cette vie
Nous prendrons les plaisirs, et jamais autre envie
Ne me pourra l'esprit d'une autre emprisonner.
Il faut aimer, maîtresse, au monde quelque chose;

Celui qui n'aime point malheureux se propose
Une vie d'un Scythe, et ses jours veut passer
Sans goûter la douceur des douceurs la meilleure;
Hé! qu'est-il rien de doux sans Vénus? las, à l'heure
Que je n'aimerai plus, puissé-je trépasser!

III

* Marie, levez-vous, ma jeune paresseuse [119],
Jà la gaie Alouette au ciel a fredonné,
Et jà le Rossignol doucement jargonné,
Dessus l'épine assis, sa complainte amoureuse.
Sus debout! allons voir l'herbelette perleuse,
Et votre beau rosier de boutons couronné,
* Et vos œillets mignons auxquels aviez donné,
Hier au soir, de l'eau d'une main si soigneuse.
Harsoir, en vous couchant vous jurâtes vos yeux
D'être plus tôt que moi ce matin éveillée;
* Mais le dormir de l'Aube aux filles gracieux
Vous tient d'un doux sommeil la paupière sillée.
* Je vais baiser vos yeux et votre beau tétin
Cent fois pour vous apprendre à vous lever matin.

IV

Cache pour cette nuit ta corne, bonne Lune [120]!
Ainsi Endymion soit toujours ton ami,
Ainsi soit-il toujours en ton sein endormi,
Ainsi nul enchanteur jamais ne t'importune.
Le jour m'est odieux, la nuit m'est opportune;
Je crains du jour l'aguet d'un voisin ennemi;
De nuit, plus courageux, je traverse parmi
Le camp des espions, remparé de la brune.
Tu sais, Lune, que peut l'amoureuse poison :
Le Dieu Pan, pour le prix d'une blanche toison,
Put bien fléchir ton cœur. Et vous, Astres insignes,

Favorisez au feu qui me tient allumé :
Car, s'il vous en souvient, la plupart de vous, Signes,
N'a place dans le ciel que pour avoir aimé [121].

V

J'ai l'âme pour un lit de regrets si touchée [122],
Que nul homme jamais ne fera que j'approuche
De la chambre amoureuse, encor moins de la couche
Où je vis ma maîtresse au mois de Mai couchée.
Un somme languissant la tenait mi-penchée
Dessus le coude droit fermant sa belle bouche,
Et ses yeux dans lesquels l'archer Amour se couche,
Ayant toujours la flèche à la corde encochée.
Sa tête en ce beau mois sans plus était couverte
D'un riche escofion ouvré de soie verte,
Où les Grâces venaient à l'envi se nicher,
Puis en ses beaux cheveux choisissaient leur demeure.
J'en ai tel souvenir que je voudrais qu'à l'heure
Mon cœur pour n'y penser fût devenu rocher.

VI

R. Que dis-tu, que fais-tu, pensive tourterelle [123],
Dessus cet arbre sec? *T*. Viateur, je lamente.
R. Pourquoi lamentes-tu? *T*. Pour ma compagne absente,
Dont je meurs de douleur. *R*. En quelle part est-elle?
T. Un cruel oiseleur par glueuse cautèle
L'a prise et l'a tuée; et nuit et jour je chante
Ses obsèques ici, nommant la mort méchante
Qu'elle ne m'a tuée avecque ma fidèle.
R. Voudrais-tu bien mourir et suivre ta compaigne?
* *T*. Aussi bien je languis en ce bois ténébreux,
Où toujours le regret de sa mort m'accompaigne.
R. O gentils oiselets, que vous êtes heureux!
Nature d'elle-même à l'amour vous enseigne,
Qui mourez et vivez fidèles amoureux.

VII

Douce, belle, amoureuse et bienfleurante Rose [124],
Que tu es à bon droit aux amours consacrée!
Ta délicate odeur hommes et Dieux récrée,
Et bref, Rose, tu es belle sur toute chose.
* Marie pour son chef un beau bouquet compose
De ta feuille, et toujours sa tête en est parée :
Toujours cette Angevine, unique Cythérée,
Du parfum de ton eau sa jeune face arrose.
Ha Dieu! que je suis aise alors que je te voi
Éclore au point du jour sur l'épine à requoi,
* Aux jardins de Bourgueil près d'une eau solitaire!
De toi les Nymphes ont les coudes et le sein,
De toi l'Aurore emprunte et sa joue et sa main,
* Et son teint la beauté qu'on adore en Cythère.

VIII

« LA QUENOUILLE » [125]

Quenouille, de Pallas la compagne et l'amie,
Cher présent que je porte à ma chère Marie
Afin de soulager l'ennui qu'elle a de moi,
Disant quelque chanson en filant de sur toi,
Faisant pirouetter, à son huis amusée
Tout le jour, son rouet et sa grosse fusée.
Quenouille, je te mène où je suis arrêté;
Je voudrais racheter par toi ma liberté.
Tu ne viendras ès mains d'une mignonne oisive,
Qui ne fait qu'attifer sa perruque lascive
Et qui perd tout son temps à mirer et farder
Sa face, à celle fin qu'on l'aille regarder;
Mais bien entre les mains d'une disposte fille,
Qui dévide, qui cout, qui ménage, et qui file

Avecques ses deux sœurs, pour tromper ses ennuis,
L'hiver devant le feu, l'été devant son huis.
Aussi je ne voudrais que toi, Quenouille, faite
En notre Vendômois (où le peuple regrette
Le jour qui passe en vain), allasses en Anjou
Pour demeurer oisive et te rouiller au clou.
Je te puis assurer que sa main délicate
Filera dextrement quelque drap d'écarlate,
Qui si fin et si souef en sa laine sera
Que pour un jour de fête un Roi le vêtira.
Suis-moi donc, tu seras la plus que bien venue,
Quenouille, des deux bouts et grêlette et menue,
Un peu grosse au milieu, où la filasse tient
Étreinte d'un ruban, qui de Montoire vient.
Aime-laine, aime-fil, aime-estain, maisonnière,
Longue, Palladienne, enflée, chansonnière [126],
Suis-moi, laisse Couture, et allons à Bourgueil,
Où, Quenouille, on te doit recevoir d'un bel œil;
Car le petit présent qu'un loyal ami donne
Passe des puissants Rois le sceptre et la couronne.

IX

« LE VOYAGE DE TOURS » [127]

C'était en la saison que l'amoureuse Flore
Faisait pour son ami les fleurettes éclore
Par les prés bigarrés d'autant d'émail de fleurs
Que le grand arc du ciel s'émaille de couleurs;
Lorsque les papillons et les blondes avettes,
Les uns chargés au bec, les autres aux cuissettes,
Errent par les jardins, et les petits oiseaux,
Voletant par les bois de rameaux en rameaux,
Amassent la becquée et parmi la verdure
Ont souci comme nous de leur race future.
Thoinet, au mois d'avril passant par Vendômois,
Me mena voir à Tours Marion que j'aimois,

Qui aux noces était d'une sienne cousine;
Et ce Thoinet aussi allait voir sa Francine,
Que Vénus enfonçant un trait plein de rigueur
Lui avait d'une plaie écrite dans le cœur [128].

Nous partîmes tous deux du hameau de Coutures;
Nous passâmes Gastine et ses hautes verdures,
Nous passâmes Marré, et vîmes à mi-jour
Du pasteur Phelippot s'élever la grand tour
Qui de Beaumont-la-Ronce honore le village
Comme un pin fait honneur aux arbres d'un bocage.
Ce pasteur, qu'on nommait Phelippot, tout gaillard,
Chez lui nous festoya jusques au soir bien tard [129].
De là vînmes coucher au gué de Lengerie,
Sous les saules plantés le long d'une prairie;
Puis dès le point du jour, redoublant le marcher,
Nous vîmes dans un bois s'élever le clocher
De Saint-Côme près Tours, où la noce gentille
Dans un pré se faisait au beau milieu de l'île [130].

Là Francine dansait, de Thoinet le souci,
Là Marion ballait, qui fut le mien aussi;
Puis, nous mettant tous deux en l'ordre de la danse,
Thoinet tout le premier cette plainte commence :

« Ma Francine, mon cœur, qu'oublier je ne puis,...
Je suis, s'il t'en souvient, Thoinet, qui, dès jeunesse,
Te voyant sur le Clain, t'appela sa maîtresse,
Qui musette et flageol à ses lèvres usa
Pour te donner plaisir; mais cela m'abusa
Car te pensant fléchir comme une femme humaine,
Je trouvai ta poitrine et ton oreille pleine,
Hélas, qui l'eût pensé! de cent mille glaçons,
Lesquels ne t'ont permis d'écouter mes chansons.
Et toutefois le temps, qui les prés de leurs herbes
Dépouille d'an en an et les champs de leurs gerbes,
Ne m'a point dépouillé le souvenir du jour,
Ni du mois où je mis en tes yeux mon amour.
Ni ne fera jamais, voire eussé-je avalée
L'onde qui court là-bas sous l'obscure vallée [131].
C'était au mois d'Avril, Francine, il m'en souvient,
Quand tout arbre fleurit, quand la terre devient

De vieillesse en jouvence, et l'étrange arondelle
Fait contre un soliveau sa maison naturelle,
Quand la limace, au dos qui porte sa maison,
Laisse un trac sur les fleurs, quand la blonde toison
Va couvrant la chenille, et quand parmi les prées
Volent les papillons aux ailes diaprées,
Lorsque fol je te vis, et depuis je n'ai pu
Rien voir après tes yeux que tout ne m'ait déplu...
O belle au doux regard, Francine au beau sourcil,
Baise-moi, je te prie, et m'embrasses ainsi
Qu'un arbre est embrassé d'une vigne bien forte.
Souvent un vain baiser quelque plaisir apporte.
Je meurs! tu me feras dépecer ce bouquet,
Que j'ai cueilli pour toi, de thym et de muguet,
Et de la rouge-fleur qu'on nomme Cassandrette,
Et de la blanche-fleur qu'on appelle Olivette,
A qui Bellot donna et la vie et le nom [132],
Et de celle qui prend de ton nom son surnom. »...
Ainsi disait Thoinet, qui se pâma sur l'herbe
Presque transi de voir sa dame si superbe,
Qui riait de son mal, sans daigner seulement
D'un seul petit clin d'œil apaiser son tourment.
J'ouvrais déjà la lèvre après Thoinet, pour dire
De combien Marion m'était encore pire,
Quand j'avise sa mère en hâte gagner l'eau
Et sa fille emmener avec elle au bateau,
Qui se jouant sur l'onde attendait cette charge,
Lié contre le tronc d'un saule au faîte large.
Jà les rames tiraient le bateau bien pansu,
Et la voile en enflant son grand repli bossu
Emportait le plaisir qui mon cœur tient en peine,
Quand je m'assis au bord de la première arène
Et, voyant le bateau qui s'enfuyait de moi,
Parlant à Marion, je chantai ce convoi :
« Bateau, qui par les flots ma chère vie emportes,
Des vents en ta faveur les haleines soient mortes,
Et le banc périlleux, qui se trouve parmi
Les eaux, ne t'enveloppe en son sable endormi!
Que l'air, le vent et l'eau favorisent ma dame,

Et que nul flot bossu ne détourbe sa rame!
En guise d'un étang, sans vague, paresseux,
Aille le cours de Loire, et son limon crasseux
Pour ce jourd'hui se change en gravelle menue,
Pleine de maint rubis et mainte perle élue!
Que les bords soient semés de mille belles fleurs,
Représentant sur l'eau mille belles couleurs,
Et le troupeau Nymphal des gentilles Naïades
Alentour du vaisseau fasse mille gambades,
Les unes balayant des paumes de leurs mains
Les flots devant la barque, et les autres leurs seins
Découvrant à fleur d'eau, et d'une main ouvrière
Conduisant le bateau du long de la rivière!
L'azuré martinet puisse voler devant...
Et le héron criard, qui la tempête fuit,
Haut pendu dedans l'air ne fasse point de bruit!
Ains tout gentil oiseau qui va cherchant sa proie
Par les flots poissonneux, bienheureux te convoie,
Pour sûrement venir avec ta charge au port,
Où Marion verra peut-être sur le bord
Un orme des longs bras d'une vigne enlacée,
Et la voyant ainsi doucement embrassée
De son pauvre Perrot se pourra souvenir,
Et voudra sur le bord embrassé le tenir...

« Je veux faire un beau lit d'une verte jonchée
De pervenche feuillue encontre-bas couchée,
De thym qui fleure bon et d'aspic porte-épi,
D'odorant poliot contre terre tapi,
De neufard toujours vert, qui la froideur incite,
Et de jonc qui les bords des rivières habite.

« Je veux jusques au coude avoir l'herbe, et je veux
De roses et de lis couronner mes cheveux.
Je veux qu'on me défonce une pipe angevine
Et, en me souvenant de ma toute divine,
De toi, mon doux souci, épuiser jusqu'au fond
Mille fois ce jourd'hui mon gobelet profond,
Et ne partir d'ici jusqu'à tant qu'à la lie
De ce bon vin d'Anjou la liqueur soit faillie...

« Quel passe-temps prends-tu d'habiter la vallée

De Bourgueil, où jamais la Muse n'est allée?
Quitte-moi ton Anjou, et viens en Vendômois :
Là s'élèvent au ciel le sommet de nos bois,
Là sont mille taillis et mille belles plaines,
Là gargouillent les eaux de cent mille fontaines,
Là sont mille rochers, où Échon alentour
En résonnant mes vers ne parle que d'amour.

« Ou bien, si tu ne veux, il me plaît de me rendre
Angevin, pour te voir et ton langage apprendre;
Et pour mieux te fléchir, les hauts vers que j'avois
En ma langue traduit du Pindare Grégeois,
Humble, je veux redire en un chant plus facile
Sur le doux chalumeau du pasteur de Sicile.
Là parmi tes sablons Angevin devenu,
Je veux vivre sans nom comme un pauvre inconnu,
Et dès l'aube du jour avec toi mener paître
Auprès du Port-Guyet [133] notre troupeau champêtre;
Puis, sur le chaud du jour, je veux en ton giron
Me coucher sous un chêne, où l'herbe à l'environ
Un beau lit nous fera de mainte fleur diverse,
* Pour nous coucher tous deux sous l'ombre à la renverse;
Puis au Soleil penchant nous conduirons nos bœufs
Boire le haut sommet des ruisselets herbeux,
Et les reconduirons au son de la musette,
Puis nous endormirons dessus l'herbe mollette.

« Là sans ambition de plus grands biens avoir,
Contenté seulement de t'aimer et te voir,
Je passerais mon âge, et sur ma sépulture
Les Angevins mettraient cette brève écriture :

— Celui qui gît ici, touché de l'aiguillon
Qu'amour nous laisse au cœur, garda comme Apollon
Les troupeaux de sa dame, et en cette prairie
Mourut en bien aimant une belle Marie;
Et elle après sa mort mourut aussi d'ennui,
Et sous ce vert tombeau repose avecque lui. »

A peine avais-je dit, quand Thoinet se dépâme
Et, à soi revenu, allait après sa dame;
Mais je le retirai le menant d'autre part
Pour chercher à loger, car il était bien tard.

Nous avions jà passé la sablonneuse rive
Et le flot qui bruyant contre le pont arrive,
Et jà dessus le pont nous étions parvenus,
Et nous apparaissait le tombeau de Turnus [134],
Quand le pasteur Janot tout gaillard nous emmène
Dedans son toit couvert de javelles d'aveine [135].

X

« ÉLÉGIE A MARIE » [136]

* Afin que notre siècle et le siècle à venir
De nos jeunes amours se puisse souvenir,
Et que votre beauté que j'ai longtemps aimée
Ne se perde au tombeau par les ans consumée,
Sans laisser quelque marque après elle de soi,
Je vous consacre ici le plus gaillard de moi,
L'esprit de mon esprit, qui vous fera revivre
Ou longtemps ou jamais par l'âge de ce livre.
Ceux qui liront les vers que j'ai chantés pour vous,
D'un style qui varie entre l'aigre et le doux
Selon les passions que vous m'avez données,
Vous tiendront pour déesse; et tant plus les années
En volant s'enfuiront, et plus votre beauté
Contre l'âge croîtra vieille en sa nouveauté...
O ma belle maîtresse! hé! que je voudrais bien
Qu'Amour nous eût conjoints d'un semblable lien,
Et qu'après nos trépas dans nos fosses ombreuses
Nous fussions la chanson des bouches amoureuses!
Que ceux du Vendômois dissent tous d'un accord,
Visitant le tombeau sous qui je serais mort :
* « Notre Ronsard, quittant son Loir et sa Gastine,
A Bourgueil fut épris d'une belle Angevine! »
Et que les Angevins dissent tous d'une voix :
« Notre belle Marie aimait un Vendômois... »
Puisse arriver, après l'espace d'un long âge,
Qu'un esprit vienne à bas sous le mignard ombrage
Des Myrtes, me conter que les âges n'ont peu

Effacer la clarté qui luit de notre feu;
Mais que de voix en voix, de parole en parole,
Notre gentille ardeur par la jeunesse vole,
Et qu'on apprend par cœur les vers et les chansons
Qu'Amour chanta pour vous en diverses façons,
Et qu'on pense amoureux celui qui remémore
Votre nom et le mien et nos tombes honore!
* Or il en adviendra ce que le ciel voudra;
Si est-ce que ce livre immortel apprendra
Aux hommes et au temps et à la renommée
Que je vous ai six ans plus que mon cœur aimée.

XI

« ÉLÉGIE » [137]

... Bien qu'elle eût pris naissance en petite bourgade,
Non de riches parents, ni d'honneurs, ni de grade,
Il ne l'en faut blâmer : la même Déité
Ne dédaigna de naître en très pauvre cité
Et souvent sous l'habit d'une simple personne
Se cache tout le mieux que le destin nous donne...
O beaux yeux, qui m'étiez si cruels et si doux!
Je ne me puis lasser de repenser en vous,
Qui fûtes le flambeau de ma lumière unique...
Vous m'ôtâtes du cœur tout vulgaire penser
Et l'esprit jusqu'au ciel vous me fîtes hausser.
J'appris à votre école à rêver sans mot dire,
A discourir tout seul, à cacher mon martyre,
A ne dormir la nuit, en pleurs me consumer,
Et bref, en vous servant, j'appris que c'est qu'aimer.

XII

SUR LA MORT DE MARIE [138]

Je songeais, sous l'obscur de la nuit endormie,
Qu'un sépulcre entr'ouvert s'apparaissait à moi.

La Mort gisait dedans toute pâle d'effroi;
Dessus était écrit : Le tombeau de Marie.
Épouvanté du songe, en sursaut je m'écrie :
Amour est donc sujet à notre humaine loi!
Il a perdu son règne et le meilleur de soi,
Puisque par une mort sa puissance est périe.
Je n'avais achevé, qu'au point du jour voici
Un passant à ma porte, adeulé de souci,
Qui de la triste mort m'annonça la nouvelle.
Prends courage, mon âme, il faut suivre sa fin;
Je l'entends dans le ciel comme elle nous appelle;
Mes pieds avec les siens ont fait même chemin.

XIII

« STANCES » [139]

Je lamente sans réconfort,
Me souvenant de cette mort
Qui déroba ma douce vie;
Pensant en ses yeux qui soulaient
Faire de moi ce qu'ils voulaient,
De vivre je n'ai plus d'envie...
Quand son âme au corps s'attachait,
Rien, tant fût dur, ne me fâchait,
Ni destin, ni rude influence;
Menaces, embûches, dangers,
Villes et peuples étrangers
M'étaient doux pour sa souvenance.
En quelque part que je vivais,
Toujours en mes yeux je l'avais,
Transformé du tout en la belle;
Si bien Amour à coups de trait
Au cœur m'engrava son portrait,
Que mon tout n'était sinon qu'elle.
Espérant lui conter un jour
L'impatience de l'Amour

Qui m'a fait des peines sans nombre,
La mort soudaine m'a déçu;
Pour le vrai le faux j'ai reçu
Et pour le corps seulement l'ombre.
  Ciel, que tu es malicieux!
Qui eût pensé que ces beaux yeux
Qui me faisaient si douce guerre,
Ces mains, cette bouche et ce front
Qui prirent mon cœur, et qui l'ont,
Ne fussent maintenant que terre?
  Hélas! où est ce doux parler,
Ce voir, cet ouïr, cet aller,
Ce ris qui me faisait apprendre
Que c'est qu'aimer? Ah, doux refus!
Ah, doux dédains! vous n'êtes plus,
Vous n'êtes plus qu'un peu de cendre.
  Hélas! où est cette beauté,
Ce Printemps, cette nouveauté,
Qui n'aura jamais de seconde?
Du ciel tous les dons elle avait;
Aussi parfaite ne devait
Longtemps demeurer en ce monde...
  Si je n'eusse eu l'esprit chargé
De vaine erreur, prenant congé
De sa belle et vive figure,
Oyant sa voix, qui sonnait mieux
Que de coutume, et ses beaux yeux
Qui reluisaient outre mesure,
  Et son soupir qui m'embrasait,
J'eusse bien vu qu'ell' me disait :
« Or' saoule-toi de mon visage,
Si jamais tu en eus souci;
Tu ne me verras plus ici,
Je m'en vais faire un long voyage. »
  J'eusse amassé de ses regards
Un magasin de toutes parts,
Pour nourrir mon âme étonnée
Et paître longtemps ma douleur;
Mais onques mon cruel malheur

Ne sut prévoir ma destinée.
  Depuis j'ai vécu de souci,
Et de regret qui m'a transi,
Comblé de passions étranges.
Je ne déguise mes ennuis;
Tu vois l'état auquel je suis,
Du ciel assise entre les anges.
  Ah! belle âme, tu es là-haut
Auprès du bien qui point ne faut,
De rien du monde désireuse,
En liberté, moi en prison;
Encore n'est-ce pas raison
Que seule tu sois bienheureuse.
  Le sort doit toujours être égal;
Si j'ai pour toi souffert du mal,
Tu me dois part de ta lumière ;
Mais, franche du mortel lien,
Tu as seule emporté le bien,
Ne me laissant que la misère.
  En ton âge le plus gaillard
Tu as seul laissé ton Ronsard,
Dans le ciel trop tôt retournée,
Perdant beauté, grâce et couleur,
Tout ainsi qu'une belle fleur
Qui ne vit qu'une matinée...
  A la Mort j'aurai mon recours :
La Mort me sera mon secours,
Comme le but que je désire.
Dessus la Mort tu ne peux rien,
Puisqu'elle a dérobé ton bien,
Qui fut l'honneur de ton empire.
  Soit que tu vives près de Dieu
Ou aux champs Élysés, adieu!
Adieu cent fois, adieu, Marie!
Jamais Ronsard ne t'oubliera,
Jamais la mort ne déliera
Le nœud dont la beauté me lie.

XIV [140]

Ah! Mort, en quel état maintenant tu me changes!
Pour enrichir le ciel tu m'as seul appauvri,
Me ravissant les yeux desquels j'étais nourri,
* Qui nourrissent là-haut les esprits et les anges.
Entre pleurs et soupirs, entre pensers étranges,
Entre le désespoir tout confus et marri,
Du monde et de moi-même et d'Amour je me ri,
N'ayant autre plaisir qu'à chanter tes louanges.
Hélas! tu n'es pas morte; eh! c'est moi qui le suis!
L'homme est bien trépassé qui ne vit que d'ennuis
Et des maux qui me font une éternelle guerre.
Le partage est mal fait : tu possèdes les cieux,
Et je n'ai, malheureux, pour ma part que la terre,
Les soupirs en la bouche et les larmes aux yeux.

XV [141]

Comme on voit sur la branche, au mois de Mai, la rose
En sa belle jeunesse, en sa première fleur,
Rendre le ciel jaloux de sa vive couleur,
Quand l'Aube de ses pleurs au point du jour l'arrose;
La grâce dans sa feuille et l'amour se repose,
Embaumant les jardins et les arbres d'odeur;
Mais, battue ou de pluie ou d'excessive ardeur,
Languissante elle meurt feuille à feuille déclose.
Ainsi en ta première et jeune nouveauté,
Quand la terre et le ciel honoraient ta beauté,
La Parque t'a tuée, et cendre tu reposes.
Pour obsèques reçois mes larmes et mes pleurs,
Ce vase plein de lait, ce panier plein de fleurs,
Afin que vif et mort ton corps ne soit que roses.

AMOURS DIVERSES

AMOURS DIVERSES

I

« CHANSON » [142]

Quand j'étais libre, ains qu'une amour nouvelle
Ne se fût prise en ma tendre moelle,
Je vivais bien heureux;
* Comme à l'envi les plus accortes filles
Se travaillaient par leurs flammes gentilles
De me rendre amoureux.
Mais tout ainsi qu'un beau poulain farouche
Qui n'a mâché le frein dedans la bouche
Va seulet écarté,
N'ayant souci sinon d'un pied superbe
A mille bonds fouler les fleurs et l'herbe,
Vivant en liberté.
Ores il court le long d'un beau rivage,
Ores il erre en quelque bois sauvage,
Fuyant de sault en sault;
De toutes parts les poutres hennissantes
Lui font l'amour, pour néant blandissantes
A lui qui ne s'en chaut.
Ainsi j'allais dédaignant les pucelles
Qu'on estimait en beauté les plus belles,
Sans répondre à leur veuil;
Lors je vivais amoureux de moi-même,
Content et gai, sans porter couleur blême
Ni les larmes à l'œil.

J'avais écrite au plus haut de la face,
Avec l'honneur, une agréable audace
Pleine d'un franc désir;
Avec le pied marchait ma fantaisie
Où je voulais, sans peur ni jalousie,
Seigneur de mon plaisir.
Mais aussitôt que par mauvais désastre
Je vis ton sein blanchissant comme albastre
Et tes yeux, deux soleils,
Tes beaux cheveux épanchés par ondées,
Et les beaux lis de tes lèvres bordées
De cent œillets vermeils :
Incontinent, j'appris que c'est service;
La liberté, de mon âme nourrice,
S'échappa loin de moi;
* Dedans tes rets ma première franchise,
Pour obéir à ton bel œil, fut prise
Esclave sous ta loi.
Tu mis, cruelle, en signe de conquête
Comme vainqueur tes deux pieds sur ma tête,
Et du front m'as ôté
L'honneur, la honte et l'audace première,
Accouardant mon âme prisonnière,
Serve à ta volonté.
Vengeant d'un coup mille fautes commises,
Et les beautés qu'à grand tort j'avais mises
Par-avant à mépris,
Qui me priaient au lieu que je te prie;
Mais d'autant plus que merci je te crie,
Tu es sourde à mes cris
Et ne réponds non plus que la fontaine
Qui de Narcis mira la forme vaine,
En vengeant à son bord
Mille beautés des Nymphes amoureuses,
Que cet enfant par mines dédaigneuses
Avait mises à mort.

II

[IMITÉ DE MARULLE][143]

* Je vous envoie un bouquet que ma main
Vient de trier de ces fleurs épanies;
Qui ne les eût à ce vêpre cueillies,
* Chutes à terre elles fussent demain.
Cela vous soit un exemple certain
Que vos beautés, bien qu'elles soient fleuries,
En peu de temps cherront toutes flétries
Et comme fleurs périront tout soudain.
Le temps s'en va, le temps s'en va, ma Dame,
Las! le temps non, mais nous nous en allons,
Et tôt serons étendus sous la lame;
Et des amours desquelles nous parlons,
Quand serons morts, n'en sera plus nouvelle :
Pour ce aimez-moi, cependant qu'êtes belle.

III[144]

Rossignol mon mignon, qui par cette saulaie
Vas seul de branche en branche à ton gré voletant,
* Et chantes à l'envi de moi qui vais chantant
Celle qu'il faut toujours que dans la bouche j'aie.
Nous soupirons tous deux; ta douce voix s'essaie
De sonner l'amitié d'une qui t'aime tant,
Et moi triste je vais la beauté regrettant
Qui m'a fait dans le cœur une si aigre plaie.
Toutefois, Rossignol, nous différons d'un point,
C'est que tu es aimé, et je ne le suis point,
Bien que tous deux ayons les musiques pareilles :
Car tu fléchis t'amie au doux bruit de tes sons,
Mais la mienne qui prend à dépit mes chansons
Pour ne les écouter se bouche les oreilles.

IV [145]

Bien que vous surpassiez en grâce et en richesse
Celles de ce pays et de toute autre part,
Vous ne devez pourtant, et fussiez-vous princesse,
Jamais vous repentir d'avoir aimé Ronsard.
C'est lui, Dame, qui peut avecque son bel art
Vous affranchir des ans et vous faire Déesse;
Il vous promet ce bien, car rien de lui ne part
Qui ne soit bien poli, son siècle le confesse.
Vous me réponderez qu'il est un peu sourdaut,
Et que c'est déplaisir en amour parler haut :
Vous dites vérité, mais vous celez après
Que lui, pour vous ouïr, s'approche à votre oreille
Et qu'il baise à tous coups votre bouche vermeille
Au milieu des propos, d'autant qu'il en est près.

V

[SONNET POUR SINOPE] [146]

* Si j'étais Jupiter, maîtresse, vous seriez
Mon épouse Junon; si j'étais roi des ondes,
Vous seriez ma Téthys, reine des eaux profondes,
Et pour votre palais les ondes vous auriez;
Si le monde était mien, avec moi vous tiendriez
L'empire de la Terre aux mamelles fécondes,
Et dessus un beau coche, en belles tresses blondes,
Par le peuple en honneur Déesse vous iriez.
Mais je ne suis pas Dieu, et si ne le puis être;
Le ciel pour vous servir seulement m'a fait naître,
De vous seule je prends mon sort aventureux.
Vous êtes tout mon bien, mon mal, et ma fortune;
S'il vous plaît de m'aimer, je deviendrai Neptune,
Tout Jupiter, tout roi, tout riche et tout heureux.

VI [147]

L'an se rajeunissait en sa verte jouvence,
Quand je m'épris de vous, ma Sinope cruelle;
Seize ans étaient la fleur de votre âge nouvelle
* Et votre teint sentait encore son enfance.
Vous aviez d'une infante encor la contenance,
La parole et les pas; votre bouche était belle,
Votre front et vos mains dignes d'une immortelle,
* Et votre œil qui me fait trépasser quand j'y pense.
Amour, qui ce jour-là si grandes beautés vit,
Dans un marbre en mon cœur d'un trait les écrivit;
Et si pour le jourd'hui vos beautés si parfaites
Ne sont comme autrefois, je n'en suis moins ravi :
Car je n'ai pas égard à cela que vous êtes,
Mais au doux souvenir des beautés que je vis.

VII

[SONNET POUR ASTRÉE] [148]

Plus que mes yeux j'aime tes beaux cheveux,
Liens d'Amour que l'or même accompaigne,
Et suis jaloux du bonheur de ton peigne,
Qui au matin démêle leurs beaux nœuds.
En te peignant il se fait riche d'eux,
Il les dérobe; et l'Amour, qui m'enseigne
D'être larron, commande que je prenne
Part au butin assez grand pour tous deux.
Mais je ne puis; car le peigne fidèle
Garde sa proie, et puis ta damoiselle
Serre le reste et me l'ôte des doigts.
O cruautés! ô beautés trop iniques!
Le pèlerin touche bien aux reliques
Par le travers d'une vitre ou d'un bois.

VIII

[LA RENCONTRE DE GENÈVRE] [149]

Genèvre, je te prie, écoute ce discours
Qui commence et finit nos premières amours;
Souvent le souvenir de la chose passée,
Quand on le renouvelle, est doux à la pensée.
Sur la fin de Juillet, que le chaud violent
Rendait de toutes parts le Ciel étincelant,
Un soir à mon malheur je me baignais dans Seine,
Où je te vis danser sur la rive prochaine,
Foulant du pied le sable, et remplissant d'amour
Et de ta douce voix tous les bords d'alentour.
Tout nu je me vins mettre entre ta compagnie,
Où dansant je brûlai d'une ardeur infinie,
Voyant sous la clarté brunette du Croissant
Ton œil brun à l'envi de l'autre apparaissant.
Là je baisai ta main pour première accointance;
Autrement de ton nom je n'avais connaissance.
Puis d'un agile bond je m'élançai dans l'eau,
Pensant qu'elle éteindrait mon premier feu nouveau.
Il advint autrement; car au milieu des ondes
Je me sentis lié de tes deux tresses blondes
Et le feu de tes yeux, qui les eaux pénétra,
Malgré la froide humeur dedans mes yeux entra.
Dès le premier assaut je perdis l'assurance;
Je m'en allai coucher sans aucune espérance
De jamais te revoir pour te donner ma foi,
Comme ne connaissant ni ta maison ni toi;
Je ne te connaissais pour la belle Genèvre
Qui depuis me brûla d'une amoureuse fièvre;
Aussi de ton côté tu ne me connaissais
Pour Ronsard, ornement du langage Français.
Si tôt que j'eus pressé les plumes ocieuses
De mon lit paresseux, les peines soucieuses
Qu'Amour dessus sa lime aiguise doucement

Vinrent dedans mon cœur loger secrètement,
Avecque le désir de te pouvoir connaître
Et de faire à tes yeux ma douleur apparaître...
« Non, il faut résister, cependant que l'erreur
Ne fait que commencer, de peur que la fureur
Par le temps ne me gagne et dedans ma poitrine
Pour éternel séjour le mal ne s'enracine. »
Ainsi, tout Philosophe et de constance plein,
Comme si Amour fût quelque chose de sain,
Gaillard, je m'assurais que jamais autre femme
N'allumerait mon cœur d'une nouvelle flamme.
Plein de si beaux discours au logis je revins,
Où plus fort que jamais amoureux je devins.
Repassant vers le soir, je t'avise à ta porte,
Et là le petit Dieu, qui pour ses armes porte
La flèche et le carquois, si grand coup me donna
Que ma pauvre raison soudain m'abandonna;
Puis, me navrant le cœur, en signe de conquête
De ses pieds outrageux me refoula la tête,
Me lia les deux mains, et ma voix délia
Qui pour avoir merci en ce point te pria :
« Madame, si l'œil peut juger par le visage
L'affection cachée au-dedans du courage,
Certes je puis juger en voyant ta beauté,
Que ton cœur n'est en rien taché de cruauté.
Aussi Dieu ne fait point une femme si belle,
Pour être contre Amour de nature rebelle;
Cela me fait hardi de m'adresser à toi,
Puisque tant de douceur en ta face je voi... »
A peine avais-je dit, quand d'un soupir profond...
Brèvement tu réponds que je perdais ma peine,
Que j'écrivais sur l'eau, que je semais l'arène,
Et qu'une mort avait enterré ton flambeau,
Et que tous tes désirs étaient sous le tombeau.
T'oyant ainsi parler, confus je m'en retourne,
Où triste quatre jours au logis je séjourne;
Le cinquième d'après, de fureur transporté,
Je retourne pour voir l'appât de ta beauté.
« Il ne faut, ce disais-je, ainsi vaincu se rendre;

Plus une forte ville est difficile à prendre,
Plus apporte d'honneur à celui qui la prend;
Toute brave vertu sans combat ne se rend. »
Or, en parlant à toi de cent choses diverses,
Nous égarant tous deux d'amoureuses traverses,
A la fin privément tu t'enquis de mon nom
Et si j'avais aimé autres femmes ou non.
« Je suis, dis-je, Ronsard, et cela te suffise,
* Ce Ronsard que la France honore, chante et prise,
Des Muses le mignon, et de qui les beaux vers
Sont témoins de sa gloire en ce grand Univers.
Alors que tout le sang me bouillait de jeunesse,
Je fis aux bords de Loire une jeune Maîtresse,
Que ma Muse en fureur sa Cassandre appelait,
A qui même Vénus sa beauté n'égalait.
Je m'épris en Anjou d'une belle Marie
Que j'aimais plus que moi, que mon cœur, que ma vie;
Son pays le sait bien, où cent mille chansons
Je composai pour elle en cent mille façons.
Mais, ô cruel destin! pour ma trop longue absence
D'un autre serviteur elle a fait accointance,
Et suis demeuré veuf sans prendre autre parti
Dès l'heure que mon cœur du sien s'est départi.
Maintenant je poursuis toute amour vagabonde;
Ores j'aime la noire, ores j'aime la blonde,
Et, sans amour certaine en mon cœur éprouver,
Je cherche ma fortune où je la puis trouver.
S'il te plaisait m'aimer, par tes yeux je te jure
Que d'une autre amitié jamais je n'aurais cure... »

IX

[LE VOYAGE DE SAINT-GERMAIN] [150]

A Genèvre.

Le temps se passe et, se passant, Madame,
Il fait passer mon amoureuse flamme...
Tous les témoins qui décèlent Amour

Logeaient chez moi : je soupirais le jour,
Le lit m'était un dur camp de bataille,
Et toute nuit j'avais une tenaille
Qui foie et cœur et poumons me pinçait;
Ores ma face honteuse pâlissait,
Puis rougissait; ma voix mal prononcée
De longs soupirs était entre-cassée;
De mes propos je n'achevais le quart,
Comme un rêveur qui songe en autre part.
J'avais toujours votre face céleste
Devant mes yeux, les grâces et le geste,
Le chant, les pas que vous aviez alors
Quand je vous vis danser dessus les bords
De votre Seine...

Incontinent que je reçus la plaie,
Je courus fort à Saint-Germain-en-Laye
Servir mon Roi [151], bien qu'Amour plus grand Roi
Pour le servir m'appelât tout à soi.

Ni pour piquer, ni pour donner carrière
A mon cheval, je ne laissai derrière
Le chaud désir qui dans mon cœur vivait,
Et compagnon en croupe me suivait,
Ni pour passer le large dos de Seine,
Qui se jouant quatre fois se ramène
D'un vague pli retors et reglissant,
Et quatre fois se remontre au passant,
Je n'étouffai pour les eaux de ce fleuve
Le feu bouillant d'une chaleur si neuve,
Qui comme soufre ou paille s'allumait,
Et tout mon cœur en flammes consumait.
Le court chemin d'un si petit voyage
Me fut plus long que le glacé rivage
* Que le Soleil n'échauffe de ses yeux,
Tant il m'était fâcheux et ennuyeux :
Un beau sentier me semblait une ornière,
Une fontaine une creuse rivière,
Les blés un champ de la bise battu,
Un plain chemin un passage tortu...
Or à la fin, piqué d'amour extrême,

Je pique tant mon cheval et moi-même,
Que tout pensif, et le cœur hors du sein,
Troublé d'esprit j'arrive à Saint-Germain.
  Là j'oubliai toute ma Poésie,
Là, je perdis raison et fantaisie;
Car, ne pouvant ainsi que je voulois
Chanter mes vers aux oreilles des Rois,
Comme affolé d'une fièvre trop folle,
Je perdis cœur, langue, esprit et parole;
Si que mon Prince en riant connut bien
A signes tels que je n'étais plus mien...
Je m'en allai comme ravi d'émoi,
Non courtisan au lever de mon Roi,
Non bonneter un Seigneur qui peut faire
Plaisir à ceux qui lui veulent complaire;
Mais, me tuant de mon propre couteau,
J'erre tout seul dans le parc du château,
Pensant, rêvant à ce gentil visage
Dont malgré moi j'avais au cœur l'image.
  Si quelque ami venait me caresser
Entre-rompant mes pas et mon penser,
Je l'abhorrais, maudissant la fortune
D'avoir trouvé une langue importune...
  A la parfin Amour, qui se promène
Avecque moi, hors du bois me ramène,
Et me plantant dessus le haut du mont
Droit vers Paris me fit tourner le front.
Lors m'allégeant d'une ruse gentille
Je humais l'air de cette grande ville,
Coup dessus coup, qui m'entrait dans le cœur
Et m'emplissait de force et de vigueur,
Comme pensant humer la douce haleine
De la beauté qui me tenait en peine.
  Et je disais, ha! ville, qu'à bon droit
Tu n'as égale au monde en nul endroit,
Non pour le nom si fameux que tu portes,
Non pour avoir plus que Thèbes de portes,
Riche de biens, riche de citoyens.
Sang généreux de ces premiers Troyens

Que Francion fit abreuver en Seine,
Quand il bâtit au milieu de la plaine
Tes murs, séjour de toute Royauté [152];
Mais pour celer en ton sein la beauté
D'une sans pair comme toi, qui est telle
Que tout est laid en ce monde auprès d'elle,
Comme il me semble; et si je suis pipé,
Au moins je suis bien doucement trompé...
Pour ce partons et retournons vers celle
Où de l'amour la chance nous appelle.
  Je n'avais dit que je monte à cheval,
Au grand galop je descends contre-val
Au premier port, et puis, ayant passée
Seine au long cours en elle entrelacée,
D'un fort ép'ron je brosse le chemin,
Ce me semblait pavé de josimin,
* D'œillets, de lis, et courus si habile
Que j'arrivai comme un songe à la ville,
Un peu devant que le Soleil couchant
Allât le jour dans les ondes cachant.
  Lors de fortune en passant par la rue,
Étant la nuit plus noire devenue,
Je vous avise à l'esseuil de votre huis
Comme un qui pense et rêve en ses ennuis.
Lors vous voyant si triste contenance,
De tête en pied à trembler je commence,
Et tellement me laissa la raison
Que tout muet je rentre en la maison,
N'osant troubler votre face abaissée,
Ni vous plongée en si longue pensée...

X

[L'ABSENCE] [153]

Ce me sera plaisir, Genèvre, de t'écrire,
Étant absent de toi, mon amoureux martyre...
J'ai certes éprouvé par mainte expérience,

Que l'amour se renforce et s'augmente en l'absence,
Ou soit qu'en rêvassant le plaisant souvenir
Ainsi que d'un appât la vienne entretenir,
Ou soit que les portraits des liesses passées
S'impriment dans l'esprit de nouveau ramassées;
Soit que l'âme ait regret au bien qu'elle a perdu,
Soit que le vide corps plus plein se soit rendu,
Soit que la volupté soit trop tôt périssable,
Soit que le souvenir d'elle soit plus durable.
Bref, je ne sais que c'est; mais certes je sais bien
Que j'aime mieux absent qu'étant près de mon bien...

XI

[LA JALOUSIE] [154]

L'autre jour que j'étais assis auprès de vous,
Prisonnier de vos yeux si cruels et si doux
Dont Amour fit le coup qui me rend fantastique,
Vous demandiez pourquoi j'étais mélancolique,
Et que, toutes les fois que me verriez ainsi,
Vouliez savoir de moi d'où venait mon souci.
Or, afin qu'une fois pour toutes je vous die
La triste occasion de telle maladie,
Lisez ces vers ici, et vous verrez comment
Et pourquoi je me deuls d'Amour incessamment.
Quand je suis près de vous, en vous voyant si belle
Et vos cheveux frisés d'une crespe cautèle,
Qui vous servent d'un rets où vous pourriez lier
Seulement d'un filet un Scythe le plus fier,
Et voyant votre front et votre œil qui ressemble
* Le ciel, quand ses beaux feux reluisent tous ensemble,
Et voyant votre teint, où les plus belles fleurs
Perdraient le plus naïf de leurs vives couleurs,
Et voyant votre ris, et votre belle bouche
Qu'Amour baise tout seul, car autre ne la touche;
Bref, voyant votre port, votre grâce et beauté,

Votre fière douceur, votre humble cruauté,
Et voyant d'autre part que je ne puis atteindre
A vos perfections, j'ai cause de me plaindre,
D'être mélancolique et porter sur le front
Les maux que vos beaux yeux si doucement me font.
J'ai peur que votre amour par le temps ne s'efface,
Je doute qu'un plus grand ne gagne votre grâce,
J'ai peur que quelque Dieu ne vous emporte aux cieux;
Je suis jaloux de moi, de mon cœur, de mes yeux,
De mes pas, de mon ombre, et mon âme est éprise
De frayeur, si quelqu'un avecque vous devise...

XII

[A UNE GRANDE DAME] [155]

De vous et de Fortune et de moi je me deuls :
De moi, qui sagement commander ne me peuls.
Dès le premier combat dont votre belle vue
Vint assaillir mon cœur, ma raison fut émue,
Et depuis sa défaite à mon dam je la sens
En lieu d'être maîtresse obéir à mes sens,
Trompant ma fantaisie et me donnant pour maître
Un aveugle, un enfant que je ne puis connaître.
Et de vous je me plains, qui tenez si haut lieu,
Que pour être servie il vous faudrait un Dieu;
L'homme mortel de soi n'est digne qu'on l'appelle
Ami ni serviteur d'une Dame si belle,
En qui le ciel a mis tant d'honneur et de bien
Que le reste du monde au prix de vous n'est rien.
Mais plus que de nous deux je me plains de Fortune,
Qui cruelle à mon mal sans cesse m'importune,
Me rengrège ma plaie, et me fait amoureux
De vous, dont le bonheur m'a rendu malheureux;
Car, pour aimer trop haut et pour n'avoir égale
Ma puissance à la vôtre, hélas! je suis Tantale
Qui meurt de soif en l'onde, et qui ne puis toucher
Au doux fruit que je sens sur ma lèvre approcher.

Ainsi pour être moindre, et vous supérieure
De race et de grandeur, je languis à toute heure,
Et revis sans espoir de jamais acquérir
Ce doux mal qui me fait si doucement mourir...

L'ennui qui plus m'offense et plus me fait de mal,
C'est qu'à votre grandeur je ne suis pas égal,
Et, le connaissant bien, je cherche en toute sorte
D'ôter hors de mon cœur l'amour que je vous porte;
Mais plus je veux l'ôter, et tant plus mon désir
Se laisse rengluer de son nouveau plaisir,
Dressant à ma douleur contre mon espérance
Un rempart fait du temps et de persévérance...

Madame, je vous pri' que vous n'ayez égard
A la noble grandeur dont votre race part,
Et faites, s'il vous plaît, que cela ne vous garde
Que votre œil de pitié un jour ne me regarde.
Je sais que je suis fol d'aimer si hautement;
Mais volontiers Amour erre sans jugement,
Et toujours la raison ne guide la pensée,
Quand elle est par amour doucement insensée...

Las! si ma servitude et ma longue amitié
Méritaient à la fin de vous quelque pitié,
S'il vous plaisait de grâce alléger mon martyre.
Me donnant le guerdon que tout amant désire,
Je serais si discret recevant ce bonheur,
Je serais si fidèle à garder votre honneur,
Que nous deux seulement saurions ma jouissance
Dont le seul souvenir me fait Dieu quand j'y pense.

J'ai comme aventureux en divers lieux aimé,
Toujours sage et discret des Dames estimé;
Je sais de quel honneur on respecte la grande,
Je sais bien quel service une veuve demande,
Une fille, une femme, et si sais bien comment
On se doit en tel cas gouverner sagement;
Je n'y fis jamais faute et ne pourrais le faire,
Comme prédestiné pour aux Dames complaire.

Mais, si par trait de temps ma serve loyauté
Ne peut trouver en vous que toute cruauté,
Et si contre ma foi vous devenez si fière,

Que je ne puisse, hélas ! vous fléchir par prière,
Pour me donner secours j'appelle à mon confort
Contre votre rigueur les Parques et la Mort,
* Pour délier ensemble et ma plainte et ma vie,
Afin que mon amour de la mort soit suivie,
Vous suppliant au moins de ne me nier pas
Que je puisse être mis, après le mien trépas,
Au lieu que vous aurez choisi pour sépulture,
Pour dormir près de vous sous même couverture,
  Et qu'après notre mort également tous deux
Puissions être là-bas par les champs amoureux,
Afin de vous conter, assis sous les ombrages
Des Myrtes Paphiens ou dessus les rivages
Qui sont toujours soufflés d'un zéphyre très doux,
Les douleurs qu'en vivant j'aurai reçu par vous.
  Là, sans peur ni danger, sans soupçon ni sans crainte,
Sans respect de grandeur je vous ferai ma plainte,
Et vous ferai savoir mes premières amours
Qui vives au tombeau vous aimeront toujours...
Tantôt je vous verrai dessus l'herbe couchée,
Tantôt j'aurai ma tête en votre sein penchée,
Tantôt je baiserai votre bouche et vos yeux,
Tantôt nous foulerons l'herbette de nos jeux,
Tantôt nous danserons, et de Roses données
Nous aurons en tous temps les têtes couronnées,
Les bras, le sein, le col, et sans prendre souci
De la faveur des Rois comme l'on fait ici,
Nous irons pas à pas après les grands Déesses,
Qui jadis en vivant des Dieux furent Maîtresses,
Hélène, Europe, Io, et n'auront à dédain
Nous mener à leur bal et nous tendre la main,
Voire de nous bailler dignité par-sus elles,
Comme à l'exemple vrai des amitiés fidèles.
  Lors les esprits diront, en nous voyant tous deux :
Ceux-ci en leur vivant ne furent point heureux
Pour n'être pas égaux; mais la mort qui égale
Les sceptres aux leviers, comme très libérale [156]
(Après avoir souffert sur la terre longtemps)
Les a faits ici-bas également contents.

HÉLÈNE DE SURGÈRES

HÉLÈNE DE SURGÈRES

I

Ce premier jour de Mai, Hélène, je vous jure [157]
Par Castor, par Pollux, vos deux frères jumeaux [158],
Par la vigne enlacée à l'entour des ormeaux,
Par les prés, par les bois hérissés de verdure,
Par le Printemps sacré, fils aîné de Nature,
Par le sablon qui roule au giron des ruisseaux,
Par tous les rossignols, merveille des oiseaux,
Qu'autre part je ne veux chercher autre aventure.
Vous seule me plaisez; j'ai par élection,
Et non à la volée, aimé votre jeunesse;
Aussi je prends en gré toute ma passion.
Je suis de ma fortune auteur, je le confesse :
La vertu m'a conduit en telle affection;
Si la vertu me trompe, adieu, belle Maîtresse!

II [159]

Je plante en ta faveur cet arbre de Cybèle,
Ce Pin, où tes honneurs se liront tous les jours.
J'ai gravé sur le tronc nos noms et nos amours,
Qui croîtront à l'envi de l'écorce nouvelle.
Faunes, qui habitez ma terre paternelle,
Qui menez sur le Loir vos danses et vos tours,
Favorisez la plante et lui donnez secours,
Que l'été ne la brûle et l'hiver ne la gèle.
Pasteur qui conduiras en ce lieu ton troupeau,

Flageolant une églogue en ton tuyau d'aveine,
Attache tous les ans à cet arbre un tableau,
  Qui témoigne aux passants mes amours et ma peine;
Puis, l'arrosant de lait et du sang d'un agneau,
Dis : Ce Pin est sacré; c'est la plante d'Hélène.

III [160]

* Afin qu'à tout jamais de siècle en siècle vive
La parfaite amitié que Ronsard vous portait,
Comme votre beauté la raison lui ôtait,
Comme vous enlacez sa liberté captive;
  Afin que d'âge en âge à nos neveux arrive
Que toute dans mon sang votre figure était
Et que rien sinon vous mon cœur ne souhaitait,
Je vous fais un présent de cette Sempervive [161].
  Elle vit longuement en sa jeune verdeur.
Longtemps après la mort je vous ferai revivre,
Tant peut le docte soin d'un gentil serviteur,
  Qui veut, en vous servant, toutes vertus ensuivre,
Vous vivrez, croyez-moi, comme Laure en grandeur,
Au moins tant que vivront les plumes et le livre.

IV [162]

  Comme une belle fleur assise entre les fleurs,
Mainte herbe vous cueillez en la saison plus tendre,
Pour me les envoyer et pour soigneuse apprendre
Leurs noms et qualités, espèces et valeurs.
  Était-ce point afin de guérir mes douleurs
Ou de faire ma plaie amoureuse reprendre?
Ou bien s'il vous plaisait par charmes entreprendre
D'ensorceler mon mal, mes flammes et mes pleurs?
  Certes je crois que non : nulle herbe n'est maîtresse
Contre le coup d'Amour envieilli par le temps.
C'était pour m'enseigner qu'il faut, dès la jeunesse,

Comme d'un usufruit prendre son passe-temps,
Que pas à pas nous suit l'importune vieillesse
Et qu'Amour et les fleurs ne durent qu'un Printemps.

V [163]

Quand vous serez bien vieille, au soir, à la chandelle,
Assise auprès du feu, dévidant et filant,
Direz, chantant mes vers, en vous émerveillant :
« Ronsard me célébrait du temps que j'étais belle. »
  Lors vous n'aurez servante oyant telle nouvelle,
Déjà sous le labeur à demi sommeillant,
* Qui au bruit de Ronsard ne s'aille réveillant,
Bénissant votre nom de louange immortelle.
  Je serai sous la terre, et fantôme sans os,
Par les ombres myrteux je prendrai mon repos;
Vous serez au foyer une vieille accroupie,
  Regrettant mon amour et votre fier dédain.
Vivez, si m'en croyez, n'attendez à demain;
Cueillez dès aujourd'hui les roses de la vie.

VI [164]

  Le Soleil l'autre jour se mit entre nous deux,
Ardent de regarder tes yeux par la verrière;
Mais lui, comme ébloui de ta vive lumière,
Ne pouvant la souffrir, s'en alla tout honteux.
  Je te regardai ferme, et devins glorieux
D'avoir vaincu ce Dieu qui se tournait arrière,
Quand regardant vers moi tu me dis, ma guerrière :
« Ce Soleil est fâcheux, je t'aime beaucoup mieux. »
  Une joie en mon cœur incroyable s'envole
Pour ma victoire acquise et pour telle parole.
Mais longuement cet aise en moi ne trouva lieu :
  Arrivant un mortel de plus fraîche jeunesse,
Sans égard que j'avais triomphé d'un grand Dieu,
Tu me laissas tout seul pour lui faire caresse.

VII [165]

L'autre jour que j'étais sur le haut d'un degré,
Passant tu m'avisas et, me tournant la vue,
Tu m'éblouis les yeux, tant j'avais l'âme émue
De me voir en sursaut de tes yeux rencontré.
Ton regard dans le cœur, dans le sang m'est entré
Comme un éclat de foudre, alors qu'il fend la nue;
J'eus de froid et de chaud la fièvre continue,
D'un si poignant regard mortellement outré.
Et si ta belle main passant ne m'eût fait signe,
Main blanche qui se vante être fille d'un Cygne,
Je fusse mort, Hélène, aux rayons de tes yeux;
Mais ton signe retint l'âme presque ravie,
Ton œil se contenta d'être victorieux,
Ta main se réjouit de me donner la vie.

VIII [166]

Je fuis les pas frayés du méchant populaire
Et les villes où sont les peuples amassés :
Les rochers, les forêts déjà savent assez
Quelle trempe a ma vie étrange et solitaire.
Si ne suis-je si seul qu'Amour, mon secrétaire,
N'accompagne mes pieds débiles et cassés,
Qu'il ne conte mes maux et présents et passés
A cette voix sans corps, qui rien ne saurait taire.
Souvent plein de discours, pour flatter mon émoi,
Je m'arrête et je dis : Se pourrait-il bien faire
Qu'elle pensât, parlât, ou se souvînt de moi?
Qu'à sa pitié mon mal commençât à déplaire?
Encor que je me trompe, abusé du contraire,
Pour me faire plaisir, Hélène, je le croi.

IX [167]

Vous me dîtes, Maîtresse, étant à la fenêtre,
Regardant vers Montmartre et les champs d'alentour :
« La solitaire vie et le désert séjour
Valent mieux que la Cour; je voudrais bien y être.
« A l'heure mon esprit de mes sens serait maître,
En jeûne et oraison je passerais le jour,
Je défierais les traits et les flammes d'Amour;
Ce cruel de mon sang ne pourrait se repaître. »
Quand je vous répondis : « Vous trompez de penser
Qu'un feu ne soit pas feu pour se couvrir de cendre :
Sur les cloîtres sacrés la flamme on voit passer;
« Amour dans les déserts comme aux villes s'engendre;
Contre un Dieu si puissant, qui les Dieux peut forcer,
Jeûnes ni oraisons ne se peuvent défendre. »

X [168]

Te regardant assise auprès de ta cousine
Belle comme une Aurore, et toi comme un Soleil,
Je pensai voir deux fleurs d'un même teint pareil,
* Croissantes en beauté sur la rive voisine.
La chaste, sainte, belle et unique Angevine [169],
Vite comme un éclair, sur moi jeta son œil;
Toi, comme paresseuse et pleine de sommeil,
D'un seul petit regard tu ne m'estimas digne.
Tu t'entretenais seule au visage abaissé,
Pensive toute à toi, n'aimant rien que toi-même,
Dédaignant un chacun d'un sourcil ramassé,
Comme une qui ne veut qu'on la cherche ou qu'on [l'aime.
J'eus peur de ton silence et m'en allai tout blême,
Craignant que mon salut n'eût ton œil offensé.

XI [170]

« Il ne faut s'ébahir, disaient ces bons vieillards
Dessus le mur Troyen, voyant passer Hélène,
Si pour telle beauté nous souffrons tant de peine :
Notre mal ne vaut pas un seul de ses regards.
« Toutefois il vaut mieux, pour n'irriter point Mars,
La rendre à son époux afin qu'il la remmène,
Que voir de tant de sang notre campagne pleine,
Notre havre gagné, l'assaut à nos remparts. »
Pères, il ne fallait, à qui la force tremble,
Par un mauvais conseil les jeunes retarder :
Mais, et jeunes et vieux, vous deviez tous ensemble
Pour elle corps et biens et ville hasarder.
Ménélas fut bien sage, et Pâris, ce me semble,
L'un de la demander, l'autre de la garder.

XII [171]

Cette fleur de Vertu, pour qui cent mille larmes
Je verse nuit et jour sans m'en pouvoir saouler,
Peut bien sa destinée à ce Grec égaler,
A ce fils de Thétis, à l'autre fleur des armes.
Le ciel malin borna ses jours de peu de termes;
Il eut courte la vie, ailée à s'en aller;
Mais son nom, qui a fait tant de bouches parler,
Lui sert contre la Mort de piliers et de termes.
Il eut pour sa prouesse un excellent sonneur;
Tu as pour tes vertus en mes vers un honneur
Qui malgré le tombeau suivra ta renommée.
Les Dames de ce temps n'envient ta beauté,
Mais ton nom tant de fois par les Muses chanté,
Qui languirait d'oubli si je ne t'eusse aimée.

XIII [172]

* Afin que ton honneur coule parmi la plaine
Avant qu'il monte au ciel engravé dans un pin,
Invoquant tous les Dieux et répandant du vin,
Je consacre à ton nom cette belle Fontaine.
Pasteurs, que vos troupeaux frisés de blanche laine
Ne paissent à ces bords ! y fleurisse le thym,
* Et la fleur dont le maître eut si mauvais destin [173],
Et soit dite à jamais la Fontaine d'Hélène.
Le passant en été s'y puisse reposer,
Et assis dessus l'herbe à l'ombre composer
Mille chansons d'Hélène, et de moi lui souvienne.
Quiconques en boira, qu'amoureux il devienne,
Et puisse, en la humant, une flamme puiser
Aussi chaude qu'au cœur je sens chaude la mienne.

XIV

« STANCES DE LA FONTAINE D'HÉLÈNE » [174]

« Pour chanter ou réciter à trois personnes »

Le premier

Ainsi que cette eau coule et s'enfuit parmi l'herbe,
Ainsi puisse couler en cette eau le souci
Que ma belle Maîtresse, à mon mal trop superbe,
Engrave dans mon cœur sans en avoir merci.

Le second

Ainsi que dans cette eau de l'eau même je verse,
Ainsi de veine en veine Amour, qui m'a blessé
Et qui tout à la fois son carquois me renverse,
Un breuvage amoureux dans le cœur m'a versé.

I

Je voulais de ma peine éteindre la mémoire;
Mais Amour, qui avait en la fontaine beu,
Y laissa son brandon, si bien qu'au lieu de boire
De l'eau pour l'étancher, je n'ai bu que du feu.

II

Tantôt cette fontaine est froide comme glace,
Et tantôt elle jette une ardente liqueur;
Deux contraires effets je sens, quand elle passe,
Froide dedans ma bouche et chaude dans mon cœur.

I

Vous qui rafraîchissez ces belles fleurs vermeilles,
Petits frères ailés, Favones et Zéphyrs,
Portez de ma Maîtresse aux ingrates oreilles,
En volant parmi l'air, quelqu'un de mes soupirs.

II

Vous, enfants de l'Aurore, allez baiser ma Dame;
Dites-lui que je meurs, contez-lui ma douleur,
Et qu'Amour me transforme en un rocher sans âme,
Non comme il fit Narcisse en une belle fleur.

I

Grenouilles qui jasez quand l'an se renouvelle,
Vous, Gressets qui servez aux charmes, comme on dit,
Criez en autre part votre antique querelle;
Ce lieu sacré vous soit à jamais interdit.

II

Philomèle en Avril ses plaintes y jargonne
Et tes bords sans chansons ne se puissent trouver :
L'Arondelle l'Été, le Ramier en Automne,
Le Pinson en tout temps, la Gadille en Hiver.

I

Cesse tes pleurs, Hercule, et laisse ta Mysie !
Tes pieds de trop courir sont jà faibles et las ;
Ici les Nymphes ont leur demeure choisie,
Ici sont tes Amours, ici est ton Hylas.

II

Que ne suis-je ravi comme l'enfant Argive [175] !
Pour revancher ma mort, je ne voudrais sinon
Que le bord, le gravois, les herbes et la rive
Fussent toujours nommés d'Hélène et de mon nom.

I

Dryades, qui vivez sous les écorces saintes,
Venez, et témoignez combien de fois le jour
Ai-je troublé vos bois par le cri de mes plaintes,
N'ayant autre plaisir qu'à soupirer d'Amour.

II

Écho, fille de l'Air, hôtesse solitaire
Des rochers, où souvent tu me vois retirer,
Dis quantes fois le jour, lamentant ma misère,
T'ai-je fait soupirer en m'oyant soupirer.

I

Ni cannes ni roseaux ne bordent ton rivage,
Mais le gai Poliot, des bergères ami.
Toujours au chaud du jour le Dieu de ce bocage,
Appuyé sur sa flûte, y puisse être endormi.

II

Fontaine, à tout jamais ta source soit pavée,
Non de menus gravois, de mousses ni d'herbis,
Mais bien de mainte Perle à bouillons enlevée,
De Diamants, Saphyrs, Turquoises et Rubis.

I

Le Pasteur en tes eaux nulle branche ne jette,
Le Bouc de son ergot ne te puisse fouler;
Ains comme un beau Cristal, toujours tranquille et nette,
Puisses-tu par les fleurs éternelle couler.

II

Les Nymphes de ces eaux et les Hamadryades,
Que l'amoureux Satyre entre les bois poursuit,
Se tenant main à main, de sauts et de gambades
Aux rayons du Croissant y dansent toute nuit.

I

* Si j'étais un grand Prince, un superbe édifice
Je voudrais te bâtir, où je ferais fumer
Tous les ans à ta fête autels et sacrifice,
Te nommant pour jamais la Fontaine d'aimer.

II

Il ne faut plus aller en la forêt d'Ardenne
Chercher l'eau, dont Renaud était tant désireux [176].
Celui qui boit à jeun trois fois cette fontaine,
Soit passant ou voisin, il devient amoureux.

I

Lune, qui as ta robe en rayons étoilée,
Garde cette fontaine aux jours les plus ardents,
Défends-la pour jamais de chaud et de gelée,
Remplis-la de rosée, et te mire dedans.

II

Advienne, après mille ans, qu'un Pastoureau dégoise
Mes amours, et qu'il conte aux Nymphes d'ici près
Qu'un Vendômois mourut pour une Saintongeoise,
Et qu'encor son esprit erre entre ces forêts.

Le tiers

Garçons, ne chantez plus. Jà Vesper nous commande
De serrer nos troupeaux; les Loups sont jà dehors.
Demain à la fraîcheur avec une autre bande
Nous reviendrons danser à l'entour de tes bords.
Fontaine, cependant de cette tasse pleine
Reçois ce vin sacré que je verse dans toi;
Sois dite pour jamais la Fontaine d'Hélène,
Et conserve en tes eaux mes amours et ma foi.

XV [177]

Je chantais ces Sonnets, amoureux d'une Hélène,
En ce funeste mois que mon Prince mourut.
Son sceptre, tant fut grand, Charles ne secourut
Qu'il ne payât sa dette à la Nature humaine.
La Mort fut d'une part, et l'Amour qui me mène
Était de l'autre part, dont le trait me férut,
Et si bien la poison par les veines courut
Que j'oubliai mon maître, atteint d'une autre peine.
Je sentis dans le cœur deux diverses douleurs :
La rigueur de ma Dame, et la tristesse enclose
Du Roi que j'adorais pour ses rares valeurs.
La vivante et le mort tout malheur me propose :
L'une aime les regrets, et l'autre aime les pleurs;
Car l'Amour et la Mort n'est qu'une même chose.

XVI

« CHANSON » [178]

Plus étroit que la vigne à l'ormeau se marie
De bras souplement forts,
Du lien de tes mains, maîtresse, je te prie
Enlace-moi le corps;

Et, feignant de dormir, d'une mignarde face
Sur mon front penche-toi;
Inspire, en me baisant, ton haleine et ta grâce
Et ton cœur dedans moi.
Puis, appuyant ton sein sur le mien qui se pâme,
Pour mon mal apaiser,
Serre plus fort mon col et me redonne l'âme
Par l'esprit d'un baiser.
Si tu me fais ce bien, par tes yeux je te jure,
Serment qui m'est si cher,
Que de tes bras aimés jamais autre aventure
Ne pourra m'arracher;
Mais, souffrant doucement le joug de ton empire,
Tant soit-il rigoureux,
Dans les champs Élysés une même navire
Nous passera tous deux.
Là, morts de trop aimer, sous les branches myrtines
Nous verrons tous les jours
Les anciens Héros auprès des Héroïnes
Ne parler que d'amours.
Tantôt nous danserons par les fleurs des rivages
Sous maints accords divers;
Tantôt, lassés du bal, irons sous les ombrages
Des lauriers toujours verts,
Où le mollet Zéphyre en haletant secoue
De soupirs printaniers
Ores les orangers, ores mignard se joue
Entre les citronniers.
Là du plaisant Avril la saison immortelle
Sans échange se suit;
La terre sans labeur de sa grasse mamelle
Toute chose y produit.
D'en bas la troupe sainte, autrefois amoureuse,
Nous honorant sur tous,
Viendra nous saluer, s'estimant bienheureuse
De s'accointer de nous.
Puis, nous faisant asseoir dessus l'herbe fleurie
De toutes au milieu,
Nulle en se retirant ne sera point marrie

De nous quitter son lieu;
* Non celle qu'un taureau sous une peau menteuse
Emporta par la mer,
Non celle qu'Apollon vit, vierge dépiteuse,
En laurier se former,
Ni celles qui s'en vont toutes tristes ensemble,
Artémise et Didon,
Ni cette belle Grecque à qui ta beauté semble
Comme tu fais de nom.

XVII

« ÉLÉGIE »[179]

Six ans étaient coulés, et la septième année
Était presques entière en ses pas retournée,
Quand, loin d'affection, de désir et d'amour,
En pure liberté je passais tout le jour,
Et, franc de tout souci qui les âmes dévore,
Je dormais dès le soir jusqu'au point de l'aurore;
Car, seul maître de moi, j'allais, plein de loisir,
Où le pied me portait, conduit de mon désir,
Ayant toujours ès mains, pour me servir de guide,
Aristote ou Platon, ou le docte Euripide,
Mes bons hôtes muets, qui ne fâchent jamais :
Ainsi que je les prends, ainsi je les remets.
O douce compagnie et utile et honnête!
Un autre en caquetant m'étourdirait la tête.
Puis, du livre ennuyé, je regardais les fleurs,
Feuilles, tiges, rameaux, espèces et couleurs,
Et l'entrecoupement de leurs formes diverses,
Peintes de cent façons, jaunes, rouges et perses,
Ne me pouvant saouler, ainsi qu'en un tableau,
D'admirer la Nature et ce qu'elle a de beau,
Et de dire, en parlant aux fleurettes écloses :
« Celui est presque Dieu qui connaît toutes choses,
Éloigné du vulgaire, et loin des courtisans,

De fraude et de malice imprudents artisans. »
Tantôt j'errais seulet par les forêts sauvages,
Sur les bords enjonchés des peinturés rivages,
Tantôt par les rochers reculés et déserts,
Tantôt par les taillis, verte maison des cerfs.
J'aimais le cours suivi d'une longue rivière,
Et voir onde sur onde allonger sa carrière,
Et flot à l'autre flot en roulant s'attacher,
Et pendu sur le bord me plaisais d'y pêcher,
Étant plus réjoui d'une chasse muette,
Troubler des écaillés la demeure secrète,
Tirer avec la ligne en tremblant emporté
Le crédule poisson pris à l'haim appâté,
Qu'un grand Prince n'est aise ayant pris à la chasse
Un cerf qu'en haletant tout un jour il pourchasse.
Heureux, si vous eussiez d'un mutuel émoi
Pris l'appât amoureux aussi bien comme moi,
Que tout seul j'avalai, quand par trop désireuse
Mon âme en vos yeux but la poison amoureuse!
Puis, alors que Vesper vient embrunir nos yeux,
Attaché dans le ciel, je contemple les cieux,
En qui Dieu nous écrit en notes non obscures
Les sorts et les destins de toutes créatures.
Car lui, en dédaignant (comme font les humains)
D'avoir encre et papier et plume entre les mains,
Par les astres du ciel, qui sont ses caractères,
Les choses nous prédit et bonnes et contraires;
Mais les hommes chargés de terre et du trépas
Méprisent tel écrit, et ne le lisent pas.
Or, le plus de mon bien pour décevoir ma peine,
C'est de boire à longs traits les eaux de la fontaine
Qui de votre beau nom se brave, et en courant
Par les prés vos honneurs va toujours murmurant [180]...
Là, couché dessus l'herbe, en mes discours je pense
Que pour aimer beaucoup j'ai peu de récompense,
Et que mettre son cœur aux Dames si avant,
C'est vouloir peindre en l'onde et arrêter le vent;
M'assurant toutefois qu'alors que le vieil âge
Aura comme un sorcier changé votre visage,

Et lorsque vos cheveux deviendront argentés,
Et que vos yeux d'Amour ne seront plus hantés,
Que toujours vous aurez, si quelque soin vous touche,
En l'esprit mes écrits, mon nom en votre bouche...

L'AMITIÉ

L'AMITIÉ

I

[A JOACHIM DU BELLAY] [181]

Cependant que tu vois le superbe rivage
De la rivière Tusque et le mont Palatin
Et que l'air des Latins te fait parler latin,
Changeant à l'étranger ton naturel langage [182],
Une fille d'Anjou me détient en servage;
Ores baisant sa main et ores son tetin,
* Et ores ses beaux yeux, astres de mon destin,
Je vis, comme l'on dit, trop plus heureux que sage.
Tu diras à Magny, lisant ces vers ici :
* « C'est grand cas que Ronsard est encor amoureux ! »
Mon Bellay, je le suis et le veux être aussi,
Et ne veux confesser qu'Amour soit malheureux,
Ou si c'est un malheur, baste ! je délibère
De vivre malheureux en si belle misère.

II

[A JACQUES PELETIER, DU MANS] [183]

Mon docte Peletier, le temps léger s'enfuit.
Je change nuit et jour de poil et de jeunesse;
Mais je ne change pas l'amour d'une maîtresse,
Qui dans mon cœur collée éternelle me suit.
Toi qui es dès enfance en tout savoir instruit [184],

Si de notre amitié l'antique nœud te presse,
Comme sage et plus vieil donne-moi quelque adresse
Pour éviter ce mal qui ma raison séduit.
Aide-moi, Peletier, si par philosophie
Ou par le cours des cieux tu as jamais appris
Un remède d'amour, dis-le-moi, je te prie.
Du chêne tu auras la couronne et le prix
D'avoir par le conseil de tes doctes écrits
Sauvé de ton ami la franchise et la vie.

III

[A PIERRE DE PASCHAL] [185]

... Quelqu'un trouvera bien étrange
Et ridera son front, de quoi
J'heûre Paschal d'une louange
Dont heureux se tiendrait un Roi;
Mais moi content, qui ne mendie
Des Rois ni bienfaits ni honneurs,
Aux savants mes vers je dédie
Plus volontiers qu'aux grands Seigneurs.
Car leur faveur n'est perdurable
Et leurs bienfaits sont inconstants;
Mais la science vénérable
Dure pour jamais ou longtemps.
Puis j'espère qu'en récompense
Paschal me fera quelquefois
Immortel par son éloquence,
Qui vaut mieux que le bien des Rois.

IV

« LES ILES FORTUNÉES [186]

A MARC-ANTOINE DE MURET »

Puisqu'Ényon d'une effroyable trope
Pieds contre mont bouleverse l'Europe [187],

La pauvre Europe ! et que l'horrible Mars
Le sang Chrétien répand de toutes parts,
Or' mutinant contre soi l'Allemagne,
Or' opposant à la France l'Espagne,
Joyeux de meurtre, or' le pays Français
A l'Italie, et l'Écosse à l'Anglais, ...
Et qui pis est, puisque les bons esprits,
Montrés au doigt, sans faveur et sans prix,
Quelque présent que les Muses leur donnent,
Comme coquins de pauvreté frissonnent...
Partons, Muret, allons chercher ailleurs
Un ciel meilleur, et autres champs meilleurs :
Laissons, Muret, aux tigres effroyables
Et aux lions ces terres misérables ;
Fuyons, fuyons, quelque part où nos pieds,
Ou nos bateaux dextrement déliés
Nous conduiront ; mais avant que de mettre
La voile au vent, il te faudra promettre
De ne vouloir en France revenir,
Jusques à tant qu'on voie devenir
Le More blanc, et le Français encore
Se basanant prendre le teint d'un More,
Et tant qu'on voie en un même troupeau
Errer amis le lion et l'agneau.

Donc si ton cœur tressaute d'une envie
De bienheurer le reste de ta vie,
Crois mon conseil, et laisse seul ici
En son malheur le vulgaire endurci :
Ou si tu as quelque raison meilleure,
Sans plus tarder, à cette heure, à cette heure
Dis-la, Muret ; sinon marche devant,
Et mets premiers les antennes au vent.

Que songes-tu ? mon Dieu, que de paresse
Te tient musard ! regarde quelle presse
Dessus le bord, joyeuse, nous attend
Pour la conduire, et ses bras nous étend,
Et devers nous toute courbe s'incline,
Et de la tête, en criant, nous fait signe
De la passer dedans notre bateau !

Je vois Baïf, Denisot et Belleau,
Buttet, du Parc, Bellay, Dorat, et celle
Troupe de gens qui court après Jodelle;
Ici l'Huillier une troupe conduit,
Et là j'avise un grand peuple qui suit
Notre Magny, et parmi la campagne
Un escadron qui Maumont accompagne.
Voici Maclou, voici d'une autre part
Ton Frémiot, des Autels, et Tyard :
Ici Turrin, ici Colet arrive,
Et là Gruget s'égaye sur la rive
Avec Navière, et Péruse, et Tagaut,
Et Tahureau, qui jà tirent en haut
L'ancre mordante, et plantés sur la poupe
D'un cri naval encouragent la troupe
D'abandonner le terroir paternel
Pour vivre ailleurs en repos éternel.
Ça que j'embrasse une si chère bande [188]!
Or sus, amis, puisque le vent commande
De démarrer, sus d'un bras vigoureux
* Poussons la nef vers les champs bienheureux,
Au port heureux des îles bienheurées
Que l'Océan de ses eaux azurées,
Loin de l'Europe et loin de ses combats,
Pour nous, amis, emmure de ses bras.

Là nous vivrons sans travail et sans peine...
Là, sans navrer comme ici notre aïeule
Du soc aigu, prodigue, toute seule
Fait hérisser en joyeuses forêts
Parmi les champs les présents de Cérès;
Là, sans tailler, la nourricière plante
Du bon Denys [189], d'une grimpure lente
S'entortillant, fait noircir ses raisins
De son bon gré sur les ormes voisins.

Là, sans mentir, les arbres se jaunissent
D'autant de fruits que leurs boutons fleurissent;
Et sans faillir, par la bonté du ciel,
Des chênes creux se distille le miel.
Par ses ruisseaux toujours le lait ondoie,

Et sur les bords toujours l'herbe verdoie
Sans qu'on la fauche, et toujours diaprés
De mille fleurs s'y peinturent les prés
Francs de la bise, et des roches hautaines
* Toujours de lait gazouillent les fontaines.
Là, comme ici, l'avarice n'a pas
Borné les champs, ni d'un effort de bras
Avec grand bruit les pins on ne renverse
Pour aller voir d'une longue traverse
Quelque autre monde [190]; ains jamais découverts
On ne les voit de leurs ombrages verts
Par trop de chaud, ou par trop de froidure:
Jamais le loup, pour quêter sa pâture
Hurlant au soir, ne vient effaroucher
Le sûr bétail à l'heure de coucher...
Le vent poussé dedans les conques tortes
Ne bruit point là, ni les fières cohortes
De gens armés horriblement ne font
Leurs morions craquer dessus le front.
Là, les enfants n'enterrent point leurs pères,
Et là les sœurs ne lamentent leurs frères,
Et l'épousé ne s'adolore pas
De voir mourir sa femme entre ses bras...
Car leurs beaux ans entrecassés n'arrivent
A la vieillesse, ains d'âge en âge vivent
Par la bonté de la terre et des cieux
Jeunes et sains comme vivent les Dieux...
Là ne sera, comme en France, dépite
Encontre toi ta belle Marguerite,
Ains d'elle-même à ton col se pendra;
Avec Baïf sa Francine viendra
Sans qu'il l'appelle, et ma fière Cassandre
Entre mes bras douce se viendra rendre...
Là, vénérable en une robe blanche,
Et couronné la tête d'une branche
Ou de Laurier, ou d'Olivier retors,
Guidant nos pas, maintenant sur les bords
Du flot salé, maintenant aux vallées,
Et maintenant près des eaux reculées,

Ou sous le frais d'un vieux chêne branchu,
Ou sous l'abri de quelque antre fourchu,
Divin Muret, tu nous liras Catulle,
Liras Ovide, et Properce et Tibulle;
Ou tu joindras au sistre téien
Avec Bacchus l'enfant cythérien [191];
Ou feuilletant un Homère plus brave,
Tu nous liras d'une majesté grave
Comme Vénus couvrit d'une épaisseur
Jà demi-mort le Troyen ravisseur,
Quand Ménélas, le plus petit Atride,
En lieu du chef eut la salade vide [192];
Puis comme Hector dessous un faux harnois
Tua Patrocle, et comme les Grégeois,
Demi-brûlés de la Troyenne flamme,
Priaient Achil' dépit pour une femme;
Puis comme lui, nouvellement armé
D'un fer divin, contre Hector animé,
Le fit broncher sur sa native poudre
Comme un pin tombe accablé de la foudre.

A ces chansons, les chênes oreillés
Abaisseront leurs chefs émerveillés,
Et Philomèle en quelque arbre égarée
N'aura souci du péché de Térée,
Et par les prés les étonnés ruisseaux
Pour t'écouter accoiseront leurs eaux.
Pan le cornu, doux effroi des Dryades,
Et les Sylvains amoureux des Naïades
Sauront par cœur les accents de ta voix
Pour les apprendre aux rochers et aux bois,
Voire si bien qu'on n'oirra qu'un Zéphyre
Parmi les fleurs tes louanges redire.

Là, tous huilés les uns sur les sablons
Iront luttant, les autres aux ballons
Dessus les prés d'une partie égale
Jou'ront ensemble ou courront à la balle;
L'un doucement à l'autre escrimera,
Outre la marque un autre sautera,
Ou d'une main brusquement balancée

Ru'ra la pierre ou la barre élancée [193].
L'un de son dard plus que le vent soudain
Décruchera le chevreuil ou le daim;
Les uns montés sur des chevaux d'Espagne,
De tourbillons poudroyant la campagne,
Courront le lièvre et les autres ès bois
Le cerf pressé de filets et d'abois...
Telles, Muret, telles terres divines
Loin des combats, loin des guerres mutines,
Loin des soucis, de soins et de remords,
Toi, toi, Muret, appellent à leurs bords,
Aux bords heureux des îles plantureuses,
Aux bords divins des îles bienheureuses,
Que Jupiter réserva pour les siens,
Lorsqu'il changea des siècles anciens
L'or en argent et l'argent en la rouille
* D'un fer meurtrier qui de son meurtre souille
La pauvre Europe! Europe que les Dieux
Ne daignent plus regarder de leurs yeux
Et que je fuis de bon cœur sous ta guide,
Lâchant premier aux navires la bride,
Et de bon cœur à qui je dis adieu
Pour vivre heureux en l'heur d'un si beau lieu.

V

[A MELIN DE SAINT-GELAIS

SUR LEUR RÉCONCILIATION] [194]

... Las! ce monstre, ce monstre d'Ire
Contre toi me força d'écrire,
Et m'élança tout irrité,
Quand d'un vers enfiellé d'Iambes
Je vomissais les aigres flambes
De mon courage dépité;
Pour ce qu'à tort on me fit croire
Qu'en fraudant le prix de ma gloire

* Tu avais mal parlé de moi,
Et que d'une longue risée
Mon œuvre par toi méprisée
Ne servit que de farce au Roi.
   Mais ore, Melin, que tu nies
En tant d'honnêtes compagnies
N'avoir médit de mon labeur,
Et que ta bouche le confesse
Devant moi-même, je délaisse
Ce dépit qui m'ardait le cœur,
   Chatouillé vraiment d'un grand aise
De voir morte du tout la braise
Qui me consumait, et de voir
Crever ceux qui, par une envie
Troublant le repos de ma vie,
Soulaient ma simplesse émouvoir.
   Dressant à notre amitié neuve
Un autel, j'atteste le fleuve
Qui des parjures n'a pitié [195],
Que ni l'oubli, ni le temps même,
Ni la rancœur, ni la mort blême
Ne dénou'ront notre amitié...

VI

[A LIGNERIS, SUR SON VOYAGE EN ITALIE] [196]

   Qui par gloire, et par mauvaistié,
Et par nonchalante paresse
Aura tranché de l'amitié
Le nœud qui doucement nous presse,
A celui de rigueur expresse
Je défends qu'en nulle saison
Ne s'héberge dans ma maison...
   Que sert à l'homme de piller
* Tous les printemps de l'Arabie,
Et de ses moissons dépouiller

Soit la Sicile, ou la Libye,
Ou dérober l'Inde ennoblie
Aux trésors de son bord gemmé,
S'il n'aime, et s'il n'est point aimé?...
  Quand tu te seras approché
Des plaines grasses d'Italie,
Vis, Ligneris, pur du péché
Qui l'amitié première oublie;
N'endure que l'âge délie
Le nœud que les Grâces ont joint.
O temps où l'on ne soulait point
Courir à l'onde Hyperborée!
Telle saison fut bien dorée,
En laquelle on se contentait
De voir de son toit la fumée,
Lors que la terre on ne hantait
D'un autre Soleil allumée,
Et les mortels heureux, alors
Remplis d'innocence naïve,
Ne connaissaient rien que leur rive
Et les flancs de leurs prochains bords.
  Tu me diras à ton retour
Combien de lacs et de rivières
Lèchent les murs d'un demi tour
De tant et tant de villes fières,
Quelles cités vont les premières
En brave nom le plus vanté;
Et par moi te sera chanté
Ma Franciade commencée,
Si Phébus mûrit ma pensée.
Tandis sur le Loir je suivrai
Un petit taureau que je voue
A ton retour, qui jà sevré
Tout seul par les herbes se joue;
Blanchissant d'une note au front,
Sa marque imite de la Lune
Les feux courbés, quand l'une et l'une
De ses deux cornes se refont.

VII

[AU POÈTE ROBERT DE LA HAYE] [197]

Publié en 1552.

... Les Amours n'aiment tant les pleurs,
La mouche ne suit tant les fleurs,
Ni les vainqueurs tant les couronnes,
La Haye, comme tu poursuis
Les doctes Muses que tu suis
Comme tes plus chères mignonnes.
Nul mieux que toi parmi les bois
Ne contrefait leur belle voix,
Et nul par les roches hautaines
Ne les va mieux accompagnant,
Ni mieux près d'elles se baignant
Sous le cristal de leurs fontaines.
Nul mieux sous les rais de la nuit,
Quand la Lune en son plein reluit,
Sur l'herbe avec elles ne danse,
Suivantes le pouce divin
De ce grand Alcée Angevin,
Qui devant sonne la cadence [198].
Toi lors couronné du lien
Que donne l'arbre Daphnien,
Ores tu prends plaisir d'élire
Le premier rang, or' le milieu,
Entre elles marchant comme un Dieu
Qui s'égaye au son de la lyre.
Et toutefois étant ainsi
De ces Pucelles le souci,
Tu veux bien faire un contr'échange
De tes vers Latins qui sont d'or
Aux miens moindres qu'airain encor,
Indignes de telle louange...
Si j'avais les butins heureux

Que le marchand aventureux
Arrache du sein de l'Aurore,
Tu les aurais; et les sablons
* Qui roulent luisantement blonds
Dans l'eau que la Phrygie honore;
Ou, si j'étais assez subtil
Pour animer par un outil
La toile muette ou le cuivre,
Mon art t'offrirait ces présents :
Mais ces dons-là contre les ans
Ne te sauraient faire revivre.
Prends donc mes vers qui valent mieux,
Et les reçois comme les Dieux
Reçoivent par leur bonté haute
Les humbles présents des mortels,
Qui de dons chargent leurs autels
Bien que les Dieux n'aient de rien faute.

VIII

« ÉPITAPHE DE JEAN DE LA PÉRUSE

ANGOUMOIS »[199]

Las! tu dois à ce coup, chétive Tragédie,
Laisser tes graves jeux,
Laisser ta scène vide, et contre toi hardie
Te tordre les cheveux;
Et, de la même voix dont tu aigris les Princes
Tombés en déconfort,
Tu dois bien annoncer, aux étranges provinces
Que la Péruse est mort[200].
Cours donc échevelée, et dis que la Péruse
Est mort, et qu'aujourd'hui
Le second ornement de la tragique Muse
Est mort avecque lui;
Mais non pas mort ainsi qu'il faisait en sa scène
Après mille débats

Les Princes et les Rois mourir d'une mort vaine
Qui morts ne mouraient pas;
Car un dormir de fer lui sille la paupière
D'un éternel sommeil,
Et jamais ne verra la plaisante lumière
De notre beau Soleil,
Hélas, cruel Pluton! puisque ta salle obscure
Reçoit de tout quartier
Tout ce qui est au monde, et que de la Nature
Tu es seul héritier,
Et qu'on ne peut frauder le dernier truage
De ton port odieux,
Tu devais pour le moins lui prêter davantage
L'usufruit de nos cieux.
Tu n'eusses rien perdu, car après quelque année,
Suivant l'humaine loi,
Aussi bien qu'aujourd'hui la fière destinée
L'eût emmené chez toi.
Or adieu donc, ami, aux ombres dans la salle
De ce cruel Pluton
Tu jou' la tragédie ou du pauvre Tantale,
Ou du pauvre Ixion;
Et tu as ici haut laissé ta scène vide
* De chantres et de chœurs,
Laquelle autant sur toi que dessus Euripide
* En deuil verse de pleurs;
* Et prie que toujours la vigne et le lierre
D'un refrisé rameau
Rampe pour ta couronne au plus haut de la pierre
Qui te sert de tombeau.

IX

« SUR LE TRÉPAS D'ADRIEN TURNÈBE » 201

Je sais chanter l'honneur d'une rivière;
Mais, quand je suis sur le bord de la Mer
Pour la louer, la voyant écumer

En sa grandeur si profonde et si fière,
Du cœur s'enfuit mon audace première
Près de tant d'eau qui me peut abîmer;
Ainsi voulant Turnèbe ranimer,
Je suis vaincu ayant trop de matière.
Comme la Mer, sa louange est sans rive,
Sans bord son los, qui luit comme un flambeau;
D'un si grand homme il ne faut qu'on écrive,
Sans nos écrits son nom est assez beau;
Les bouts du monde où le Soleil arrive,
Grands comme lui, lui servent de Tombeau.

X

[A LOUIS DES MASURES] [202]

Masures, tu m'as vu, bien que la France à l'heure
Encor ne m'enrôlait entre les bons esprits,
Et sans barbe et barbu j'ai relu tes écrits,
Qui engardent qu'Énée en la France ne meure [203].
Ah! que je suis marri qu'encore ne demeure
* En France ce troupeau divinement appris,
Qui sous le Roi François pour emporter le prix
Chantait à qui mieux mieux d'une Muse meilleure.
Pour une opinion de Bèze est délogé,
Tu as par faux rapport durement voyagé,
Et Peletier le docte a vagué comme Ulysse.
Phœbus, tu ne vaux rien, et vous ne valez rien,
Muses, jouet à fols! puisqu'en votre service
Vos servants n'ont reçu que du mal pour du bien.

XI

[A PIERRE LESCOT
ARCHITECTE DU ROI] [204]

... Toi Lescot, dont le nom jusques aux astres vole [205],
As pareil naturel; car étant à l'école,

On ne put le destin de ton esprit forcer
Que toujours avec l'encre on ne te vît tracer
Quelque belle peinture et, jà fait géomètre,
Angles, lignes et points sur une carte mettre;
Puis, arrivant ton âge au terme de vingt ans,
Tes esprits courageux ne furent pas contents
Sans doctement conjoindre avecque la peinture
L'art de mathématique et de l'architecture,
Où tu es tellement avec honneur monté,
Que le siècle ancien est par toi surmonté.
  Car, bien que tu sois noble et de mœurs et de race
Bien que dès le berceau l'abondance te fasse,
Sans en chercher ailleurs, riche en bien temporel,
* Si as-tu franchement suivi ton naturel,
Et tes premiers régents n'ont jamais pu distraire
Ton cœur de ton instinct pour suivre le contraire.
  On a beau d'une perche appuyer les grands bras
D'un arbre qui se plie, il tend toujours en bas;
La nature ne veut en rien être forcée,
Mais suivre le destin duquel elle est poussée.
  Jadis le Roi François, des lettres amateur,
De ton divin esprit premier admirateur,
T'aima par-dessus tous; ce ne fut en son âge
Peu d'honneur d'être aimé d'un si grand personnage,
Qui soudain connaissait le vice et la vertu,
Quelque déguisement dont l'homme fût vêtu.
  Henri, qui après lui tint le sceptre de France,
Ayant de ta valeur parfaite connaissance,
Honora ton savoir, si bien que ce grand Roi
Ne voulait écouter un autre homme que toi,
Soit dînant et soupant, et te donna la charge
De son Louvre enrichi d'édifice plus large,
Ouvrage somptueux, afin d'être montré
Un Roi très magnifique en t'ayant rencontré.
Il me souvient un jour que ce Prince, à la table,
Parlant de ta vertu, comme chose admirable,
Disait que tu avais de toi mêmes appris
Et que sur tous aussi tu emportais le prix,
« Comme a fait mon Ronsard, qui à la poésie

Malgré tous ses parents a mis sa fantaisie. »
Et pour cela tu fis engraver sur le haut
Du Louvre une déesse, à qui jamais ne faut
Le vent, à joue enflée au creux d'une trompette,
Et la montras au Roi, disant qu'elle était faite
Exprès pour figurer la force de mes vers,
Qui comme vent portaient son nom par l'univers...

XII

[POUR LA « CORNÉLIE » DE ROBERT GARNIER] [206]

Le vieil Cothurne d'Euripide
Est en procès entre Garnier
Et Jodelle, qui le premier
Se vante d'en être le guide.
Il faut que ce procès on vide,
Et qu'on adjuge le laurier,
A qui mieux d'un docte gosier
A bu de l'onde Aganippide.
S'il faut épelucher de près
Le vieil artifice des Grecs,
Les vertus d'une œuvre et les vices,
Le sujet et le parler haut,
Et les mots bien choisis, il faut
Que Garnier paye les épices.

XIII

[A NICOLAS DE VERDUN

SECRÉTAIRE DU ROI] [207]

Si j'avais un riche trésor,
Ou des vaisseaux engravés d'or,
Tableaux ou médailles de cuivre,
Ou ces joyaux qui font passer

Tant de mers pour les amasser
Où le jour se laisse revivre [208],
  Je t'en ferais un beau présent.
Mais quoi ! cela ne t'est plaisant;
Aux richesses tu ne t'amuses
Qui ne font que nous étonner;
C'est pourquoi je te veux donner
Le bien que m'ont donné les Muses...
  Dieu veuille bénir ta maison
De beaux enfants nés à foison
De ta femme belle et pudique;
La Concorde habite en ton lit,
Et bien loin de toi soit le bruit
De toute noise domestique !
  Sois gaillard, dispos et joyeux,
Ni convoiteux, ni soucieux
Des choses qui nous rongent l'âme.
Fuis toutes sortes de douleurs,
Et ne prends souci des malheurs
Qui sont prédits par Nostredame [209].
  Ne romps ton tranquille repos
Pour Papaux ni pour Huguenots,
Ni ami d'eux ni adversaire,
Croyant que Dieu, père très doux
(Qui n'est partial comme nous),
Sait ce qui nous est nécessaire.
  N'aye souci du lendemain;
Mais, serrant le temps en la main,
Vis joyeusement la journée
Et le jour auquel tu seras;
Et que sais-tu si tu verras
L'autre lumière retournée?
  Couche-toi à l'ombre d'un bois,
Ou près d'un rivage où la voix
D'une fontaine jaseresse
Murmure, et tandis que tes ans
Sont encore et verts et plaisants,
Par le jeu trompe la vieillesse...

XIV

[DÉDICACE D'UN LIVRE A JEAN DE MOREL] [210]

... Ainsi, mon cher Morel, la fleur de mes amis,
Je t'ai offert le don le premier qui s'est mis
De fortune en ma main, afin qu'en quelque sorte
Je découvrisse au jour l'amour que je te porte,
Comme voulant trop mieux te donner seulement
Un don qui fût petit, que rien totalement,
A toi qui as égard au cœur de la personne,
Et non à la valeur du présent qu'on te donne.
Or ce petit labeur que je consacre tien
Est de petite montre, et je le sais très bien;
Mais certes il n'est pas si petit que l'on pense.
Peut-être qu'il vaut mieux que la grosse apparence
* De ces tomes enflés, de gloire convoiteux,
Qui sont fardés de mots sourcilleux et venteux,
Ampoulés et masqués, où rien ne se décœuvre
Que l'arrogant jargon d'un ambitieux œuvre.
Ne vois-tu ces châteaux jusqu'au ciel élevés
Tomber toujours devant qu'ils soient parachevés?
S'ils ne tombent du tout, volontiers quelque pierre
Toujours de quelque part trébuche contre terre;
Et pendant que la salle ou la cuisine on fait,
D'autre côté la chambre ou la tour se défait.
Je te confesse bien que le fleuve de Seine
A le cours grand et long, mais toujours il entraîne
Avec soi de la fange, et ses plis recourbés,
Sans être jamais nets, sont toujours embourbés.
* Un petit ruisselet a toujours l'onde nette;
Aussi le papillon et la gentille avette
Y vont puiser de l'eau, et non en ces torrents,
Qui tonnent d'un grand bruit par les roches courants.
Petits sonnets bien faits, belles chansons petites,
Petits discours gentils, sont les fleurs des Charites,
Des Sœurs et d'Apollon, qui ne daignent aimer

Ceux qui chantent une œuvre aussi grand que la mer,
Sans rive ni sans fond, de tempêtes armée,
Et qui jamais ne dort tranquille ni calmée.
Peut-être que ce livre un jour se formera
En vive renommée et, volant, sèmera
Tes honneurs par le Monde et ceux dont ton épouse
Sa pudique maison d'artifice dispouse [211]...
Mais tout ainsi, Morel, que par les beaux pourpris,
Ou par les champs qui sont diversement fleuris,
On voit errer l'abeille, et de ses cuisselettes,
Ne prendre également des prés toutes fleurettes,
Mais avec prévoyance un jugement elle a
De cueillir celle-ci, et laisser celle-là;
Ainsi en feuilletant ce mien petit ouvrage,
Tu sauras bien tirer, comme prudent et sage,
Les vers qui seront fols, amoureux, éventés,
D'avec ceux qui seront plus gravement chantés
Et plus dignes de toi, qui n'as l'oreille atteinte
Sinon de chastes vers d'une Muse très sainte,
Qui parle sagement et qui point ne rougit
De honte, ni l'auteur, ni celui qui le lit...

XV

[DÉDICACE A NICOLAS DE NEUFVILLE SEIGNEUR DE VILLEROY] [212]

Jà du prochain hiver je prévois la tempête,
Jà cinquante et six ans ont neigé sur ma tête;
Il est temps de laisser les vers et les amours
Et de prendre congé du plus beau de mes jours.
J'ai vécu, Villeroy, si bien que nulle envie
En partant je ne porte aux plaisirs de la vie :
Je les ai tous goûtés et me les suis permis
Autant que la raison me les rendait amis,
Sur l'échafaud mondain jouant mon personnage
D'un habit convenable au temps et à mon âge.

J'ai vu lever le jour, j'ai vu coucher le soir;
J'ai vu grêler, tonner, éclairer et pleuvoir;
J'ai vu peuples et rois, et depuis vingt années
J'ai vu presque la France au bout de ses journées;
J'ai vu guerres, débats, tantôt trêves et paix,
Tantôt accords promis, redéfaits et refaits,
Puis défaits et refaits. J'ai vu que sous la Lune
Tout n'était que hasard et pendait de Fortune.
Pour néant la Prudence est guide des humains;
L'invincible Destin lui enchaîne les mains
La tenant prisonnière, et tout ce qu'on propose
Sagement, la Fortune autrement en dispose.

Je m'en vais saoul du monde, ainsi qu'un convié
S'en va saoul du banquet de quelque marié,
Ou du festin d'un Roi, sans renfrogner la face
Si un autre après lui se met dedans sa place.
J'ai couru mon flambeau sans me donner émoi,
Le baillant à quelqu'un s'il recourt après moi;
Il ne faut s'en fâcher; c'est la loi de nature,
Où s'engage en naissant chacune créature...

Or comme un endetté, de qui proche est le terme
De payer à son maître ou l'usure ou la ferme,
Et n'ayant ni argent ni biens pour secourir
Sa misère au besoin, désire de mourir;
Ainsi ton obligé, ne pouvant satisfaire
Aux biens que je te dois, le jour ne me peut plaire;
Presque à regret je vis et à regret je voi
Les rayons du Soleil s'étendre dessus moi.
Pour ce je porte en l'âme une amère tristesse,
De quoi mon pied s'avance aux faubourgs de vieillesse,
Et vois (quelque moyen que je puisse essayer)
Qu'il faut que je déloge avant que te payer,
S'il ne te plaît d'ouvrir le ressort de mon coffre
Et prendre ce papier que pour acquit je t'offre,
Et ma plume qui peut, écrivant vérité,
Témoigner ta louange à la postérité.

Reçois donc mon présent, s'il te plaît, et le garde
En ta belle maison de Conflans, qui regarde
Paris, séjour des Rois, dont le front spacieux

Ne voit rien de pareil sous la voûte des cieux,
Attendant qu'Apollon m'échauffe le courage
De chanter tes jardins, ton clos et ton bocage,
Ton bel air, ta rivière et les champs d'alentour,
Qui sont toute l'année échauffés d'un beau jour,
Ta forêt d'orangers, dont la perruque verte
De cheveux éternels en tout temps est couverte,
Et toujours son fruit d'or de ses feuilles défend,
Comme une mère fait de ses bras son enfant.
  Prends ce livre pour gage et lui fais, je te prie,
Ouvrir en ma faveur ta belle librairie
Où logent sans parler tant d'hôtes étrangers [213],
Car il sent aussi bon que font tes orangers.

LA NATURE

LA NATURE

I

[CHANSON DU PRINTEMPS] [214]

Quand ce beau printemps je vois,
J'aperçois
Rajeunir la terre et l'onde
Et me semble que le jour
Et l'Amour
Comme enfants naissent au monde.
Le jour qui plus beau se fait
Nous refait
Plus belle et verte la terre;
Et Amour, armé de traits
Et d'attraits,
Dans nos cœurs nous fait la guerre.
Il répand de toutes parts
Feux et dards,
Et dompte sous sa puissance
Hommes, bêtes et oiseaux,
Et les eaux
Lui rendent obéissance.
Vénus avec son enfant
Triomphant,
Au haut de son coche assise,
Laisse ses cygnes voler
Parmi l'air
Pour aller voir son Anchise.

Quelque part que ses beaux yeux
Par les cieux
Tournent leurs lumières belles,
L'air qui se montre serein
Est tout plein
D'amoureuses étincelles.
Puis en descendant à bas
Sous ses pas
Croissent mille fleurs écloses;
Les beaux lis et les œillets
Vermeillets
Y naissent entre les roses.
Je sens en ce mois si beau
Le flambeau
D'Amour qui m'échauffe l'âme,
Y voyant de tous côtés
Les beautés
Qu'il emprunte de ma Dame.
Quand je vois tant de couleurs
Et de fleurs
Qui émaillent un rivage,
Je pense voir le beau teint
Qui est peint
Si vermeil en son visage.
Quand je vois les grands rameaux
Des ormeaux
Qui sont lacés de lierre,
Je pense être pris ès lacs
De ses bras,
* Et que mon col elle serre.
Quand j'entends la douce voix
Par les bois
Du gai rossignol qui chante,
D'elle je pense jouir
Et ouïr
Sa douce voix qui m'enchante.
Quand Zéphyre mène un bruit
Qui se suit
Au travers d'une ramée,

Des propos il me souvient
Que me tient
* La bouche de mon aimée.
Quand je vois en quelque endroit
Un pin droit,
Ou quelque arbre qui s'élève,
Je me laisse décevoir,
Pensant voir
Sa belle taille et sa grève.
Quand je vois dans un jardin
Au matin
S'éclore une fleur nouvelle,
J'accompare le bouton
Au teton
De son beau sein qui pommelle.
Quand le Soleil tout riant
D'Orient
Nous montre sa blonde tresse,
Il me semble que je voi
Près de moi
Lever ma belle maîtresse.
Quand je sens parmi les prés
Diaprés
Les fleurs dont la terre est pleine,
Lors je fais croire à mes sens
Que je sens
La douceur de son haleine.
Bref, je fais comparaison,
Par raison,
Du printemps et de m'amie;
Il donne aux fleurs la vigueur,
Et mon cœur
D'elle prend vigueur et vie.
Je voudrais au bruit de l'eau
D'un ruisseau
Déplier ses tresses blondes,
Frisant en autant de nœuds
Ses cheveux,
Que je verrais friser d'ondes.

Je voudrais pour la tenir
Devenir
Dieu de ces forêts désertes,
La baisant autant de fois
Qu'en un bois
Il y a de feuilles vertes.
Ha ! maîtresse, mon souci,
Viens ici,
Viens contempler la verdure !
Les fleurs de mon amitié
Ont pitié,
Et seule tu n'en as cure.
Au moins, lève un peu tes yeux
Gracieux,
Et vois ces deux colombelles,
Qui font naturellement
Doucement
L'amour du bec et des ailes.
Et nous, sous ombre d'honneur,
Le bonheur
Trahissons par une crainte;
Les oiseaux sont plus heureux,
Amoureux,
Qui font l'amour sans contrainte.
Toutefois ne perdons pas
Nos ébats
Pour ces lois tant rigoureuses;
Mais, si tu m'en crois, vivons
Et suivons
Les colombes amoureuses.
Pour effacer mon émoi
Baise-moi,
Rebaise-moi, ma Déesse;
Ne laissons passer en vain
Si soudain
Les ans de notre jeunesse.

II

« HYMNE DE L'ÉTÉ » [215]

Couché dessous l'ombrage auprès d'une fontaine,
Évitant la chaleur que l'Été nous amène,
Que saurais-je mieux faire en un lieu si plaisant,
Sinon chanter l'Été de flammes reluisant,
Et tout chargé de feu comme une masse ardente
Qu'une tenaille serre en sa pince mordante?...
Je te salue, Été, le Prince de l'année,
* Fils du Soleil fauteur de toute chose née,
Père, alme, nourricier, donne-blé, donne-vin,
Mâle, parfait, entier, tout grand et tout divin,
Perruqué de rayons, qui sers de longue guide
Au Soleil qui matin tient ses chevaux en bride;
Souhaité des humains, tout couronné d'épis,
Qui figures les ans des hommes accomplis,
Qui forges les éclairs, la foudre et le tonnerre,
Marinier, voyager, courrier, homme de guerre...

III

[L'AUBÉPIN] [216]

* Bel Aubépin fleurissant,
Verdissant
Le long de ce beau rivage,
Tu es vêtu jusqu'au bas
Des longs bras
D'une lambrunche sauvage.
Deux camps de rouges fourmis
Se sont mis
En garnison sous ta souche;
En ton pied demi-mangé

Allongé
Les avettes ont leur couche.
* Le chantre Rossignolet
Nouvelet,
Courtisant sa bien-aimée,
Pour ses amours alléger
Vient loger
Tous les ans en ta ramée.
Sur ta cime il fait son nid
Tout uni
De mousse et de fine soie,
Où ses petits écloront,
Qui seront
De mes mains la douce proie.
Or vis, gentil Aubépin,
Vis sans fin,
Vis sans que jamais tonnerre,
Ou la cognée, ou les vents,
Ou les temps
Te puissent ruer par terre.

IV

[LES HIRONDELLES] [217]

Dieu vous gard', messagers fidèles
* Du Printemps, vites hirondelles,
Huppes, coucous, rossignolets,
Tourtres, et vous oiseaux sauvages
Qui de cent sortes de ramages
Animez les bois verdelets.
Dieu vous gard', belles pâquerettes,
Belles roses, belles fleurettes,
Et vous boutons jadis connus
Du sang d'Ajax et de Narcisse,
Et vous thym, anis et mélisse,
Vous soyez les bien revenus.

Dieu vous gard', troupe diaprée
Des papillons, qui par la prée
Les douces herbes suçotez;
Et vous, nouvel essaim d'abeilles,
Qui les fleurs jaunes et vermeilles
De votre bouche baisotez.
Cent mille fois je resalue
Votre belle et douce venue.
O que j'aime cette saison
Et ce doux caquet des rivages,
Au prix des vents et des orages
Qui m'enfermaient en la maison !

V

« ODE A L'ALOUETTE » [218]

T'oserait bien quelque Poète
Nier des vers, douce Alouette ?
Quant à moi, je ne l'oserois :
Je veux célébrer ton ramage
Sur tous oiseaux qui sont en cage,
Et sur tous ceux qui sont ès bois...
Si tôt que tu es arrosée,
Au point du jour, de la rosée,
Tu fais en l'air mille discours;
En l'air des ailes tu frétilles,
Et pendue au ciel tu babilles
Et contes aux vents tes amours.
Puis du ciel tu te laisses fondre
Sur un sillon vert, soit pour pondre,
Soit pour éclore, ou pour couver,
Soit pour apporter la bechée
A tes petits, ou d'une achée,
Ou d'une chenille, ou d'un ver.
Lors, moi couché dessus l'herbette
D'une part j'ois ta chansonnette,

De l'autre, sus du poliot,
A l'abri de quelque fougère
J'écoute la jeune bergère
Qui dégoise son lerelot.
  Lors, je dis : Tu es bien heureuse,
Gentille Alouette amoureuse,
Qui n'as peur ni souci de riens,
Qui jamais au cœur n'as sentie
Les dédains d'une fière amie,
Ni le soin d'amasser des biens;
  Ou si quelque souci te touche,
C'est, lorsque le Soleil se couche,
De dormir, et de réveiller
De tes chansons avec l'Aurore
Et bergers et passants encore,
Pour les envoyer travailler.
  Mais je vis toujours en tristesse
Pour les fiertés d'une maîtresse
Qui paye ma foi de travaux
Et d'une plaisante mensonge,
Mensonge qui toujours allonge
La longue trame de mes maux.

VI

« L'ALOUETTE » [219]

  Hé Dieu ! que je porte d'envie
* Aux félicités de ta vie,
Alouette, qui de l'amour
* Caquettes dès le point du jour,
* Secouant la douce rosée
En l'air, dont tu es arrosée.
  Devant que Phœbus soit levé
Tu enlèves ton corps lavé
Pour l'essuyer près de la nue,
Trémoussant d'une aile menue

Et te sourdant à petits bonds,
Tu dis en l'air de si doux sons
Composés de ta tirelire,
Qu'il n'est amant qui ne désire
* Comme toi devenir oiseau
Pour dégoiser un chant si beau;
Puis, quand tu t'es bien élevée,
Tu tombes comme une fusée
Qu'une jeune pucelle au soir
De sa quenouille laisse choir,
Quand au foyer elle sommeille,
* Frappant son sein de son oreille...
　Tu vis sans offenser personne;
Ton bec innocent ne moissonne
Le froment, comme ces oiseaux
Qui font aux hommes mille maux,
Soit que le blé rongent en herbe,
Ou bien qu'ils l'égrènent en gerbe;
Mais tu vis par les sillons verts
De petits fourmis et de vers;
Ou d'une mouche, ou d'une achée
Tu portes aux tiens la bechée,
Ou d'une chenille qui sort
Des feuilles, quand l'Hiver est mort...
Ainsi jamais la main pillarde
D'une pastourelle mignarde
Parmi les sillons épiant
Votre nouveau nid pépiant,
Quand vous chantez, ne le dérobe
Ou dans son sein, ou dans sa robe.
Vivez, oiseaux, et vous haussez
Toujours en l'air, et annoncez
De votre chant et de votre aile
Que le Printemps se renouvelle.

VII

[LES FOURMIS

A Remi Belleau] [220]

... Mais, bon Dieu ! que dira la France,
Qui toujours m'a vu dès enfance
Sonner les Princes et les Rois,
Et maintenant que je devrois
Enfler davantage ma veine,
Me voit quasi perdre l'haleine
M'amusant à je ne sais quoi
Indigne de toi et de moi?
Or, si à Virgile on veut croire,
On n'acquiert pas petite gloire
A traiter bien un œuvre bas :
Aussi toujours il ne faut pas
Que le bon ménétrier accorde
Toujours un chant sur une corde,
Et qui voudra bien plaire, il faut
Ne chanter pas toujours le haut.
Là donques, ma petite Lyre,
Sonne et laisse à la France dire
Cela que dire elle voudra :
L'homme grave, qui ne prendra
Plaisir en si basse folie,
Aille feuilleter la Délie [221]...
Mon Dieu ! quand un ost de Fourmis
Aux champs de bon matin s'est mis,
Qu'il fait bon voir par la campagne
Marcher cette troupe compagne
Au labeur ententivement !
L'un apporte un grain de froment,
Et l'autre cache dans sa gorge
Un grain de seigle, ou un grain d'orge;
L'autre, qui voit son faix trop gros,

Ne le porte dessus le dos,
Mais d'une finesse ouvrière
Le traîne du pied de derrière,
Dessus le devant s'efforçant
Ainsi qu'un crocheteur puissant
Qui se courbe l'échine large
Sous la pesanteur de sa charge;
Puis d'un long ordre s'en revont
Par une sente étroite et font
Tremeiller la campagne toute
* De noires ondes de leur route,
Allant porter à la maison
Le vivre de leur garnison,
Qu'ils ont avec soigneuse peine,
L'été, conquis parmi la plaine.
L'un est commis pour recevoir
Les plus chargés, l'autre pour voir
Les paresseux qui rien n'amassent;
Leurs républiques se compassent
Par Lois, par Princes et par Rois.
Apprenez d'eux, peuples François,
D'être ménagers et d'attendre
L'heure qu'on doit le sien dépendre,
Et d'amasser d'art studieux
Des biens à quand vous serez vieux...

VIII

[LA FONTAINE D'HYLAS] [222]

... Cette fontaine était tout à l'entour
* Riche de fleurs, qu'autrefois trop d'amour
De corps humain fit changer en fleurettes
Peintes du teint de pâles amourettes :
Le lis sauvage, et la rose, et l'œillet,
Le roux souci, l'odorant serpolet,
Le bleu glaïeul, les hautes gantelées,

La pâquerette aux feuilles piolées,
La giroflée et le passevelours,
Et le narcis qui ne vit que deux jours...
* Maint chêne vieil ombrageait l'onde noire :
Faunes, Sylvains n'y venaient jamais boire,
Ains de bien loin s'enfuyaient ébahis;
Maison sacrée aux Nymphes du pays
Et au Printemps, qui de sa douce haleine
Embaumait l'air, les forêts et la plaine,
Que les pasteurs en frayeur honoraient
Et de bouquets les rives décoraient.
Un ombre lent par petite secousse
Errait dessus, ainsi que le vent pousse,
Pousse et repousse, et pousse sur les eaux
L'entrelassure ombreuse des rameaux.
Là mainte source en bouillons sablonneuse
Faisant jaillir mainte conque perleuse,
Peignait les bords de passements divers,
De gravois gris, rouges, jaunes et pers.
Là carolaient à tresses décoiffées
De main à main les Nymphes et les Fées,
Foulant des pieds les herbes d'alentour,
Puis dessous l'eau se cachaient tout le jour...

IX

« DES ROSES PLANTÉES PRÈS UN BLÉ » [223]

Dieu te gard' l'honneur du printemps,
Qui étends
Tes beaux trésors sur la branche
Et qui découvres au soleil
Le vermeil
* De ta couleur vivement franche.
D'assez loin tu vois redoublé,
Dans le blé
Ta face du vermillon teinte,

Dans le blé qu'on voit réjouir
De jouir
De ton image en son vert peinte.
Près de toi sentant ton odeur,
Plein d'ardeur
Je façonne un vers, dont la grâce
Maugré mille siècles vivra
Et suivra
Le long vol des ailes d'Horace.
Les uns chanteront les œillets
Vermeillets,
Ou du lis la fleur argentée,
Ou celle qui s'est par les prés
Diaprés
Du sang des Princes enfantée;
Mais moi, tant que chanter pourrai,
Je louerai
Toujours en mes Odes la Rose,
D'autant qu'elle porte le nom
De renom
De celle où ma vie est enclose.

X

[CONTRE LES BUCHERONS DE LA FORÊT DE GASTINE] [224]

... Écoute, Bûcheron, arrête un peu le bras!
Ce ne sont pas des bois que tu jettes à bas :
Ne vois-tu pas le sang, lequel dégoutte à force
Des Nymphes qui vivaient dessous la dure écorce?
Sacrilège meurtrier, si on pend un voleur
Pour piller un butin de bien peu de valeur,
Combien de feux, de fers, de morts et de détresses
Mérites-tu, méchant, pour tuer des Déesses?
Forêt, haute maison des oiseaux bocagers,
Plus le cerf solitaire et les chevreuils légers
Ne paîtront sous ton ombre, et ta verte crinière

Plus du soleil d'été ne rompra la lumière,
Plus l'amoureux pasteur sur un tronc adossé,
Enflant son flageolet à quatre trous percé,
Son mâtin à ses pieds, à son flanc sa houlette,
Ne dira plus l'ardeur de sa belle Janette.
Tout deviendra muet; Écho sera sans voix;
Tu deviendras campagne et, en lieu de tes bois,
Dont l'ombrage incertain lentement se remue,
Tu sentiras le soc, le coutre et la charrue;
Tu perdras ton silence, et haletants d'effroi
Ni Satyres ni Pans ne viendront plus chez toi.

Adieu, vieille forêt, le jouet de Zéphyre,
Où premier j'accordai les langues de ma lyre,
Où premier j'entendis les flèches résonner
D'Apollon, qui me vint tout le cœur étonner;
Où premier admirant la belle Calliope,
Je devins amoureux de sa neuvaine trope,
Quand sa main sur le front cent roses me jeta
Et de son propre lait Euterpe m'allaita.

Adieu, vieille forêt, adieu têtes sacrées,
De tableaux et de fleurs autrefois honorées,
Maintenant le dédain des passants altérés,
Qui, brûlez en été des rayons éthérés,
Sans plus trouver le frais de tes douces verdures,
Accusent vos meurtriers et leur disent injures.

Adieu, chênes, couronne aux vaillants citoyens,
Arbres de Jupiter, germes Dodonéens,
Qui premiers aux humains donnâtes à repaître!
Peuples vraiment ingrats, qui n'ont su reconnaître
Les biens reçus de vous, peuples vraiment grossiers
De massacrer ainsi nos pères nourriciers!

Que l'homme est malheureux qui au monde se fie!
O Dieux, que véritable est la Philosophie
Qui dit que toute chose à la fin périra
Et qu'en changeant de forme une autre vêtira;
De Tempé la vallée un jour sera montagne
Et la cime d'Athos une large campagne,
Neptune quelquefois de blé sera couvert;
La matière demeure, et la forme se perd.

LA VIE RUSTIQUE

LA VIE RUSTIQUE

I

[LES BORDS DE LA MARNE] [225]

« Épitre a Ambroise de La Porte, Parisien »

En cependant que le pesteux Automne
Tes citoyens l'un sur l'autre moissonne,
Et que Caron a les bras tous lassés
D'avoir déjà tant de Mânes passés,
Ici, fuyant ta ville périlleuse,
Je suis venu près de Marne l'îleuse,
Non guère loin de la part où ses eaux
D'un bras fourchu baignent les pieds de Meaux,
Meaux dont Bacchus soigneux a pris la garde
Et d'un bon œil ses collines regarde,
Riches de vin qui n'est point surmonté
Du vin d'Ay en friande bonté.
Non seulement Bacchus les favorise,
Mais sa Compagne et le pasteur d'Amphryse [226],
L'une y faisant les épis blondoyer,
L'autre à foison les herbes verdoyer.
Dès le matin que l'Aube safranée
A du beau jour la clarté ramenée,
Et dès midi jusqu'aux rayons couchants,
* Tout égaré je m'enfuis par les champs
A humer l'air, à voir les belles prées,
A contempler les collines pamprées,
A voir de loin la charge des pommiers

Presque rompus de leurs fruits automniers,
A repousser sur l'herbe verdelette
A tour de bras l'éteuf d'une palette [227],
A voir couler sur Marne les bateaux,
A me cacher dans le jonc des îleaux.
Ores je suis quelque lièvre à la trace,
Or' la perdrix je couvre à la tirasse [228],
Or' d'une ligne apâtant l'hameçon
Loin haut de l'eau j'enlève le poisson,
Or' dans les trous d'une île tortueuse
Je vais cherchant l'écrevisse cancreuse,
Or' je me baigne ou, couché sur les bords,
Sans y penser à l'envers je m'endors...
 Sur tous plaisirs la vendange m'agrée,
A voir tomber cette manne pourprée
Qu'à pieds déchaux un gâcheur fait couler
Dedans la cuve à force de fouler.
Sur les coteaux marche d'ordre une troupe;
L'un les raisins d'une serpette coupe,
L'autre les porte en sa hotte au pressouer,
L'un tout autour du pivot fait rouer
La vis qui geint, l'autre le marc asserre
En un monceau et d'ais pressés le serre,
L'un met à l'anche un panier attaché,
L'autre reçoit le pépin escaché,
L'un tient le muid, l'autre le vin entonne,
Un bruit se fait, le pressoir en résonne.
 Voilà, La Porte, en quel plaisir je suis,
Or' que ta ville épouvanté je fuis,
Or' que l'Automne épanche son usure
Et que la Livre [229] à juste poids mesure
La nuit égale avec les jours égaux,
Et que les jours ne sont ni froids ni chauds.
 Quelque plaisir toutefois qui me tienne,
Faire ne puis qu'il ne me ressouvienne
De ton Paris, et que toujours écrit
Ce grand Paris ne soit en mon esprit;
Et te promets que, sitôt que la bise
Hors des forêts aura la feuille mise,

Faisant des près la verte robe choir,
Que d'un pied prompt je courrai pour revoir
Mes compagnons et mes livres, que j'aime
Plus que ces champs, que toi, ni que moi-même.

II

« DE LA VENUE DE L'ÉTÉ »[230]

Déjà les grands chaleurs s'émeuvent,
Et presque les fleuves ne peuvent
Leurs peuples écaillés couvrir;
Jà voit-on la plaine, altérée
Par la grande torche éthérée,
De soif se lâcher et s'ouvrir.
L'étincelante Canicule,
Qui ard, qui cuit, qui bout, qui brûle,
L'Été nous darde de là-haut,
Et le Soleil, qui se promène
Par le bras du Cancre, ramène
Ses mois hâlés d'un si grand chaud.
Ici la diligente troupe
Des ménagers par ordre coupe
Le poil de Cérès jaunissant,
Et là, jusques à la vêprée,
Abat les honneurs de la prée,
Des beaux prés l'honneur verdissant.
Cependant leurs femmes sont prêtes
D'assurer au haut de leurs têtes
Des plats de bois et des barils,
Et filant, marchent par la plaine
Pour aller soulager la peine
De leurs laborieux maris.
Si tôt ne s'éveille l'Aurore,
Que le pasteur ne soit encore
Plus tôt levé qu'elle, et alors
Au son de la corne réveille

Son troupeau qui encor sommeille
Dessus la fraîche herbe dehors.
  Parmi les plaines découvertes,
Par les bois et les rives vertes
Paît le bétail, ores courant
Entre les fleurs Apollinées,
Or' entre celles qui sont nées
Du sang d'Adonis en mourant [231].
  Mais quand en sa distance égale
Est le Soleil, et la cigale
Enrouément épand sa voix,
Et que nul Zéphyre n'haleine
Tant soit peu les fleurs en la plaine,
Ni la tête ombreuse des bois,
  Adonc le pasteur entrelace
Ses paniers de torse pelasse [232]
Ou il englue les oiseaux,
Ou nu comme un poisson il noue,
Et avec les ondes se joue
Cherchant le plus profond des eaux...

III

« LA SALADE

A AMADIS JAMIN » [233]

  Lave ta main, blanche, gaillarde et nette,
Trace mes pas, apporte une serviette,
Allons cueillir la salade, et faison
Part à nos ans des fruits de la saison.
  D'un vague pied, d'une vue écartée,
Deçà delà jetée et rejetée
* Or' sur la rive, ores sur un fossé,
Or' sur un champ en paresse laissé
Du laboureur, qui de lui-même apporte
Sans cultiver herbes de toute sorte,
Je m'en irai solitaire à l'écart.

Tu t'en iras, Jamyn, d'une autre part
Chercher soigneux la boursette touffue,
La pâquerette à la feuille menue,
La pimprenelle heureuse pour le sang
Et pour la rate, et pour le mal de flanc;
Je cueillerai, compagne de la mousse,
La réponsette à la racine douce,
Et le bouton des nouveaux groseliers,
Qui le Printemps annoncent les premiers.
Puis, en lisant l'ingénieux Ovide
En ces beaux vers où d'amour il est guide,
Regagnerons le logis pas à pas.
Là recoursant jusqu'au coude nos bras,
Nous laverons nos herbes à main pleine
Au cours sacré de ma belle fontaine,
La blanchirons de sel en mainte part,
L'arroserons de vinaigre rosart,
L'engraisserons de l'huile de Provence;
* L'huile qui vient aux oliviers de France
Rompt l'estomac, et ne vaut du tout rien.
Voilà, Jamyn, voilà mon souv'rain bien,
En attendant que de mes veines parte
Cette exécrable, horrible fièvre quarte
Qui me consomme et le corps et le cœur,
Et me fait vivre en extrême langueur.
Tu me diras que la fièvre m'abuse,
Que je suis fol, ma salade, et ma Muse :
Tu diras vrai, je le veux être aussi,
Telle fureur me guérit mon souci.
Tu me diras que la vie est meilleure
Des importuns, qui vivent à toute heure
Auprès des Rois en crédit et bonheur,
Enorgueillis de pompes et d'honneur :
Je le sais bien, mais je ne le veux faire,
Car telle vie à la mienne est contraire.
Il faut mentir, flatter et courtiser,
Rire sans ris, sa face déguiser
Au front d'autrui, et je ne le veux faire;
Car telle vie à la mienne est contraire.

Je suis pour suivre à la trace une Cour
Trop maladif, trop paresseux, et sourd,
Et trop craintif; au reste je demande
Un doux repos, et ne veux plus qu'on pende
Comme un poignard les soucis sur mon front.
En peu de temps les courtisans s'en vont
En chef grison, ou meurent sur un coffre.
Dieu pour salaire un tel présent leur offre
D'avoir gâté leur gentil naturel
Pour amasser trop de bien temporel,
Bien incertain qui tout soudain se passe
Et ne vient point à la troisième race.
Car la Fortune aux retours inconstants
Ne peut souffrir l'ambitieux longtemps,
Montrant par lui d'une chute soudaine
Que c'est du vent que la farce mondaine...
L'homme ignorant que ses jours sont si brefs
Ne connaît pas que c'est un jeu d'échecs
Que notre courte et misérable vie,
Et qu'aussitôt que la mort l'a ravie,
Dedans le sac on met tout à la fois
Rocs, Chevaliers, Pions, Reines et Rois...
Ah! que me plaît ce vers Virgilian,
Où le vieillard père Corycian [234]
Avec sa marre en travaillant cultive
A tour de bras sa terre non oisive,
Et vers le soir, sans acheter si cher
Vin en taverne ou chair chez le boucher,
Allait chargeant sa table de viandes
Qui lui semblaient plus douces et friandes
Avec la faim, que celles des Seigneurs
* Pleines de pompe et de mets et d'honneurs,
Qui, dédaigneux, de cent viandes changent
Sans aucun goût, car sans goût ils les mangent...
La Nature est, ce dit le bon Horace,
De peu contente, et notre humaine race
Ne quiert beaucoup; mais nous la corrompons,
Et par le trop Nature nous trompons.
C'est trop prêché : donne-moi ma salade.

* El' ne vaut rien, dis-tu, pour un malade.
Hé, quoi ! Jamyn, tu fais le médecin !
Laisse-moi vivre au moins jusqu'à la fin
Tout à mon aise, et ne sois triste augure
Soit à ma vie ou à ma mort future;
Car tu ne peux ni moi pour tout secours
Faire plus longs ou plus petits mes jours.
Il faut charger la barque Stygieuse :
La barque, c'est la bière sommeilleuse
Faite en bateau; le maître est le trépas;
Sans naître ici l'homme ne mourrait pas.
Fol qui d'ailleurs autre bien se propose :
Naissance et mort est une même chose.

IV

[LA VIE LOIN DE LA COUR] [235]

... O bienheureux celui qui peut user son âge...
Et qui par les moissons au printemps retournées,
Et non pas par les Rois, va comptant les années;
Qui se soutient les bras d'un bâton appuyés
Parmi les champs où jeune allait à quatre pieds;
Qui voit les grands forêts qu'il plantait en jeunesse,
D'un même âge que lui parvenir à vieillesse,
Et qui, loin de la ville et d'horologe, a mis
Un cadran naturel à l'esseuil de son huis !
Lui, tout dévotieux envers les Dieux, apprête
Toujours un chapelet pour mettre sur leur tête,
Fait honneur à Cérès, à Palès et à Pan,
A Bacchus, au Soleil qui nous ramène l'an,
* Aux Muses, à Phébus, aux Faunes et aux Fées;
Il dort au bruit de l'eau qui court parmi les prées,
Aimant mieux les ouïr qu'un bruit d'un tambourin
Ou le mugissement d'un orage marin.
* Heureux donques, heureux qui de son camp ne bouge,
Qui ne voit le Sénat vêtu de robe rouge,

Ni le Palais criard, les Princes, ni le Roi,
Ni sa trompeuse Cour qui ne tient point de foi.
Si dès le point du jour quelqu'un ne le salue,
S'il n'est comme un grand prince honoré par la rue,
Si le velours, la soie et le rouge chapeau
Ne lui flamboie au chef, si allant au Château
Une suite de gens sa trace ne talonne,
Il vit heureusement, et la terre très bonne,
Mère égale de tous, ne laisse pas pourtant
A lui donner des biens dont il se tient content.
Il vit loin de la guerre et des querelles feintes
Dont ces grands courtisans ont les âmes atteintes,
Brûlant à petit feu sans intermission
D'une secrète envie et d'une ambition,
Pour avoir seulement ce méchant honneur d'être
Les premiers en crédit, et gouverner leur maître :
Misérables valets, vendant leur liberté
Pour un petit d'honneur servement acheté !
Quoi? faut-il pas mourir? Bien que l'homme se fasse
Riche en trésor mondain et tous ceux de sa race,
Si mourra-t-il pourtant, et ne sera connu
Non plus qu'un crocheteur lequel est mort tout nu.
   Or, aille qui voudra mendier à grand-peine
D'un prince ou d'un grand Roi la faveur incertaine !
Quant à moi, j'aime mieux ne manger que du pain
Et boire d'un ruisseau puisé dedans la main,
Sauter ou m'endormir sur la belle verdure,
Ou composer des vers près d'une eau qui murmure,
Voir les Muses baller dans un antre de nuit,
Ouïr au soir bien tard pêle-mêle le bruit
Des bœufs et des agneaux qui reviennent de paître;
Et bref, j'aime trop mieux cette vie champêtre,
Semer, enter, planter, franc d'usure et d'émoi,
Que me vendre moi-même au service du Roi...

V

« BERGERIE » [236]

Prologue du premier joueur de lyre

Les chênes ombrageux, que sans art la Nature
Par les hautes forêts nourrit à l'aventure,
Sont plus doux aux troupeaux et plus frais aux Bergers
Que les arbres entés d'artifice ès vergers;
Des libres oiselets plus doux est le ramage
Que n'est le chant contraint du Rossignol en cage,
Et la source d'une eau sautante d'un rocher
* Est plus douce au passant pour la soif étancher,
Quand sans art elle coule en sa rive rustique,
Que n'est une fontaine en marbre magnifique
Par contrainte sortant d'un grand tuyau doré
Au milieu de la cour d'un Palais honoré.
Plus belle est une Nymphe en sa cotte agrafée,
* Aux coudes demi-nus, qu'une Dame coiffée
D'artifice soigneux, toute peinte de fard;
Car toujours la nature est meilleure que l'art.
Pour ce je me promets que le chant solitaire
Des sauvages Pasteurs doit davantage plaire
(D'autant qu'il est naïf, sans art et sans façon)
Qu'une plus curieuse et superbe chanson
De ces maîtres enflés d'une Muse hardie,
Qui font trembler le ciel sous une tragédie,
Et d'un vers ampoulé, d'une effroyable voix
Racontent le malheur des Princes et des Rois.
Écoutez donc ici les musettes sacrées
De ces Bergers, Seigneurs, de diverses contrées,
Qui font diversement tout ainsi qu'il leur plaît
D'amoureuses chansons sonner cette forêt...

[LES GAGES OFFERTS PAR LES BERGERS] [237]

Le cerf apprivoisé

Puisque le lieu, le temps, la saison et l'envie
Qui s'échauffent d'amour, à chanter nous convie,
Chantons doncque, Bergers, et en mille façons
A ces grandes forêts apprenons nos chansons.
Ici de cent couleurs s'émaille la prairie,
Ici la tendre vigne aux ormeaux se marie,
Ici l'ombrage frais va ses feuilles mouvant
Errantes çà et là sous l'haleine du vent...
Sus doncques, dans cet antre ou dessous cet ombrage
Disons une chanson ! Quant à ma part, je gage
Pour le prix de celui qui chantera le mieux
Un cerf apprivoisé qui me suit en tous lieux.
Je le dérobai jeune au fond d'une vallée
* A sa mère au dos peint d'une peau martelée,
Et le nourris si bien que, souvent le grattant,
Le chatouillant, touchant, le peignant et flattant,
Tantôt auprès d'une eau, tantôt sur la verdure,
En douce je tournai sa sauvage nature.
Je l'ai toujours gardé pour ma belle Toinon,
Laquelle en ma faveur l'appelle de mon nom;
Tantôt elle le baise, et de fleurs odoreuses
Environne son front et ses cornes rameuses,
Et tantôt son beau col elle vient enfermer
D'un carcan enrichi de coquilles de mer,
Où pend une grand dent de sanglier qui ressemble
En rondeur le Croissant qui se rejoint ensemble.
Il va seul et pensif où son pied le conduit;
Maintenant des forêts les ombrages il suit,
* Maintenant il se mire aux bords d'une fontaine,
Ou s'endort sous le pied d'une roche hautaine;
Puis il retourne au soir, et gaillard prend du pain
Tantôt dessus la table, et tantôt en ma main,
Saute à l'entour de moi et de sa corne essaye
De cosser brusquement mon mâtin, qui l'abaye [238],

Fait bruire son clairon, puis il se va coucher
Au giron de Toinon qui l'estime si cher.
Il souffre que sa main le chevestre lui mette
Plein de houpes de soie, et si douce le traite
Que sur son dos privé le bât elle lui met.
Elle monte dessus, et sans crainte le fait
Marcher entre les fleurs, le tenant à la corne
D'une main, et de l'autre en cent façons elle orne
Sa croupe de bouquets et de petits rameaux,
Puis le conduit le soir à la fraîcheur des eaux
Et de sa blanche main seule lui donne à boire...

Le bouc

Je gage mon grand bouc, qui par mont et par plaine
Conduit seul un troupeau comme un grand capitaine;
Il est fort et hardi, corpulent et puissant,
Brusque, prompt, éveillé, sautant et bondissant,
Qui gratte en se jouant de l'ergot de derrière,
Regardant les passants, sa barbe mentonnière;
Il a le front sévère et le pas mesuré,
La contenance fière et l'œil bien assuré;
Il ne doute les loups tant soient-ils redoutables,
Ni les mâtins armés de colliers effroyables,
Mais planté sur le haut d'un rocher épineux
Les regarde passer, et si se moque d'eux.
Son front est remparé de quatre grandes cornes;
Les deux proches des yeux sont droites comme bornes
Qu'un père de famille élève sur le bord
De son champ qui était naguères en discord;
Les deux autres, qui sont prochaines des oreilles,
En douze ou quinze plis se courbent à merveilles
* Comme ondes de la mer, et en tournant se vont
Cacher dessus le poil qui lui pend sur le front.
Dès la pointe du jour ce grand bouc ne sommeille,
N'attend que le pasteur tout le troupeau réveille,
Mais il fait un grand bruit dedans l'étable, et puis,
En poussant le crouillet de sa corne, ouvre l'huis,
Et guide les chevreaux qu'à grands pas il devance

Comme de la longueur d'une moyenne lance,
Puis les ramène au soir à pas comptés et longs,
Faisant sous ses ergots poudroyer les sablons [239]...

Le gobelet

J'ai dans ma gibecière un vaisseau fait au tour
De racine de buis, dont les anses d'autour
Par artifice grand de même bois sont faites,
Où maintes choses sont diversement portraites.
Presque tout au milieu du gobelet est peint
Un Satyre cornu, qui de ses bras étreint
Tout au travers du corps une jeune bergère
Et la veut faire choir dessous une fougère.
Son couvre-chef lui tombe, et a de toutes parts
A l'abandon du vent ses beaux cheveux épars,
Dont elle courroucée, ardente en son courage,
Tourne loin du Satyre arrière le visage,
Essayant d'échapper, et de la dextre main
Lui arrache le poil du menton et du sein,
Et lui froisse le nez de l'autre main senestre,
Mais en vain, car toujours le Satyre est le maître.
Trois petits enfants nus de jambes et de bras
Taillés au naturel, tous potelés et gras,
Sont gravés à l'entour; l'un par vive entreprise
Veut faire abandonner au Satyre sa prise,
Et d'une infante main par deux et par trois fois
Prend celle du Bouquin, et lui ouvre les doigts.
L'autre, plus courroucé, d'une dent bien aiguë
Mord ce Dieu ravisseur par la cuisse pelue,
Se tient contre sa grève, et le pince si fort
Que le sang épandu sur l'ongle lui en sort,
Et fait signe du doigt à l'autre enfant qu'il vienne,
* Et que par l'autre jambe à belles dents le tienne;
Mais cet autre garçon pour néant supplié
Se tire à dos courbé une épine du pied,
Assis sur un gazon de verte pimprenelle,
Sans se donner souci de l'autre qui l'appelle.
Une génisse auprès lui pend sur le talon,

Qui regarde tirer le poignant aiguillon
De l'épine cachée au fond de la chair vive,
Et tellement elle est à ce fait ententive
Que béante elle oublie à boire et à manger;
Tant elle prend plaisir à ce petit berger,
Qui tirant à la fin la pointe de l'épine,
De douleur se renverse et tombe sur l'échine.
  Un houbelon rampant à bras long et retors
De ce creux gobelet passemente les bords
Et court en se pliant à l'entour de l'ouvrage...

Le merle

  Je mettrai pour celui qui gagnera le prix,
Un Merle qu'à la glu en nos forêts je pris;
Puis vous dirai comment il fut serf de ma cage
Et comme il oublia son naturel ramage.
  Un jour en l'écoutant siffler dedans ce bois
Je reçus grand plaisir du jargon de sa voix,
Et de sa robe noire, et de son bec qui semble
Être peint de safran, tant jaune il lui ressemble;
Et pour ce j'épiai l'endroit où il buvait,
Quand au plus chaud du jour ses plumes il lavait.
  Or' en semant le bord de vergettes gluées,
* Où les premières eaux du vent sont remuées,
Je me cachai sous l'herbe au pied d'un arbrisseau,
Attendant que la soif ferait venir l'oiseau.
  Aussitôt que le chaud eut la terre enflammée,
Et que les bois feuillus hérissés de ramée
N'empêchaient que l'ardeur des rayons les plus chauds
Ne vinssent altérer le cœur des animaux,
Ce Merle ouvrant la gorge, et laissant l'aile pendre
Comme maté de soif, en volant vint descendre
Dessus le bord glué, et comme il allongeait
Le col pour s'abreuver (pauvret qui ne songeait
Qu'à prendre son plaisir!) se vit outre coutume
Engluer tout le col et puis toute la plume,
Si bien qu'il ne faisait en lieu de s'envoler
* Sinon par-ci par-là sur le bord sauteler.

Incontinent je cours, et prompte lui dérobe
Sa douce liberté, le cachant sous ma robe;
Puis, pliant et nouant une cage d'osier
Et de jonc bien pelé, je le fis prisonnier;
Et fût que le Soleil se plongeât dedans l'onde,
Fût qu'il montrât au jour sa belle tresse blonde,
Fût au plus chaud midi, alors que nos troupeaux
Étaient en remâchant couchés sous les ormeaux,
Si bien je le veillai parlant à son oreille,
Qu'en moins de quinze jours je lui appris merveille,
Et lui fis oublier sa rustique chanson
Pour retenir par cœur mainte belle leçon
Toute pleine d'amour...

VI

[PLAINTES D'UN PASTEUR AMOUREUX] 240

Paissez, douces brebis, paissez cette herbe tendre,
Ne pardonnez aux fleurs; vous n'en sauriez tant prendre
* Par l'espace d'un jour, que la nuit ensuivant
Humide n'en produise autant qu'auparavant.
De là vous deviendrez plus grasses et plus belles,
L'abondance de lait enflera vos mamelles,
Et suffirez assez pour nourrir vos agneaux,
Et pour faire en tout temps des fromages nouveaux.
Et toi, mon chien Harpaut, sûre et fidèle garde
De mon troupeau camus, lève l'œil et prends garde
Que je ne sois pillé par les loups d'alentour,
Cependant qu'en ce bois je me plaindrai d'amour...
Rien ne me réjouit : soit que la belle Aurore
De roses et d'œillets l'Orient recolore,
Ou soit que le Soleil pende en bas ses chevaux,
Il voit mes yeux en pleurs et mon cœur en travaux.
Quand le soir est venu, je conte ma fortune
Maintenant aux forêts, maintenant à la Lune;
J'erre de bois en bois, car en lieu de dormir

Impatient d'amour je ne fais que gémir;
Ou, si le long travail de fortune m'assomme
Et me fait par contrainte aux yeux couler le somme,
Cent fantômes divers s'apparaissent à moi,
Qui me font en dormant trembler le cœur d'effroi;
Je rêve, je discours, je bâille, je m'allonge;
Tantôt son beau portrait qui me revient en songe,
Me fuit, me suit, me tient, et en le poursuivant
Pour le prendre en mes bras je ne prends que du vent...
  J'ai beau me promener au travers d'un bocage,
J'ai beau paître mes bœufs le long d'un beau rivage,
J'ai beau voir le Printemps dessus les arbrisseaux,
Ouïr les rossignols, gazouiller les ruisseaux,
Et voir entre les fleurs par les herbes menues
Sauter les agnelets sous leurs mères cornues,
Voir les boucs se choquer, et tout le long du jour
Voir les béliers jaloux se battre pour l'amour;
Ce plaisir toutefois non plus ne me contente
* Que si du froid Hiver la sifflante tourmente
Avait terni les champs, et en mille façons
Rué dessus les fleurs la neige et les glaçons,
Et que les saints troupeaux des cent Nymphes compagnes
Ne vinssent plus de nuit danser en nos montagnes.
  Bien que mon parc foisonne en vaches et taureaux,
Et que sous ma faveur vivent cent pastoureaux,...
Bien qu'en nulle saison le doux lait ne me faille,
L'une part devient crème, et l'autre part se caille,
L'autre devient fromage, l'un mol, l'autre séché,
Le mol est pour manger, le sec pour le marché;
Et bien que mes brebis ne soient jamais brehaignes,
Bien que mille troupeaux bêlent par mes campaignes,
Je voudrais n'avoir rien, Marion, sinon toi,
Que je voudrais pour femme en mon antre chez moi,
Et parmi les forêts, loin d'honneur et d'envie,
User en te baisant le reste de ma vie...
  J'ai pour maison un antre en un rocher ouvert,
De lambrunche sauvage et d'hierre couvert,
Qui deçà qui delà leurs grands branches épandent
Et droit sur le milieu de la porte les pendent.

Un meslier nouailleux ombrage le portail,
Où sans crainte du chaud remâche mon bétail;
Du pied naît un ruisseau, dont le bruit délectable
S'enroue entrecassé des cailloux et du sable,
Puis au travers d'un pré serpentant de maint tour,
Arrose doucement le lieu de mon séjour.
De là tu pourras voir Paris la grande ville,
Où de mes pastoureaux la brigade gentille
Porte vendre au marché ce dont je n'ai besoin,
Et toujours argent frais leur sonne dans le poing.
  Là s'il te plaît venir, tu seras la maîtresse,
Tu me seras mon tout, ma Nymphe et ma Déesse,
Nous vivrons et mourrons ensemble, et tous les jours
Vieillissant nous verrons rajeunir nos amours;
Tous deux nous étendrons dessous un même ombrage,
Tous deux nous mènerons nos bœufs en pâturage
Dès la pointe du jour, les ramenant au soir
Quand le Soleil couchant en l'eau se laisse choir...
Puis au plus chaud du jour, étant couchés à l'ombre,
Après avoir compté de mes troupeaux le nombre,
Pour chasser le sommeil, je dirai des chansons
Que pour toi je compose en diverses façons.
  Alors toi doucement sur mes genoux assise,
Maintenant tu ferais d'une douce feintise
Semblant de sommeiller, maintenant tu ferais
Semblant de t'éveiller, puis tu me baiserais,
Et presserais mon col de tes bras, en la sorte
Qu'un orme est enlacé d'une vigne bien forte;
Maintenant tu romprais de ton baiser mon chant,
Maintenant tu irais de tes lèvres cherchant
A m'ôter le flageol hors de la lèvre mienne,
Pour y mettre en son lieu le corail de la tienne;
Puis tu me baiserais, et me voulant flatter
Tu voudrais quelquefois avecque moi chanter,
Quelquefois toute seule; et comme languissante
Je te verrais mourir en mes bras pâlissante,
Puis te ressusciter, puis me faire mourir,
Puis d'un petit souris me venir secourir,
Puis en mille façons de tes lèvres vermeilles

* Me rebaiser les yeux, la bouche et les oreilles...
Sus, troupeau, délogeons ! j'ai d'éclisse et d'osier,
Achevant ma chanson, achevé mon panier;
Voici la nuit qui vient, il me faut mener boire
Mon grand bouc écorné qui a la barbe noire.
Or adieu, Marion, ma chanson, et le jour !
* Le jour me lasse bien, mais non pas ton amour...

VII

[CHANT ALTERNÉ] [241]

BELLOT

... Mes vers au nom de Pan il faut commencer, Muses !
Pan est Dieu des pasteurs, il a de moi souci,
Il daigne bien danser dessous mes cornemuses,
Il a soin de la France et de mes vers aussi [242].

PERROT

Au saint nom de Palés il faut que je commence :
Palés ainsi que Pan aime les pastoureaux,
Au bruit de mon flageol bien souvent elle danse,
Elle a soin de mes vers et de tous mes troupeaux.

BELLOT

Diane, qui les cerfs va suivant à la trace,
A qui tout le beau front en croissant apparaît,
Ne connaît pas si bien, en courant à la chasse,
Les meutes de ses chiens comme elle me connaît.

PERROT

* Phébus le chevelu, Dieu qui préside à Cynthe,
M'aime plus que son luth; je fais sa volonté,
Toujours ses dons je porte, au sein son Hyacinthe,
Son Laurier sur le front, sa trousse à mon côté.

BELLOT

Deux petits ramereaux je porte à mon Olive,
Dénichés d'un grand orme à gravir malaisé,
Afin de la baiser, s'elle veut que je vive;
Autrement je mourrais si je n'étais baisé.

PERROT

Je portai l'autre jour deux tourtres à Cassandre,
Et mon présent et moi beaucoup elle prisa;
De sa blanchette main l'oreille me vint prendre,
Et plus de mille fois doucement me baisa.

BELLOT

Il ne faut comparer ma Bergère à la tienne,
Non plus qu'une fleur vive à des boutons fanis;
La tienne est toute brune, et tu sais que la mienne
(Tu la vis l'autre jour) est plus blanche que lis.

PERROT

La couleur blanche tombe, et la couleur brunette
Est toujours en saison, et ne se flétrit pas;
On cueille du baciet la fleur toute noirette,
Le lis, qui est tout blanc, bien souvent tombe à bas.

BELLOT

Je ne veux plus aller où ma Nymphe séjourne,
J'y perds toujours mon cœur égaré qui la suit,
Comme un bouc adiré qui le soir ne retourne
A l'étable, et d'amour s'égare toute nuit...

PERROT

De ce taillis prochain deux vieilles sont sorties,
Qui m'ont ensorcelé mon pauvre taureau blanc;
Puissent-elles dormir au milieu des orties
Après avoir gratté leur corps jusques au sang!

Bellot

Si j'avais mon Olive, et les barbes des lèvres
De mes boucs étaient d'or, et si tant d'or j'avois
Que de poil se hérisse en la peau de mes chèvres,
Je ne voudrais pas être un Faune de ces bois.

Perrot

Si mes brebis portaient une toison dorée,
Si j'avais ma Cassandre, et mes béliers cornus
Avaient les ergots d'or, au cœur de cette prée
Je bâtirais un temple à la belle Vénus.

Bellot

Jà la chaleur se passe, et le soleil s'abaisse,
* Les vents sont abaissés, les bois dorment sans bruit;
Mais la flamme d'amour qui jamais ne me laisse
Plus s'allume en mon cœur, plus s'approche la nuit...

VIII

« LA CHASSE

A Jean Brinon » [243]

... Vous, Déesses des bois,
Vous serez mon secours, qui, portant le carquois
Au senestre côté, par plains et par campagnes
Errez la trompe au col, de Diane compagnes.
Sus donc, inspirez-moi ! je chante ici vos biens,
Vos épieux, vos filets, vos chasses et vos chiens;
Couvrez la tendre chair de vos grèves divines
* Du cuir damasquiné de vos rouges bottines;
Vos cottes agrafez plus haut que le genou;
Que vos molosses fiers soient couplés après vous,
Et que chacune branle en la main la sagette !

J'ois ce me semble, j'ois les vierges de Taigette
Qui m'appellent déjà, et des chiens découplés
J'ois dessus Ménalon les abois redoublés.
Mais avant que d'entrer en la forêt épaisse
De Grage ou d'Érymant, dis, vierge chasseresse,
Dis, Phèbe aux beaux talons, ceux qui ont les premiers
Trouvé l'art de conduire ès forêts les limiers,
Le conseil, le discours et les arts de la chasse.
Sœur jumelle à Phœbus, chante-les-moi de grâce,
Et sitôt qu'entendus je les aurai de toi,
A ceux je les dirai qui viendront après moi,
Eux aux neveux futurs. Nature ingénieuse,
Voyant les cœurs humains d'une paresse oiseuse
S'engourdir lentement, pour les déparesser
S'en vint au mont Pholois à Chiron s'adresser,
Chiron d'en haut mi-homme et depuis la ceinture
Mi-cheval monstrueux, qui par cas d'aventure
La venaison des cerfs en morceaux découpa,
Et le premier de tous à la table en soupa [244]...
Les épieux inventa Méléagre au-pied-vite,
Les toiles et les pans et les rets Hippolyte;
Atalante en chassant, d'un dard qu'elle rua,
Un sanglier la première ès bocages tua;
Orion inventa les meutes et les laisses,
Et l'art de bien brosser par les forêts épaisses;
Puis mille sont venus, lesquels ont augmenté
Le bel art de chasser par les Grecs inventé...
[*Les chiens de chasse.*] ... Ils ont eu connaissance
Des bons et des mauvais, du point de leur naissance;
Ils ont choisi ceux-là dont le mufle est camus,
Les yeux ardents et noirs, le sourcil par-dessus
S'avalant renfrogné, une tête petite,
Une oreille pendante, une gueule dépite,
Les dents comme une scie, un col petit, le dos
Long, large, bien fourni de peau, de chair et d'os,
L'estomac rond et fort, et la jambe derrière
Plus longuette un petit que la jambe première,
La queue déliée, et bref quand tout le corps
Était ferme planté sur membres beaux et forts.

Puis ils les ont nommés dès leur jeunesse tendre
De noms aigus et courts pour soudain les entendre...
Mais qui est celui-là, eût-il la voix d'airain
Et la langue de fer, qui conterait à plein
Des chasseurs dévoyés les cours et les traverses,
Et les divers plaisirs de leurs chasses diverses?
Celui qui les dirait dirait encore mieux
Tous les flots de l'Égée, et les astres des cieux.
L'un avecque les rets enveloppe une bête,
L'autre à dents de lévrier ensanglante sa quête,
L'un avec le vautrait accule le sangler,
Et l'autre fait les ours aux dogues étrangler;
L'un surprend le putois au piège fait en cerne,
Et l'autre le tesson enfume en sa caverne,
L'un fait une traînée, et pendus à un clou
Enlève par les pieds le renard ou le loup,
L'un tue avec le trait les bêtes en leurs gîtes,
L'autre à la course suit les lièvres aux-pieds-vites,
D'un cheval espagnol poudroyant tous les champs;
L'un prend le cerf à force, et de longs cris tranchants
De trompes et de chiens, et sans défaut le mène
En haletant mourir auprès d'une fontaine;
Puis il pend en trophée à quelque arbre fourchu
Au Dieu Pan forestier le front du cerf branchu.
C'est un plaisir après d'en faire la curée,
Puis s'aller endormir près d'une onde azurée
Dessus l'herbe mollette, ou prendre la fraîcheur
D'un antre tapissé de mousseuse épaisseur...
Quel plaisir est-ce encor de manger ès bocages
Du fromage, et du lait, et des fraises sauvages,
Ou secouer le fruit d'un pommeux arbrisseau,
Ou de perdre la soif dans le prochain ruisseau!...
Mais sur tous les plaisirs de la chasse amiable,
Celle du chien couchant m'est la plus agréable
Pour être solitaire, et me faire penser
Je ne sais quoi qui doit les siècles devancer.
Lequel est digne d'être admiré davantage,
Ou la brutalité du chien qui est si sage,
Ou la dextérité du chasseur inventif

Qui façonne le chien si sage et si craintif?
Vous diriez à le voir et qu'il est raisonnable
Et qu'il a jugement, tant il est admirable
En son métier appris, et accort à fleurer
Les perdrix et les faire en crainte demeurer.
En quatre coups de nez il évente une plaine,
Et guidé de son flair à petits pas se traîne
Le front droit au gibier; puis, la jambe élevant
Et raidissant la queue, et s'allongeant devant
Se tient ferme planté, tant qu'il voie la place
Et le gibier motté couvert de la tirasse [245].

LA MYTHOLOGIE

LA MYTHOLOGIE

I

[L'INVENTION DU VIN] [246]

... O Dieu ! je m'ébahis de la gorge innocente
Du bouc, qui tes autels à ta fête ensanglante.
Sans ce père cornu, tu n'eusses point trouvé
Le vin, par qui tu as tout le monde abreuvé.
Tu avisas un jour par l'épais d'un bocage
Un grand bouc qui broutait la lambrunche sauvage,
Et soudain qu'il eut bien de la vigne brouté
Tu le vis chanceler tout ivre d'un côté;
A l'heure tu pensas qu'une force divine
Était en cette plante et, bêchant sa racine,
Soigneusement tu fis ses sauvages raisins
En l'an suivant après adoucir en bons vins.
Après ayant pitié de notre race humaine
* Qui pour lors étanchait sa soif en la fontaine,
Tu voulus tournoyer toute la terre, afin
D'enseigner aux humains l'usage de ton vin.
Tu montas sur un char que deux Lynces farouches
Traînaient d'un col félon, mâchantes en leurs bouches
Un frein d'or écumeux; leur regard était feu,
Pareil aux yeux de ceux qui de nuit ont trop beu.
Un manteau Tyrien s'écoulait sur tes hanches,
Un chapelet de lis mêlés de roses franches,
Et de feuille de vigne, et de lierre épars,
Voltigeant, ombrageait ton chef de toutes parts;

Devant ton char pompeux marchaient l'Ire et la Crainte,
Les peu sobres Propos, et la Colère teinte
D'un vermillon flambant, le Vice et la Vertu,
Le Somme, et le Discord d'un corselet vêtu.
  Son âne talonnait le bon vieillard Silène
Portant le van mystiq' sur une lance pleine
De pampre, et publiait d'une tremblante voix
De son jeune enfançon les fêtes et les lois.
A son cri sautelaient le troupeau des Ménades,
Des Pans et des Sylvains, des Lènes et Thyades,
Et menant un grand bruit de cors et de tambours
Faisaient trembler d'effroi les villes et les bourgs
Par où le char passait; leurs tresses secouées
A l'abandon du vent erraient, entre-nouées
De longs serpents privés, et leur main brandissait
Un dard, qu'un cep de vigne à l'entour tapissait.
  Que tu prenais, Bacchus, en ton cœur de liesse
De voir sauter de nuit une hurlante presse,
Qui couverte de peaux sous les antres ballaient,
Quand les trois ans passés tes fêtes appelaient!
Et quel plaisir de voir les vierges Lydiennes,
Ou celles de Phrygie, ou les Méoniennes,
Dans les prés Asians carolant à l'entour
Du bord Méandrien contre-imiter son tour!
Elles en ton honneur d'une boucle azurée
Grafaient sur les genoux leur cotte figurée,
Et trépignant en rond, ainsi que petits fans,
En ballant sautelaient; de tous côtés les vents
Amoureux de leur sein par suaves remises
S'entonnaient doucement ès plis de leurs chemises,
Tout le ciel répondant sous le bruit enroué
Des balleurs qui chantaient Évan, Iach, Évoé...
  Père, un chacun te nomme Esrafiot, Triète,
Nysean, Indien, Thébain, Bassar, Phanète :
Bref, en cent mille lieux mille noms tu reçois.
Mais je te nomme à droit Bacchus le Vendômois!
Car, lorsque tu courais vagabond par le monde,
Tu vins camper ton ost au bord gauche de l'onde
De mon Loir, qui pour lors de ses coteaux voisins

Ne voyait remirer en ses eaux les raisins.
Mais, Père, tout soudain que la terre nouvelle
Sentit tes pieds divins qui marchaient dessus elle,
Miracle! tout soudain fertile, elle produit
La vigne hérissée en feuilles et en fruit.
Là ta main provigna une haute coutière,
Qui de ton nom Denys eut nom la Denysière [247].
Père, où me traînes-tu? que veux-tu plus de moi?
* Et Père, n'ai-je pas assez chanté de toi?
Evoé! je forcène, ah! je sens ma poitrine
* Pleine plus que devant de ta fureur divine.
Ah! Bassar, je te vois, et tes yeux rougissants,
Et flottants sur ton col tes cheveux blondissants.
O Cuisse-né [248]! je perds mon vagabond courage
Qui suit ton saint orgie emporté de ta rage :
Je sens mon cœur trembler, tant il est agité
Des poignants aiguillons de ta divinité.
Donne-moi d'une part ces cors et ces clochettes,
Ces tambours d'autre part, de l'autre ces sonnettes;
Qu'un béguin serpentin me serre les cheveux
Hérissés de lierre, entrefrisés de nœuds,
Et que l'esprit d'Éole en soufflant les tourmente
Comme la feuille éparse ès arbres d'Érymanthe...

II

[LA FABLE DE L'OR] [249]

... Ceux qui ont en notre art acquis le témoignage
D'écrire doctement ont vécu sans l'usage
De l'Or ambitieux, et ne furent tentés
De ses éblouissons, mais se sont contentés
(Si c'est contentement) d'une noble misère
Riche de pauvreté : témoin en est Homère,
De qui, comme un ruisseau, d'âge en âge vivant,
La Muse va toujours ses chantres abreuvant.
Toutefois j'aime mieux suivre sa diligence,

Imitant ses beaux vers, qu'avoir son indigence
Qui pauvre d'huis en huis ses Poèmes chantait
Pour un morceau de pain que quelqu'un lui jetait...
  O bienheureux métal, par qui heureux nous sommes,
Le sang, les nerfs, la force, et la vie des hommes !
Celui qui te dédaigne, et ne t'a point acquis,
Semble un mort qui chemine entre les hommes vifs;
Pour cela justement le Comique Ménandre
Osa devant le peuple Épicharme reprendre
De ce qu'il assurait que les Astres des cieux,
Les vents, la mer, le feu, étaient seulement Dieux,
Où lui, tout au contraire, assurait la Richesse
(Tant elle a de puissance) être seule Déesse :
« Si quelqu'un, disait-il, la loge en sa maison,
Il aura tout soudain toute chose à foison,
Champs, prés, vins, bois, valets, témoins, amis, justice,
Et chacun sera prêt à lui faire service. »...
  Connaissant bien cela l'avare Simonide
Disait : « Je vois toujours quelque pauvre savant
Philosophe barbu se promener devant
La maison des Seigneurs, qui quelque don emporte;
Mais je ne vois jamais les Seigneurs à sa porte. »
  Pour Dieu, n'allègue ici les forces de vertu !
Tu le perdrais content; mais vien-çà, pourrais-tu
Devenir bien savant si les livres te faillent?
Ce ne sont pas, Dorat, les Muses qui les baillent,
C'est le précieux Or; il les faut acheter.
Sans argent un libraire en voudrait-il prêter?
Certes je crois que non; ou bien, s'il te les prête,
Dans trois jours au plus tard il en voudra la dette.
  Mais saurais-tu bien faire à cheval ton devoir,
Si tu n'as de l'argent pour un cheval avoir?
Pourrais-tu bien aller à la guerre sans armes?
La guerre se fait-elle au monde sans gendarmes,
Sans soudards ou sans fer? ne faut-il soudoyer
Tant de gens, si tu veux les faire guerroyer?
Celui qui ne veut point de la solde désire
Avoir plus grande chose à laquelle il aspire,
Ou pension, ou l'Ordre, ou à plus haut honneur :

Mais tout, ô gentil Or, se fait en ta faveur.
  Saurait-on devenir expert dans la Peinture,
Expert en la Musique ou en l'Architecture,
Si l'argent nous défaut pour avoir des outils?
Verrait-on en tant d'arts tant de maîtres subtils,
S'ils n'avaient par argent payé l'apprentissage
Des métiers achetés? ô bon Dieu, que l'usage
De ce métal est grand! ô qu'il est précieux!
L'homme ne vit pas tant de l'air tiré des cieux,
De pain, de vin, de feu, comme il se laisse vivre
De cent mille plaisirs que cet Or lui délivre;
Sans lui chacun languit en paresseux séjour;
Sans lui l'homme ne peut ni pratiquer l'amour,
Ni prodiguer festins, ni démener la danse,
Ni au son des hautbois marcher à la cadence;
Sans lui l'on ne saurait en pays étranger,
Ni mêmes au sien propre, une heure voyager;
Sans lui, comme en songeant, un homme se pourchasse
Le plaisir des oiseaux, le plaisir de la chasse,
Le plaisir des chevaux; c'est lui qui les conduit
Et gouverne tout seul des hommes le déduit...
  On dit que Jupiter pour vanter sa puissance
Montrait un jour sa foudre, et Mars montrait sa lance,
Saturne sa grand' faulx, Neptune ses grand's eaux,
Apollon son bel arc, Amour ses traits jumeaux,
Bacchus son beau vignoble et Cérès ses campagnes,
Flora ses belles fleurs, le Dieu Pan ses montagnes,
Hercule sa massue, et bref les autres Dieux
L'un sur l'autre vantaient leurs biens à qui mieux mieux;
Toutefois ils donnaient par une voix commune
L'honneur de ce débat au grand Prince Neptune,
Quand la Terre leur mère épointe de douleur
Qu'un autre par-sur elle emportait cet honneur,
Ouvrit son large sein, et au travers des fentes
De sa peau, leur montra les mines d'Or luisantes,
Qui rayonnent ainsi que l'éclair du Soleil
Quand il luit au midi, lors que son beau réveil
N'est point environné de l'épais d'un nuage,
Ou comme l'on voit luire au soir le beau visage

De Vesper la Cyprine, allumant les beaux crins
De son chef bien lavé dedans les flots marins.
  Incontinent les Dieux étonnés confessèrent
Qu'elle était la plus riche et, flattant, la pressèrent
De leur donner un peu de cela radieux
Que son ventre cachait, pour en orner les cieux...
  Adonque Jupiter en fit jaunir son trône,
Son sceptre, sa couronne, et Junon la matrone
Ainsi que son époux son beau trône en forma,
Et dedans ses patins pour rayons l'enferma;
Le Soleil en crespa sa chevelure blonde
Et en dora son char qui donne jour au monde;
Mercure en fit orner sa verge qui n'était
Auparavant que d'if; et Phœbus, qui portait
L'arc de bois et la harpe, en fit soudain reluire
Les deux bouts de son arc et les flancs de sa lyre;
Amour en fit son trait, et Pallas, qui n'a point
La Richesse en grand soin, en eut le cœur époint,
Si bien qu'elle en dora le groin de sa Gorgone;
Et tout le corselet qui son corps environne;
Mars en fit engraver sa hache et son boucler,
Les Grâces en ont fait leur demi-ceint boucler,
Et pour l'honneur de lui Vénus la Cythérée
Toujours depuis s'est fait appeler la Dorée;
Et même la Justice à l'œil si renfrogné
Non plus que Jupiter ne l'a pas dédaigné;
Mais soudain connaissant de cet Or l'excellence
En fit broder sa robe et faire sa Balance.
  Si donque tous les Dieux se sont voulu dorer
De ce noble métal, faut-il pas l'honorer,
Priser, aimer, louer? faut-il pas qu'on le nomme
L'ornement des grands Dieux et le confort de l'homme?
Quant à moi, je ne puis m'engarder de crier
Après ce beau métal, et ainsi le prier :
  O le sacré bonheur de notre race humaine,
Qu'à bon droit on t'appelle en tous lieux chasse-peine,
Donne-vie, ôte-soin! puisse en toute saison
Être pleine de toi ma bourse et ma maison!
Où tu loges, jamais n'arrive malencontre;

Advienne que toujours, toujours, je te rencontre
Soit de nuit, soit de jour, et que tous mes haineux
Ne te puissent jamais emprisonner chez eux...

III

[LE FESTIN DES DIEUX] [250]

... Sitôt que l'appareil du festin fut dressé,
Hébé la jeune Nymphe au coude retroussé
Mit de l'eau dans l'aiguière, et la prit en la destre,
Et le bassin doré en l'autre main senestre;
Contre un pilier marbrin son dos elle appuya,
Lava les mains des Dieux, et puis les essuya
D'un linge bien filé, bien plié, que Minerve
Pour un riche trésor avait mis en réserve...
Aussitôt que les Dieux furent assis à table
(Chacun tenant son rang et sa place honorable),
Voici les demi-Dieux, qui du haut jusqu'au bas
La nappe grande et large ont couverte de plats
Entaillés en burin, où s'enlevaient bossées
Des Dieux et des Titans les victoires passées,
Et comme Jupiter aux enfers foudroya
Le Géant qui le Ciel de cent bras guerroya.
Apollon fit venir les Muses en la danse :
La belle Calliope allait à la cadence
Sur toutes la première, et dessus le troupeau
Paraissait comme un pin sur un taillis nouveau;
Tantôt elle chantait, tantôt d'une gambade
* Elle faisait sauter sa ronde vertugade.
Pan le Dieu bocager de sa flûte sonna,
Le haut Palais doré mugissant résonna
Sous la voix des hautbois, et cependant la coupe
Allait de main en main en rond parmi la troupe.
Après que le désir de manger fut dompté
Et l'appétit de boire en buvant fut ôté,
Chacun pour écouter ferma la bouche close,

Et alors Jupiter commença telle chose :
« Il n'est rien de plus saint que la sainte amitié,
Et pour ce, comme père, ayant au cœur pitié
Des guerres qui étaient en notre sang trempées,
J'ai brisé les harnois et cassé les épées,
Aimant trop mieux porter, sans titre de guerrier,
L'Olivier sur le front qu'un chapeau de Laurier.
C'est la raison pourquoi, Hiver, je te délivre,
Afin qu'en amitié le monde puisse vivre.
Va-t'en là-bas en terre, et commande trois mois :
Je te donne pouvoir de renverser les bois,
D'ébranler les rochers, d'arrêter les rivières
Et sous un frein glacé les brider prisonnières,
Et de la grande mer les humides sillons
Tourner ores de vents, ores de tourbillons.
Je te fais le seigneur des pluies et des nues,
Des neiges, des frimas, et des grêles menues,
Et des vents que du ciel pour jamais je bannis... »

IV

[L'EXIL DES MUSES] [251]

« *Dialogue entre les Muses délogées et Ronsard* »

Levant les yeux au ciel et contemplant les nues,
J'avisai l'autre jour une troupe de grues,
Qui d'un ordre arrangé et d'un vol bien serré
Représentaient en l'air un bataillon carré,
D'avirons emplumés et de roides secousses
Cherchant en autre part autres terres plus douces,
Où toujours le Soleil du rayon de ses yeux
Rend la terre plus grasse et les champs plus joyeux.
Ces oiseaux, rebattant les plaines rencontrées
De l'air, à grands coups d'aile allaient en leurs contrées,
Quittant notre pays et nos froides saisons
Pour refaire leur race et revoir leurs maisons.
Les regardant voler, je disais en moi-même :

Je voudrais bien, oiseaux, pouvoir faire de même
Et voir de ma maison la flamme voltiger
De sur ma cheminée, et jamais n'en bouger,
Maintenant que je porte, injurié par l'âge,
Mes cheveux aussi gris comme est votre plumage.
Adieu, peuples ailés, hôtes Strymoniens,
Qui volant de la Thrace aux Éthiopiens,
Sur le bord de la mer encontre les Pygmées
Menez, combat léger, vos plumeuses armées.
Allez en vos maisons; je voudrais faire ainsi :
Un homme sans foyer vit toujours en souci.
  Mais en vain je parlais à l'escadron qui vole,
Car le vent emportait comme lui ma parole,
Remplissant de grands cris tout le ciel d'alentour,
* Aise de retourner au lieu de son séjour.
  De l'air abaissant l'œil le long d'une vallée,
Je regardai venir une troupe hâlée
Lasse de long travail, qui par mauvais destin
Avait fait, ce semblait, un pénible chemin.
Elle était mal en conche et pauvrement vêtue;
Son habit attaché d'une épine pointue
Lui pendait à l'épaule, et son poil dédaigné
Errait sale et poudreux, crasseux et mal peigné.
  Toutefois de visage elle était assez belle;
Sa contenance était d'une jeune pucelle,
Une honte agréable était dessus son front,
Et son œil éclairait comme les Astres font;
Quelque part qu'en marchant elle tournât la face,
La vertu la suivait, l'éloquence et la grâce,
Montrant en cent façons, dès son premier regard,
Que sa race venait d'une royale part,
Si bien qu'en la voyant, toute âme généreuse
Se réchauffant d'amour en était amoureuse.
  Devant la troupe allait un jeune jouvenceau,
Qui portait en courrier des ailes au chapeau,
Une houssine en main de serpents tortillée [252]
Et dessous pauvre habit une face éveillée,
Et montrait à son port quel sang le concevait,
Tant la garbe de prince au visage il avait.

Tout furieux d'esprit je marchai vers la bande,
Je lui baise la main, puis ainsi lui demande
(Car l'ardeur me poussait de son mal consoler,
M'enquérir de son nom et de l'ouïr parler).

RONSARD

Quel est votre pays, votre nom et la ville
Qui se vante de vous?
L'une, la plus habile
De la bande, répond :

MUSES

Si tu as jamais veu
Ce Dieu qui de son char tout rayonné de feu
Brise l'air en grondant, tu as vu notre père :
Grèce est notre pays, Mémoire est notre mère.
Au temps que les mortels craignaient les Déités,
Ils bâtirent pour nous et temples et cités;
Montagnes et rochers et fontaines et prées,
Et grottes et forêts nous furent consacrées.
Notre métier était d'honorer les grands Rois,
De rendre vénérable et le peuple et les lois,
Faire que la vertu du monde fût aimée
Et forcer le trépas par longue renommée,
D'une flamme divine allumer les esprits,
Avoir d'un cœur hautain le vulgaire à mépris,
Ne priser que l'honneur et la gloire cherchée
Et toujours dans le ciel avoir l'âme attachée.
Nous eûmes autrefois des habits précieux;
Mais le barbare Turc de tout victorieux,
Ayant vaincu l'Asie et l'Afrique et d'Europe
La meilleure partie, a chassé notre trope
De la Grèce natale, et fuyant ses prisons
Errons, comme tu vois, sans biens et sans maisons,
Où le pied nous conduit, pour voir si sans excuses
Les peuples et les Rois auront pitié des Muses.

Ronsard

Des Muses? dis-je lors. Êtes-vous celles-là
Que jadis Hélicon les neuf Sœurs appela?
Que Cirre et que Phocide avouaient leurs maîtresses,
Des vers et des chansons les savantes Déesses?
Vous regardant marcher nus pieds et mal en point
J'ai le cœur de merveille et de frayeur époint,
Et me repens d'avoir votre danse suivie
Usant à vos métiers le meilleur de ma vie.
Je pensais qu'Amalthée [253] eût mis entre vos mains
L'abondance et le bien, l'autre âme des humains;
Maintenant je connais, vous voyant affamées,
Qu'en esprit vous paissez seulement de fumées,
Et d'un titre venteux, antiquaire et moisi,
Que pour un bien solide en vain avez choisi.
Pour suivre vos fureurs, misérables nous sommes.
Certes vous ressemblez aux pauvres Gentilshommes,
Qui, quand tout est vendu, levant la tête aux cieux,
N'ont plus d'autre recours qu'à vanter leurs aïeux.
Que vous sert Jupiter dont vous êtes les filles?
Que servent vos chansons, vos temples et vos villes?
Ce n'est qu'une parade, un honneur contrefait,
Riche de fantaisie, et non pas en effet.
Vertu, tu m'as trompé, te pensant quelque chose!
Je connais maintenant que le malheur dispose
De toi qui n'est que vent, puisque tu n'as pouvoir
De conserver les tiens qui errent sans avoir
Ni faveurs ni amis, vagabonds, d'heure en heure,
Sans feu, sans lieu, sans bien, sans place ni demeure.

Muses

Ha! que tu es ingrat de nous blâmer ainsi!
Que fusses-tu sans nous qu'un esprit endurci,
Consumant casanier le plus beau de ton âge
En ta pauvre maison ou dans un froid village,
Inconnu d'un chacun! où t'ayant abreuvé
De nectar, et l'esprit dans le Ciel élevé,

T'avons fait désireux d'honneur et de louanges
Et semé ton renom par les terres étranges,
De tes Rois estimé, de ton peuple chéri,
Ainsi que notre enfant en notre sein nourri...

V

« LE PIN » [254]

Pin, dont le chef étend son vert feuillage
Sur mon jardin et dessus mon bocage,
* Le seul honneur des arbres d'alentour,
Droit, bien touffu, de Cybèle l'amour,
Que je tremblais naguère de grand crainte
Qu'on ne coupât ta plante qui m'est sainte !
Hélas ! je meurs quand j'y pense en ces jours
Que Blois fut pris et qu'on menaçait Tours [255].
Quiconque soit qui eût embesognée
A te couper la première cognée,
Avec le coup eût vu tout à la fois
Jaillir du sang ; car au cœur de ton bois
Vit cet Atys que la Mère ridée
Aima jadis sur la montagne Idée [256] ;
Et le second qui d'un tranchant bâton
T'eût fait la plaie, il eût d'Érisichthon
Senti la faim [257] ; car ta plante amoureuse
Passe le chêne à la cime glandeuse,
Chêne à Cérès, qui avait en tout temps
Le chef orné des bouquets du Printemps,
Où la Dryade était dessous vivante,
Naissant, mourant tout ainsi que la plante.
Quelle chanson dirai-je en ton honneur,
Pin de mon clos la gloire et le bonheur ?
Dirai-je pas que ton écorce amère
Enferme Atys, que la Dindyme mère
Aima sur tous, comme elle le mua,
Et de ses lois Prêtre l'institua ?

Je le veux bien; conte, tu le mérites :
* Catulle honneur des Romaines Charites
Nous le conta comme venant des Grecs [258];
Et moi, Français, en me jouant après,
Le redirai, afin que telle histoire
Malgré le temps fleurisse par mémoire...

Adieu, Atys! si cette vieille fable
Que je te chante au cœur t'est agréable,
Je ne requiers pour tout loyer sinon
Qu'au vent ton Pin puisse siffler mon nom.
Me chante donc la cime non muette
D'un Pin parlant, non un mauvais Poète;
Car j'aime mieux ses sifflements divers
Que le froid son de quelques méchants vers.
Ainsi, Odin, je passe la journée
Lorsque la fièvre en mon corps acharnée
Ronge mes os, suce mon sang; ainsi
La Muse peut alléger le souci,
Et le malheur ne nous saurait tant poindre
Que la douleur en chantant ne soit moindre.

VI

[EURYMÉDON ET CALLIRÉE] [259]

« Callirée parle contre la chasse »

Celui fut ennemi des Déités puissantes
Et cruel viola de Nature les lois,
Qui le premier rompit le silence des bois
Et les Nymphes qui sont dans les arbres naissantes;
Qui premier, de limiers et de meutes pressantes,
De piqueurs, de veneurs, de troupes et d'abois
Donna par les forêts un passe-temps aux Rois
* De la course et du sang des bêtes innocentes.
Je n'aime ni piqueurs, ni filets, ni veneurs,
Ni meutes, ni forêts, la cause de mes peurs;

Je doute qu'Artémis quelque sangler n'appelle
  Encontre Eurymédon pour voir ses jours finis,
Que le deuil ne me fasse une Vénus nouvelle,
Que la mort ne le fasse un nouvel Adonis [260].

VII

[PHAÉTON] [261]

  Celui qui le premier du voile d'une fable
Prudent enveloppa la chose véritable,
Afin que le vulgaire au travers seulement
De la nuit vît le jour et non réellement,
Il ne fut l'un de ceux qu'un corps mortel enserre,
Mais des Dieux qui ne vit des présents de la terre.
  Les mystères sacrés du vulgaire entendus
Ressemblent aux bouquets parmi l'air épandus,
Dont l'odeur se consomme au premier vent qui s'offre,
Et ceux durent longtemps qu'on garde dans un coffre...
  Les fables ont chanté que jadis Phaéton
D'un petit poil follet se couvrant le menton,
Déçu d'un jeune cœur qui toute chose espère,
Entreprit de guider le coche de son père;
Mais, ébloui des rais qui sortaient du Soleil,
Vaincu de trop de feu perdit force et conseil,
Les brides lui coulant de ses mains éperdues,
Tombant à bras épars, à jambes étendues,
A cheveux renversés, haussé de trop d'orgueil,
Tomba dedans le Po, son humide cercueil.
  Autant en est d'Icare, et de ceux dont l'audace
Trop près du grand Soleil font élever leur face.
S'ils n'attrempent leur vol, toujours mal à propos
Leur plumage ciré s'écoule de leur dos.
  Bien meilleure est souvent la médiocre vie
Sans pompe, sans honneur, sans embûche d'envie,
Que de vouloir passer en grandeur le commun,
Pour se faire la fable et le ris d'un chacun,

Et, en pensant siller tous les Argus de France,
Eux-mêmes s'aveugler en leur propre ignorance.
J'ai vu depuis trente ans un nombre d'impudents
Rapetasseurs de lois courtisans et ardents,
Qui, sans honte, sans cœur, sans âme et sans poitrine,
Aboient les honneurs à faire bonne mine.
Je les ai vus depuis de leur maître moqués
Et des peuples au doigt notés et remarqués.
Car, bien que la faveur qui n'a point de cervelle
Les poussât en crédit, le peuple, qui ne cèle
Jamais la vérité, sifflait de tous côtés
Le port impérieux de leurs fronts éhontés...
Beaucoup de Phaétons se sont montrés en France,
Dont le vol trop hautain a fraudé l'espérance...

VIII

[SUR HERCULE] [262]

Je veux Hercule, autant qu'il m'est possible,
Chanter ton nom et ton bras invincible,
Pour récompense heureuse des bienfaits
Qu'à nos Français autrefois tu as faits,
Te redonnant l'honneur que tu mérites,
Que des malins les œuvres bien écrites
T'avaient honni, te faisant un voleur,
Forceur d'enfants, de femmes violeur,
Brigand, larron, et pour te rendre infâme
T'ont fait meurtrir tes enfants et ta femme,
Fol de cerveau, vagabond de fureur;
Bref, ils t'ont fait le cloaque d'erreur,
Tyran méchant; mais c'est bien le contraire,
Car tu appris aux vieux Français à faire
Toutes vertus, et par ta douce voix
* Les retiras comme fères des bois,
Pour habiter les châteaux et les villes,
Haïr la faîne et les glands inutiles,
Semer le blé, cultiver les bons vins,

Honorer Dieu, révérer ses voisins.
Ce ne sont pas les faits d'un méchant homme :
Et toutefois l'Antiquité te nomme
Gourmand, méchant, dont je te veux venger
Pour ne souffrir tes vertus outrager...

IX

[LÉGENDES POPULAIRES

GÉNIES ET DÉMONS] [263]

... Les uns vont habitant les maisons ruinées,
Ou des grandes cités les places détournées
En quelque coin à part, et hurlent toute nuit,
Accompagnés de chiens, d'un effroyable bruit.
Vous diriez que des fers ils traînent par la rue,
Éclatant une voix en complaintes aiguë,
Qui réveillent les cœurs des hommes sommeillants,
Et donnent grand frayeur à ceux qui sont veillants.
Les autres sont nommés par divers noms, Incubes,
Larves, Lares, Lémurs, Pénates et Succubes,
Empouses, Lamiens, qui ne vaguent pas tant
Que font les aérins; sans plus vont habitant
Autour de nos maisons, et de travers se couchent
Dessus notre estomac, et nous tâtent et touchent;
Ils remuent de nuit bancs, tables et tréteaux,
Clefs, huis, portes, buffets, lits, chaires, escabeaux,
Ou comptent nos trésors, ou jettent contre terre
Maintenant une épée, et maintenant un verre;
Toutefois au matin on ne voit rien cassé,
Ni meuble qui ne soit en sa place agencé.
On dit qu'en Norovègue ils se louent à gages [264],
Et font comme valets des maisons les ménages,
Ils pansent les chevaux, ils vont tirer le vin,
Ils font cuire le rôt, ils serencent le lin,
Ils filent la fusée, et les robes nettoient
Au lever de leur maître, et les places baloient.

Or' qui voudrait narrer les contes qu'on fait d'eux,
De tristes, de gaillards, d'horribles, de piteux,
On n'aurait jamais fait, car homme ne se treuve
Qui toujours n'en raconte une merveille neuve.
  Les autres moins terrains sont à part habitants
Torrents, fleuves, ruisseaux, les lacs et les étangs,
Les marais endormis et les fontaines vives,
* Or' paraissant sur l'eau et ores sur les rives.
  Tant que les aérins ils n'ont d'affections,
Aussi leur corps ne prend tant de mutations :
Ils n'aiment qu'une forme, et volontiers icelle
Est du nombril en haut d'une jeune pucelle
Qui a les cheveux longs, et les yeux verts et beaux,
Contre-imitant l'azur de leurs propres ruisseaux.
Pource ils se font nommer Naïades, Néréides,
Les filles de Téthys, les cinquante Phorcydes,
Qui errent par la mer sur le dos des dauphins,
Bridant les esturbots, les fouches et les thins,
Aucunefois vaguant tout au sommet des ondes,
Aucunefois au bas des abîmes profondes.
  Ils sont ni plus ni moins que les autres Daimons,
Les uns pernicieux, les autres doux et bons;
Ils font faire à la mer en un jour deux voyages,
Ils apaisent les flots, ils mouvent les orages,
Ils sauvent les bateaux, ou font contre un rocher
Périr quand il leur plaît la nef et le nocher...
  Ils se changent souvent en grands flambeaux ardents
Pendus dessus une eau, pour conduire dedans
Quelque pauvre passant trompé de leur lumière,
Qui le mène noyer dedans l'onde meurtrière ;
Les uns, ayant pitié des gens et des bateaux,
S'assoient sur le mât comme deux feux jumeaux,
Et tirent le navire et les hommes de peine,
Nommés le feu saint Herme ou les frères d'Hélène [265]...
  Aucunefois transis de trop grande froideur,
Laissent les lieux terrains pour chercher la chaleur,
Non celle du Soleil, car elle est trop ardente,
Mais le sang tempéré d'une bête vivante;
Ils entrent dans les porcs, dans les chiens, dans les loups,

Et les font sauteler sur l'herbe comme fous.
  Les autres plus gaillards habitent les montagnes,
Les taillis, les forêts, les vaux et les campagnes,
Les tertres et les monts, et souvent, dans un bois
Ou dans le creux d'un roc, d'une douteuse voix
Annoncent le futur...
  Les uns aucunefois se transforment en Fées,
En Dryades des bois, en Nymphes et Napées,
En Faunes, en Sylvains, en Satyres et Pans,
Qui ont le corps pelu marqueté comme fans;
Ils ont l'orteil de bouc et d'un chevreuil l'oreille,
La corne d'un chamois, et la face vermeille
Comme un rouge croissant, et dansent toute nuit
Dedans un carrefour ou près d'une eau qui bruit...

* Un soir vers la minuit, guidé de la jeunesse
Qui commande aux amants, j'allais voir ma maîtresse
Tout seul outre le Loir, et, passant un détour
Joignant une grand croix dedans un carrefour,
J'ouïs, ce me semblait, une aboyante chasse
De chiens qui me suivait pas à pas à la trace.
Je vis auprès de moi sur un grand cheval noir
Un homme qui n'avait que les os à le voir,
Me tendant une main pour me monter en croupe;
J'avisai tout autour une effroyable troupe
De piqueurs qui couraient cette Ombre, qui bien fort
Semblait un usurier qui naguère était mort,
Que le peuple pensait pour sa vie méchante
Être puni là-bas des mains de Rhadamante.
  Une tremblante peur me courut par les os,
Bien que j'eusse vêtu la maille sur le dos
Et pris tout ce que prend un amant que la Lune
Conduit tout seul de nuit pour chercher sa fortune,
* Dague, tranchante épée, et par-sur tout un cœur
Qui naturellement n'est sujet à la peur.
Si fussé-je étouffé d'une crainte pressée
Sans Dieu, qui promptement me mit en la pensée
De tirer mon épée et de couper menu
L'air tout autour de moi avecque le fer nu;

Ce que je fis soudain, et sitôt ils n'ouïrent
Siffler l'épée en l'air que tous s'évanouirent,
Et plus ne les ouïs ni bruire ni marcher,
Craignant peureusement de se sentir hacher
Et tronçonner le corps; car, bien qu'ils n'aient veines,
Ni artères, ni nerfs, comme nos chairs humaines,
Toutefois comme nous ils ont un sentiment...

LA PHILOSOPHIE

LA PHILOSOPHIE

I

« L'EXCELLENCE DE L'ESPRIT DE L'HOMME » [266]

Nous ne sommes pas nés de la dure semence
Des cailloux animés; d'une plus noble essence
Notre esprit est formé, lequel a retenu
La nature du lieu duquel il est venu...
Comme une bonne mère, après que son fils dort
Couché seul au berceau, hors de la chambre sort,
Et dedans un jardin s'ébat et se promène,
Jusqu'à tant que le soin de son fils la ramène,
Duquel elle est soigneuse, et le trouvant seulet
Découvre sa mamelle et lui donne du lait;
Ainsi notre âme sort, quand notre corps repose,
Comme d'une prison où elle était enclose,
Et en se promenant et jouant par les cieux,
Son pays naturel, banquette avec les Dieux;
Puis, ayant bien mangé de la sainte ambroisie,
Redévale en son corps pour le remettre en vie,
Qui pâmé sommeillait et qui soudain mourrait
Si l'âme à retourner trop longtemps demeurait.
Sitôt qu'elle est rentrée, elle lui communique
Ce qu'elle apprend de Dieu, lui montre la pratique
Du mouvement du ciel, lui marque les grandeurs
Des astres éthérés, leur force et leurs splendeurs,
Des grands et des petits; car, comme en une ville

Où chacun garde bien la police civile,
On voit les sénateurs au premier rang marchants
Tenir leur gravité, au second les marchands,
Au tiers les artisans, au quart la populace,
Ainsi dedans le ciel les astres ont leur place
Et leur propre degré, grands, petits et moyens,
De la maison du ciel éternels citoyens.
  Elle lui dit après s'il y a d'autres mondes
Si Nature reçoit les formes vagabondes,
Si le Soleil, si Mars, et si la Lune aussi
D'hommes sont habités, comme est la terre ici,
De villes, de forêts, de prés et de rivières,
Si leurs corps sont formés de plus simples matières
Que les nôtres mortels, qui sont faits grossement
Comme habitants ce sombre et grossier élément;
Lui dit comme se fait la foudre dans les nues,
Les grêles, les frimas et les pluies menues,
Vents, neiges, tourbillons, et lui fait mesurer
Le ciel, la mer, la terre, afin de l'assurer
Par mystères si hauts que notre âme est divine,
Ayant prise de Dieu sa première origine...

II

« HYMNE DE LA MORT » [267]

  Masures, désormais on ne peut inventer
Nul argument nouveau qui soit bon à chanter,
Ou haut sur la trompette, ou bas dessus la lyre :
Aux anciens la Muse a tout permis de dire,
Tellement qu'il ne reste à nous autres derniers
Sinon le désespoir d'ensuivre les premiers
Et, béant après eux, reconnaître leur trace
Faite au chemin frayé qui conduit sur Parnasse;
Lesquels jadis, guidés de leur mère Vertu,
Ont tellement du pied ce grand chemin battu
Qu'on ne voit aujourd'hui, sur la docte poussière

D'Hélicon, que les pas d'Hésiode et d'Homère,
D'Arate, de Nicandre, et de mille autres Grecs
Des vieux siècles passés, qui burent à longs traits
Toute l'eau jusqu'au fond des filles de Mémoire,
N'en laissant une goutte aux derniers pour en boire,
Qui maintenant confus, à foule à foule, vont
Chercher encor de l'eau dessus le double Mont;
Mais ils montent en vain, car plus ils y séjournent,
Et plus mourant de soif au logis s'en retournent.
  Moi donc qui, de longtemps, par épreuve sais bien
Qu'au sommet de Parnasse on ne trouve plus rien
Pour étancher la soif d'une gorge altérée,
Je veux aller chercher quelque source sacrée
D'un ruisseau non touché, qui murmurant s'enfuit
Dedans un beau verger, loin de gens et de bruit,
Source que le soleil n'aura jamais connue,
Que les oiseaux du ciel de leur bouche cornue
N'auront jamais souillée, et où les pastoureaux
N'auront jamais conduit les pieds de leurs taureaux.
Je boirai tout mon saoul de cette onde pucelle
Et puis je chanterai quelque chanson nouvelle,
Dont les accords seront peut-être si très doux
Que les siècles voudront les redire après nous...
  Si les hommes pensaient à part eux quelquefois
Qu'il nous faut tous mourir, et que même les Rois
Ne peuvent éviter de la Mort la puissance,
Ils prendraient en leurs cœurs un peu de patience.
Sommes-nous plus divins qu'Achille ni qu'Ajax,
Qu'Alexandre ou César, qui ne se surent pas
Défendre du trépas, bien qu'ils eussent en guerre
Réduite sous leurs mains presque toute la terre?
  Beaucoup, ne sachant point qu'ils sont enfants de Dieu,
Pleurent avant partir et s'attristent, au lieu
De chanter hautement le péan de victoire,
Et pensent que la Mort soit quelque bête noire
Qui les viendra manger, et que dix mille vers
Rongeront de leurs corps les os tout découverts,
Et leur têt qui doit être, en un coin solitaire,
L'effroyable ornement d'un ombreux cimetière...

C'est le tout que de l'âme, il faut avoir soin d'elle :
D'autant que Dieu l'a faite à jamais immortelle,
Il faut trembler de peur que par faits vicieux
Nous ne la bannissions de sa maison, les Cieux,
Pour endurer, après un exil très moleste,
Absente du regard de son Père céleste;
Et ne faut de ce corps avoir si grand ennui
Qui n'est que son valet et son mortel étui,
Brutal, impatient, de nature maline,
Et qui toujours répugne à la raison divine...
  Il ne faut pas humer de Circé les vaisseaux,
De peur que, transformés en tigres ou pourceaux,
Nous ne puissions revoir d'Ithaque la fumée,
Du Ciel notre demeure à l'âme accoutumée [268],
Où tous nous faut aller, non chargés du fardeau
D'orgueil, qui nous ferait périr notre bateau
Ains que venir au port, mais chargés d'espérance,
Pauvreté, nudité, tourment et patience,
Comme étant vrais enfants et disciples de Christ,
Qui vivant nous bailla ce chemin par écrit
Et marqua de son sang cette voie très sainte,
Mourant tout le premier, pour nous ôter la crainte.
Oh ! que d'être jà morts nous serait un grand bien,
Si nous considérions que nous ne sommes rien
Qu'une terre animée et qu'une vivante ombre,
Le sujet de douleur, de misère et d'encombre,
Voire, et que nous passons en misérables maux
Le reste (ô crève-cœur !) de tous les animaux.
Non pour autre raison Homère nous égale
A la feuille d'hiver qui des arbres dévale,
Tant nous sommes chétifs et pauvres journaliers
Recevant sans repos maux sur maux à milliers...
  Masures, on dira que toute chose humaine
Se peut bien recouvrer, terres, rentes, domaine,
Maisons, femmes, honneurs, mais que par nul effort
On ne peut recouvrer l'âme quand elle sort,
Et qu'il n'est rien si beau que de voir la lumière
De ce commun Soleil, qui n'est seulement chère
Aux hommes sains et forts, mais aux vieux chargés d'ans,

Perclus, estropiés, catarrheux, impotents.
  Tu diras que toujours tu vois ces platoniques,
Ces philosophes pleins de propos magnifiques,
Dire bien de la Mort; mais quand ils sont jà vieux
Et que le flot mortel leur noue dans les yeux,
Et que leur pied tremblant est déjà sur la tombe,
Que la parole grave et sévère leur tombe,
Et commencent en vain à gémir et pleurer,
Et voudraient, s'ils pouvaient, leur trépas différer.
  Tu me diras encore que tu trembles de crainte
D'un batelier Charon, qui passe par contrainte
Les âmes outre l'eau d'un torrent effrayant,
Et que tu crains le Chien à trois voix aboyant,
Et les eaux de Tantale et le roc de Sisyphe,
Et des cruelles Sœurs l'abominable griffe,
Et tout cela qu'ont feint les poètes là-bas
Nous attendre aux Enfers après notre trépas.
  Quiconque dis ceci, pour Dieu, qu'il te souvienne
Que ton âme n'est pas païenne, mais chrétienne,
Et que notre grand Maître en la Croix étendu,
Et mourant, de la Mort l'aiguillon a perdu,
Et d'elle maintenant n'a fait qu'un beau passage
A retourner au Ciel, pour nous donner courage
De porter notre croix, fardeau léger et doux,
Et de mourir pour lui comme il est mort pour nous,
Sans craindre comme enfants la nacelle infernale,
Le rocher d'Ixion, et les eaux de Tantale,
Et Charon, et le chien Cerbère à trois abois,
Desquels le sang de Christ t'affranchit en la Croix,
Pourvu qu'en ton vivant tu lui veuilles complaire,
Faisant ses mandements qui sont aisés à faire;
Car son joug est plaisant, gracieux et léger,
Qui le dos nous soulage en lieu de le charger.
S'il y avait au monde un état de durée,
Si quelque chose était en la terre assurée,
Ce serait un plaisir de vivre longuement;
Mais, puisqu'on n'y voit rien qui ordinairement
Ne se change et rechange, et d'inconstance abonde,
Ce n'est pas grand plaisir que de vivre en ce monde;

Nous le connaissons bien, qui toujours lamentons
Et pleurons aussitôt que du ventre sortons,
Comme présagiant, par naturel augure,
De ce logis mondain la misère future...
Que ta puissance, ô Mort, est grande et admirable!
Rien au monde par toi ne se dit perdurable;
Mais, tout ainsi que l'onde à val des ruisseaux fuit
Le pressant coulement de l'autre qui la suit,
Ainsi le temps se coule, et le présent fait place
Au futur importun qui les talons lui trace.
Ce qui fut, se refait; tout coule comme une eau,
Et rien dessous le Ciel ne se voit de nouveau;
Mais la forme se change en une autre nouvelle,
Et ce changement là Vivre au monde s'appelle,
Et Mourir, quand la forme en une autre s'en va...
Mais notre âme immortelle est toujours en un lieu
Au change non sujette, assise auprès de Dieu,
Citoyenne à jamais de la ville éthérée,
Qu'elle avait si longtemps en ce corps désirée.

Je te salue, heureuse et profitable Mort,
Des extrêmes douleurs médecin et confort!
Quand mon heure viendra, Déesse, je te prie,
Ne me laisse longtemps languir en maladie,
Tourmenté dans un lit; mais, puisqu'il faut mourir,
Donne-moi que soudain je te puisse encourir,
Ou pour l'honneur de Dieu, ou pour servir mon Prince,
Navré d'une grande plaie au bord de ma province.

III

« A DENYS LAMBIN, LECTEUR DU ROI » [269]

Que les formes de toutes choses
Soient, comme dit Platon, encloses
En notre âme, et que le savoir
Est seulement ramentevoir [270],

Je ne le crois, bien que sa gloire
Me persuade de le croire :
Car véritablement, depuis
Que studieux du Grec je suis,
Homère devenu je fusse,
Si souvenir ici me pusse
D'avoir ses beaux vers entendu,
Ains que mon esprit descendu
Et mon corps fussent joints ensemble.
Mais c'est abus, l'esprit ressemble
Au tableau tout neuf, où nul trait
N'est par le peintre encore portrait
Et qui retient ce qu'il y note,
Lambin, qui sur Seine, d'Eurote,
Par le doux miel de tes douceurs
As ramené les saintes Sœurs.

IV

« HYMNE DE L'ÉTERNITÉ » [271]

* Rempli d'un feu divin qui m'a l'âme échauffée,
Je veux mieux que devant, suivant les pas d'Orphée,
Découvrir les secrets de Nature et des Cieux,
Recherchés d'un esprit qui n'est point ocieux;
Je veux, s'il m'est possible, atteindre à la louange
De celle qui jamais par les ans ne se change,
Mais bien qui fait changer les siècles et les temps,
Les mois et les saisons et les jours inconstants,
Sans jamais se muer, pour n'être point sujette
Comme Reine et maîtresse à la loi qu'elle a faite...
Donne-moi, s'il te plaît, immense Éternité,
Pouvoir de raconter ta grande Déité;
Donne l'archet d'airain et la Lyre ferrée,
D'acier donne la corde et la voix acérée,
* Afin que ma chanson dure aussi longuement
Que tu dures au Ciel perpétuellement,

Toi la Reine des ans, des siècles et de l'âge,
Qui as eu pour ton lot tout le Ciel en partage,
La première des Dieux, où bien loin de souci
Et de l'humain travail qui nous tourmente ici
Par toi-même contente et par toi bienheureuse,
* Éternelle tu vis en tous biens plantureuse.
Tout au plus haut des Cieux, dans un trône doré
Tu te sieds en l'habit d'un manteau coloré
* De pourpre rayé d'or, de qui la broderie
De tous côtés s'éclate en riche orfèvrerie,
Et là, tenant au poing un grand Sceptre aimantin,
Tu établis tes lois au sévère Destin,
Qu'il n'ose outrepasser, et que lui-même engrave
Fermes au front du Ciel; car il est ton esclave,
* Ordonnant dessous toi les neuf temples voûtés
Qui dedans et dehors cernent de tous côtés,
Sans rien laisser ailleurs, tous les membres du monde,
Qui gît dessous tes pieds comme une boule ronde...
Nous autres journaliers, nous perdons la mémoire
* Des siècles jà coulés, et si ne pouvons croire
Ceux qui sont à venir, comme étant imparfaits
Et d'une masse brute inutilement faits,
Aveuglés et perclus de sa sainte lumière,
Que le péché perdit en notre premier père;
Mais ferme tu retiens dedans ton souvenir
Tout ce qui est passé, et ce qui doit venir,
Comme haute Déesse éternelle et parfaite,
Et non ainsi que nous de masse impure faite.
Tu es toute dans toi, ta partie et ton tout,
Sans nul commencement, sans milieu ni sans bout,
Invincible, immuable, entière et toute ronde,
N'ayant partie en toi qui en toi ne réponde,
Toute commencement, toute fin, tout milieu,
Sans tenir aucun lieu de toutes choses lieu,
Qui fais ta Déité du tout par tout étendre,
Qu'on imagine bien et qu'on ne peut comprendre.
* Regarde-moi, Déesse au grand œil tout-voyant,
Mère du grand Olympe au grand tour flamboyant,
Grande Mère des Dieux, grande Reine et Princesse;

Si je l'ai mérité, concède-moi, Déesse,
Concède-moi ce don : c'est qu'après mon trépas,
* Ayant laissé tomber ma dépouille çà-bas,
Je puisse voir au Ciel la belle Marguerite
Pour qui j'ai ta louange en cet Hymne décrite.

V

[LES DEUX PHILOSOPHIES] [272]

... Toute Philosophie est en deux divisée,
L'une est aiguë, ardente, et prompte et avisée
Qui, sans paresse ou peur, d'un vol audacieux
Abandonne la terre et se promène aux Cieux.
Hardis furent les cœurs qui les premiers montèrent
Au Ciel, et d'un grand soin les Astres affrontèrent.
Là, sans avoir frayeur des cloîtres enflammés,
Du monde où tant de corps divers sont enfermés
Par leur vive vertu s'ouvrirent une entrée,
Et virent jusqu'au sein la Nature sacrée.
Ils épièrent Dieu, puis ils furent après
Si fiers que de conter aux hommes ses secrets,
Et d'un esprit vainqueur eurent la connaissance
De ce qui n'est point né, de ce qui prend naissance,
Et en pillant le Ciel, comme un riche butin,
Mirent dessous leurs pieds Fortune et le Destin.
L'autre Philosophie habite sous la nue,
A qui tant seulement cette terre est connue,
Sans se pousser au Ciel; le cœur qui lui défaut
Ne lui laisse entreprendre un voyage si haut.
Elle a pour son sujet les négoces civiles,
L'équité, la justice, et le repos des villes,
Et au chant de sa lyre a fait sortir des bois
Les hommes forestiers, et leur bailla des lois;
Elle sait la vertu des herbes et des plantes,
Elle va dessous terre aux crevasses béantes
Tirer l'argent et l'or, et chercher de sa main

Le fer qui doit rougir en notre sang humain.
Puis, afin que le peuple ignorant ne méprise
La vérité précieuse après l'avoir apprise,
D'un voile bien subtil (comme les peintres font
Aux tableaux animés) lui couvre tout le front,
Et laisse seulement tout au travers du voile
Paraître ses rayons comme une belle étoile,
Afin que le vulgaire ait désir de chercher
La couverte beauté dont il n'ose approcher.
Tel j'ai tracé cet Hymne, imitant l'exemplaire
Des fables d'Hésiode et de celles d'Homère...

VI

[LA RAISON HUMAINE] [273]

... Ce qui fait différer l'homme d'avec la bête,
Ce n'est pas l'estomac ni le pied ni la tête,
La face ni les yeux; c'est la seule raison,
Et notre esprit logé au haut de la maison,
Du cerveau son rempart, qui le futur regarde,
Commande au corps là-bas et de nous a la garde.
Mais ce qui l'homme fait de l'homme différer,
C'est la seule parole, et savoir proférer
Par art ce que l'on pense, et savoir comme sage
Mettre les passions de notre âme en usage...

VII

[ÉGALITÉ DES HOMMES] [274]

Pourquoi, chétif laboureur,
As-tu peur d'un Empereur
Qui doit bientôt, légère ombre,
Des morts accroître le nombre?
Ne sais-tu qu'à tout chacun,
Le port d'enfer est commun,

Et qu'une âme impériale
Aussi tôt là-bas dévale
Dans le bateau de Charon
Que l'âme d'un bûcheron?
  Courage, coupeur de terre!
Ces grands foudres de la guerre
Non plus que toi n'iront pas
Armés d'un plastron là-bas,
Comme ils allaient aux batailles.
Autant leur vaudront leurs mailles,
Leurs lances et leur estoc,
Comme à toi vaudra ton soc...

VIII

« HYMNE DES ÉTOILES » [275]

... En vain l'homme de sa prière
Vous tourmente soir et matin;
Il est traîné par son Destin,
Comme est un flot de sa rivière,
    Ou comme est le tronçon
    D'un arraché glaçon
    Qui roule à la traverse,
    Ou comme un tronc froissé,
    Que le vent courroucé
    Culbute à la renverse...
L'un meurt au métier de la guerre
Noirci d'un poudreux tourbillon,
L'autre pousse d'un aiguillon
Les bœufs au travail de sa terre;
    L'un vit contre son gré
    Pressé d'un bas degré,
    Qui tend à chose haute;
    Le mal est défendu,
    L'innocent est pendu
    Qui ne fit jamais faute.
Telle est du Ciel la loi certaine

Qu'il faut souffrir, et non forcer;
Le bon soldat ne doit passer
Le vouloir de son capitaine.
  L'un perd dès le berceau
  L'usage du cerveau
  Avorton inutile,
  L'autre de vent repeu
  Devient le boutefeu
  D'une guerre civile.
L'un de la mer court les orages
Enfermant sa vie en du bois,
L'autre pressant le cerf d'abois
Devient satyre des bocages;
  L'un sans peur de meschef
  Bat d'un superbe chef
  Le cercle de la Lune,
  Qui tombe outrecuidé
  Pour n'avoir bien guidé
  Les brides de Fortune.
L'un valet de sa panse pleine,
Pourceau d'Épicure ocieux,
Mange en un jour de ses aïeux
Les biens acquis à grande peine.
  Ce guerrier, qui tantôt
  Terre et mer d'un grand ost
  Couvrait de tant de voiles,
  Court de tête et de nom
  Pendille à Montfaucon :
  Ainsi vous plaît, Étoiles...
Je vous salue, heureuses flammes,
Étoiles, filles de la Nuit,
Et ce Destin qui nous conduit
Que vous pendîtes à nos trames.
  Tandis que tous les jours
  Vous dévidez vos cours
  D'une danse éthérée,
  Endurant je vivrai
  Et la chance suivrai
  Que vous m'avez livrée...

IX

[ÉLOGE DE LA VIEILLESSE

Réponse a des vers de Charles IX] [276]

Charles, tel que je suis, vous serez quelque jour...
Je vous passe, mon Roi, de vingt et deux années :
Mais les vôtres seront si soudain retournées,
Qu'au prix du long séjour que fait l'Éternité,
Qui les siècles dévore en son infinité,
Vingt, trente, quarante ans accomparés ressemblent
Un grain près d'un monceau où tant de grains s'assemblent
Et qui meurt ce jourd'hui, soit riche ou souffreteux,
Quant à l'Éternité meurt à l'égal de ceux
Qu'engloutit le Déluge en l'eau démesurée.
Tout terme qui finit, n'a pas longue durée,
Et soit tôt ou soit tard, il faut voir le trépas,
Et descendre au parquet des Juges de là-bas.
Heureux, trois fois heureux, si vous aviez mon âge [277] !
Vous seriez délivré de l'importune rage
Des chaudes passions, dont l'homme ne vit franc
Quand son gaillard printemps lui échauffe le sang.
De là l'ambition, de là la convoitise,
De là vient la chaleur que Vénus nous attise,
Et l'ire qui abat le fort de la raison,
Ennemis inconnus du bon père grison.
Vous verriez, mon grand Prince en barbe vénérable,
* Votre Race royale autour de votre table
Comme jeunes Lauriers, et, Monarque puissant,
Vous verriez dessous vous le peuple obéissant,
Votre Épargne fournie, et vos villes Françoises,
Terres, havres et ports loin de civiles noises,
Riches d'honneur, de paix et de biens plantureux,
Et vieillard vous seriez plus qu'en jeunesse heureux.
Il ne faut estimer que la mère Nature
Les saisons des humains ordonne à l'aventure,

Comme un méchant Comique en son théâtre fait
Le premier acte bon, le dernier imparfait;
Elle compose tout d'une mûre sagesse;
Si la jeunesse est bonne, aussi est la vieillesse.
  La jeunesse est gaillarde et discourt librement,
* Vieillesse a la raison, esprit et jugement;
L'une a l'opinion, et l'autre a la prudence,
L'une aime oiseaux et chiens, amour, chevaux et danse,
L'autre aime le bon vin, le bon lit, le bon feu;
Ainsi toute saison diffère de bien peu,
Et presque l'une à l'autre à l'égal se rapporte;
Chacune a son plaisir, mais de diverse sorte...

X

« VERS RÉCITÉS A LA FIN DE LA COMÉDIE REPRÉSENTÉE A FONTAINEBLEAU »[278]

  Ici la Comédie apparaît un exemple
Où chacun de son fait les actions contemple :
Le monde est le théâtre, et les hommes acteurs,
La Fortune qui est maîtresse de la scène,
Apprête les habits, et de la vie humaine
Les Cieux et les destins en sont les spectateurs.
  En gestes différents, en différents langages,
Rois, Princes et Bergers jouent leurs personnages
Devant les yeux de tous, sur l'échafaud commun,
Et, quoi que l'homme essaye à vouloir contrefaire
Sa nature et sa vie, il ne saurait tant faire
Qu'il ne soit, ce qu'il est, remarqué d'un chacun.
  L'un vit comme un pasteur, l'un est roi des provinces,
L'autre fait le marchand, l'autre s'égale aux Princes,
L'autre se feint content, l'autre poursuit du bien;
Cependant le souci de sa lime nous ronge,
Qui fait que notre vie est seulement un songe,
Et que tous nos desseins se finissent en rien.
  Jamais l'esprit de l'homme ici ne se contente,
Toujours l'ambition l'époint et le tourmente :

Tantôt il veut forcer le temps et la saison,
Tantôt il est joyeux, tantôt plein de tristesse,
Tantôt il est dompté d'amour et de jeunesse,
Contre qui ne peut rien ni conseil ni raison.
La bonté règne au Ciel, la vertu, la justice;
En terre on ne voit rien que fraude, que malice,
Et bref tout ce monde est un publique marché,
L'un y vend, l'un dérobe, et l'autre achète et change,
* L'un a blâme en son fait, et l'autre en a louange,
Et ce qui est vertu semble à l'autre péché.
Le Ciel ne devait point mettre la fantaisie
Si près de la raison : de là la jalousie,
De là se fait l'amour dont l'esprit est vaincu;
Tandis que nous aurons des muscles et des veines
Et du sang, nous aurons des passions humaines,
Car jamais autrement les hommes n'ont vécu.
Il ne faut espérer être parfait au monde,
Ce n'est que vent, fumée, une onde qui suit l'onde;
Ce qui était hier ne se voit aujourd'hui.
Heureux, trois fois heureux, qui au temps ne s'oblige,
* Qui suit son naturel, et qui sage corrige
Ses fautes en vivant par les fautes d'autrui.

XI

ÉLÉGIE A PHILIPPE DESPORTES [279]

Nous devons à la Mort et nous et nos ouvrages;
Nous mourrons les premiers, le long repli des âges
En roulant engloutit nos œuvres à la fin;
Ainsi le veut Nature et le puissant Destin.
Dieu seul est éternel; de l'homme élémentaire
Ne reste après la mort ni veine ni artère;
Qui pis est, il ne sent, il ne raisonne plus,
Locatif décharné d'un vieil tombeau reclus...
L'heur de l'âme est de Dieu contempler la lumière :
La contemplation de la cause première
Est sa seule action; contemplant elle agit;

Mais au contemplement l'heur de l'homme ne gît.
Il gît à l'œuvre seul, impossible à la cendre
De ceux que la Mort fait sous les ombres descendre.
C'est pourquoi de Pluton les champs déshabités
N'ont polices ni lois, ni villes, ni cités.
Or l'ouvrage et l'ouvrier font un même voyage,
Leur chemin est la Mort. Athènes et Carthage,
Et Rome qui tenait la hauteur des hauteurs,
Sont poudre maintenant comme leurs fondateurs...
Nous semblons aux taureaux, qui de coutres tranchants,
A col morne et fumeux vont labourant les champs,
Sillonnant par rayons une germeuse plaine,
Et toutefois pour eux inutile est leur peine :
Ils ne mangent le blé qu'ils ont ensemencé,
Mais quelque vieille paille, ou du foin enroncé.
Le bélier, colonel de sa laineuse troupe,
L'échine de toison pour les autres se houpe,
Car le drap, bien que sien, ne l'habille pourtant :
L'homme ingrat envers lui au dos le va portant
Sans lui en savoir gré. Ainsi notre écriture
Ne nous profite rien; c'est la race future
Qui seule en jouit toute, et qui juge à loisir
Les ouvrages d'autrui et s'en donne plaisir,
Rendant comme il lui plaît notre peine estimée.
Quant à moi, j'aime mieux trente ans de renommée
Jouissant du Soleil, que mille ans de renom
Lorsque la fosse creuse enfouira mon nom,
Et lorsque notre forme en une autre se change,
L'homme qui ne sent plus n'a besoin de louange...
Desportes, qu'Aristote amuse tout le jour,
Qui honores ta Dure [280] et les champs qu'à l'entour
Chartres voit de son mont et penché les regarde,
Je te donne ces vers, afin de prendre garde
De ne tuer ton corps désireux d'acquérir
Un renom journalier qui doit bientôt mourir.
Mais happe le présent d'un cœur plein d'allégresse,
Cependant que le Prince, Amour, et la jeunesse
T'en donnent le loisir, sans croire au lendemain.
Le futur est douteux, le présent est certain.

LA PATRIE

LA PATRIE

I

[ÉLOGE DE LA FRANCE] [281]

... Il ne faut point vanter cette vieille Arcadie,
Ses rochers, ni ses pins, encore qu'elle die
Que ses pasteurs sont nés avant que le Croissant
Fût au Ciel, comme il est, de nuit apparaissant.
* La France la surpasse en antres plus sauvages,
En rochers, en forêts, en sources, en rivages,
En Nymphes et en Dieux, qui bénins sont contents
De se montrer à nous et nous voir en tout temps.
O bienheureuse France, abondante et fertile !
Si l'encens et le baume en tes champs ne distille,
Si l'amome Asien sur tes rives ne croît,
Si l'ambre sur les bords de ta mer n'apparoît,
Aussi le chaud extrême et la poignante glace
Ne corrompt point ton air, et la méchante race
Des dragons, des lions si fièrement marchants
* Comme ils font autre part, ne gâte point tes champs.
Que dirons-nous ici de la haute montagne
D'Auvergne, et des moissons de la grasse Champagne,
L'une riche en troupeaux, et l'autre riche en blé
Au vœu des laboureurs d'usure redoublé?
Que dirons-nous d'Anjou et des champs de Touraine,
De Languedoc, Provence, où l'Abondance pleine
De sillon en sillon fertile se conduit
Portant sa riche Corne enceinte de beau fruit?

Que dirons-nous encor de cent mille rivières,
* Qui arrosent les pieds de tant de villes fières [282]?...
Là fleurit la vertu, l'honneur et la bonté,
La douceur y est jointe avec la gravité,
Le désir de louange et la peur d'infamie,
Et tout ce qui dépend de toute prud'homie.
Là les pères vieillards en barbe et cheveux gris
Conduisent leurs enfants pour y être nourris,
Et pour mettre une bride à leur jeunesse folle,
* Car de toute vertu la France est une école.
Je te salue, heureuse et féconde maison,
Qui fleuris en tout temps sans perdre ta saison,
Mère de tant de Rois, de tant de riches villes,
Et de tant de troupeaux par les plaines fertiles...

II

[LE BEAU ROYAUME] [283]

... Nul Monarque en Europe en sa main ne tint onq'
Un royaume qui soit si large, ni si long
(Si ce n'est un désert), que le royaume large
Que tu tiens maintenant tout seul dessous ta charge,
* Ni si rempli de bien, de peuple et de cités;
Car, sans voguer ailleurs, toutes commodités
Se produisent ici, blés, vins, forêts et prées;
Aussi le trop de chaud n'offense nos contrées,
Ni le trop de froideur, ni le vent ruineux,
Ni le trac écaillé des dragons venimeux,
Ni rochers infertils, ni sablons inutiles.
Que dirai plus de toi? de cinq ou de six villes
Tu n'es seulement Roi, mais mille et mille encor
Avec un million pleines de gens et d'or
Te font obéissance, et t'honorent leur Maître,
Sur lesquelles on voit ton Paris apparaître
Comme un pin élevé sur les petits buissons,
Où cent mille artisans en cent mille façons

Exercent leurs métiers : l'un aux lettres s'adonne,
Et l'autre, conseiller, tes saintes lois ordonne;
L'un est peintre, imager, armurier, entailleur,
Orfèvre, lapidaire, engraveur, émailleur;
Les autres nuit et jour fondent artillerie,
Et grands Cyclopes nus font une batterie
A grands coups de marteaux, et avec tel compas
* D'ordre l'un après l'autre au ciel lèvent les bras,
Et puis frappent si dru sur le métal qui sonne,
Que l'Arsenal prochain, et le fleuve en résonne.
* Et bref, c'est un grand Dieu que le Roi des François.
Tu es tant obéi quelque part où tu sois,
Que dès la mer Bretonne à la mer Provençale,
Et des monts Pyrénés aux portes de l'Itale
(Bien que ton règne soit largement étendu)
Si tu avais toussé, tu serais entendu;
Car tu n'es pas ainsi qu'un Roi Louis onzième,
Ou comme fut jadis le Roi Charles septième,
Qui avaient des parents et des frères mutins,
Lesquels en s'alliant d'autres Princes voisins,
Ou d'un Duc de Bourgogne, ou d'un Duc de Bretagne,
Pour le moindre sujet se mettaient en campagne
Contre le Roi leur frère, et faisaient contre lui
Son peuple mutiner pour le combler d'ennui.
Mais tu n'as ni parents, ni frère, qui s'allie
Maintenant de Bourgogne ou de la Normandie,
Ou des Princes Bretons; tout est sujet à toi,
Et la France aujourd'hui ne connaît qu'un seul Roi...

III

[DOUCEUR DU PAYS NATAL] [284]

... Puis, vous ne désirez abandonner la France,
L'air de votre pays et de votre naissance.
Mais comment voudriez-vous la France abandonner,
Quand tous les étrangers y veulent retourner?

Du pays naturel la douceur nous attire
* Et chacun de son feu la fumée désire.
C'est à faire aux poissons qui courent par les eaux,
Aux bêtes des forêts, aux vagabonds oiseaux
De changer de pays et n'arrêter une heure;
Mais l'homme bien rassis en sa terre demeure.
Et bien que l'Italie ait l'air délicieux,
Mère des Empereurs, des Rois victorieux,
Qui par armes ont fait aux autres peuples honte,
Si est-ce qu'aujourd'hui la France la surmonte
En hommes, en cités et en Rois, dont le nom
Des premiers Empereurs effacent le renom.

IV

« HYMNE DE FRANCE »[285]

... Toujours le Grec la Grèce vantera,
Et l'Espagnol l'Espagne chantera,
L'Italien les Itales fertiles,
Mais moi Français la France aux belles villes,
Et son renom, dont le crieur nous sommes,
Ferons voler par les bouches des hommes...
Il ne faut point que l'Arabie heureuse,
Ni par son Nil l'Égypte plantureuse,
Ni l'Inde riche en mercerie étrange,
Fasse à la tienne égale sa louange;
Qui d'un clin d'œil un monde peux armer,
Qui as les bras si longs dessus la mer,
Qui tiens sur toi tant de ports et de villes,
Et où les lois divines et civiles
En long repos tes citoyens nourrissent.
On ne voit point par les champs qui fleurissent
Errer ensemble un tel nombre d'abeilles,
Baisant les lis et les roses vermeilles;
Ni par l'été ne marchent au labeur
Tant de fourmis, animaux qui ont peur

Qu'en leur vieillesse ils n'endurent souffrance,
Comme l'on voit d'hommes par notre France
Se remuer; soit quand Bellone anime
La majesté de leur cœur magnanime,
Ou quand la paix à son rang retournée,
Chacun renvoie exercer sa journée...
Mille troupeaux frisés de fines laines
Comme escadrons se campent en nos plaines;
Maint arbrisseau, qui porte sur ses branches
D'un or naïf pommes belles et franches,
Y croît aussi, d'une part verdissant,
De l'autre part ensemble jaunissant,
Le beau Grenat à la joue vermeille,
Et le Citron, délices de Marseille,
Fleurit ès champs de la Provence à gré.
Et l'Olivier à Minerve sacré
Leur fait honneur de ses fruits automniers,
Et jusqu'au ciel s'y dressent les Palmiers;
Le haut Sapin, qui par flots étrangers
Doit aller voir de la mer les dangers,
Y croît aussi et le Buis qui vaut mieux,
Pour y tailler les images des Dieux,
De ses bons Dieux, qui ont toujours souci
Et de la France et de mes vers aussi...

Ici et là, comme célestes flammes,
Luisent les yeux de nos pudiques femmes,
Qui toute France honorent de leur gloire,
Ores montrant leurs épaules d'ivoire,
Ores le col d'albâtre bien uni,
Ores le sein où l'honneur fait son nid;
Qui pour dompter la cagnarde paresse,
Vont surmontant d'une gentille adresse
Le vieil renom des pucelles d'Asie,
Pour joindre à l'or la soie cramoisie,
Ou pour broder au métier proprement
D'un nouveau Roi le riche accoutrement.

Que dirai plus des lacs et des fontaines,
Des bois tondus et des forêts hautaines?
De ces deux mers, qui d'un large et grand tour

Vont presque France emmurant tout autour ?
Maint grand vaisseau, qui maint butin amène,
Parmi nos flots sûrement se promène.
Au dos des monts les grands forêts verdoient
Et à leurs pieds les belles eaux ondoient...
Dedans l'enclos de nos belles cités
Mille et mille arts y sont exercités.
Le lent sommeil, ni la morne langueur
Ne rompent point des jeunes la vigueur...
La Poésie et la Musique Sœurs,
Qui nos ennuis charment de leurs douceurs,
Y ont r'aquis leurs louanges antiques.
L'art non menteur de nos Mathématiques
Commande aux Cieux; la fièvre fuit devant
L'experte main du médecin savant.
Nos imagers ont la gloire en tout lieu
Pour figurer soit un Prince ou un Dieu,
Si vivement imitant la nature
Que l'œil ravi se trompe en leur peinture.
Un million de fleuves vagabonds,
Traînant leurs flots délicieux et bons,
Lèchent les murs de tant de villes fortes,
Dordogne, Somme, et toi Seine, qui portes
Dessus ton dos un plus horrible faix
Que sur le tien Neptune tu ne fais.
Ajoutez-y tant de palais dorés,
Tant de sommets de temples honorés,
Jadis rochers, que la main du maçon
Élabora d'ouvrage et de façon.
L'art dompte tout, et la persévérance.
Que dirons-nous encor de notre France?...
C'est celle-là qui a produit ici
Roland, Renaud, et Charlemagne aussi,
Lautrec, Bayard, Trimouille et la Palice,
Et toi Henri,...
Roi qui doit seul par le fer de la lance,
Rendre l'Espagne esclave de sa France,
Et qui naguère a l'Anglais abattu,
Le premier prix de sa jeune vertu.

Je te salue, ô terre plantureuse,
Heureuse en peuple, et en Princes heureuse !
Moi ton Poète, ayant premier osé
Avoir ton los en rime composé,
Je te suppli' qu'à gré te soit ma Lyre...

V

« EXHORTATION

AU CAMP DU ROI HENRI II POUR BIEN COMBATTRE LE JOUR DE LA BATAILLE » [286]

L'heure que vous avez si longtemps attendue,
Maintenant, ô Soldats ! en vos mains s'est rendue :
Il ne faut plus courir pour voir les ennemis,
Auprès de votre camp leurs tentes ils ont mis,
Si bien qu'on voit ensemble en la même campagne
Et les forces de France et les forces d'Espagne
S'appeler au combat, et attendre des cieux
Lequel d'un si beau camp sera victorieux.
Dieu qui tient maintenant le parti de la France
Du soldat ennemi punira l'arrogance,
Et renverra sur lui le malheureux destin
Qui défit notre armée aux murs de Saint-Quentin [287]...
* [Vous], comme grands Seigneurs et les premiers du sang,
En défiant la mort, tenez le premier rang,
Et par votre vertu qu'on ne saurait abattre
Montrez à vos soldats le chemin de combattre.
Vous, Gendarmes, serrez la cuisse en vos arçons,
Brisez-moi votre lance en cent mille tronçons,
Prenez le coutelas et la pesante masse,
Et de vos ennemis pavez toute la place ;
Le pied de vos roussins marche sur les monceaux
Des ennemis occis, la proie des corbeaux,
Et qui sans recevoir l'honneur de sépulture
Aux mâtins et aux loups serviront de pâture.
Sus donc, poussez dedans, et de vos gros plastrons,

* Bardes, cuirasse, armets, forcez les escadrons
Des soldats opposés, qui vous faisant outrage
De vos premiers aïeux occupent l'héritage,
Car Flandres et Hollande et Brabant et Artois
Jadis obéissaient aux sceptres de nos Rois.
Et vous, jeunes Soldats, à qui la barbe encore
D'un petit poil doré tout le menton décore,
Serrez-vous en bon ordre, et chacun en son cœur
S'enflamme de combattre et de mourir vainqueur...
Sus donc, branlez la pique au son du tabourin,
Malgré les ennemis baignez-vous dans le Rhin,
Et en vos morions puisez l'eau pour en boire
Comme si c'était l'eau de Garonne ou de Loire...
Je vois déjà ce semble en ordre nos gendarmes,
J'ois le bruit des chevaux, j'ois le choquer des armes,
Je vois de toutes parts le fer étinceler
Et jusques dans le ciel la poudre se mêler,
Je vois comme forêts se hérisser les piques,
J'ois l'effroi des canons, foudres diaboliques,
J'ois fausser les harnois, enfoncer les écus,
J'ois le bruit des vainqueurs, j'ois le cri des vaincus.
J'ois comme l'on se tue et comme l'on s'enferre
Et dessous les chevaux les Chevaliers par terre,
Je vois dans un monceau les faibles et les forts
Pêle-mêle assemblés, et les vifs et les morts !
Là donc, qu'opiniâtre en sa place on s'arrête,
Tenez pied contre pied, et tête contre tête;
Nobles enfants de Mars, vous ne combattez pas
Pour le prix du tournoi, pour une chose vile :
Vous combattez pour vous et pour votre famille,
Pour garder vos maisons et vos pères jà vieux,
Qui priant Dieu pour vous tiennent les mains aux cieux.
Si vainqueurs vous gagnez par armes la journée,
* Vous verrez des Français la gloire retournée
Que Saint-Quentin perdit, et en toutes saisons
Désormais vous serez sans crainte en vos maisons;
Mais si vous la perdez par faute de courage,
Vous mettez votre gloire et la France en servage,
Et perdrez en un jour l'honneur qu'avaient conquis

En mille ans vos aïeux. Donque, s'ils l'ont acquis
Aux dépens de leur sang, il faut avoir envie
De le garder aussi aux dépens de la vie,
Car après votre mort ces bons pères vieillards
Se moqueraient de vous d'avoir été couards.
  Courage donc, amis ! c'est une sainte guerre
De mourir pour son Prince et défendre sa terre,
De garder sa maison, sa femme et ses enfants...

VI

« EXHORTATION POUR LA PAIX » [288]

  Non, ne combattez pas, vivez en amitié,
Chrétiens ! changez votre ire avecque la pitié,
Changez à la douceur les rancunes amères
Et ne trempez vos dards dans le sang de vos frères,
Que Christ, le fils de Dieu, abandonnant les cieux
En terre a rachetés de son sang précieux,
* Ensemble nous liant par sa bonté divine
De nom, de foi, de loi, d'amour et de doctrine...
  Quelle fureur vous tient de vous entretuer,
Et devant votre temps aux enfers vous ruer
A grands coups de canons, de piques et de lances ?
La mort vient assez tôt, hélas ! sans qu'on l'avance,
Et de cent millions qui vivent en ce temps
Un à peine viendra au terme de cent ans...
  Qu'heureuse fut la gent qui vivait sous Saturne,
Quand l'aise et le repos et la paix taciturne
Bien loin de la trompette et bien loin des soldarts,
Loin du fer et de l'or, errait de toutes parts
Par les bois assurée, et du fruit de la terre
En commun se paissait sans fraude ni sans guerre.
Hélas ! que n'ai-je été vivant de ce temps-là,
Ou du temps que la Foi légère s'envola
Du monde vicieux, ne laissant en sa place
Que la guerre et la mort, la fraude et la fallace !

Las ! je ne verrais point tant de glaives tranchants,
Tant de monceaux de morts qui engraissent les champs,
Tant de chevaux occis déchargés de maint homme
Empêcher tout le cours de Moselle ou de Somme,
Ni tant de morions, ni de plastrons ferrés,
Tenir les rouges flots de la Meuse enserrés.
Par la cruelle guerre on renverse les villes,
On déprave les lois divines et civiles,
On brûle les autels et les temples de Dieu;
L'équité ne fleurit, la justice n'a lieu,
Les maisons de leurs biens demeurent dépouillées,
Les vieillards sont occis, les filles violées,
Le pauvre laboureur du sien est dévêtu,
Et d'un vice exécrable on fait une vertu.
* Est-ce pas le meilleur, ô soldats magnanimes !
Pour ne commettre point l'horreur de tant de crimes,
Bien vivre en vos maisons sans armes, et avoir
Femme très belle et chaste entre vos bras, et voir
Vos enfants se jouer autour de la tétine,
Vous pendiller au col d'une main enfantine,
Vous frisotter la barbe ou tordre les cheveux,
Vous appeler papa, vous faire mille jeux,
Que de vivre en un camp, que coucher sur la dure
L'été à la chaleur, l'hiver à la froidure,
Et près de ses parents mourir bien ancien,
Que d'avoir pour sépulcre un estomac d'un chien?
Pour ce, nobles soldats et vous nobles gendarmes,
Et de bouche et de cœur détestez-moi les armes :
Au croc vos morions pour jamais soient liés,
A l'entour l'araignée en filant de ses pieds
Y ourdisse ses rets, et en vos creuses targes
Les ouvrières du miel y déposent leurs charges;
Reforgez pour jamais le bout de votre estoc,
Le bout de votre pique en la pointe d'un soc;
Vos lances désormais en vouges soient trempées,
Et en faux désormais courbez-moi vos épées,
Et que le nom de Mars, ses crimes et ses faits
Ne soient plus entendus, mais le beau nom de Paix...

VII

[CALAIS AUX ANGLAIS] [289]

... Las ! j'ai grand peur que ce morceau de terre
Qui de la France est joint à l'Angleterre,
Cause ne soit de malheur à venir.
Comme étranger ne se pourra tenir
De retourner au lieu de sa naissance,
Et vous après avec forte puissance
Pour le ravoir franchirez votre bord,
Mettant sans fin vos terres en discord.
N'offensez point par armes ni par noise,
* Si m'en croyez, la province Gauloise;
Car, bien qu'il fût destiné par les Cieux
Qu'un temps seriez d'elle victorieux,
Le même Ciel pour elle a voulu faire
Autre destin au vôtre tout contraire.
* Le Gaulois semble au saule verdissant :
Plus on le coupe et plus il est naissant,
Et rejetonne en branches davantage,
Prenant vigueur de son propre dommage.
Pour ce vivez comme amiables sœurs;
Par les combats les sceptres ne sont seurs [290].
Quand vous serez ensemble bien unies,
L'Amour, la Foi, deux belles compagnies,
Viendront çà-bas le cœur vous échauffer;
Puis sans harnois, sans armes et sans fer,
Et sans le dos d'un corselet vous ceindre,
Ferez vos noms par toute Europe craindre;
Et l'âge d'or verra de toutes parts
Fleurir les Lis entre les Léopards.

VIII

[A LA REINE, MÈRE DU ROI] [291]

« DISCOURS DES MISÈRES DE CE TEMPS »

... Las! ma Dame, en ce temps que le cruel orage
Menace les Français d'un si piteux naufrage,
Que la grêle et la pluie, et la fureur des cieux
Ont irrité la mer de vents séditieux,
Et que l'astre Jumeau ne daigne plus reluire,
Prenez le gouvernail de ce pauvre navire,
Et malgré la tempête, et le cruel effort
De la mer et des vents, conduisez-le à bon port.
La France à jointes mains vous en prie et reprie,
Las! qui sera bientôt et proie et moquerie
Des Princes étrangers, s'il ne vous plaît en bref
Par votre autorité apaiser son méchef.
Ha! que diront là-bas sous les tombes poudreuses
De tant de vaillants Rois les âmes généreuses?
Que dira Pharamond, Clodion et Clovis,
Nos Pépins, nos Martels, nos Charles, nos Loïs,
* Qui de leur propre sang à tous périls de guerre
Ont acquis à leurs fils une si belle terre?
Que diront tant de Ducs et tant d'hommes guerriers
Qui sont morts d'une plaie au combat les premiers,
Et pour France ont souffert tant de labeurs extrêmes,
La voyant aujourd'hui détruire par soi-mêmes?
Ils se repentiront d'avoir tant travaillé,
Assailli, défendu, guerroyé, bataillé
Pour un peuple mutin divisé de courage,
Qui perd en se jouant un si bel héritage;
Héritage opulent, que toi, peuple qui bois
La Tamise Albionne, et toi, More qui vois
Tomber le chariot du Soleil sur ta tête,
Et toi, race Gothique aux armes toujours prête,
Qui sens la froide bise en tes cheveux venter,

Par armes n'aviez su ni froisser ni dompter.
  Car tout ainsi qu'on voit de la dure cognée
Moins reboucher le fer, plus est embesognée
A couper, à trancher, et à fendre du bois,
Ainsi par le travail s'endurcit le François,
Lequel, n'ayant trouvé qui par armes le dompte,
De son propre couteau soi-même se surmonte...
  O toi, historien, qui d'encre non menteuse
Écris de notre temps l'histoire monstrueuse,
Raconte à nos enfants tout ce malheur fatal,
Afin qu'en te lisant ils pleurent notre mal
Et qu'ils prennent exemple aux péchés de leurs pères
De peur de ne tomber en pareilles misères.
  De quel front, de quel œil, ô siècles inconstants !
Pourront-ils regarder l'histoire de ce temps
En lisant que l'honneur et le sceptre de France,
Qui depuis si long âge avait pris accroissance,
Par une opinion nourrice des combats
Comme une grande roche est bronché contre bas !...
  L'artisan par ce monstre a laissé sa boutique,
Le pasteur ses brebis, l'avocat sa pratique,
Sa nef le marinier, sa foire le marchand,
Et par lui le prudhomme est devenu méchant.
L'écolier se débauche, et de sa faux tortue
Le laboureur façonne une dague pointue,
Une pique guerrière il fait de son râteau,
Et l'acier de son coutre il change en un couteau.
  Morte est l'autorité; chacun vit en sa guise;
Au vice déréglé la licence est permise;
Le désir, l'avarice et l'erreur insensé
Ont sens dessus-dessous le monde renversé.
* On fait des lieux sacrés une horrible voirie,
Une grange, une étable et une porcherie,
Si bien que Dieu n'est sûr en sa propre maison.
Au ciel est revolée et Justice et Raison,
Et en leur place, hélas ! règnent le brigandage,
La force, le harnois, le sang et le carnage.
  Tout va de pis en pis : le sujet a brisé
Le serment qu'il devait à son Roi méprisé;

Mars enflé de faux zèle et de vaine apparence
Ainsi qu'une furie agite notre France...
O Dieu ! qui de là-haut nous envoyas ton Fils
Et la paix éternelle avecque nous tu fis
Donne, je te suppli, que cette Reine mère
Puisse de ces deux camps apaiser la colère;
Donne-moi derechef que son sceptre puissant
Soit malgré le discord en armes fleurissant;
Donne que la fureur de la guerre barbare
Aille bien loin de France au rivage Tartare;
Donne que nos couteaux de sang humain tachés
Soient dans un magasin pour jamais attachés,
* Et les armes au croc, sans être embesognées,
Soient pleines désormais de toiles d'araignées...

IX

[A PAUL DE FOIX, AMBASSADEUR EN ANGLETERRE] [292]

... Hélas ! de Foix, je voudrais volontiers
Avoir dormi trois bons ans tout entiers;
* Je n'eusse vu, ô vengeance enragée !
Par ses enfants la France saccagée;
Je n'eusse vu le tort bien débattu
Se déguiser du masque de vertu;
Je n'eusse vu violer l'innocence
Et toute chose aller par impudence;
Je n'eusse vu les hommes transportés
De passion faillir des deux côtés,
Sans plus avoir la raison pour leur guide
Comme un cheval qui galope sans bride.
Je n'eusse vu nos peuples étonnés,
De cœur, de sens, d'esprit abandonnés,
Tous éperdus comme atteints de l'orage,
Trembler de peur, sans force ni courage;
Je n'eusse vu les Ministres soufflés,

D'un nouveau vent d'outrecuidance enflés,
Pleins de douceur et de mignoterie,
Pousser le peuple en ardente furie,
Plus mitouins aujourd'hui que ne sont
Nos mendiants fenestrés par le front [293].
  Je ne dis pas que maint et maint Ministre
Ne soit savant, ne fasse honneur au titre
Qui pour sa secte a doctement écrit,
Car les premiers ont toujours bon esprit;
Leurs successeurs seront d'une autre sorte,
De qui la voix et l'épaule peu forte
S'abaissera devant qu'il soit dix ans
Et ne seront ni prompts ni bien-disants,
Tenant au peuple en chaire le langage
Qu'aujourd'hui font nos prêtres de village,
Car à la fin par un commun malheur
Toujours le pire est maître du meilleur...
  Je n'eusse vu nos terres désolées
De laboureurs, nos cités violées,
Nos bourgs déserts, las! et si n'eusse veu,
* Ha, crève-cœur! flamboyer tant de feu
Sur le sommet des maisons embrasées,
Ni nos autels profanés de risées,
Où nos aïeux en la bonne saison
Soulaient à Dieu faire leur oraison;
Mais sommeillant sous la terre poudreuse
J'eusse dormi d'une mort bienheureuse,
Et en ma part je n'eusse point senti
Le mal venu d'un siècle perverti...

X

« PRIÈRE A DIEU POUR LA VICTOIRE » [294]

  Donne, Seigneur, que notre ennemi vienne
Mesurer mort les rives de la Vienne,
Et que sanglant, de mille coups percé,

Dessus la poudre il tombe renversé
Auprès des siens au milieu de la guerre
Et de ses dents morde la dure terre...
  Donne, Seigneur, que l'avare Germain,
Ces Reîtres fiers puissent sentir la main
Du jeune Duc, si qu'une mort cruelle
Fasse qu'un seul n'en conte la nouvelle
En ce pays que le Rhin va lavant,
Et que leur nom se perde en notre vent,
Et qu'à jamais leur morte renommée
S'évanouisse ainsi qu'une fumée,
Et que leurs corps accablés de cent coups
Soient le dîner des corbeaux et des loups.
  O Tout-puissant, donne que notre Prince
Sans compagnon maîtrise sa province
Et que, pompeux de brave majesté,
Entre à Paris en triomphe porté...
  Donne, Seigneur, que la chance incertaine
Ne tombe point sur nos champs de Touraine,
Que nos raisins, nos blés et nos vergers
Aux laboureurs ne soient point mensongers,
Trompant les mains de la jeunesse blonde
Que le Danube abreuve de son onde,...
  Donne, Seigneur, que l'infidèle armée
Soit par soi-même en son sang consumée...
Afin, Seigneur, que toute terre étrange
Craigne la France et ne passe son bord,
Ou, le passant, le prix en soit la mort.
  Vivent, Seigneur, nos terres fortunées,
A qui tu as tes Fleurs de lis données,
Vive ce Roi, et vivent ses guerriers,
Qui de Poitiers remportent les lauriers...
Et qui nous ont par leur sang acheté
D'un cœur hardi la douce liberté !...

LA RELIGION

LA RELIGION

I

[HYMNES POUR LES SAINTS] [295]

Les Hymnes sont des Grecs invention première.
Callimaque beaucoup leur donna de lumière,
De splendeur, d'ornement. Bon Dieux! quelle douceur,
Quel intime plaisir sent-on autour du cœur,
Quand on lit sa Délos ou quand sa Lyre sonne
Apollon et sa Sœur, les jumeaux de Latone,
Ou les Bains de Pallas, Cérès ou Jupiter!
Ha, les Chrétiens devraient les Gentils imiter
A couvrir de beaux lis et de roses leurs têtes,
Et chômer tous les ans à certains jours de fêtes
La mémoire et les faits de nos Saints immortels,
Et chanter tout le jour autour de leurs autels,
Vendre au peuple dévot pains d'épices et foaces,
Défoncer les tonneaux, fêter les Dédicaces,
Les hautbois enroués sonner branles nouveaux,
Les villageois mi-bus danser sous les ormeaux,
Tout ainsi que David sautait autour de l'Arche
Sauter devant l'Image, et d'un pied qui démarche
Sous le son du cornet, se tenant par les mains,
Solenniser la fête en l'honneur de nos Saints.
L'âge d'or reviendrait; les vers et les Poètes
Chantant de leurs Patrons les louanges parfaites,
Chacun à qui mieux mieux le sien voudrait vanter;
Lors le Ciel s'ouvrirait pour nous ouïr chanter.

Eux, voyant leur mémoire ici renouvelée,
Garderaient nos troupeaux de tac et clavelée,
Nous de peste et famine; et conservant nos murs,
Nos peuples et nos Rois, l'enverraient chez les Turs,
Ou loin sur le Tartare, ou aux pays étranges
Qui ne connaissent Dieu, ses Saints, ni leurs louanges.

II

[SUR UN OUVRAGE D'ANNE DE MARQUETS RELIGIEUSE DE POISSY] [296]

Quelle nouvelle fleur apparaît à nos yeux?
D'où vient cette couleur, si plaisante et si belle?
Et d'où vient cette odeur passant la naturelle,
Qui parfume la terre et va jusques aux cieux?
La rose, ni l'œillet, ni le lis gracieux,
D'odeur ni de couleur ne sont rien auprès d'elle :
Aux jardins de Poissy croît cette fleur nouvelle,
Laquelle ne se peut trouver en autres lieux.
Le printemps et les fleurs ont peur de la froidure,
Cette divine fleur est toujours en verdure,
Ne craignant point l'hiver qui les herbes détruit :
Aussi Dieu pour miracle en ce monde l'a mise,
Son printemps est le ciel, sa racine est l'Église,
Sa foi et œuvres sont ses feuilles et son fruit.

III

[SONNET SUR LA MORT DE CHARLES IX] [297]

Si le grain de froment ne se pourrit en terre,
Il ne saurait porter ni feuille ni bon fruit;
De la corruption la naissance se suit
Et comme deux anneaux l'un en l'autre s'enserre.

Le Chrétien endormi sous le tombeau de pierre
Doit revêtir son corps en dépit de la nuit;
Il doit suivre son Christ, qui la Mort a détruit,
Premier victorieux d'une si forte guerre.
Il vit assis là-haut, triomphant de la Mort;
Il a vaincu Satan, les Enfers et leur Fort,
Et a fait que la Mort n'est plus rien qu'un passage,
Qui ne doit aux Chrétiens se montrer odieux,
Auquel Charle' est passé pour s'envoler aux Cieux,
Prenant pour lui le gain, nous laissant le dommage.

IV

[ABUS DE L'ÉGLISE] [298]

Des Autels, que la Loi et que la Rhétorique
* Et que la Muse suit comme son fils unique [299],
Je suis émerveillé que les Grands de la Cour,
Vu le temps orageux qui par la France court,
Ne s'arment les côtés d'hommes ayant puissance
Comme toi de plaider leurs causes en la France,
Et revenger d'un art par toi renouvelé
Le Sceptre que le peuple a par terre foulé.
C'est donques aujourd'hui que les Rois et les Princes
N'ont besoin de garder par armes leurs provinces
Et contre leurs sujets opposer le harnois;
Mais il faut les garder par livres et par voix,
Instruments qui pourront de la tourbe mutine
Apaiser le courage et flatter la poitrine;
Car il faut désormais défendre nos maisons,
Non par le fer tranchant, mais par vives raisons,
Et courageusement nos ennemis abattre
Par les mêmes bâtons dont ils nous veulent battre.
Ainsi que l'ennemi par livres a séduit
Le peuple dévoyé qui faussement le suit,
Il faut en disputant par livres le confondre,
Par savoir l'assaillir, par savoir lui répondre...

Durant la guerre à Troie, à l'heure que la Grèce
Pressait contre les murs la Troyenne jeunesse,
Et que le grand Achille empêchait les ruisseaux
De porter à Téthys le tribut de leurs eaux,
Ceux qui étaient dedans la muraille assiégée,
Ceux qui étaient dehors dans le port de Sigée,
Faillaient également : mon Des Autels, ainsi
Nos ennemis font faute, et nous faillons aussi.
Ils faillent de vouloir renverser notre empire
Et de vouloir par force aux Princes contredire,
Et de présumer trop de leurs sens orgueilleux,
Et par songes nouveaux forcer la loi des vieux;
Ils faillent de laisser le chemin de leurs pères,
Pour ensuivre le train des sectes étrangères;
Ils faillent de semer libelles et placards
Pleins de dérisions, d'envie et de brocards,
Diffamant les plus grands de notre Cour royale,
Qui ne servent de rien qu'à nourrir un scandale;
Ils faillent de penser que tous soient aveuglés,
Que seuls ils ont des yeux, que seuls ils sont réglés
Et que nous, fourvoyés, ensuivons la doctrine
Humaine et corrompue, et non pas la divine;
Ils faillent de penser qu'à Luther seulement
Dieu se soit apparu, et généralement
Que depuis neuf cents ans l'Église est dépravée,
Du vin d'hypocrisie à longs traits abreuvée,
Et que le seul écrit d'un Bucere vaut mieux,
D'un Zwingle, d'un Calvin, homme séditieux,
Que l'accord de l'Église et les statuts de mille
Docteurs poussés de Dieu, convoqués au Concile.

Que faudrait-il de Dieu désormais espérer,
Si lui doux et clément avait souffert errer
Si longtemps son Église? est-il auteur de faute?
Quel gain en reviendrait à sa Majesté haute?
Quel honneur, quel profit de s'être tant celé,
Pour s'être à un Luther seulement révélé?

Or nous faillons aussi : car depuis saint Grégoire
Nul Pontife Romain, dont le nom soit notoire,
En chaire ne prêcha; et faillons, d'autre part,

Que le bien de l'Église aux enfants se départ.
Il ne faut s'étonner, Chrétiens, si la nacelle
Du bon Pasteur saint Pierre en ce monde chancelle,
Puisque les ignorants, les enfants de quinze ans,
Je ne sais quels muguets, je ne sais quels plaisants
* Ont les biens de l'Église, et que les bénéfices
Se vendent par argent ainsi que les offices.
 Mais que dirait saint Paul, s'il revenait ici,
De nos jeunes Prélats, qui n'ont point de souci
De leur pauvre troupeau, dont ils prennent la laine
Et quelquefois le cuir, qui tous vivent sans peine,
Sans prêcher, sans prier, sans bon exemple d'eux,
Parfumés, découpés, courtisans, amoureux,
Veneurs et fauconniers, et avec la paillarde
Perdent les biens de Dieu, dont ils n'ont que la garde?
 Que dirait-il de voir l'Église à Jésus-Christ,
Qui fut jadis fondée en humblesse d'esprit,
En toute patience, en toute obéissance,
Sans argent, sans crédit, sans force ni puissance,
Pauvre, nue, exilée, ayant jusques aux os
Les verges et les fouets imprimés sur le dos,
Et la voir aujourd'hui riche, grasse et hautaine,
Toute pleine d'écus, de rente et de domaine?
Ses ministres enflés et ses Papes encor
Pompeusement vêtus de soie et de drap d'or?
Il se repentirait d'avoir souffert pour elle
Tant de coups de bâton, tant de peine cruelle,
Tant de bannissements, et voyant tel méchef
Pri'rait qu'un trait de feu lui accablât le chef.
 Il faut donc corriger de notre sainte Église
Cent mille abus commis par l'avare Prêtrise,
De peur que le courroux du Seigneur tout-puissant
* N'aille d'un juste feu nos fautes punissant.
Quelle fureur nouvelle a corrompu notre aise?
Las! des Luthériens la cause est très mauvaise,
Et la défendent bien; et par malheur fatal
La nôtre est bonne et sainte, et la défendons mal...

V

« DISCOURS A LOUIS DES MASURES »[300]

Comme celui qui voit du haut d'une fenêtre
Alentour de ses yeux un paysage champêtre
D'assiette différent, de forme et de façon;
Ici une rivière, un rocher, un buisson
Se présente à ses yeux, et là s'y représente
Un tertre, une prairie, un taillis, une sente,
Un verger, une vigne, un jardin bien dressé,
Une ronce, une épine, un chardon hérissé,
Et la part que son œil vagabond se transporte,
Il découvre un pays de différente sorte,
De bon et de mauvais; Des Masures, ainsi
Celui qui lit les vers que j'ai portraits ici,
Regarde d'un trait d'œil mainte diverse chose,
Qui bonne, qui mauvaise en mon papier enclose...
Ainsi ni par édit, ni par statut publique,
Je ne contrains personne à mon vers poétique;
Le lise qui voudra, l'achète qui voudra;
Celui qui bien content de mon vers se tiendra,
Me fera grand plaisir; s'il advient au contraire,
Masures, c'est tout un, je ne saurais qu'y faire.
Je m'étonne de ceux de la nouvelle foi,
Qui pour me haut-louer disent toujours de moi :
« Si Ronsard ne cachait son talent dedans terre,
Or' parlant de l'amour, or' parlant de la guerre,
Et qu'il voulût du tout chanter de Jésus-Christ,
Il serait tout parfait; car il a bon esprit,
Mais Satan l'a séduit, le père des mensonges,
* Qui pour la vérité l'ensorcelle de songes. »
O pauvres abusés que le nouveau savoir
D'un moine défroqué a laissé décevoir!
Tenez-vous en vos peaux et ne jugez personne :
Je suis ce que je suis, ma conscience est bonne,
Et Dieu, à qui le cœur des hommes apparaît,

Sonde ma volonté et seul il la connaît.
  O bienheureux Lorrains, que la secte Calvine,
Et l'erreur de la terre à la vôtre voisine
Ne déprava jamais ! d'où serait animé
Un habitant du Rhin en un poêle enfermé
A bien interpréter les saintes Écritures
Entre les gobelets, les vins et les injures ?
Y croie qui voudra, Ami, je te promets
Par ton bel Amphion de n'y croire jamais [301]...

VI

[PROFESSION DE FOI CATHOLIQUE] [302]

* Or, ce Dieu tout-puissant plein d'éternelle essence,
Tout rempli de vertu, de bonté, de puissance,
D'immense majesté, qui voit tout, qui sait tout,
Sans nul commencement, sans milieu ni sans bout,
Dont la divinité très royale et suprême
N'a besoin d'autre bien sinon de son bien même,
Se commençant par elle et finissant en soi;
Bref, ce Prince éternel, ce Seigneur et ce Roi,
Qui des peuples le père et le pasteur se nomme,
Ayant compassion des misères de l'homme
Et désirant qu'il fût du péché triomphant,
En ce monde envoya son cher unique Enfant
* Éternel comme lui, et de la même essence,
Ayant du Père sien la gloire et la puissance.
  Or ce Fils bien-aimé qu'on nomme Jésus-Christ,
Au ventre Virginal conçu du Saint Esprit,
Vêtit sa déité d'une nature humaine
Et, sans péché, porta de nos péchés la peine;
Publiquement au peuple en ce monde il prêcha;
De son Père l'honneur non le sien il chercha,
Et sans conduire aux champs ni soldats ni armées,
Fit germer l'Évangile ès terres Idumées.
Il fut accompagné de douze seulement,

Mal nourri, mal vêtu, sans biens aucunement,
Bien que tout fût à lui de l'un à l'autre pôle.
Il fut très admirable en œuvre et en parole,
Aux morts il fit revoir la clarté de nos cieux,
Rendit l'oreille aux sourds, aux aveugles les yeux,
Il saoula de cinq pains les troupes vagabondes,
Il arrêta les vents, il marcha sur les ondes,
Et de son corps divin mortellement vêtu
Les miracles sortaient, témoins de sa vertu.
  Le peuple, qui avait la cervelle endurcie,
Le fit mourir en Croix, suivant la Prophétie;
Il fut mis au tombeau, puis il ressuscita,
Puis, porté dans le Ciel, à la dextre monta
De son Père là-haut, et n'en doit point descendre
Visible, que ce monde il ne consume en cendre.
  Quand vainqueur de la mort dans le Ciel se haussa,
Pour gouverner les siens une Église laissa,
A qui donna pouvoir de lier et dissoudre,
D'accuser, de juger, de damner et d'absoudre,
Promettant que toujours avec elle serait
Et comme son Époux ne la délaisserait.
  Cette Église première en Jésus-Christ fondée,
Pleine du Saint Esprit, s'apparut en Judée;
Puis saint Paul, le vaisseau de grâce et de savoir,
La fit ardentement en Grèce recevoir;
Puis elle vint à Rome, et de là fut portée
Bien loin aux quatre parts de la terre habitée.
  Cette Église nous est par la tradition
De père en fils laissée en toute nation
Pour bonne et légitime, et venant des Apôtres;
Seule la confessons sans en recevoir d'autres.
  Elle, pleine de grâce et de l'esprit de Dieu,
Choisit quatre témoins, saint Jean, Luc, Marc, Matthieu,
Secrétaires de Christ, et pour les faire croire
Aux peuples baptisés approuva leur histoire.
  Si tôt qu'elle eut rangé les villes et les Rois,
Pour maintenir le peuple elle ordonna des lois,
Et afin de coller les provinces unies
Comme un ciment bien fort fit des cérémonies,

Sans lesquelles longtemps en toute région
Ne se pourrait garder nulle religion.
  Certes il faut penser que ceux du premier âge
Plus que ceux d'aujourd'hui avaient le cerveau sage,
Et que par ignorance ils n'ont jamais failli...
  Il est vrai que le temps, qui tout change et détruit,
A mille et mille abus en l'Église introduit...
  Je sais que nos Pasteurs ont désiré la peau
Plus qu'ils n'ont la santé de leur pauvre troupeau;
Je sais que des Abbés la cuisine trop riche
A laissé du Seigneur tomber la vigne en friche;
Je vois bien que l'ivraie étouffe le bon blé,
Et si n'ai pas l'esprit si gros ni si troublé,
Que je ne sente bien que l'Église première
Par le temps a perdu beaucoup de sa lumière.
  Tant s'en faut que je veuille aux abus demeurer,
Que je me veux du tout des abus séparer,
Des abus que je hais, que j'abhorre et méprise :
Je ne me veux pourtant séparer de l'Église,
Ni ne ferai jamais; plutôt par mille efforts
Je voudrais endurer l'horreur de mille morts.
  Comme un bon laboureur, qui par sa diligence
Sépare les chardons de la bonne semence,
* Ainsi qui voudra bien l'Évangile avancer,
Il faut chasser l'abus et l'Église embrasser,
Et ne s'en séparer, mais fermement la suivre
Et dedans son giron toujours mourir et vivre...

VII

« REMONTRANCE AU PEUPLE DE FRANCE » 303

  ... Certes, si je n'avais une certaine foi
Que Dieu par son esprit de grâce a mise en moi,
Voyant la Chrétienté n'être plus que risée,
J'aurais honte d'avoir la tête baptisée,
Je me repentirais d'avoir été Chrétien
Et comme les premiers je deviendrais Païen.

La nuit j'adorerais les rayons de la Lune,
Au matin le Soleil, la lumière commune,
L'œil du monde; et si Dieu au chef porte des yeux,
Les rayons du Soleil sont les siens radieux;
Qui donnent vie à tous, nous maintiennent et gardent,
Et les faits des humains en ce monde regardent.
Je dis ce grand Soleil, qui nous fait les saisons
Selon qu'il entre ou sort de ses douze maisons,
Qu'il remplit l'univers de ses vertus connues,
Qui d'un trait de ses yeux nous dissipe les nues,
L'esprit, l'âme du monde, ardent et flamboyant,
En la course d'un jour tout le ciel tournoyant,
Plein d'immense grandeur, rond, vagabond et ferme,
Lequel tient dessous lui tout le monde pour terme,
En repos sans repos, oisif et sans séjour,
Fils aîné de Nature, et le père du jour.
J'adorerais Cérès, qui les blés nous apporte,
Et Bacchus, qui le cœur des hommes réconforte,
Neptune, le séjour des vents et des vaisseaux,
Les Faunes, et les Pans, et les Nymphes des eaux,
Et la Terre, hôpital de toute créature,
Et ces Dieux que l'on feint ministres de Nature.
Mais l'Évangile saint du Sauveur Jésus-Christ
M'a fermement gravé une foi dans l'esprit,
Que je ne veux changer pour une autre nouvelle,
Et, dussé-je endurer une mort très cruelle,
De tant de nouveautés je ne suis curieux;
Il me plaît d'imiter le train de mes aïeux;
Je crois qu'en Paradis ils vivent à leur aise,
Encor qu'ils n'aient suivi ni Calvin ni de Bèze.
Dieu n'est pas un menteur, abuseur ni trompeur;
De sa sainte promesse il ne faut avoir peur,
Ce n'est que vérité, et sa vive parole
N'est pas comme la nôtre incertaine et frivole.
« L'homme qui croit en moi, dit-il, sera sauvé. »
Nous croyons tous en toi, notre chef est lavé
En ton nom, ô Jésus ! et dès notre jeunesse
Par foi nous espérons en ta sainte promesse...
L'entendement humain, tant soit-il admirable,

Du moindre fait de Dieu sans grâce n'est capable.
Comment pourrions-nous bien avec nos petits yeux
Connaître clairement les mystères des cieux,
Quand nous ne savons pas régir nos républiques,
Ni même gouverner nos choses domestiques,
Quand nous ne connaissons la moindre herbe des prés,
Quand nous ne voyons pas ce qui est à nos pieds!
Toutefois les Docteurs de ces sectes nouvelles,
Comme si l'Esprit saint avait usé ses ailes
A s'appuyer sur eux, comme s'ils avaient eu
Du ciel dru et menu mille langues de feu,
Et comme s'ils avaient (ainsi que dit la fable
De Minos) banqueté des hauts Dieux à la table,
Sans que honte et vergogne en leur cœur trouve lieu,
Parlent profondément des mystères de Dieu;
Ils sont ses conseillers, ils sont ses secrétaires,
Ils savent ses avis, ils savent ses affaires,
Ils ont la clef du Ciel, et y entrent tous seuls,
Ou qui veut y entrer il faut parler à eux.
Les autres ne sont rien sinon que grosses bêtes,
Gros chaperons fourrés, grasses et lourdes têtes;
Saint Ambrois, saint Jérôme, et les autres Docteurs
N'étaient que des rêveurs, des fols et des menteurs;
Avec eux seulement le Saint Esprit se treuve
Et du Saint Évangile ils ont trouvé la feve [304].
O pauvres abusés! mille sont dans Paris,
Lesquels sont dès jeunesse aux études nourris,
Qui de contre une natte étudiant attachent
Mélancoliquement la pituite qu'ils crachent,
Desquels vous apprendriez en diverses façons
Encore dix bons ans mille et mille leçons.
Il ne faut pas avoir beaucoup d'expérience
Pour être exactement docte en votre science :
Les barbiers, les maçons en un jour y sont clercs,
Tant vos mystères saints sont cachés et couverts!
Il faut tant seulement avecque hardiesse
Détester le Papat, parler contre la Messe,
Etre sobre en propos, barbe longue, et le front
De rides labouré, l'œil farouche et profond,

Les cheveux mal peignés, et sourcil qui s'avale,
Le maintien renfrogné, le visage tout pâle,
Se montrer rarement, composer maint écrit,
Parler de l'Éternel, du Seigneur et de Christ,
Avoir d'un reître long les épaules couvertes,
Bref être bon brigand, et ne jurer que certes.
  Il faut, pour rendre aussi les peuples étonnés,
Discourir de Jacob et des prédestinés,
Avoir saint Paul en bouche et le prendre à la lettre,
Aux femmes, aux enfants l'Évangile permettre,
Les œuvres mépriser, et haut-louer la foi,
Voilà tout le savoir de votre belle loi!
  J'ai autrefois goûté, quand j'étais jeune d'âge,
Du miel empoisonné de votre doux breuvage;
Mais quelque bon Démon, m'ayant ouï crier,
Avant que l'avaler me l'ôta du gosier.
  Non, non, je ne veux point que ceux qui doivent naître
Pour un fol Huguenot me puissent reconnaître;
Je n'aime point ces noms qui sont finis en os,
Gots, Cagots, Austrogots, Visgots et Huguenots;
Ils me sont odieux comme peste, et je pense
Qu'ils sont prodigieux à l'empire de France.
Vous ne pipez sinon le vulgaire innocent,
Grosse masse de plomb qui ne voit ni ne sent,
Ou le jeune marchand, le bragard gentilhomme,
L'écolier débauché, la simple femme, et somme
Ceux qui savent un peu, non les hommes qui sont
D'un jugement rassis et d'un savoir profond.
  Amyot et Danès, lumières de notre âge [305],
Aux lettres consumés, en donnent témoignage,
Qui sans avoir tiré votre contagion
Sont demeurés entiers en leur religion.
Hommes dignes d'honneur, chères têtes et rares,
Les cieux de leur faveur ne vous soient point avares,
Vivez heureusement, et en toutes saisons
D'honneurs et de vertus soient pleines vos maisons!...

  Nous savons bien, Seigneur, que nos fautes sont grandes,
* Nous savons nos péchés; mais, Seigneur, tu demandes

Pour satisfaction un courage contrit,
Un cœur humilié, un pénitent esprit.
Et pour ce, Seigneur Dieu, ne punis en ton ire
Ton peuple repentant qui lamente et soupire,
Qui te demande grâce, et par triste méchef
Les fautes de ses Rois ne tourne sur son chef!
  Vous, Princes, et vous, Rois, la faute avez commise
Pour laquelle aujourd'hui souffre toute l'Église,
Bien que de votre temps vous n'ayez pas connu
Ni senti le malheur qui nous est advenu.
Votre facilité qui vendait les offices,
Qui donnait aux premiers les vacants bénéfices,
Qui l'Église de Dieu d'ignorants farcissait,
Qui de larrons privés les Palais remplissait,
Est cause de ce mal : il ne faut qu'un jeune homme
Soit Évêque, ou Abbé, ou Cardinal de Rome;
Il faut bien le choisir avant que lui donner
Une mitre, et pasteur des peuples l'ordonner.
  Il faut certainement qu'il ait le nom de Prêtre.
Prêtre veut dire vieil : c'est afin qu'il puisse être
De cent mille péchés en son office franc,
Que la jeunesse donne en la chaleur du sang.
  Si Platon prévoyait par les molles musiques
Le futur changement des grandes Républiques
Et si par l'harmonie il jugeait la cité,
Voyant en notre Église une lasciveté,
On pouvait bien juger qu'elle serait détruite,
Puisque jeunes pilots lui servaient de conduite.
  (Tout Sceptre, et tout Empire, et toutes régions
Fleurissent en grandeur par les religions;
Par elles ou en paix ou en guerre nous sommes,
Car c'est le vrai ciment qui entretient les hommes).
  On ne doit en l'Église évêque recevoir
S'il n'est vieil, s'il ne prêche, et s'il n'est de savoir,
Et ne faut élever par faveur ni richesse
Aux offices publics l'inexperte jeunesse
D'un écolier qui vient de Toulouse, devant
Que par longue pratique il devienne savant.
  Vous, Reine, en départant les dignités plus hautes,

Des Rois vos devanciers ne faites pas les fautes...
Ma Dame, il faut chasser ces gourmandes Harpies,
Je dis ces importuns, dont les griffes remplies
De cent mille morceaux tendent toujours la main,
Et tant plus ils sont saouls tant plus meurent de faim,
Éponges de la Cour, qui sucent et qui tirent,
* Plus ils crèvent de biens et plus ils en désirent.

O vous, doctes Prélats, poussés du saint Esprit,
Qui êtes assemblés au nom de Jésus-Christ [306],
Et tâchez saintement par une voie utile
De conduire l'Église à l'accord d'un Concile,
Vous-mêmes, les premiers, Prélats, réformez-vous,
Et comme vrais pasteurs faites la guerre aux loups :
Otez l'ambition, la richesse excessive,
Arrachez de vos cœurs la jeunesse lascive,
Soyez sobres de table, et sobres de propos,
De vos troupeaux commis cherchez-moi le repos,
Non le vôtre, Prélats : car votre vrai office
Est prêcher, remontrer, et châtier le vice.
Vos grandeurs, vos honneurs, vos gloires dépouillés,
Soyez-moi de vertus non de soie habillés,
Ayez chaste le corps, simple la conscience;
Soit de nuit, soit de jour, apprenez la science,
Gardez entre le peuple une humble dignité
Et joignez la douceur avec la gravité.
Ne vous entremêlez des affaires mondaines,
Fuyez la Cour des Rois et leurs faveurs soudaines,
Qui périssent plus tôt qu'un brandon allumé
Qu'on voit tantôt reluire, et tantôt consumé.
Allez faire la cour à vos pauvres ouailles,
Faites que votre voix entre par leurs oreilles,
Tenez-vous près du parc et ne laissez entrer
Les loups en votre clos, faute de vous montrer.
Si de nous réformer vous avez quelque envie,
Réformez les premiers vos biens et votre vie,
Et alors le troupeau qui dessous vous vivra,
Réformé comme vous, de bon cœur vous suivra.
Vous, Juges des cités, qui d'une main égale

Devriez administrer la justice royale,
Cent et cent fois le jour mettez devant vos yeux
Que l'erreur qui pullule en nos séditieux
Est votre seule faute, et sans vos entreprises
Que nos villes jamais n'eussent été surprises.
   Si vous eussiez puni par le glaive tranchant
Le Huguenot mutin, l'hérétique méchant,
Le peuple fût en paix, mais votre connivence
A perdu le renom et l'Empire de France.
   Il faut sans avoir peur de Princes ni de Rois,
Tenir droit la balance, et ne trahir les lois
De Dieu, qui sur le fait des justices prend garde
Et assis aux sommets des cités vous regarde...
   Et vous, Nobles aussi, mes propos entendez,
Qui faussement séduits vous êtes débandés
Du service de Dieu, veuillez vous reconnaître,
Servez votre pays, et le Roi votre maître,
Posez les armes bas; espérez-vous honneur
D'avoir ôté le Sceptre au Roi votre Seigneur
Et d'avoir dérobé par armes la province
D'un jeune Roi mineur, votre naturel Prince?
   Vos pères ont reçu de nos Rois ses aïeux
Les honneurs et les biens qui vous font glorieux,
Et d'eux avez reçu en titre la Noblesse
Pour avoir dessous eux montré votre prouesse,
Soit chassant l'Espagnol ou combattant l'Anglais,
Afin de maintenir le Sceptre des Français :
Vous-mêmes aujourd'hui le voulez-vous détruire,
Après que votre sang en a fondé l'Empire?...
   La foi, ce dites-vous, nous fait prendre les armes!
Si la religion est cause des alarmes,
Des meurtres et du sang que vous versez ici,
Hé! qui de telle foi voudrait avoir souci,
Si par fer et par feu, par plomb et poudre noire,
Les songes de Calvin nous voulez faire croire?
   Si vous eussiez été simples comme devant
Sans aller les faveurs des Princes poursuivant,
Si vous n'eussiez parlé que d'amender l'Église,
Que d'ôter les abus de l'avare Prêtrise,

Je vous eusse suivi, et n'eusse pas été
Le moindre des suivants qui vous ont écouté.
  Mais, voyant vos couteaux, vos soldats, vos gendarmes,
Voyant que vous plantez votre foi par les armes,
Et que vous n'avez plus cette simplicité
Que vous portiez au front en toute humilité,
J'ai pensé que Satan, qui les hommes attise
D'ambition, était chef de votre entreprise.
  L'espérance de mieux, le désir de vous voir
En dignité plus haute et plus grande en pouvoir,
Vos haines, vos discords, vos querelles privées
Sont cause que vos mains sont de sang abreuvées,
Non la religion, qui sans plus ne vous sert
* Que d'un masque emprunté qu'on voit au découvert.
  Et vous, Nobles aussi, qui n'avez renoncée
A la foi qui vous est par l'Église annoncée,
Soutenez votre Roi, mettez-lui derechef
Le Sceptre dans la main et la Couronne au chef,
N'épargnez votre sang, vos biens ni votre vie:
Heureux celui qui meurt pour garder sa patrie!
  Vous, peuples, qui du coutre et de bœufs accouplés
Fendez la terre grasse et y semez des blés,
Vous, marchands, qui allez les uns sur la marine,
Les autres sur la terre, et de qui la poitrine
N'a humé de Luther la secte ni la foi,
Montrez-vous à ce coup bons serviteurs du Roi.
  Et vous sacré troupeau, sacrés mignons des Muses,
Qui avez au cerveau les sciences infuses,
Qui faites en papier luire vos noms ici
Comme un Soleil d'été de rayons éclairci,
De notre jeune Prince écrivez la querelle
Et armez Apollon et les Muses pour elle!...

  Ha, Prince [307], c'est assez, c'est assez guerroyé!
Votre frère avant l'âge au sépulcre envoyé,
Les plaies dont la France est sous vous affligée,
Et les mains des larrons dont elle est saccagée,
Les lois et le pays si riche et si puissant
Depuis douze cents ans aux armes fleurissant,

L'extrême cruauté des meurtres et des flammes,
La mort des jouvenceaux, la complainte des femmes,
Et le cri des vieillards qui tiennent embrassés
En leurs tremblantes mains leurs enfants trépassés.
Et du peuple mangé les soupirs et les larmes
Vous devraient émouvoir à mettre bas les armes :
Ou bien, s'il ne vous plaît selon droit et raison
Désarmer votre force, oyez mon oraison.

Vous, Princes, conducteurs de notre sainte armée,
Royal sang de Bourbon [308], de qui la renommée
Se loge dans le ciel; vous, frères grands et forts,
Sacré sang Guysian [309], nos remparts et nos forts,
Sang qui fatalement en la Gaule te montres
Pour dompter les mutins comme Hercule les monstres;
Et vous, Montmorency, sage Nestor François,
Fidèle serviteur de quatre ou de cinq Rois,
Qui méritez d'avoir en mémoire éternelle
Ainsi que Du Guesclin une ardente chandelle;
Vous, D'Anville son fils, sage, vaillant et preux,
Vous, Seigneurs, qui portez un cœur chevaleureux,
Que chacun à la mort fortement s'abandonne,
Et de ce jeune Roi redressez la Couronne!
Redonnez-lui le Sceptre, et d'un bras indompté
Combattez pour la France et pour sa liberté,
Et cependant qu'aurez le sang et l'âme vive,
Ne souffrez qu'elle tombe en misère captive.

Souvenez-vous, Seigneurs, que vous êtes enfants
De ces pères jadis aux guerres triomphants,
Qui pour garder la foi de la terre Françoise
Perdirent l'Albigeoise et la secte Vaudoise.
Contemplez-moi vos mains, vos muscles et vos bras;
Pareilles mains avaient vos pères aux combats;
Imitez vos aïeux, afin que la noblesse
Vous anime le cœur de pareille prouesse...
Ne craignez point aussi les troupes d'Allemagne,
Ni ces Reîtres mutins qu'un Français accompagne :
Ils ne sont point conçus d'un fer ni d'un rocher,
Leur cœur se peut navrer, pénétrable est leur chair...
Ne craignez point aussi, vous, bandes martiales,

Les corps efféminés des Ministres si pâles,
Qui font si triste mine et qui tournent aux cieux,
En faisant leurs sermons, la prunelle des yeux.
Mais ayez forte pique, et dure et forte épée,
Bon jacques bien cloué, bonne armure trempée,
La bonne targe au bras, au corps bons corselets,
Bonne poudre, bon plomb, bon feu, bons pistolets,
Bon morion en tête, et surtout une face
Qui du premier regard votre ennemi défasse.
Vous ne combattez pas, Soldats, comme autrefois
Pour borner plus avant l'Empire de vos Rois;
C'est pour l'honneur de Dieu et sa querelle sainte
Qu'aujourd'hui vous portez l'épée au côté ceinte.
Je dis pour ce grand Dieu qui bâtit tout de rien,
Qui jadis affligea le peuple Égyptien
Et nourrit d'Israël la troupe merveilleuse
Quarante ans aux déserts de Manne savoureuse,
Qui d'un rocher sans eaux les eaux fit ondoyer,
Fit de nuit la colonne ardente flamboyer
Pour guider ses enfants par monts et par vallées,
Qui noya Pharaon sous les ondes salées
Et fit passer son peuple ainsi que par bateaux
Sans danger, à pied sec par le profond des eaux.
Pour ce grand Dieu, Soldats, les armes avez prises
Qui favorisera vous et vos entreprises,
Comme il fit Josué par le peuple étranger,
Car Dieu ne laisse point ses amis au danger.
Dieu tout grand et tout bon qui habites les nues,
Et qui connais l'auteur des guerres advenues,
Dieu qui regardes tout, qui vois tout et entends!
Donne, je te suppli', que l'herbe du printemps
Si tôt parmi les champs nouvelle ne fleurisse,
Que l'auteur de ces maux au combat ne périsse,
Ayant le corselet d'outre en outre enfoncé
D'une pique ou d'un plomb fatalement poussé.
Donne que de son sang il enivre la terre,
Et que ses compagnons au milieu de la guerre
Renversés à ses pieds, haletants et ardents
Mordent dessus le champ la poudre entre leurs dents

Étendus l'un sur l'autre, et que la multitude
Qui s'assure en ton nom, franche de servitude,
De fleurs bien couronnée, à haute voix, Seigneur,
Tout à l'entour des morts célèbre ton honneur,
Et d'un cantique saint chante de race en race
Aux peuples à venir tes vertus et ta grâce.

VIII

[APPEL A THÉODORE DE BÈZE] [310]

... Et quoi ! brûler maisons, piller et brigander,
Tuer, assassiner, par force commander,
N'obéir plus aux Rois, amasser des armées,
Appelez-vous cela Églises réformées ?
Jésus, que seulement vous confessez ici
De bouche et non de cœur, ne faisait pas ainsi ;
Et saint Paul en prêchant n'avait pour toutes armes
Sinon l'humilité, les jeûnes et les larmes ;
Et les Pères Martyrs, aux plus dures saisons
Des Tyrans, ne s'armaient sinon que d'oraisons...
De Bèze, je te prie, écoute ma parole,
Que tu estimeras d'une personne folle ;
S'il te plaît toutefois de juger sainement,
Après m'avoir ouï tu diras autrement.
La terre qu'aujourd'hui tu remplis toute d'armes
Et de nouveaux chrétiens déguisés en gendarmes...
Ce n'est pas une terre Allemande ou Gothique,
Ni une région Tartare ni Scythique,
C'est celle où tu naquis, qui douce te reçut,
Alors qu'à Vézelay ta mère te conçut,
Celle qui t'a nourri, et qui t'a fait apprendre
La science et les arts dès ta jeunesse tendre
Pour lui faire service et pour en bien user,
Et non, comme tu fais, afin d'en abuser.
Si tu es envers elle enfant de bon courage,
Ores que tu le peux, rends-lui son nourrissage,

Retire tes soldats et au lac Genevois
Comme chose exécrable enfonce leur harnois.
Ne prêche plus en France une Évangile armée,
Un Christ empistolé tout noirci de fumée,
Qui comme un Mahomet va portant en la main
Un large coutelas rouge de sang humain.
Cela déplaît à Dieu, cela déplaît au Prince;
Cela n'est qu'un appât qui tire la province
A la sédition, laquelle dessous toi
Pour avoir liberté ne voudra plus de Roi.
Certes il vaudrait mieux à Lausanne relire
Du grand fils de Thétis les prouesses et l'ire,
Faire combattre Ajax, faire parler Nestor,
Ou reblesser Vénus, ou retuer Hector [311],
Que reprendre l'Église ou pour être dit sage
Racoutrer en saint Paul je ne sais quel passage.
De Bèze, ou je me trompe, ou cela ne vaut pas
Que France en ta faveur fasse tant de combats,
Ni qu'un Prince royal pour ta cause s'empêche!

Un jour en te voyant aller faire ton prêche,
Ayant dessous un reître [312] une épée au côté :
« Mon Dieu, ce dis-je lors, quelle sainte bonté!
* O parole de Dieu d'un faux masque trompée,
Puisque les Prédicants prêchent à coups d'épée!
Bientôt avec le fer nous serons consumés,
* Puisqu'on voit de couteaux les Ministres armés. »
Et lors deux Surveillants, qui parler m'entendirent,
Avec un haussebec ainsi me répondirent :
« Quoi, parles-tu de lui, qui seul est envoyé
Du ciel, pour r'enseigner le peuple dévoyé?
Ou tu es un Athée, ou quelque bénéfice
Te fait ainsi vomir ta rage et ta malice,
Puisque si arrogant tu ne fais point d'honneur
A ce Prophète saint envoyé du Seigneur! »
Adonc je répondis : « Appelez-vous Athée
Celui qui dès enfance en son cœur a gardée
La foi de ses aïeux? qui ne trouble les lois
De son pays natal, les peuples ni les Rois?

Appelez-vous Athée un homme qui méprise
Vos songes contrefaits, les monstres de l'Église?
Qui croit en un seul Dieu, qui croit au Saint-Esprit,
Qui croit de tout son cœur au Sauveur Jésus-Christ?
« Appelez-vous Athée un homme qui déteste
Et vous et vos erreurs comme infernale peste?
Et vos beaux Prédicants, qui subtils oiseleurs
Pipent le simple peuple, ainsi que bateleurs,
Lesquels enfarinés au milieu d'une place
Vont jouant finement leurs tours de passe-passe,
Et afin qu'on ne voie en plein jour leur abus
Soufflent dedans les yeux leur poudre d'oribus.
« Votre poudre est crier bien haut contre le Pape,
Déchiffrant maintenant sa Tiare et sa chape,
Maintenant ses pardons, ses bulles et son bien,
Et plus vous criez haut, plus êtes gens de bien.
« Vous ressemblez à ceux que les fièvres insensent,
Qui cuident être vrais tous les songes qu'ils pensent;
Toutefois la plupart de vos Rhétoriqueurs
Vous prêchent autrement qu'ils n'ont dedans les cœurs.
L'un monte sur la chaire, ayant l'âme surprise
D'arrogance et d'orgueil, l'autre de convoitise,
Et l'autre, qui n'a rien, voudrait bien en avoir;
L'autre brûle d'ardeur de monter en pouvoir,
L'autre a l'esprit aigu, qui par mainte traverse
Sous ombre de pitié tout le monde renverse.
« Vous ne ressemblez pas à nos premiers Docteurs,
Qui, sans craindre la mort ni les persécuteurs,
Allaient de leur bon gré aux plus cruels supplices
Sans envoyer pour eux je ne sais quels novices.
Que vit tant à Genève un Calvin déjà vieux,
Qu'il ne se fait en France un martyr glorieux
Souffrant pour sa parole? O âmes peu hardies,
Vous ressemblez à ceux qui font les Tragédies,
Lesquels sans les jouer demeurent tous craintifs
Et en donnent la charge aux nouveaux apprentifs,
Pour n'être point moqués ni sifflés si l'issue
De la fable n'est pas du peuple bien reçue.
« Le peuple qui vous suit, est tout empoisonné;

Il a tant le cerveau de sectes étonné,
Que toute la Rhubarbe et toute l'Anticyre
Ne lui sauraient guérir sa verve qui empire :
Car tant s'en faut, hélas! qu'on la puisse guérir,
Que son mal le contente, et lui plaît d'en mourir.
« Il faut, ce dites-vous, que ce peuple fidèle
Soit guidé par un Chef qui prenne sa querelle,
Ainsi que Gédéon qui, seul élu de Dieu,
Contre les Madians mena le peuple Hébreu.
« Si Gédéon avait commis vos brigandages,
Vos meurtres, vos larcins, vos Gothiques pillages,
Il serait exécrable; et s'il avait forfait
Contre le droit commun, il aurait très mal fait.
« De votre élection faites-nous voir la bulle,
Et nous montrez de Dieu le seing et la cédule;
Si vous ne la montrez, il faut que vous croyez
Que je ne croirai pas que soyez envoyés...
« Les Apôtres jadis prêchaient tous d'un accord;
Entre vous aujourd'hui ne règne que discord :
Les uns sont Zwingliens, les autres Luthéristes,
Les autres Puritains, Quintins, Anabaptistes,
Les autres de Calvin vont adorant les pas,
L'un est prédestiné, et l'autre ne l'est pas,
Et l'autre enrage après l'erreur Muncérienne,
Et bientôt s'ouvrira l'école Bézienne.
Si bien que ce Luther, lequel était premier,
Chassé par les nouveaux est presque le dernier,
Et sa secte, qui fut de tant d'hommes garnie,
Est la moindre de neuf qui sont en Germanie.
« Vous devriez pour le moins, avant que nous troubler,
Être ensemble d'accord sans vous désassembler;
Car Christ n'est pas un dieu de noise ni discorde!
Christ n'est que charité, qu'amour et que concorde,
Et montrez clairement par la division
Que Dieu n'est point auteur de votre opinion.
* « Je voudrais voir quelqu'un qui eût changé de vie,
Après avoir suivi votre belle folie.
J'en vois qui ont changé de couleur et de teint,
Hideux en barbe longue, et en visage feint,

Qui sont plus que devant tristes, mornes et pâles,
Comme Oreste agité des fureurs infernales.
« Mais je n'en ai point vu qui soient d'audacieux
Plus humbles devenus, plus doux ni gracieux,
De paillards continents, de menteurs véritables,
D'effrontés vergogneux, de cruels charitables,
De larrons aumôniers, et pas un n'a changé
Le vice dont il fut auparavant chargé... »
Achevant ces propos je me retire, et laisse
Ces Surveillants confus au milieu de la presse,
Qui disaient que Satan le cœur m'avait couvé,
Et me grinçant les dents m'appelaient réprouvé...

IX

[RÉPONSE AUX PAMPHLETS] [313]

* Quoi! tu jappes, mâtin, afin de m'effrayer,
Qui n'osais ni gronder, ni mordre, n'aboyer,
Sans parole, sans voix, sans poumons, sans haleine,
Quand ce grand Duc vivait, ce Laurier de Lorraine,
Qu'en violant le droit et divin et humain
Tu as assassiné d'une traîtreuse main [314],
Et maintenant, enflé par la mort d'un tel homme,
Tu médis de mon nom que la France renomme;
Aboyant ma vertu et faisant du bragard,
Pour te mettre en honneur tu te prends à Ronsard.
Ainsi trop sottement la puissance liquide
De ce fleuve écorné combattit contre Alcide [315];
Ainsi contre les rocs les fleuves inconstants,
Ainsi contre le ciel se prirent les Titans,
Ainsi le chêne sec se prend contre la scie,
Ainsi à mon bon sens se happe ta folie...
Or je te laisse en paix, car je ne veux descendre
En propos contre toi, ni moins les armes prendre :
Tu es faible pour moi, si je veux escrimer
Du bâton qui me fait par l'Europe estimer.
Mais si ce grand guerrier et grand soldat de Bèze

Se présente au combat, mon cœur sautera d'aise;
D'un si fort ennemi je serai glorieux,
Et Dieu sait qui des deux sera victorieux.
Hardi je planterai mes pas dessus l'arène,
Je raidirai les bras soufflant à grosse haleine,
Et pressant et tournant, suant et haletant,
Du matin jusqu'au soir je l'irai combattant,
Sans délier des mains ni cestes, ni courraies,
Que tous deux ne soyons enivrés de nos plaies.
*   J'ai de quoi me défendre et de quoi l'irriter,
* S'il lui plaît sur l'arène en armes se planter :
Je sais que peut la langue et Latine et Grégeoise,
Je suis maître joueur de la Muse Françoise;
Vienne quand il voudra, il me verra sans peur,
Dur comme un fer tranchant qui s'affine au labeur,
Vif, ardent et gaillard, sans trembler sous l'audace
D'un vanteur qui par autre au combat me menace.
   C'est lui seul que je veux aux champs escarmoucher;
Je lui serai le taon qui le fera moucher
Furieux par mes vers, comme en une prairie
On voit un grand taureau agité de furie,
Qui court et par rochers, par bois et par étangs,
Quand le taon importun lui tourmente les flancs.
   Qui a point vu trembler ès vieilles Tragédies
Un Oreste étonné de l'horreur des Furies,
Qui du meurtre commis jà déjà se repent?
Qui devant maint flambeau, maint fouet et maint serpent
Et maint crin couleuvreux, s'enfuit parmi la scène,
Portant dessus le front le remords de sa peine ?
Tel, tel je le rendrai par mes vers furieux,
Et lui serai toujours un fantôme à ses yeux...

   Tu dis qu'il me sied mal parler de la vertu :
Méchant Pharisien, pourquoi me blâmes-tu,
M'estimant ou fumée, ou poussière menue,
Que le vent rase-terre emporte dans la nue,
Ou ces bulettes d'eau que le pasteur, enflant
Sa bouche rondement, pour plaisir va soufflant,
Ou le jonc d'un étang qui peu ferme se ploie,

Et serviteur du vent de tous côtés ondoie?
 N'enfle plus ton courage, apprends à l'abaisser.
Dompte-moi ce gros cœur, lequel te fait hausser
Le front écervelé, si superbe et si rogue,
Comme si tu étais des vertus pédagogue.
Prédicant mon ami, Dieu n'a pas détourné
Ses yeux si loin de nous, qu'il ne nous ait donné
Quelque peu de raison. Si toute l'ambroisie,
Tout le nectar du Ciel t'abreuve et rassasie,
Encore le bon Dieu qui nous daigne écouter,
Nous donne quelquefois du pain bis à goûter.
 Si ta nouvelle secte en Paradis t'emporte,
Pour le moins notre vieille en pourra voir la porte;
Nous, pauvres ignorants, par la bonté de Dieu,
Encore au fond d'un coin trouverons quelque lieu...
A toi seul n'appartient de parler proprement
Comme il faut converser au monde saintement;
C'est un don général qu'à chacun le Ciel offre,
Et seulement Calvin ne l'a pas en son coffre...
 Tu dis que, si nos Rois ressautaient du tombeau,
Ils se diraient heureux de voir le grand flambeau
De ta secte allumé par la France oppressée
Et d'y voir de Calvin l'Évangile annoncée.
Ha, terre, crève-toi! qui maintenant jouis
De nos Rois, et nous rends cet onzième Louis,
Tel qu'il était alors qu'au bout de sa barrette
Portait dedans du plomb Notre-Dame portraite.
Crève-toi, rends ce Prince! ha, qu'il serait marri
De voir si lâchement l'église de Cléry [316],
Sa dévote maison, détruite et saccagée,
Ayant souffert l'horreur d'une main enragée,
* La voyant sans honneur, comme un lieu désolé,
Désert, inhabité, que la foudre a brûlé,
Ou comme on voit au camp sur le bord des frontières,
Une grange où logeaient les enseignes guerrières,
Sans clef, sans gond, sans porte et sans faîte couvert,
Les pignons embrasés, et tout le mur ouvert,
Et la place où Cérès gardait sa gerbe en presse
Être pleine de fient et de litière épaisse...

Or, quand Paris avait sa muraille assiégée
Et que la guerre était en ses faubourgs logée,
Et que les morions et les glaives tranchants
Reluisaient en la ville et reluisaient aux champs,
Voyant le laboureur tout pensif et tout morne,
L'un traîner en pleurant sa vache par la corne,
L'autre porter au col ses enfants et son lit,
Je m'enfermai trois jours renfrogné de dépit
Et, prenant le papier et l'encre, de colère
De ce temps malheureux j'écrivis la misère...

Je ne veux point répondre à ta Théologie,
Laquelle est toute rance et puante et moisie,
Toute rapetassée et prise de l'erreur
Des premiers séducteurs, insensés de fureur.
Comme un pauvre vieillard, qui par la ville passe
Se courbant d'un bâton, dans une poche amasse
Des vieux haillons qu'il trouve en cent mille morceaux,
L'un dessus un fumier, l'autre près des ruisseaux,
L'autre près d'un égout, et l'autre dans un antre
Où le peuple artisan va décharger son ventre;
Après, en choisissant tous ces morceaux épars,
D'un fil gros les ravaude et cout de toutes parts,
Puis en fait une robe, et pour neuve la porte :
Ta secte, Prédicant, est de semblable sorte.
Or bref, il me suffit de t'avoir irrité;
Comme un bon laboureur qui sur la fin d'été,
Quand déjà la vendange à verdeler commence,
De peur que l'escadron des frelons ne l'offense,
De tous côtés épie un chêne mi-mangé
Où le camp résonant des frelons est logé;
Puis en prenant de nuit un gros fagot de paille,
D'un feu noir et fumeux leur donne la bataille;
La flamme et la fumée entrant par les naseaux
De ces soldats ailés irrite leurs cerveaux,
Qui frémissent ainsi que trompettes de guerre,
Et de colère en vain époinçonnent la terre...
Au reste, j'ai relu ta vilaine écriture
Ainsi que d'un bouffon facond à dire injure,

Ou d'une harengère assise à Petit-Pont,
Qui d'injures assaut et d'injures répond.
Ha, que tu montres bien que tu as le courage
Aussi sale et vilain qu'est vilain ton langage!...
  Or, tu as beau gronder pour r'assaillir mon fort
Te gourmer et t'enfler, comme autrefois au bord
La grenouille s'enfla contre le bœuf, de sorte
Que pour trop se bouffer sur l'heure creva morte;
Tu as beau répliquer pour répondre à mes vers,
Je deviendrai muet; car ce n'est moi qui sers
De bateleur au peuple, et de farce au vulgaire :
Si tu en veux servir, tu le pourras bien faire.
Cependant je prierai l'éternelle Bonté
Te vouloir redonner ton sens et ta santé.

  Mais avant que finir, entends, race future!
Et comme un testament garde cette écriture :
Ou soit que les destins à notre mal constants,
Soit que l'ire de Dieu fassent régner longtemps
Cette secte après moi, race, je te supplie
Ne t'insense jamais après telle folie,
Et, relisant ces vers, je te pri' de penser
Qu'en Saxe je l'ai vue en mes jours commencer,
Non comme Christ la sienne, ains par force et puissance
Dessous un apostat elle prit sa naissance;
* Le feu, le sang, le fer en sont le fondement;
Dieu veuille que la fin en arrive autrement
Et que le grand flambeau de la guerre allumée
Comme un tison de feu se consume en fumée!

LE POÈTE DE HENRI II

LE POÈTE DE HENRI II

I

« HYMNE
DE HENRY, DEUXIÈME DE CE NOM » [317]

... Là donc, divines Sœurs, à cette heure aidez-moi
A chanter dignement votre frère mon Roi!
Le Bûcheron qui tient en sa main la cognée,
Entré dedans un bois pour faire sa journée,
Ne sait où commencer; ici le tronc d'un Pin
Se présente à sa main, là celui d'un Sapin;
Ici du coin de l'œil marque le pied d'un Chêne,
Là celui d'un Fouteau, ici celui d'un Frêne;
A la fin, tout pensif de toutes parts cherchant
Lequel il coupera, tourne le fer tranchant
Sur le pied d'un Ormeau, et par terre le rue
Afin d'en charpenter quelque bonne charrue.
Ainsi tenant ès mains le luth bien apprêté,
Entré dans ton Palais devant ta Majesté,
Tout pensif je ne sais quelle vertu première
De mille que tu as sera mise en lumière.
Tes vertus, tes honneurs, ta justice et ta foi,
Ta bonté, ta pitié d'un coup s'offrent à moi,
Ta vaillance au combat, au conseil ta prudence :
Ainsi je reste pauvre, et le trop d'abondance
De mon riche sujet m'engarde de penser
A laquelle de tant il me faut commencer...
* Il [le Ciel] t'a premièrement, quant à la forte taille,

Fait comme un de ces Dieux qui vont à la bataille,
Ou de ces Chevaliers qu'Homère nous a peints
Si vaillants devant Troie, Ajax et les germains,
Rois pasteurs de l'armée, et le dispos Achille,
Qui, rembarrant de coups les Troyens à leur ville,
Comme un loup les agneaux par morceaux les hachaient
Et des fleuves le cours d'hommes morts empêchaient.
Mais bien que cet Achille ait le nom de pied-vite,
De coureur, de sauteur, pourtant il ne mérite
D'avoir l'honneur sur toi, soit à corps élancé
Pour sauter une haie, ou franchir un fossé,
Ou soit pour voltiger, ou pour monter en selle
Armé de tête en pied, quand la guerre t'appelle.
Or' parle qui voudra de Castor et Pollux,
Enfants jumeaux d'un œuf, tu mérites trop plus
D'honneur que tous les deux, d'autant que tu assembles
En toi ce qu'ils avaient à départir ensemble :
L'un fut bon chevalier, l'autre bon escrimeur,
Seul de ces deux métiers tu as le double honneur;
Car où est l'escrimeur tant soit bon, qui s'approuche
De toi sans remporter pour sa honte une touche?
Ou soit que de l'épée il te plaise jouer,
Soit qu'en la gauche main te plaise secouer
La targe ou le bouclier, ou soit que l'on s'attache
Contre toi pour branler ou la pique ou la hache,
Nul mieux que toi ne sait comme il faut démarcher,
Comme il faut un coup feint sous les armes cacher,
* Comme l'on se mesure, et comme il faut qu'on baille
D'un revers un estoc, d'un estoc une taille.
Quant à bien manier et piquer un cheval,
La France n'eut jamais, ni n'aura ton égal,
Et semble que ton corps naisse hors de la selle
Centaure mi-cheval, soit que poulain rebelle
Il ne veuille tourner, ou soit que façonné
Tu le fasses volter, d'un peuple environné
Qui près de toi s'accoude au long de la barrière,
Ou soit qu'à sauts gaillards, ou soit qu'en la carrière,
Ou soit qu'à bride ronde, ou en long manié
Ta main ait au cheval avec le frein lié

Un entendement d'homme, afin de te complaire
Et ensemble ébahir les yeux du populaire.
D'une sueuse écume il est tout blanchissant,
De ses naseaux ouverts une flamme est issant,
Le frein lui sonne aux dents, il bat du pied la terre,
Il hennit, il se tourne, aucune fois il serre
Une oreille derrière et fait l'autre avancer,
Il tremble tout sous toi et ne peut ramasser
Son vent entre les flancs, montrant par telle mine
Qu'il connaît bien qu'il porte une charge divine.
J'ai, quand j'étais ton page autrefois sous Grandval,
Vu dans ton écurie un semblable cheval
Qu'on surnommait Hobère, ayant bien connaissance
De toi quand tu montais; car d'une révérence
Courbé te saluait, puis sans le gouverner
Se laissait de lui-même en cent voltes tourner
Si vite et si menu que la vue et la tête
Tournant s'éblouissaient, tant cette noble bête
Avait en bien servant un extrême désir,
Te connaissant son Roi, de te donner plaisir...
Il n'y eut jamais Prince en l'antique saison
Ni en ce temps ici mieux garni de raison,
Ni d'appréhension que toi, ni de mémoire.
Or quant à ta mémoire, on ne la saurait croire,
Qui familièrement ne t'aurait pratiqué.
Si tu as une fois un homme remarqué
Sans plus du coin de l'œil allât-il aux Tartares,
Navigât-il à l'Inde, ou aux Iles barbares
Où de l'humaine chair vivent les habitants,
Voire et sans retourner séjournât-il vingt ans,
S'il revient de fortune un jour en ta présence,
Tu auras tout soudain de lui reconnaissance;
Ce qui est nécessaire à un Prince d'avoir,
Pour jamais n'oublier ceux qui font leur devoir,
Car pour néant un homme au danger met sa vie
Pour son Prince servir, si son Prince l'oublie.
Que dirons-nous encor? plus que les autres Rois
Tu es dur au travail : s'ils portent le harnois
Une heure sur le dos, ils ont l'échine arnée,

Et en lieu d'un roussin prennent la haquenée;
Mais un jour, voire deux, tu soutiens le labeur
Des armes sur l'échine, et juges la sueur
Être le vrai parfum qui doit orner la face
D'un Roi, qui pour combattre a vêtu la cuirasse...

On ne voit artisan en son art excellent,
Maçon, Peintre, Poète ou Chevalier vaillant,
A qui ta pleine main de grâce n'élargisse
Quelque digne présent de son bel artifice,
Et c'est l'occasion, ô magnanime Roi,
Que chacun te vient voir et veut chanter de toi.
Tu n'es à tes sujets seulement débonnaire :
Si quelque Potentat souffre quelque misère,
Ou perte de pays, ou menace de mort,
Ayant pitié de lui tu lui donnes support,
Et de ta grande main à ce fait coutumière
Chez lui tu le remets en liberté première
Et plus haut que devant lui fais dresser le front
Malgré ses ennemis qui la guerre lui font;
Tant s'en faut que ton bras le pays veuille prendre
D'un Seigneur affligé qui à toi se vient rendre.
J'en appelle à témoins les pauvres Écossais,
Qui jà presques étaient la proie des Anglais,
Lesquels en liberté tu gardes en leur terre,
Et de loin ton renom commande à l'Angleterre;
Témoins en sont encor les Allemands remis
En liberté par toi malgré leurs ennemis,
Chose non espérée; et toutefois ta dextre
Leur fit de ta grandeur la puissance connaître,
Lorsque désespérés à ton secours venaient
Et rien que la pitié pour armes n'amenaient.
Témoin en est encor la ville de Sienne
Par toi restituée en franchise ancienne,
Et Parme qu'il te plaît couvrir de ta faveur,
Malgré le Florentin vassal de l'Empereur [318]...
Après que d'un grand cœur tu auras su défaire
Tes ennemis vaincus, lors tu auras affaire
De mes Muses, ô Prince, et les voudras priser

Honorant mon mérite, afin d'éterniser
Toi et tes coups de masse et tout ce que ta lance
Aura parachevé d'une heureuse vaillance.
  Si par quelque bonté tu m'invites chez toi,
J'irai en ton Palais, menant avecque moi
(Ils me suivent toujours) Phœbus et Calliope,
Pour te célébrer Roi le plus grand de l'Europe...
  Un Roi, tant soit-il grand en terre ou en prouesse,
Meurt comme un laboureur sans gloire, s'il ne laisse
Quelque renom de soi, et ce renom ne peut
Venir après la mort, si la Muse ne veut
Le donner à celui qui doucement l'invite
Et d'honnête faveur compense son mérite.
  Non, je ne suis tout seul, non, tout seul je ne suis,
Non, je ne le suis pas, qui par mes œuvres puis
Donner aux grands Seigneurs une gloire éternelle :
Autres le peuvent faire, un Bellay, un Jodelle,
Un Baïf, Pelletier, un Belleau et Tyard,
Qui des neuf Sœurs en don ont reçu le bel art
De faire par les vers les grands Seigneurs revivre
Mieux que leurs bâtiments ou leurs fontes de cuivre.
Mais quoi ! Prince, on dira que je suis demandeur,
Il vaut mieux achever l'Hymne de ta grandeur :
Peut-être je t'ennuie oyant chose si basse,
* Puis ma Lyre s'enroue, et mon pouce se lasse...
  Écoute donc ma voix, ô Déesse Victoire !
Qui guéris des soudards les plaies et qui tiens
En ta garde les Rois, les villes et leurs biens,
* Qui portes une robe empreinte de trophées,
Qui as de ton beau chef les tresses étoffées
De palme et de laurier, et qui montres sans peur
Aux hommes comme il faut endurer le labeur :
Soit que tu sois au Ciel voisine à la Couronne,
Soit que ta Majesté gravement environne
Le trône à Jupiter ou l'armet de Pallas,
Ou le bouclier de Mars, viens, Déesse, ici-bas
Favoriser Henri, et d'un bon œil regarde
La France pour jamais et la prends sous ta garde !

II

[AU ROI, SUR LA PAIX DE CATEAU-CAMBRÉSIS (1559)] [319]

... Sire, je vous suppli' de croire qu'il vaut mieux
Se contenter du sien que d'être ambitieux
Sur les sceptres d'autrui; malheureux qui désire
Ainsi comme à trois dés hasarder son Empire
Sous le jeu de Fortune, et auquel on ne sait
Si l'incertaine fin doit répondre au souhait.
Que désirez-vous plus? votre France est si grande!
L'homme qui n'est content et qui toujours demande,
Quand il serait un Dieu, est malheureux, d'autant
Que toujours il désire et n'est jamais content.
Or, Prince, imaginez des Flamands la victoire :
Quel honneur auriez-vous d'une si pauvre gloire
D'avoir un Roi chrétien, comme vous, enchaîné
Et par votre Paris en triomphe mené?
Il vaudrait mieux chasser le Turc hors de la Grèce
Qui misérable vit sous le joug de détresse,
Que prendre un Roi Chrétien ou d'assommer de coups
Un peuple en Jésus-Christ baptisé comme vous.
Il vaudrait beaucoup mieux, vous qui venez sur l'âge,
Jà grison, gouverner votre royal ménage,
Votre femme pudique et vos nobles Enfants
Qu'acquérir par danger des lauriers triomphants;
* Il vaudrait beaucoup mieux joyeusement bien vivre,
Ou bâtir votre Louvre, ou lire dans un livre,
Ou chasser ès forêts, que tant vous travailler
Et pour un peu de bien si longtemps batailler.
Que souhaitez-vous de plus? la Fortune est muable :
Vous avez fait de vous mainte preuve honorable;
Il suffit, il suffit, il est temps désormais
Fouler la guerre aux pieds et n'en parler jamais.
Pensez-vous être Dieu? l'honneur du monde passe;
Il faut un jour mourir, quelque chose qu'on fasse;

Et après votre mort, fussiez-vous Empereur,
Vous ne serez non plus qu'un simple laboureur.
  Donc, Sire, puisque Dieu, qui de votre couronne
Et de vous a pris soin, Paix sa fille vous donne,
Présent qu'il n'avait fait aux Princes vos aïeux,
Gardez bien ce joyau, il vous enrichit mieux
Que s'il avait dompté par une longue guerre
Dessous votre pouvoir l'Espagne et l'Angleterre...
  O Paix, fille de Dieu, qui nous viens réjouir
Comme l'aube du jour qui fait r'épanouir
Avecque la rosée une rose fleurie
Que l'ardeur du Soleil avait rendu flétrie,
Après la guerre ainsi venant en ce bas lieu,
Tu nous as réjouis, ô grand' fille de Dieu !
  Chasse, je te suppli', la guerre et les querelles
Bien loin du bord chrétien dessus les infidèles,
Turcs, Parthes, Mammelus, Scythes et Sarrasins,
Et sur ceux qui du Nil sont les proches voisins;
Pends nos armes au croc, et en lieu de batailles
Attache à des crampons les lances aux murailles,
Et que le coutelas du sang humain souillé
Pendu d'une courroie au fourreau soit rouillé,
Et que le corselet au plancher se moisisse
Et l'araigne à jamais ses filets y ourdisse...

III

« SONNET SUR LE CŒUR DU FEU ROI TRÈS CHRÉTIEN HENRI II » [320]

  Par une Reine où sont toutes les grâces
Trois Grâces sont mises dessus ce cœur [321],
Cœur d'un grand Prince, invincible vainqueur,
Qui fut l'honneur des Vertus et des Grâces.
  Toi qui les faits de ce Henri embrasses,
Ne t'ébahis, admirant sa grandeur,
Qu'un peu d'espace en si peu de rondeur

Enserre un cœur qui conquit tant de places.
  Pour un grand cœur fallait grand place aussi :
Mais l'ombre en est tant seulement ici,
Car de ce Roi l'épouse Catherine,
  En lieu de marbre Attique ou Parien,
Prenant ce cœur le mit en sa poitrine
Et pour tombeau le garde auprès du sien.

LE POÈTE DE CHARLES IX

LE POÈTE DE CHARLES IX

I

[PREMIERS VERS A CHARLES IX
ALORS DUC D'ORLÉANS] [322]

Prince, tu portes le nom
De renom
Du Prince qui fut mon maître [323],
De Charles, en qui les Dieux
Tout leur mieux
Pour chef-d'œuvre firent naître.
Naguère il fut comme toi
Fils de Roi,
Ton grand-père fut son père,
Et Henri le très chrétien
Père tien
L'avait eu pour second frère.
A peine un poil blondelet,
Nouvelet,
Autour de sa bouche tendre
A se friser commençait,
Qu'il pensait
De César être le gendre.
Jà brave, se promettait
Qu'il était
Duc des Lombardes campagnes
Et qu'il verrait quelquefois
Ses fils Rois

De l'Itale et des Espagnes.
Mais la mort qui le tua
Lui mua
Son épouse en une pierre,
Et pour tout l'heur qu'il conçut
Ne reçut
Qu'à peine six pieds de terre.
Comme on voit au point du jour
Tout autour
Rougir la rose espanie,
Et puis on la voit au soir
Se déchoir
A terre toute fanie;
Ou comme un lis trop lavé,
Aggravé
D'une pluyeuse tempête,
Ou trop fort du chaud atteint
Perdre teint
Et languir à basse tête :
Ainsi ton Oncle en naissant
Périssant
Fut vu presque en même espace,
Et comme fleur du printemps,
En un temps
Perdit la vie et la grâce.
Si pour être né d'aïeux
Demi-Dieux,
Si pour être fort et juste
Les Princes ne mouraient pas,
Le trépas
Devait épargner Auguste.
Jupiter et ce Romain
De leur main
Départirent tout le monde :
A l'un en part le ciel vint,
L'autre print
Pour sa part la terre et l'onde.
Si ne vainquit-il l'effort
De la mort,

Par qui tous vaincus nous sommes;
Car aussi bien elle prend
        Le plus grand
Que le plus petit des hommes.
  La mort frappant de son dard
        N'a égard
A la majesté Royale,
Les Empereurs aux bouviers,
        Aux leviers
Les grands Sceptres elle égale;
  Et le Nocher importun
        Un chacun
Presse en sa nacelle courbe,
Et sans honneur à la fois
        Met les Rois
Pêle-mêle avec la tourbe...

II

[L'ÉDUCATION D'UN ROI] [324]

Sire, ce n'est pas tout que d'être Roi de France,
Il faut que la vertu honore votre enfance :
Un Roi sans la vertu porte le sceptre en vain,
Et ne lui est sinon un fardeau dans la main.
  Pource on dit que Thétis, la femme de Pélée,
Après avoir la peau de son enfant brûlée,
Pour le rendre immortel, le prit en son giron,
Et de nuit l'emporta dans l'antre de Chiron,
Chiron, noble Centaure, afin de lui apprendre
Les plus rares vertus dès sa jeunesse tendre,
Et de science et d'art son Achille honorer :
* Un Roi pour être grand ne doit rien ignorer.
  Il ne doit seulement savoir l'art de la guerre,
De garder les cités ou les ruer par terre,
De piquer les chevaux, ou contre son harnois,
Recevoir mille coups de lances aux tournois,

De savoir comme il faut dresser une embuscade,
Ou donner une cargue ou une camisade,
Se ranger en bataille, et sous les étendards
Mettre par artifice en ordre les soldars.
Les Rois les plus brutaux telles choses n'ignorent,
Et par le sang versé leurs couronnes honorent
Tout ainsi que Lions, qui s'estiment alors
De tous les animaux être vus les plus forts,
Quand ils ont dévoré un Cerf au grand corsage
Et ont rempli les champs de meurtre et de carnage.
  Mais les Princes mieux nés n'estiment leur vertu
Procéder ni de sang ni de glaive pointu,
Ains par les beaux métiers qui des Muses procèdent
Et qui de gravité tous les autres excèdent.
  Quand les Muses qui sont filles de Jupiter
(Dont les Rois sont issus) les Rois daignent chanter,
Elles les font marcher en toute révérence,
Loin de leur Majesté bannissant l'ignorance,
Et tous remplis de grâce et de divinité
Les font parmi le peuple ordonner équité.
Ils deviennent appris en la Mathématique,
En l'art de bien parler, en Histoire et Musique,
En Physionomie, afin de mieux savoir
Juger de leurs sujets seulement à les voir...
  Tel fut jadis Thésée, Hercules et Jason,
Et tous les vaillants preux de l'antique saison;
Tel vous serez aussi, si la Parque cruelle
Ne tranche avant le temps votre trame nouvelle.
* Charles, votre beau nom tout commun à nos Rois,
Nom du Ciel revenu en France par neuf fois,
Neuf fois nombre parfait (comme cil qui assemble
Pour sa perfection trois triades ensemble),
Montre que vous aurez l'empire et le renom
Des huit Charles passés dont vous portez le nom.
Mais, pour vous faire tel, il faut de l'artifice
Et dès jeunesse apprendre à combattre le vice.
  Il faut premièrement apprendre à craindre Dieu,
Dont vous êtes l'image, et porter au milieu
De votre cœur son nom et sa sainte parole,

Comme le seul secours dont l'homme se console.
  En après, si voulez en terre prospérer,
Vous devez votre mère humblement honorer,
La craindre et la servir, qui seulement de mère
Ne vous sert pas ici, mais de garde et de père.
  Après il faut tenir la loi de vos aïeux,
Qui furent Rois en terre et sont là-haut aux Cieux,
Et garder que le peuple imprime en sa cervelle
Le curieux discours d'une secte nouvelle.
  Après il faut apprendre à bien imaginer,
Autrement la raison ne pourrait gouverner,
Car tout le mal qui vient à l'homme prend naissance
Quand par sus la raison le cuider a puissance...
  De là, vous apprendrez à vous connaître bien,
Et en vous connaissant vous ferez toujours bien.
Le vrai commencement pour en vertus accroître,
C'est, disait Apollon, soi-même se connoître :
Celui qui se connaît est seul maître de soi,
Et sans avoir Royaume il est vraiment un Roi.
  Commencez donc ainsi; puis sitôt que par l'âge
Vous serez homme fait de corps et de courage,
Il faudra de vous-même apprendre à commander,
A ouïr vos sujets, les voir et demander,
Les connaître par nom et leur faire justice,
Honorer la vertu et corriger le vice.
  Malheureux sont les Rois qui fondent leur appui
Sur l'aide d'un commis, qui par les yeux d'autrui
Voyent l'état du peuple, et oyent par l'oreille
D'un flatteur mensonger qui leur conte merveille.
Tel Roi ne règne pas, ou bien il règne en peur
(D'autant qu'il ne sait rien) d'offenser un flatteur...
  Aussi pour être Roi vous ne devez penser
Vouloir comme un Tyran vos sujets offenser.
De même notre corps, votre corps est de boue.
Des petits et des grands la Fortune se joue;
Tous les règnes mondains se font et se défont,
Et au gré de Fortune ils viennent et s'en vont,
Et ne durent non plus qu'une flamme allumée,
Qui soudain est éprise et soudain consumée.

Or, Sire, imitez Dieu, lequel vous a donné
Le Sceptre, et vous a fait un grand Roi couronné :
Faites miséricorde à celui qui supplie,
Punissez l'orgueilleux qui s'arme en sa folie,
Ne poussez par faveur un homme en dignité,
Mais choisissez celui qui l'a bien mérité;
Ne baillez pour argent ni états ni offices,
Ne donnez aux premiers les vacants bénéfices,
Ne souffrez près de vous ni flatteurs ni vanteurs,
Fuyez ces plaisants fols qui ne sont que menteurs,
Et n'endurez jamais que les langues légères
Médisent des Seigneurs des terres étrangères.
Ne soyez point moqueur, ni trop haut à la main,
Vous souvenant toujours que vous êtes humain;
Ne pillez vos sujets par rançons ni par tailles,
Ne prenez sans raison ni guerres ni batailles;
Gardez le vôtre propre et vos biens amassez,
Car pour vivre content vous en avez assez.
S'il vous plaît vous garder sans archers de la garde,
Il faut que d'un bon œil le peuple vous regarde,
Qu'il vous aime sans crainte; ainsi les puissants Rois
Ont conservé le sceptre, et non par le harnois.
Comme le corps royal ayez l'âme royale,
Tirez le peuple à vous d'une main libérale,
Et pensez que le mal le plus pernicieux
C'est un Prince sordide et avaricieux.
Ayez autour de vous personnes vénérables,
Et les oyez parler volontiers à vos tables :
Soyez leur auditeur comme fut votre aïeul,
Ce grand François qui vit encores au cercueil.
Soyez comme un bon Prince amoureux de la gloire,
Et faites que de vous se remplisse une histoire
Du temps victorieux, vous faisant immortel
Comme Charles le Grand ou bien Charles Martel.
Ne souffrez que les grands blessent le populaire,
Ne souffrez que le peuple au grand puisse déplaire,
Gouvernez votre argent par sagesse et raison.
Le Prince qui ne peut gouverner sa maison,
Sa femme, ses enfants, et son bien domestique,

Ne saurait gouverner une grand' République.
  Pensez longtemps devant que faire aucuns Édits;
Mais, sitôt qu'ils seront devant le peuple mis,
Qu'ils soient pour tout jamais d'invincible puissance,
Autrement vos Décrets sentiraient leur enfance.
Ne vous montrez jamais pompeusement vêtu;
L'habillement des Rois est la seule vertu;
Que votre corps reluise en vertus glorieuses,
Et non pas vos habits de perles précieuses.
  D'amis plus que d'argent montrez-vous désireux :
Les Princes sans amis sont toujours malheureux.
Aimez les gens de bien, ayant toujours envie
De ressembler à ceux qui sont de bonne vie.
Punissez les malins et les séditieux.
Ne soyez point chagrin, despit, ni furieux,
Mais honnête et gaillard, portant sur le visage
De votre gentille âme un gentil témoignage.
  Or, Sire, pour autant que nul n'a le pouvoir
De châtier les Rois qui font mal leur devoir,
Punissez vous vous-même, afin que la Justice
De Dieu, qui est plus grand, vos fautes ne punisse.
Je dis ce puissant Dieu dont l'Empire est sans bout,
Qui de son trône assis en la terre voit tout,
Et fait à un chacun ses justices égales,
Autant aux laboureurs qu'aux personnes Royales...

III

[CONSEILS POUR BIEN RÉGNER] [325]

LE PREMIER PASTEUR

  Mon fils, puisque tu es de tant de pasteurs maître
* Et que Dieu sous ta main a mis tant de troupeaux,
Il ne faut seulement savoir les mener paître,
Savoir les engraisser, savoir tondre leurs peaux.

LE SECOND PASTEUR

Ce n'est pas tout d'avoir mille bœufs en pâture,
Mille agnelets sautants sous les mères ici,
Il faut de ton bétail connaître la nature,
Corriger tes Bergers, te corriger aussi.

I

Quand les petits Bergers font aux champs une faute,
Petite elle ne tire un repentir après,
Mais des maîtres Pasteurs elle devient si haute,
Qu'elle passe en grandeur les plus hautes forêts.

II

Et pour ce, mon Neveu, il faut dès ta jeunesse
Apprendre la vertu, pour guide la suivant;
C'est un ferme trésor qui les hommes ne laisse,
Les autres biens mondains s'envolent comme vent.

I

Pour vivre bienheureux, crains Dieu sur toute chose;
Seul il faut l'adorer et au cœur l'imprimer,
Et le prier au soir quand le Soleil repose,
Et dès l'aube du jour quand il sort de la mer.

II

Le seul commencement et la fin de science,
C'est craindre le Seigneur et maintenir la Foi
Des peuples épandus sous ton obéissance,
Qui sont enfants de Dieu aussi bien comme toi.

I

Sois paré de vertu, non de pompe Royale :
La seule vertu peut les grands Rois décorer.
Sois Prince libéral; toute âme libérale
Attire à soi le Peuple et se fait honorer.

II

Porte dessus le front la honte de mal faire,
Aux yeux la gravité, et la clémence au cœur,
La Justice en la main, et de ton adversaire,
Fût-il moindre que toi, ne sois jamais moqueur.

I

Rends le droit à chacun, c'est la vertu première
Qu'un Roi doit observer; sois courageux et fort :
La force du courage est la vive lumière
Qui nous fait mépriser nous-mêmes et la mort...

II

Sois ferme en ta parole, et de vaine promesse
N'abuse tes sujets, et aux trompeurs ne croi :
Celui qui par le nez ainsi qu'un ours se laisse
Mener par les flatteurs n'est digne d'être Roi...

I

Chasse l'oisiveté, la mère de tout vice,
Et grand Seigneur apprends les métiers d'un soldart;
Sauter, lutter, courir, est honnête exercice,
Bien manier chevaux et bien lancer le dard.

II

Exerce ton esprit aux choses d'importance,
Aux affaires qui sont de ton privé Conseil;
L'esprit en est plus sain, l'oiseuse négligence
Sille les yeux des Rois d'un malheureux sommeil.

I

Tu dois connaître ceux qui te font du service,
Les aimer, les chérir pour leur fidélité;
Et, afin qu'après toi honorer on les puisse,
Hausse-les aux honneurs comme ils ont mérité.

II

Par flatteurs, par menteurs et par femmes ne donne
Ni présents, ni états, malheur s'en est suivi;
* Que la seule vertu seulement on guerdonne;
Si tu le fais ainsi, tu seras bien servi.

I

Ne renverse jamais l'ancienne police
Du pays où les lois ont fleuri si longtemps;
Ce n'est que nouveauté qui couve une malice :
Si un s'en réjouit, mille en sont mal contents.

II

Jamais, si tu m'en crois, ne souffre par la tête
De ton peuple ordonner tes statuts ni tes lois;
Le peuple variable est une étrange bête,
Qui de son naturel est ennemi des Rois...

IV

[VERS DU ROI CHARLES IX
A P. DE RONSARD] [326]

Ronsard, je connais bien que, si tu ne me vois,
Tu oublies soudain de ton grand Roi la voix;
Mais pour t'en souvenir, pense que je n'oublie
Continuer toujours d'apprendre en Poésie;
Et pour ce j'ai voulu t'envoyer cet écrit
Pour enthousiaser ton fantastique esprit.
Donc ne t'amuse plus à faire ton ménage,
Maintenant n'est plus temps de faire jardinage;
Il faut suivre ton Roi qui t'aime par-sus tous
Pour les vers qui de toi coulent braves et doux;
Et crois, si tu ne viens me trouver à Amboise,
Qu'entre nous adviendra une bien grande noise.

RÉPONSE AUX VERS PRÉCÉDENTS

Charles, en qui le ciel toutes grâces inspire,
Qui as un cœur plus grand que n'est grand ton Empire,
Une âme prompte et vive, un esprit généreux,
De vertus, de science et d'honneur amoureux,
Qui passes tes aïeux d'un aussi long espace
* Que l'Aigle les Autours, dont l'aile ne se lasse
En volant outre l'air d'approcher le Soleil,
Ainsi gagnant les tiens, tu n'as point de pareil
Que François ton grand-père; et si l'honnête honte
Le voulait, je dirais que ton cœur le surmonte,
D'autant que notre siècle est meilleur que le sien
Et que le temps présent vaut mieux que l'ancien,
Et d'autant qu'il fut docte au déclin de vieillesse
Et tu es tout savant en la fleur de jeunesse.
Car si ta Majesté (après le soin commun
Qu'elle prend du public, et d'écouter chacun,
Et de bailler à tous une facile entrée)
Soit en prose ou en vers quelquefois se recrée,
Donnant un peu relâche à ton divin esprit
Qui montre sa vigueur en montrant son écrit,
Et qui rien que parfait ne médite ou compose,
Ronsard te cède en vers, et Amyot en prose;
Et suis marri d'avoir si longuement vécu
Au giron des neuf Sœurs, pour être ainsi vaincu.
N'était-ce pas assez de m'avoir en cent sortes,
Montré l'affection que maître tu me portes,
Sans encor me vouloir défier en mon art,
Et en rime appeler au combat ton Ronsard,
Découvrant contre moi la fureur de ton style?
Ainsi le grand Auguste écrivait à Virgile...

V

[SUR LA MORT DU ROI] [327]

... Ha ! Charles, tu es mort ! et malgré moi je vis,
* Je maudis le destin que je ne t'ai suivi,
Comme les plus loyaux suivaient les Rois de Perse.
O malice des Cieux ! ô fortune perverse !
Atropos est trop lente à couper mon fuseau ;
* Douleur, tu me devrais occire à son tombeau...
Ni la Religion saintement observée,
Qu'il avait dès Clovis en la France trouvée,
Ni sa douce éloquence et sa force de Mars,
Son esprit, magasin de toutes sortes d'arts,
Ni l'amour de vertu, ni son âge première
Qui commençait encore à goûter la lumière,
Ni les cris des Français, ni les vœux maternels,
Ni les pleurs de sa femme au milieu des autels,
N'ont su fléchir la Mort que sa fière rudesse
N'ait tranché sans pitié le fil de sa jeunesse...
Aussi bien, ô destin, la France n'était pas
Ni digne de l'avoir, ni de porter ses pas,
La France à son bon Prince une marâtre terre,
Où depuis la mamelle il n'a vécu qu'en guerre,
Qu'en civiles fureurs, qu'au milieu des traisons.
Il a vu de Jésus abattre les Maisons,
Profaner les Autels, les Messes sans usage,
Et la Religion n'être qu'un brigandage...
Il eut le cœur si ferme et si digne d'un Roi,
Que combattant pour Dieu, pour l'Église et la Foi,
Pour autels, pour foyers, contre les Hérétiques,
Et rompant par conseil leurs secrètes pratiques,
Telle langueur extrême en son corps il en prit
Qu'il mourut en sa fleur martyr de Jésus-Christ...
Si sa Royauté fut de peu d'âge suivie,
L'âge ne sert de rien, les gestes font la vie.
Alexandre à trente ans vécut plus que ne font

Ceux qui ont la vieillesse et les rides au front.
Peu nous servent des ans les courses retournées :
Les vertus nous font l'âge, et non pas les années...

VI

[SUR LE RÈGNE DE CHARLES IX] [328]

...En pleurant il vêtit sa dignité royale,
Comme présagiant sa fortune fatale.
Car, sitôt qu'il fut Roi (il le fut à dix ans),
La peste des méchants séducteurs médisants,
La licence du peuple et la fureur des villes
Troublèrent son État de cent guerres civiles.
Comme un terrible orage, élevé par le vent,
* Qui se va boursouflant, reculant et suivant
Onde sur onde épaisse, en tortis retraînée,
Ou comme une Mégère aux enfers déchaînée,
Tout se rua sur lui...
Ce Roi presques enfant vit sa France allumée,
Et ville contre ville en factions armée.
D'hommes et de conseil et de tout indigent,
Il vit manger son peuple et voler son argent,
Il vit sa Majesté servir d'une risée,
Il vit de cent brocards sa mère méprisée,
Il se vit déchassé de ses propres maisons,
Il vit les temples saints, le lieu des oraisons,
Autels et sacrements n'être qu'une voirie,
La raison renversée et régner la furie.
Par quatre grands combats vainquit son ennemi;
Mais un feu de rancune allait si bien parmi
Le peuple forcené que, morte une querelle,
Une autre d'autre part sourdait toute nouvelle,
Ainsi qu'un feu d'amorce à l'autre feu se prend,
Que plus on pense éteindre et plus il se répand.
Je me trouvai deux fois à sa royale suite
Lorsque ses ennemis lui donnèrent la fuite,

Quand il se pensa voir par trahison surpris
Avant qu'il pût gagner sa ville de Paris [329]...
   Jà de ce jeune Roi la dure destinée
S'était en sa faveur plus douce retournée;
Jà son siècle en vertu se faisait tout nouveau,
Quand d'un rhume pantois fontaine du cerveau,
Qui d'un flot catarrheux s'était entre-suivie,
Lui pourrit les poumons, soufflets de notre vie,
Dépouillant le manteau de son humanité
A l'heure qu'il entrait en sa félicité.
Ainsi le marinier, créancier de Neptune,
Prêt à payer les vœux qu'il devait à Fortune,
Jà saluant de l'œil sa maison et le bord,
Se perd et son navire entrant dedans le port.
   Il fut quatorze ans Roi, et en l'an de son âge
Vingt et quatre il paya de Charon le naulage.
   Jamais esprit si beau ni si bon que le sien
N'alla sous les Lauriers du champ Élysien;
Jamais âme si sainte et en tout si parfaite,
Compagne des Héros là-bas ne se fût faite,
S'il eût eu le loisir de montrer aux humains
La force qu'il avait et au cœur et aux mains.
   Il fut Prince bien-né, courtois et débonnaire,
D'un esprit prompt et vif, entre doux et colère;
Il aima la justice, éloquent et discret,
Saturnien au reste à cacher son secret,
Contre les importuns il se servait de ruses,
Et surtout amateur des lettres et des Muses.
   Quatorze ans ce bon Prince, allègre je suivis,
Car autant qu'il fut Roi, autant je le servis.
* Il faisait de mes vers et de moi telle estime
Que souvent sa grandeur me récrivait en rime,
Et je lui répondais, m'estimant bienheureux
De me voir assailli d'un Roi si généreux.
Ainsi Charles mourut, des Muses la défense,
L'honneur du genre humain, délices de la France...

LE POÈTE DE HENRI III

LE POÈTE DE HENRI III

I

« HYMNE
SUR LA VICTOIRE DU DUC D'ANJOU » [330]

Tel qu'un petit Aigle sort
Brave et fort
Dessous l'aile de sa mère,
Et d'ongles tortus et longs
Aux Dragons
Fait guerre sortant de l'aire;
Tel qu'un jeune Lionneau
Tout nouveau
Quittant caverne et bocage,
Pour premier combat assaut
D'un cœur haut
Quelque grand Taureau sauvage;
Tel au dépens de vos dos,
Huguenots!
Sentîtes ce jeune Prince,
Fils de Roi, frère de Roi,
Dont la Foi
Mérite une autre province.
A peine sur son menton
Un coton
Tendrelet se laisse épandre;
* Jeune, trompant le trompeur,
S'est sans peur

Montré digne d'Alexandre.
Il a, marchant des premiers,
De lauriers
Orné son front et sa bande,
Et comme un guerrier parfait
Sa main fait,
Ensemble sa voix commande.
Il a tranché le lien
Gordien
Pour nos bonnes destinées ;
Il a coupé le licol
Qui au col
Nous pendait dès huit années.
Il a d'un glaive tranchant
Au méchant
Coupé la force et l'audace ;
Il a des ennemis morts
Les grands corps
Fait tomber dessus la place.
Ils ont été combattus,
Abattus,
Terrassés dessus la poudre,
Comme chênes ébranchés
Trébuchés
Dessous l'éclat de la foudre.
De sang ils gisent couverts
A l'envers
Témoins de sa main vaillante ;
Ils ont été foudroyés,
Poudroyés
Sur les bords de la Charente...
Ainsi, Prince valeureux,
Bienheureux
Tu mets fin à notre guerre,
Qui depuis huit ans passés
Oppressés
Nous tenait les cœurs en serre.
Ce que les vieux n'avaient su,
Tu l'as pu

Parachever en une heure;
Aussi, Prince, de bonheur
Tout l'honneur
Sans compagnon t'en demeure.
A Dieu grâce nous rendons
Et fendons
L'air sous l'hymne de victoire,
Poussant gaillards et joyeux
Jusqu'aux cieux
Ton nom, tes faits et ta gloire.
Et soit au premier réveil
Du Soleil,
Soit qu'en la mer il s'abaisse,
Toujours nous chantons Henri
Favori
De Mars et de la jeunesse.

II

[A HENRI III
A SON RETOUR DE POLOGNE] [331]

Si l'honneur de porter deux sceptres en la main,
Commander aux Français et au peuple Germain
Qui de l'Ourse Sarmate habite la contrée,
Si des Vénitiens la magnifique entrée,
Si avoir tout le front ombragé de lauriers,
Si avoir pratiqué tant de peuples guerriers,
Tant d'hommes, tant de mœurs, tant de façons étranges,
Si revenir chargé de gloire et de louanges,
Si jà comme un César concevoir l'Univers,
Vous a fait oublier le chantre de ces vers,
* Roi dont l'honneur ne peut s'amoindrir ni s'accroître,
Sans vous dire son nom vous le pourrez connoître.
C'est, Prince, c'est celui qui d'un cœur courageux
Grimpa dessus Parnasse en croupes ombrageux,
Importunant pour vous les filles de Mémoire,

Quand Dieu près de Jarnac vous donna la victoire,
Quand votre bras armé fut le jour des François,
Quand la Charente, fleuve au peuple Saintongeois,
Vous vit presque sans barbe, ainsi qu'un jeune Achille,
Foudroyer l'ennemi sur sa rive fertile...

Ce fut quand votre main, à craindre comme foudre,
Fit à la gent mutine ensanglanter la poudre,
Quand nos autels sacrés revirent leurs bons Saints,
Et quand mille étendards tous déchirés, et teints
De poussière et de sang, pour immortels exemples
D'un long ordre attachés pendirent à nos temples.

Encore qu'un tel acte honoré de bonheur
Eût besoin de trouver un superbe sonneur,
Qui d'un bruit héroïque eût enflé les trompettes,
Si est-ce que la voix de plus braves Poètes
De peur fut enrouée, et le vent de leur sein
Ne sortit pour enfler la trompette d'airain,
Chacun craignant sa vie en saison si douteuse,
Où celui sans trembler d'une crainte honteuse
Qui vous écrit ces vers assuré vous chanta :
Sur le haut d'Hélicon vos Lauriers il planta,
Et si en combattant votre lance sut poindre,
Célébrant vos honneurs sa langue ne fut moindre,
Œuvre si agréable à vous, Prince vainqueur,
Que vous louâtes l'Hymne et l'apprîtes par cœur...

Quand vous fûtes élu Monarque de Pologne,
Que Dieu sur votre tête en posa la Couronne,
Et qu'il fallut partir d'entre les bras aimés
De vos plus chers parents en larmes consumés,
Qu'il vous fallut laisser le doux air de la France,
Capitaines, soldats, amis et connaissance,
Que chacun vous suivait d'une humble affection,
Il ne chanta jamais de telle Élection
D'autant qu'elle emportait des Français la lumière
Pour en pays étrange éclairer la première.

Or' à votre retour, qui luit comme un Soleil
Sortant de l'Océan en flammes non pareil,
Qui donne jour aux siens dissipant les ténèbres
Et de notre feu Roi les complaintes funèbres,

Il a, gros d'Apollon, célébré ce retour.
Les hommes volontiers honorent plus le jour
Que la nuit ténébreuse, et Vesper n'est si belle
Que l'Aurore au matin qui sort toute nouvelle :
Aussi votre apparaître aux Français fait sentir
Plus d'allégresse au cœur que votre départir...
  On espère de vous comme d'un bon marchand,
Qui gaillard et rusé va les Indes cherchant
Et retourne chargé d'une très riche proie,
Heureux par le travail d'une si longue voie :
Il rapporte de l'or, et non pas de l'airain.
Aussi vous auriez fait un tel voyage en vain,
Vu le Rhin, le Danube et la grande Allemagne,
La Pologne, que Mars et l'hiver accompagne,
Vienne, qui au ciel se brave de l'honneur
D'avoir su repousser le camp du Grand-Seigneur,
Venise marinière et Ferrare la forte,
Turin qui fut Français, et Savoie, qui porte
Ainsi que fait Atlas sur sa tête les cieux :
En vain vous auriez vu tant d'hommes, tant de lieux,
Si, vide de profit, en une barque vaine
Vous retourniez en France après si longue peine.
  Il faut faire, mon Prince, ainsi qu'Ulysse fit,
Qui des peuples connus sut faire son profit,
Comme à votre retour soigneusement vous faites,
Honorant votre État des lois les plus parfaites,
Ayant à vos Français, après mille dangers,
Enseigné les vertus des peuples étrangers.
  Mais quoi? Prince invaincu, le sort ne m'a fait être
Si docte que je puisse enseigner un tel maître;
En discours si hautains je ne dois m'empêcher
Et ne veux faire ici l'office de prêcher.
Ma langue se taira : vos sermons ordinaires,
La complainte du peuple, et vos propres affaires
Vous prêcheront assez; ce papier seulement
S'en va vous saluer, et savoir humblement
De votre Majesté, si vous son nouveau maître
Le pourrez par sa Muse encore reconnaître.
  Il n'a pas l'Italie en poste traversé

Sur un cheval poussif, suant et harassé,
Qui a cent fois tombé son maître par la course;
Il n'a vendu son bien afin d'enfler sa bourse
Pour vous aller trouver, et pour parler à vous,
Pour vous baiser les mains, embrasser vos genoux,
Courtiser, adorer; il ne le saurait faire,
Son humeur fantastique est aux autres contraire :
Ceux qui n'ont que le corps sont nés pour tels métiers,
Ceux qui n'ont que l'esprit ne les font volontiers...
S'il vous plaît l'appeler, sans farder une excuse
Il vous ira trouver avec la même Muse
Dont il chanta Henri, son Charles, et aussi
Vous, à présent son Roi, des Muses le souci;
Ou si votre disgrâce à ce coup il essaye,
Il sera casanier comme un vieil morte-paye [332]
Qui renferme sa vie en quelque vieux château,
Paresseux, accrochant ses armes au râteau,
Au pays inutile, et vaincu de paresse
Près de son vieil harnois confine sa vieillesse.

III

[LES ÉTUDES DE HENRI III] [333]

... Le mal le plus grand qu'un Prince puisse avoir,
C'est quand il hait le livre, et ne veut rien savoir.
Le Roi dont je vous parle et que le ciel approuve
Jamais en sa maison l'ignorance ne trouve.
Ayant fait rechercher, d'une belle âme épris,
Partout en ses pays les hommes mieux appris,
Près de lui les approche et les rend vénérables,
S'honorant d'honorer les hommes honorables;
De parole il les loue, et d'honneurs avancés
Comme ils le méritaient les a récompensés.
Il a voulu savoir ce que peut la Nature,
Et de quel pas marchait la première clôture
Du Ciel, qui tournoyant se resuit en son cours,

Et du Soleil qui fait le sien tout au rebours.
  Il a voulu savoir des Planètes les danses,
Tours, aspects et vertus, demeures et distances;
Il a voulu savoir les cornes du Croissant,
Comme d'un feu bâtard il se va remplissant,
Second Endymion, amoureux de la Lune.
  Il a voulu savoir que c'était que Fortune,
Que c'était que Destin, et si les actions
Des Astres commandaient à nos complexions...
  Puis il a fait passer son esprit sous les ondes,
A connu de Téthys les abîmes profondes,
Et du vieillard Protée a compté les troupeaux;
Il a connu le flot et le reflot des eaux,
Si la Lune a crédit sur l'élément humide,
Ou si l'âme de l'Eau d'elle-même se guide,
Élançant son esprit des terres à l'entour
Pour ne vivre en paresse et croupir en séjour.
  Puis venant sur la terre a visité les villes,
Les hommes et leurs mœurs et leurs règles civiles,
* Pour savoir à son peuple un soleil éclairer,
Pour lui lâcher la bride ou pour la lui serrer,
Connaissant par effet toutes vertus morales.
  Puis entrant sous la terre aux caves infernales
A cherché les métaux, et d'esprit diligent
Su les mines de plomb, de l'or et de l'argent,
Quelle humeur les engendre ès veines de la terre,
Et le cuivre et le fer instruments de la guerre.
  Puis d'un si haut travail se voulant délasser,
Et d'un brave Laurier son sceptre entrelacer,
Prenant le Luth en main, que dextrement il guide,
Se va seul soulager en l'antre Piéride,
Toutes les fleurs d'Euterpe attachant à son front.
Apollon qui l'écoute, et les Muses qui vont
Dansant autour de lui, l'inspirent de leur grâce,
Soit qu'il veuille tourner une chanson d'Horace,
Soit qu'il veuille chanter en accords plus parfaits
Les gestes martiaux que lui-mêmes a faits,
Imitateur d'Achille, alors que l'ire outrée
L'enflammait en sa nef contre le fils d'Atrée

Et que le Priamide arrangeant ses soudards
Rompait d'un grand caillou la porte des remparts...
  Nul Prince, tant soit grand, n'a le bruit aujourd'hui
De mieux récompenser ses serviteurs que lui,
Ni faire tant d'honneur à leurs cendres funèbres,
Les rappelant au jour en dépit des ténèbres,
Roi qui ne peut les siens ni vivants oublier,
Ni quand la mort les vient de leur corps délier,
Favorisant les uns de ses faveurs premières,
Les autres d'oraisons, de vœux et de prières...
  Nul poète Français des Muses serviteur
Ne présenta jamais ouvrage à sa hauteur,
Qu'il n'ait récompensé d'un présent magnifique,
Honorant le bel art que lui-même il pratique,
Et ne l'ait caressé d'accolades ou d'yeux,
Invitant l'artisan à faire encore mieux.
  Tels étaient les bons Rois de l'âge plus fleurie,
Numa le Sacerdote instruit par Égérie;
Tel était Numitor, et ces pères Romains
Qui avaient du labeur les ampoules ès mains...
Tel fut le Roi François des lettres le Monarque,
Tel est ce bon Henri, qui Prince très humain
Porte de ses sujets les cœurs dedans son sein...

IV

[SUR LA POÉSIE SATIRIQUE] [334]

  ... Sire, voici le mois où le peuple Romain
Qui tenait tout le monde enclos dedans la main,
Donnait aux serviteurs, par manière de rire,
Congé de raconter tout ce qu'ils voulaient dire :
Donnez-moi, s'il vous plaît, un semblable congé.
J'ai la langue de rogne et le palais mangé,
Il faut que je la frotte ou il faut que je meure,
Tant le mal grateleux me demande à toute heure.
* Puis voici le Printemps où se purge un chacun,

Il faut que mon humeur se purge sur quelqu'un :
Mais je ne puis sans vous ! sans votre faveur, Sire,
Je n'ose envenimer ma langue à la Satire.
Si est-ce que la rage et l'ulcère chancreux
Me tient de composer; le mal est dangereux,
Et ne plaît pas à tous, mais si je vous puis plaire,
Il me plaît, vous plaisant, d'écrire et de déplaire.
  Qui, bons Dieux, n'écrirait voyant ce temps ici !
Quand Apollon n'aurait mes chansons en souci,
Quand ma langue serait sans Muses et muette,
Encore par dépit je deviendrais Poète.
  C'est trop chanté d'Amour, et en trop de façon
La France ne connaît que ce mauvais garçon,
Que ses traits, que ses feux : il faut qu'une autre voie
Par sentiers inconnus sur Parnasse m'envoie,
Pour me serrer le front bravement attaché
D'un Laurier d'autre main non encore touché...
  S'il y a quelque brave ou mutin qui se fâche,
Et qui entre ses dents des menaces remâche
Pour se voir ou de biens ou de faveur dédit;
Si un plus qu'il ne doit veut monter en crédit,
Si quelqu'un en faveur de sa faveur abuse,
S'il fait le Courtisan et s'arme d'une ruse;
Si quelque viloteur aux Princes devisant
Contrefait le bouffon, le fat ou le plaisant;
Si nos Prélats de Cour ne vont à leurs Églises;
Si quelque trafiqueur qui vit de marchandises,
Veut gouverner l'État, faisant de l'entendu;
Si quelqu'un vient crier qu'il a tout dépendu
En Pologne, et qu'il brave enflé d'un tel voyage,
Et pour le sien accroître à tous fasse dommage;
Si plus quelque valet de quelque bas métier
Veut par force acquérir tous les biens d'un quartier;
Si plus nos vieux corbeaux gourmandent vos Finances,
Si plus on se détruit d'habits et de dépenses,
Et si quelque affamé nouvellement venu
* Veut manger en un jour tout votre revenu,
Qu'il craigne ma fureur ! D'une encre la plus noire
Je lui veux engraver les faits de son histoire

D'un long trait sur le front, puis aille où il pourra,
Toujours entre les yeux ce trait lui demeurra.
  Je serai comme un Ours que le peuple aiguillonne,
Qui renverse la tourbe et mord toute personne,
De grand ni de petit ne me donnant souci
Si l'œuvre vous agrée, et qu'il vous plaise ainsi.
« J'ai trop longtemps suivi le métier Héroïque,
Lyrique, Élégiaq'; je serai Satirique »,
Disais-je à votre frère, à Charles mon Seigneur,
Charles qui fut mon tout, mon bien et mon honneur.
  Ce bon prince en m'oyant se prenait à sourire,
Me priait, m'exhortait, me commandait d'écrire,
D'être tout Satirique instamment me pressait.
Lors tout enflé d'espoir qui de vent me paissait,
Armé de sa faveur, je promettais de l'être;
Cependant j'ai perdu ma Satire et mon maître.
Adieu, Charles, adieu, sommeilles en repos;
Cependant que tu dors, je suivrai mon propos...

REINES ET PRINCESSES

REINES ET PRINCESSES

I

[MARIE STUART A FONTAINEBLEAU] [335]

Bien que le trait de votre belle face
Peinte en mon cœur par le temps ne s'efface,
Et que toujours je le porte imprimé
Comme un tableau vivement animé,
J'ai toutefois, pour la chose plus rare
Dont mon étude et mes livres je pare,
Votre semblant qui fait honneur au lieu
Comme un portrait fait honneur à son Dieu.
Vous n'êtes vive en drap d'or habillée,
Ni les joyaux de l'Inde dépouillée,
Riches d'émail et d'ouvrages, ne font
Luire un beau jour autour de votre front;
* En votre main des plus belles la belle
N'a rien sinon sa blancheur naturelle,
Et vos longs doigts, cinq rameaux inégaux,
Ne sont pompeux de bagues ni d'anneaux,
Et la beauté de votre gorge vive
* N'a pour carcan que sa blancheur naïve [336].
Un crêpe long, subtil et délié,
Pli contre pli retors et replié,
Habit de deuil, vous sert de couverture
Depuis le chef jusques à la ceinture,
Qui s'enfle ainsi qu'un voile quand le vent
Souffle la barque et la cingle en avant.

De tel habit vous étiez accoutrée
Partant, hélas! de la belle contrée
Dont aviez eu le Sceptre dans la main,
Lorsque pensive, et baignant votre sein
Du beau cristal de vos larmes roulées,
Triste marchiez par les longues allées
Du grand jardin de ce royal Château
* Qui prend son nom de la source d'une eau.
* Tous les chemins blanchissaient sous vos voiles,
Ainsi qu'on voit blanchir les rondes voiles
Et se courber bouffantes sur la mer,
Quand les forçats ont cessé de ramer,
Et la galère au gré du vent poussée
Flot dessus flot s'en va toute élancée
Sillonnant l'eau, et faisant d'un grand bruit
Pirouetter la vague qui la suit.
Lors les rochers, bien qu'ils n'eussent point d'âme,
Voyant marcher une si belle Dame,
Et les déserts, les sablons, et l'étang
* Où vit maint cygne habillé tout de blanc,
Et des hauts pins la cime de vert peinte
Vous contemplaient comme une chose sainte,
Et pensaient voir, pour ne voir rien de tel,
Une Déesse en habit d'un mortel
* Se promener, quand l'Aube retournée
Par les jardins poussait la matinée,
Et vers le soir, quand déjà le Soleil
A chef baissé s'en allait au sommeil...

II

[LE DÉPART DE MARIE STUART] 337

Comme un beau pré dépouillé de ses fleurs,
Comme un tableau privé de ses couleurs,
Comme le ciel s'il perdait ses étoiles,
La mer ses eaux, le navire ses voiles,

* Un bois sa feuille, un antre son effroi,
Un grand Palais la pompe de son Roi
Et un anneau sa perle précieuse :
Ainsi perdra la France soucieuse
Ses ornements, perdant la royauté
Qui fut sa fleur, sa couleur, sa beauté.
Dure Fortune, indomptable et félonne...
A peine était sortie hors du berceau,
Que tu la mis en mer sur un vaisseau,
Abandonnant le lieu de sa naissance,
Sceptre et parents, pour demeurer en France.
Lors en changeant de courage malin,
La regardas d'un visage bénin,
Et d'orpheline ensemble et d'étrangère
(Hà, que tu es inconstante et légère !)
La marias au fils de notre Roi,
Qui depuis tint la France dessous soi.
Puis en l'ayant, ô Fortune insensée !
Jusqu'au sommet des grands honneurs poussée,
Tu as occis à seize ans son mari,
Ni plus ni moins qu'en un jardin fleuri
Meurt un beau Lis quand la pluie pesante
Aggrave en bas sa tête languissante,
Ou comme au soir la rose perd couleur
Et meurt séchée, alors que la chaleur
Boit son humeur qui la tenait en vie,
Et feuille à feuille à bas tombe fanie.
Sa belle épouse, atteinte de souci,
Après sa mort est demeurée ainsi
Qu'on voit au bois la veuve tourterelle,
Ayant perdu sa compagne fidèle :
Jamais un autre elle ne veut choisir,
Car par la mort est mort tout son désir.
* Ni pré ni bois son regret ne console,
Et d'arbre en arbre au point du jour ne vole,
Ains se cachant dedans les lieux secrets,
Seulette aux vents raconte ses regrets,
Se paît de sable, et sans ami se branche,
En soupirant, sur une sèche branche.

Fortune, hélas ! ne suffisait-il pas
De l'offenser d'un si piteux trépas,
Sans lui remplir si traîtrement sa terre
D'opinions, de sectes, et de guerre
Bander son peuple aux armes tant prisé
Avant qu'il fût par sectes divisé?
Si la fureur de tes mains tant cruelles
Ont tel pouvoir sur les choses si belles,
Si l'équité, la bonté, la pitié,
Porter au vice extrême inimitié,
Si la vertu, la chasteté de vie,
N'ont résisté à ta cruelle envie,
Qu'espérons-nous de notre humanité?...
Tu n'es encore, ô Fortune ! contente :
Ta cruauté notre douleur augmente
En nous voulant priver de ses beaux yeux,
Yeux qui font honte aux étoiles des cieux,
Nous dérobant cette beauté divine,
Pour la donner aux flots de la marine...
Hà ! je voudrais, Écosse, que tu pusses
Errer ainsi que Dèle [338], et que tu n'eusses
Les pieds fermés au profond de la mer !
* Hà ! je voudrais que tu pusses ramer,
Ainsi que vole une barque poussée
De mainte rame à ses flancs élancée,
Pour t'enfuir longue espace devant
Le tard vaisseau qui t'irait poursuivant,
Sans décharger jamais à ton rivage
La belle Reine à qui tu dois hommage.
Puis elle adonc, qui te suivrait en vain,
Retournerait en France tout soudain
Pour habiter son duché de Touraine.
Lors de chansons j'aurais la bouche pleine,
Et en mes vers si fort je la lou'rais
Que comme un cygne en chantant je mourrais.
Pour mon objet j'aurais la beauté d'elle,
Pour mon sujet sa constance immortelle,
Où maintenant la voyant absenter
Rien que douleur je ne saurais chanter.

* Sus, Élégie en noir habit vêtue!
Monte au plus haut d'une roche pointue,
Cherche les bois des hommes séparés,
Fuis-t'en aux lieux qui sont plus égarés,
Et, te plaignant à l'entour des rivières,
Raconte aux vents que je perdis naguères
Une Maîtresse, une perle de prix,
Et une fleur, la fleur des bons esprits,
Une divine et rare Marguerite
Qui pour la France en la Savoie habite,
Et maintenant une Reine je perds,
* Qui fut l'honneur de France et de mes vers.

III

[SUR LE MÊME SUJET] [339]

* Le jour que votre voile aux Zéphyrs se courba
Et de nos yeux pleurants les vôtres déroba,...
Ce jour, la même voile emporta loin de France
Les Muses qui soulaient y faire demeurance,
Quand l'heureuse fortune ici vous arrêtait
Et le Sceptre Français entre vos mains était.
Depuis, notre Parnasse est devenu stérile,
Sa source maintenant d'une bourbe distille,
Son laurier est séché, son lierre est détruit,
Et sa croupe jumelle est ceinte d'une nuit.
Les Muses en pleurant ont laissé nos montagnes :
Que pourraient plus chanter ces neuf belles compagnes,
Quand vous, leur beau sujet, qui les faisait parler,
Sans espoir de retour est daigné s'en aller?
Quand votre Majesté qui leur donnait puissance
A tranché leur parole avecque son absence?
Quand votre belle lèvre, où Nature posa
Un beau jardin d'œillets que Python arrosa
De nectar et de miel, quand votre bouche pleine
De perles, de rubis et d'une douce haleine,

Quand vos yeux étoilés, deux beaux logis d'Amour,
Qui feraient d'une nuit le midi d'un beau jour,
Et pénétrant les cœurs pourraient dedans les âmes
Des Scythes imprimer la vertu de leurs flammes,
Quand votre front d'albâtre et l'or de vos cheveux
Annelés et tressés, dont le moindre des nœuds
Dompterait une armée, et ferait en la guerre
Hors des mains des soldats tomber le fer à terre,
Quand cet ivoire blanc qui enfle votre sein,
Quand votre longue et grêle et délicate main,
Quand votre belle taille et votre beau corsage
Qui ressemble au portrait d'une céleste Image,
Quand vos sages propos, quand votre douce voix,
Qui pourrait émouvoir les rochers et les bois,
Las ! ne sont plus ici ! quand tant de beautés rares
Dont les Grâces des cieux ne vous furent avares,
Abandonnant la France, ont d'un autre côté
L'agréable sujet des Muses emporté,
Comment pourraient chanter les bouches des Poètes,
Quand par votre départ les Muses sont muettes ?
Tout ce qui est de beau ne se garde longtemps :
Les roses et les lis ne règnent qu'un printemps ;
Ainsi votre beauté, seulement apparue
Quinze ans en notre France, est soudain disparue,
Ainsi qu'on voit en l'air s'évanouir un trait,
Et d'elle n'a laissé sinon que le regret,
Sinon le déplaisir qui me remet sans cesse
Au cœur le souvenir d'une telle Princesse...

IV

« A MESDAMES, DESQUELLES L'UNE FUT MADAME LA DUCHESSE DE LORRAINE, L'AUTRE REINE D'ESPAGNE, L'AUTRE EST LA REINE DE NAVARRE. »[340]

Ma nourrice Calliope,
Qui du luth Musicien

Dessus la jumelle croupe
D'Hélicon, guides la troupe
Du saint chœur Parnassien,

Et vous ses Sœurs qui, recrues
D'avoir trop mené le bal,
Toute nuit vous baignez nues
Dessous les rives herbues
De la fontaine au cheval,

Puis, tressant dans quelque prée
Vos cheveux délicieux,
Chantez d'une voix sacrée
Une chanson qui récréc
Et les hommes et les Dieux;

Laissez vos antres sauvages,
Doux séjour de vos ébats,
Vos forêts et vos rivages,
Vos roches et vos bocages,
Et venez suivre mes pas...

Comme ores, Nymphes très belles,
Je vous mène avecque moi
En ces maisons immortelles,
Pour célébrer trois pucelles
Comme vous filles de Roi,

Qui dessous leur mère croissent
Ainsi que trois arbrisseaux,
Et jà grandes apparaissent
Comme trois beaux lis qui naissent
* A la fraîcheur des ruisseaux...

Divin est votre lignage,
Et le brun que vous voyez
Rougir en votre visage [341]
En rien ne vous endommage
Que très belles ne soyez.

Les Charites sont brunettes,
Bruns les Muses ont les yeux,
Toutefois belles et nettes
Reluisent comme planètes
Parmi la troupe des Dieux.

Mais que sert d'être les filles

D'un grand Roi, si vous tenez
Les Muses comme inutiles
Et leurs sciences gentilles
Dès le berceau n'apprenez?
 Ne craignez pour mieux revivre
D'assembler d'égal compas
Les aiguilles et le livre,
Et de doublement ensuivre
Les deux métiers de Pallas.
 Peu de temps la beauté dure,
Et le sang qui des Rois sort,
Si de l'esprit on n'a cure,
Autant vaut quelque peinture
Qui n'est vive qu'en son mort.
 Ces richesses orgueilleuses,
Ces gros diamants luisants,
Ces robes voluptueuses,
Ces dorures somptueuses
Périront avec les ans.
 Mais le savoir de la Muse
Plus que la richesse est fort :
Car jamais rouillé ne s'use,
Et malgré les ans refuse
De donner place à la mort.
 Sitôt que serez apprises
A la danse des neuf Sœurs,
Et que vous aurez comprises
Les doctrines plus exquises
A former vos jeunes mœurs,
 Tout aussitôt la Déesse
Qui trompette les renoms,
De sa bouche parleresse
Partout épandra sans cesse
Les louanges de vos noms.
 Lors s'un Roi pour sa défense
A vos frères repoussés
De sa terre avec sa lance,
Refroidissant la vaillance
De ses peuples courroucés,

Au bruit de la Renommée
Épris de votre savoir,
Aura son âme enflammée
Et en quittant son armée
Pour mari vous viendra voir.
Voilà comment en deux sortes
Tous Rois seront combattus,
Soit qu'ils sentent les mains fortes
De nos Françaises cohortes,
Soit qu'ils aiment vos vertus...

V

[VISITE DE CATHERINE DE MÉDICIS] [342]

Vous qui avez, forçant la destinée,
Si bien conduit cette trouble saison,
Vous qui avez par prudence et raison
Si dextrement la France gouvernée,
Êtes ici des Muses amenée
Par un destin; car c'était la raison
Que d'un trait d'œil vous vissiez la maison
Que vous m'avez en leur faveur donnée [343].
Si ce lieu n'est un grand palais doré,
S'il n'est orné de marbre élaboré,
S'il n'est assis sur piliers de porphyre [344],
S'il n'est paré d'un artifice humain,
Il m'est pourtant aussi cher qu'un empire
Tant vaut le bien qui vient de votre main.

VI

« A MADAME MARGUERITE
QUI DEPUIS A ÉTÉ DUCHESSE DE SAVOIE » [345]

Vierge, dont la vertu redore
Cet heureux siècle qui t'adore,

Non pour être fille de Roi,
Pour être Duchesse, ou pour être
Si proche en sang du Roi mon maître
Qu'il n'a point d'autre sœur que toi,
   Mais bien pour être seule en France
Et la colonne et l'espérance
Des Muses, la race des Dieux,
Que ta sainte grandeur embrasse
Suivant le naïf de ta race
* Qui d'Astres a peuplé les cieux.
   Les Muses d'une sage envie
Tu suis pour guides de ta vie,
Et non les vers tant seulement,
Mais bien tu joins à leur science
Leur innocence conscience
Et leurs beaux dons également...
   Aussi ces maisons tant prisées
D'un or émaillé lambrissées,
Fontainebleau, Chambord, ne sont
Les séjours où tant tu t'amuses
Que parmi les antres des Muses,
Compagnes des sauts qu'elles font...
   O des Princesses la lumière,
De quelle louange première
Commencerai-je à te vanter,
Et de mille dont tu abondes
Quelles dernières ou secondes
Cloront la fin de mon chanter?...
   C'est toi, Princesse, qui animes
Les fredons de nos basses rimes
Pour les élever jusqu'aux cieux,
Et qui fais nos chants poétiques
Égaler les vers des antiques
Par un oser ingénieux...

VII

[AU DUC DE SAVOIE] [346]

... Ainsi qu'on voit une belle génisse,
A qui le col n'est pressé du service,
Loin des taureaux par les champs se jouant,
Aller du pied l'arène secouant,
Haussant le front et marcher sans servage
Où son pied libre a guidé son courage,
Sans point avoir encores alentour
Du cœur senti les aiguillons d'amour :
Ainsi marchait et jeune et toute belle
Et toute à soi la royale Pucelle.
* Elle ignorant les faux allèchements
Du faux Amour et ses attouchements,
Ses feux, ses arcs, ses flèches, et sa trousse,
Et le doux fiel de Vénus aigre-douce,
Suivait Minerve, et par elle approuvés
Étaient les arts que Pallas a trouvés.
Aucunefois avec ses Damoiselles,
Comme une fleur assise au milieu d'elles,
Tenait l'aiguille, et d'un art curieux
Joignait la soie à l'or industrieux
Dessus la toile ou sur la gaze peinte,
De fil en fil pressait la laine teinte,
Et d'un tel soin son ouvrage agençait
Que d'Arachné le métier effaçait [347].
Mais plus son cœur elle adonnait au livre,
A la lecture, à ce qui fait revivre
L'homme au tombeau, et les doctes métiers
De Calliope exerçait volontiers,
En attendant que Fortune propice
Eût ramené toi, son époux Ulysse;
Seule en sa chambre au logis t'attendait,
Et des amants chaste se défendait...

VIII

« A MADAME MARGUERITE, DUCHESSE DE SAVOIE » [348]

Comme une belle Nymphe à la rive amusée,
Qui sûre voit de loin enfondrer un bateau
Et sans changer de teint court sur le bord de l'eau,
Où son pied la conduit par la fraîche rosée :
Ainsi vous regardez d'assurance poussée,
Sans point décolorer votre visage beau,
* Notre Europe plongée au profond du tombeau
Par Philippe et Henri au naufrage exposée.
Les vertus, que du ciel en don vous recevez,
Et celles que par livre acquises vous avez
Tout le soin terrien vous chassent hors des yeux;
Et bien que vous soyez dedans ce monde en vie,
L'éternelle vertu du corps vous a ravie
Et vive vous assied, miracle ! entre les Dieux.

IX

[SUR LA MORT DE LA DUCHESSE DE SAVOIE] [349]

... Que n'ai-je le savoir de l'école Romaine
Ou la Muse des Grecs ! comme un cygne qui mène
Son deuil dessus Méandre, en pleurant je dirais
La belle Marguerite et ses faits j'écrirais.
Je dirais que Pallas naquit de la cervelle
Du Père Jupiter, qu'elle, Pallas nouvelle,
Sortit hors du cerveau de son père François,
Le père des vertus, des armes et des lois...
Je dirais, tout ainsi que la mère Éleusine
Sema les champs de blé, qu'elle, toute divine

Nourrice d'Hélicon, sema de toutes parts
La France de métiers, de sciences et d'arts,
Qu'elle portait une âme hôtelière des Muses,
Que les bonnes vertus étaient toutes infuses
En son corps héroïque, et quand elle naquit
Les Astres plus malins plus forte elle vainquit,
Et que le ciel la fit si parfaite et si belle
Que pour n'en faire plus en rompit le modèle,
Ne laissant pour exemple aux Princesses sinon
Le désir d'imiter le vol de son renom.
  Qu'on grave sur sa tombe un blanc portrait d'un cygne,
Afin que d'âge en âge au peuple il soit le signe
Que la mère elle était des Muses, et aussi
Des hommes qui avaient les Muses en souci.
  Se plante à son tombeau la vive Renommée
Ayant la trompe en bouche et l'échine emplumée,
Cent oreilles, cent yeux, cent langues et cent voix,
Pour chanter tous les jours, tous les ans, tous les mois,
De la morte au Passant la gloire et le mérite,
En criant : Si tu lis la belle Marguerite,
En qui tout le ciel mit sa plus divine part,
Tant de fois rechantée ès œuvres de Ronsard,
Qui fut en son vivant si précieuse chose,
Sache que sous ce marbre en paix elle repose :
Sa cendre gît ici, et pour ce, Viateur,
Sois de son Épitaphe en larmes le lecteur,
Baise sa tombe sainte, et sans soupirs ne passe
Des neuf Muses la Muse et des Grâces la Grâce...
  Je veux, pour n'être ingrat à sa fête ordonnée,
Qui reviendra nouvelle au retour de l'année,
Comme un antique Orphée en long surpelis blanc
Retroussé d'une boucle et d'un nœud sur le flanc,
Chanter à haute voix d'une bouche immortelle
L'honneur et la faveur qu'humble j'ai reçus d'elle,
Comme elle eut soin de moi pour l'honneur que j'avois
De servir ses neveux mes maîtres et mes Rois.
  Je dirai que le Ciel me porte trop d'envie
De me faire traîner une si longue vie,
Et de me réserver en chef demi-fleuri

Pour pleurer les tombeaux des Rois qui m'ont nourri.
Je dirai que des Grands la vie est incertaine,
Que fol est qui se fie en la faveur mondaine,
Un jouet de Fortune, une fleur du Printemps,
Puisqu'on voit tant de Rois durer si peu de temps...

LA POÉSIE DE COUR

LA POÉSIE DE COUR

I

« LE TROPHÉE D'AMOUR
A LA COMÉDIE DE FONTAINEBLEAU » [350]

Je suis Amour, le grand Maître des Dieux,
Je suis celui qui fait mouvoir les cieux,
Je suis celui qui gouverne le monde,
Qui le premier hors de la masse éclos
Donnai lumière et fendis le Chaos
Dont fut bâti cette machine ronde.
Rien ne saurait à mon arc résister,
Rien ne pourrait mes flèches éviter,
Et enfant nu je fais toujours la guerre;
Tout m'obéit, les oiseaux émaillés,
Et de la mer les poissons écaillés,
Et les mortels qui marchent sur la terre.
La paix, la trêve, et la guerre me plaît,
Du sang humain mon appétit se paît,
Et volontiers je m'abreuve de larmes;
Les plus hautains sont pris à mon lien,
Le corselet au soldat ne sert rien
Et le harnois ne défend les gens d'armes.
Je tourne et change et renverse et défais
Ce que je veux, et puis je le refais,
Et de mon feu toute âme est échauffée;
Je suis de tous le Seigneur et le Roi,
Rois et Seigneurs vont captifs devant moi

* Et de leurs cœurs j'enrichis mon trophée...
La volupté, la jeunesse me suit,
L'oisiveté en pompe me conduit,
Je suis aveugle et si ai bonne vue,
Je suis enfant et suis père des Dieux,
Faible, puissant, superbe, gracieux,
Et sans viser je frappe à l'imprévue...
Qui ne me voit, au monde ne voit rien :
Je suis du monde et le mal et le bien,
Je suis le doux et l'amer tout ensemble,
Je n'ai patron ni exemple que moi,
Je suis mon tout, ma puissance et ma loi,
Et seulement à moi seul je ressemble.

II

« STANCES LYRIQUES

POUR UN BANQUET » [351]

Ier Joueur

Autant qu'au Ciel on voit de flammes
Dorer la nuit de leurs clartés,
Autant voit-on ici de Dames
Orner ce soir de leurs beautés.

IIe Joueur

Autant que l'on voit une prée
Fleurir en jeunes nouveautés,
Autant cette troupe sacrée
S'enrichit de mille beautés.

I

La Cyprine et les Grâces nues,
Se dérobant de leur séjour,
Sont au festin ici venues
Pour de la nuit faire le jour.

II

Ce ne sont pas femmes mortelles
Qui nous éclairent de leurs yeux,
Ce sont Déesses éternelles
Qui pour un soir quittent les Cieux.

I

Quand Amour perdrait ses flammèches
Et ses dards trempés de souci,
Il trouverait assez de flèches
Aux yeux de ces Dames ici.

II

Amour, qui cause nos détresses
Par la cruauté de ses dards,
Fait son arc de leurs blondes tresses
Et ses flèches de leurs regards...

I

Las ! que ne suis-je en cette trope
Un Dieu caché sous un Taureau !
Je ravirais encore Europe
Au beau milieu de ce troupeau.

II

Que n'ai-je d'un Cygne la plume
Pour jouir encore à plaisir
De cette beauté qui m'allume
Le cœur de crainte et de désir !

I

Amour, qui tout voit et dispense,
Ces Dames veuille contenter
Et, si la rigueur les offense,
Nouvel ami leur présenter.

II

Afin qu'au changer de l'année
Et au retour des jeunes fleurs,
Une meilleure destinée
Puisse commander à leurs cœurs.

III

[ÉLOGE DES DAMES] [352]

... Les Dames sont des hommes les écoles :
Les châtiant de leurs jeunesses folles,
Les font courtois, vertueux et vaillants.
Tels ont vécu ces superbes Rolands,
Renauds, Tristans, pleins d'une âme amoureuse,
Qui désireux de gloire aventureuse,
Comme les Dieux s'acquirent des autels
Faisant partout des gestes immortels.
Ce fut Amour auteur de telle affaire,
Car sans ce Dieu ils n'eussent su rien faire.
Qui voudra donc soi-même se dompter,
Et jusqu'au ciel par louange monter,
Et qui voudra son cœur faire paraître
Grand par-sur tous, de soi-même le maître,
Soit amoureux d'une Dame qui sait
Rendre l'Amant vertueux et parfait.
L'homme mal né qui les Amours méprise,
N'achèvera jamais belle entreprise,
Ains tout perclus de sens et de raison
Ne bougera poltron de sa maison.
Aux temps passés, et Jason et Thésée
* De mainte affaire étrange et malaisée
Sont retournés environnés d'honneur,
Ayant Amour pour guide et gouverneur.
Les Dames sont pleines de courtoisie,
Ont le cœur haut, haute la fantaisie,
Pleines d'honneur, de grâce et de vertu,

De qui l'esprit n'est jamais combattu
Ni ébranlé de passion aucune,
Car leur bon cœur surmonte la fortune.
  On voit toujours la femme de moitié
Surpasser l'homme en parfaite amitié :
Témoin en est la vertueuse Alceste
Qui se tua pour son époux Admète,
Où nul Amant ne se saurait trouver
Mort de sa main pour sa Dame sauver.
  Tout cœur de femme est armé de constance :
Celui de l'homme est plein d'impatience,
Menteur, parjure, incertain et léger,
Double, fardé, trompeur et mensonger,
Et bref la Dame honore trop un homme
Quand serviteur de ses beautés le nomme.
Les Dieux sans plus, et non les mortels, sont
Dignes des biens que les Dames nous font.
  Mais s'il se trouve une amitié bien faite
D'âge, de mœurs, en loyauté parfaite,
C'est un trésor qui bienheureux se doit
Garder, d'autant que bien rare on le voit,
Et que chacun contemple en sa partie
La sainte amour dont la leur est sortie,
Qu'on ne voit plus comme on soulait ici
Depuis le temps que le peuple obscurci
D'erreur, de fraude et de vices infâmes,
* Ainsi qu'il doit n'honore plus les Dames :
Car toujours règne au monde le malheur,
Quand on n'y voit les Dames en honneur...

IV

[FRAGMENT DE LA « BERGERIE »] [353]

Le Chœur des Bergères, composé de douze assises dedans un Antre, six d'une part et six de l'autre.

La première partie du côté dextre commence en chantant.

Si nous voyons entre fleurs et boutons

Paître moutons
Et nos chevreaux pendre sur une roche,
Sans que le loup sur le soir en approche
De sa dent croche;
Si lis florir et roses nous sentons,
Voyant mourir toute herbe serpentine;
Si nous voyons les Nymphes à minuit
* En leur simple vasquine
Mener un bruit,
Dansant aux bords d'une source argentine;
Si nous voyons le siècle d'or refait,
C'est du bienfait
De la Bergère Catherine.

L'autre partie sort de l'Antre du côté gauche en chantant.

Quand nous irons baigner les grasses peaux
De nos troupeaux
Pour leur blanchir ergots, cornes et laines,
Semant partout des roses à mains pleines
Sur les fontaines
Et sur les eaux;
Quand nous ferons aux Nymphes le service,
Et d'humble office
Irons versant le sang d'un agnelet
Dedans du lait
Pour sacrifice;
Lors nous ferons de gazons un autel
Tout couvert de branche myrtine,
Et de la Nymphe Catherine
Appellerons le grand nom immortel;
Puis lui faisant hommage
Parmi son temple épandrons mille fleurs,
Car tant qu'Amour se nourrira de pleurs,
Dedans le cœur nous aurons son image...

Chœur des Bergères

J'ai songé sur la minuit
Cette nuit,
Quand le doux sommeil nous lie,

* Que deux beaux Cygnes chantaient,
Qui sortaient
Du côté de l'Italie.
J'en ai vu d'autres aussi
Tout ainsi
Venir du côté d'Espagne,
Et d'autres forts et puissants
Blanchissants
Du côté de l'Allemagne,
Puis en tournant tout en rond
Sur le front
De Carlin, lui faire fête
Et doucement en chantant
L'éventant,
Lui prédire une conquête.
J'ai vu presque en même temps
Le Printemps
Fleurir deux fois en l'année :
Dieu ces songes nous permet,
Qui promet
Quelque bonne destinée.

V

[A LA REINE CATHERINE DE MÉDICIS SUR LE VOYAGE DE LA COUR DANS LES PROVINCES] 354

* Comme une belle et jeune fiancée
De qui l'amour chatouille la pensée,
Soupire après son ami nuit et jour,
Et triste attend l'heure de son retour;
Si chaude ardeur de le voir la transporte,
Qu'à la fenêtre, au chemin, à la porte
Cent fois le jour et cent va regardant;
Mais en voyant que le temps cependant
De sa promesse a jà passé son heure,

En s'enfermant dedans sa chambre pleure,
Gémit, soupire et mord le lit en vain;
Puis discourant d'un jugement malsain
Sur ce qui peut retarder la présence
D'un jeune amant, à toute chose pense,
Rêve, discourt, et pleine d'amour fait
Que son penser n'est jamais satisfait
Par un douter, qui mal ferme chancelle,
Feignant toujours quelque cause nouvelle;
  De tel désir toute France qui pend
De vos vertus votre présence attend
Et le retour de nos deux jeunes Princes,
Qui dessous vous connaissent leurs Provinces...
Paris lamente et languit en souci
Et ne saurait, quoi qu'il pense ou regarde,
Songer le point qui si loin vous retarde.
  Serait-ce point le Rhône impétueux?
Le cours de Seine aux grands ports fructueux
Est plus plaisant; serait-ce point Marseille?
Non, car Paris est ville sans pareille,
Bien que Marseille en ses titres plus vieux
Vante bien haut ses Phocenses aïeux,
Qui d'Apollon fuyant l'oracle et l'ire
* A son rivage ancrèrent leur navire.
  L'air plus serein des peuples étrangers
Et le doux vent parfumé d'orangers
De leur douceur vous ont-ils point ravie?
La peste, hélas! vous a toujours suivie.
De Languedoc les pâles oliviers
Sont-ils plus beaux que les arbres fruitiers
De votre Anjou ou les fruits que Touraine
Plantés de rang en ses jardins amène?
Je crois que non. Y vit-on mieux d'accord?
Mars en tous lieux de votre grâce est mort.
  Qui vous tient donc si loin de nous, Madame?
C'est le désir de consumer la flamme
Qui peut rester des civiles fureurs
Et nettoyer nos provinces d'erreurs.
  Votre vouloir soit fait à la bonne heure!

Mais retournez en la saison meilleure,
Et faites voir au retour du Printemps
De votre front tous vos peuples contents.
  Votre Monceau tout gaillard vous appelle,
Saint-Maur pour vous fait sa rive plus belle,
Et Chenonceau rend pour vous diaprés
De mille fleurs son rivage et ses prés;
La Tuillière au bâtiment superbe
Pour vous fait croître et son bois et son herbe [355],
Et désormais ne désire sinon
Que de porter sur le front votre nom.
  Et toutefois ensemble ils ont jurée
Une promesse entre eux bien assurée,
C'est de toujours porter habit de deuil
Jusques au jour que les rais de votre œil
Leur donneront une couleur plus neuve,
Changeant en vert leur vieille robe veuve,
Et que jamais ils ne seront joyeux,
Beaux ni gaillards qu'au retour de vos yeux.
  Si vous venez, vous verrez vos allées
Dessous vos pas d'herbes renouvelées,
Et vos jardins plus verts et plus plaisants
Se rajeunir en la fleur de leurs ans...
  Déjà le temps et la froide saison
Qui votre chef a fait demi-grison,
Et les soucis vous commandent de faire
Honnête chère et doucement vous plaire.
Assez et trop ce Royaume puissant
A vu son Sceptre en son sang rougissant,
A vu la mort de trois Rois en peu d'heure
Et d'un grand Duc que toute Europe pleure [356];
Assez a vu l'audace du harnois
Vous résister et corrompre vos lois,
Et vos Cités l'une à l'autre combattre.
Or maintenant il est temps de s'ébattre,
Et de jeter dedans l'air bien avant
Tous vos ennuis sur les ailes du vent...
  Quand verrons-nous quelque tournoi nouveau?
Quand verrons-nous par tout Fontainebleau

De chambre en chambre aller les mascarades?
Quand oirons-nous au matin les aubades
De divers luths mariés à la voix
Et les cornets, les fifres, les hautbois,
* Les tambourins, les flûtes, épinettes
Sonner ensemble avecque les trompettes?
Quand verrons-nous comme balles voler
Par artifice un grand feu dedans l'air?
  Quand verrons-nous sur le haut d'une scène
Quelque Janin ayant la joue pleine
Ou de farine ou d'encre, qui dira
Quelque bon mot qui vous réjouira [357]?
Quand verrons-nous une autre Polynesse
Tromper Dalinde [358], et une jeune presse
De tous côtés sur les tapis tendus
Honnêtement aux girons épandus
De leur Maîtresse [359], et de douces paroles
Fléchir leurs cœurs et les rendre plus molles,
Pour saintement un jour les épouser
Et chastement près d'elles reposer?
  C'est en ce point, Madame, qu'il faut vivre,
Laissant l'ennui à qui le voudra suivre.
  De votre grâce un chacun vit en paix;
Pour le Laurier l'Olivier est épais
Par toute France, et d'une étroite corde
Avez serré les deux mains de Discorde.
Morts sont ces noms Papaux et Huguenots,
Le Prêtre vit en tranquille repos,
Le vieux soldat se tient à son ménage,
L'artisan chante en faisant son ouvrage,
Les marchés sont fréquentés des marchands,
Les laboureurs sans peur sèment les champs,
Le pasteur saute auprès d'une fontaine,
Le marinier par la mer se promène
Sans craindre rien, car par terre et par mer
Vous avez pu toute chose calmer.
En travaillant chacun fait sa journée;
Puis quand au ciel la Lune est retournée,
Le laboureur délivré de tout soin

Se sied à table, et prend la tasse au poing.
Il vous invoque, et rempli d'allégresse
Vous sacrifie ainsi qu'à sa Déesse,
Verse du vin sur la place et, aux cieux
Dressant les mains et soulevant les yeux,
Supplie à Dieu qu'en santé très parfaite
Viviez cent ans en la paix qu'avez faite.

VI

[LE CONSEILLER D'ÉTAT] [360]

« A JEAN DU THIER, SEIGNEUR DE BEAUREGARD »

... Comme on voit bien souvent aux mines dessous terre
Soient d'argent, soient de fer, de grands piliers de pierre,
Qui sont vus soutenir la mine de leurs bras,
Et ahanner beaucoup, et si n'ahannent pas;
Ce sont d'autres piliers qui loin du jour se tiennent
Dedans des coins à part, qui tout le faix soutiennent :
Ainsi les grands Seigneurs, soit en guerre ou en paix,
En crédit élevés, semblent porter le faix
Des affaires de France avec l'épaule large,
Et toutefois c'est toi qui en portes la charge.
S'il arrive un paquet d'Itale ou plus avant,
Soit de Corse, ou de Grèce, ou du bout du Levant,
Ils le déplieront bien, mais il te faudra mettre
En ton étude après pour répondre à la lettre;
Car ainsi que le Ciel ne soutient qu'un Soleil,
France n'a qu'un Du Thier, qui n'a point de pareil
Ou soit pour sagement les Étrangers semondre,
Ou soit pour cautement à leurs paquets répondre;
Car soit en style bas, ou en style hautain,
Les Grâces du Français s'écoulent de ta main...
Ton esprit n'a repos, qui sans cesse travaille,
Et ta langue, et ta main : l'esprit en inventant
La main en écrivant, et la langue en dictant
Quelque lettre à tes clercs, où tout seul tu déchiffres

Dedans ta chambre à part les énigmes des chiffres
Que te baille un courrier nouvellement venu,
Afin que le secret du Roi ne soit connu.
  Ici un Allemand des nouvelles t'apporte,
Ici un Espagnol se tient devant ta porte;
L'Anglais, l'Italien, et l'Écossais aussi
Font la presse à ton huis, et te donnent souci;
L'un ceci, l'un cela diversement demande;
Puis il te faut signer ce que le Roi commande,
Qui selon les effets des divers arguments
Te baille en moins d'un jour mille commandements,
De petits, de moyens, et de grande importance.
  Encore as-tu le soin des grands trésors de France :
Tailles, tributs, emprunts, décimes et impôts
Ne laissent ton esprit un quart d'heure à repos,
Qui se plaît d'achever mille choses contraires,
Et plus est vigoureux, tant plus il a d'affaires.
Or, ainsi qu'un poisson se nourrit en son eau
Et une Salamandre au brasier d'un fourneau,
Tu te plais en ta peine, et ta verte vieillesse
Se nourrit du travail qui jamais ne te laisse.
  Quand tu vas au matin aux affaires du Roi,
Une tourbe de gens frémit tout après toi,
Qui deçà qui delà tes côtés environnent,
Et tous divers propos à tes oreilles sonnent :
L'un te baille un placet, l'un te va conduisant
Pour lui faire donner au Roi quelque présent,
L'autre, qui a de près ton oreille approchée,
Demande si sa lettre a été dépêchée;
L'un est fâché d'attendre, et n'a repos aucun
Que toujours ne te suive et te soit importun;
L'autre plus gracieux te fait la révérence,
Et l'autre te requiert l'avoir en souvenance :
Bref la foule te presse, et démène un grand bruit
Tout à l'entour de toi, comme un torrent qui fuit
Bouillonnant par le fond des pierreuses vallées,
Quand dessous le printemps les neiges sont coulées.
  Tu n'as si tôt dîné, qu'il ne te faille aller
Au Conseil pour ouïr des affaires parler,

Puis au coucher du Roi, puis selon ta coutume
Presque toute la nuit veiller avec la plume.
Et pour ce notre Roi d'un favorable accueil
Te prise et te chérit, et te porte bon œil,
Comme à celui qui prend en France plus de peine.
Si fait Montmorency, et Charles de Lorraine,
Non seuls, mais tout le peuple, et ceux qui ont l'esprit
De savoir discerner combien vaut ton écrit,
Et moi par-dessus tout, qui de plus près admire
Ta vertu qui me fait cette lettre t'écrire...

LA MAISON DE LORRAINE

LA MAISON DE LORRAINE

I

[LES GLOIRES DE LA MAISON DE LORRAINE] [361]

Un plus savant que moi ou plus chéri des cieux
Chantera les combats de tes nobles aïeux,
* Dira de Godefroy l'aventureuse armée
Et la palme conquise en la terre Idumée,
Et le cours du Jourdain qui fut si plein de morts
Que le sang infidèle outre-coulait ses bords,
Chantera de Damas la muraille forcée,
Chantera Césarée, Antioche et Nicée,
Galilée, Iturée, et comme Godefroy
De Tyr et de Sidon par armes se fit Roi,
Et de Cypre la belle et de Hiérosolyme,
Et des peuples sujets au sceptre de Solyme.
Après, en ramenant tes aïeux d'outre-mer,
Les fera pour la gloire aux batailles armer
Près la grande Hespérie, et vaincre cette terre
Où le fardeau d'un mont un grand Géant enserre [362],
Lequel lui fut jadis par les Dieux envoyé
Quand il tomba du Ciel à demi foudroyé.
Puis leur fera planter l'écusson de Lorraine
Sur le fameux tombeau de l'antique Sirène [363].
Après, il chantera les magnanimes faits
Que ton grand frère, ainçois que tes frères ont faits,
Donnant de leurs vertus à tout le monde exemple [364],

Si bien que le Soleil qui tout voit et contemple,
Lorsqu'il tire ou qu'il plonge en l'Océan ses yeux,
Ne voit point ici-bas Princes plus vaillants qu'eux,
Soit pour donner conseil, soit pour donner bataille,
Soit pour prendre ou garder les forts d'une muraille...

II

[ÉLOGE DU CARDINAL DE LORRAINE] [365]

* ... Muse à la belle voix, Calliope immortelle!
Frise tes beaux cheveux, habille-toi très belle,
Enferme ton beau pied de ton riche patin,
Boucle haut ta ceinture auprès de ton tétin,
Et, comme d'un grand Dieu la fille vénérable,
Entre dans le palais de ce Prince honorable,
Heurte à son cabinet, auquel tu m'éliras
Un millier de vertus que tu me rediras,
Puis je les redirai à ceux du futur âge,
Afin que la vertu d'un si grand personnage
Soit connue en sa vie, et qu'après le trépas
Son nom dedans l'oubli ne se perde là-bas
Et l'araigne pendante à bien filer experte
Ne dévide ses rets sur sa tombe déserte.
Ainsi qu'un marinier durement tourmenté
De dettes et d'enfants, fuyant la pauvreté,
Sillonne de sa nef l'échine de Neptune
Jusques en l'Orient au hasard de fortune,
A la fin retourné heureusement au port
Riche d'Indique proie, étale sur le bord
Le butin que sa main a pillé sous l'Aurore,
Rubis, perles, saphirs et diamants encore
Assemblés pêle-mêle, et de telle foison
Enrichit ses parents et toute sa maison :
Ainsi ma Calliope, à la fin retournée
De ton palais royal, revient environnée
* De cent mille vertus, qu'elle épand à la fois

Comme de grands trésors devant les yeux François...
En ce point tu soutins presque dès ton enfance,
Non des bras mais d'esprit, les affaires de France,
Fardeau gros et pesant, où l'on peut voir combien
Ton esprit est subtil à le régir si bien.
* Ici viennent à toi les paquets de l'Asie,
D'Allemagne, Angleterre, Espagne et d'Italie,
De Flandres et d'Écosse, et bref des quatre bouts
Du Monde on vient à toi : tu fais réponse à tous,
Tu lis dedans les cœurs leur secrète pensée
Avant que par la langue elle soit annoncée,
Et ne peuvent tenir leur secret si couvert
Que dès le premier mot il ne te soit ouvert.
L'un désire la paix, l'autre brasse la trêve,
L'autre allonge la guerre; ici le peuple élève
Le front contre le Roi, le Roi ne veut ici
Endurer qu'un sujet élève le sourcil.
S'il faut faire un conseil, s'il faut qu'on fortifie
Quelque brave cité que l'ennemi défie,
S'il faut ou échapper ou se mettre en danger,
S'il faut avec présents gagner un étranger,
S'il faut garder la paix, s'il faut que l'on guerroie,
S'il faut lever un camp, s'il faut qu'on le soudoie,
S'il faut trouver argent, s'il faut faire une loi,
S'il faut remédier aux abus de la foi,
S'il faut de nos cités châtier la police,
S'il faut serrer le frein aux hommes de Justice,
S'il faut toute la France au conseil assembler,
S'il faut tous les Français d'un clin faire trembler,
Tu dis tout, tu fais tout, et notre Roi ne trouve
Rien bon, si ton conseil gravement ne l'approuve.

Une affaire achevée, une autre te survient
Qui fertile renaît; et sur ce il me souvient
De l'Hydre (soit la fable ou mensongère ou vraie)
Qui plus repullulait fertile de sa plaie;
Plus on coupait son chef, et plus il revenait,
Et toujours à son dam plus fécond devenait.
Ainsi plus tu finis, et plus il te faut faire,
Tant la France est une Hydre abondante en affaire...

... Ni le froid des Alpes haut-cornues,
Qui soutiennent le Ciel de leurs croupes chenues,
Nourrices de maint fleuve et de maint gros torrent
A gros bouillons enflés descendant et courant,
Qui portent en tout temps sur leurs dos solitaires
Les neiges, les frimas, les vents héréditaires,
Ni les dangers marins ne t'ont point engardé
Qu'à Rome tu ne sois à la fin abordé,
Mercure des Français de faconde si rare,
Pour faire entendre au Pape, à Venise, à Ferrare,
Le tort qu'on fait au Roi et pour les animer,
En gardant son parti, de justement s'armer [366]...

Qui a point vu courir à bruyantes ondées
Un torrent franchissant ses rives débordées,
Ou sur les monts d'Auvergne, ou sur le plus haut mont
Des cloîtres Pyrénés, quand la neige se fond
Et que par gros monceaux le Soleil la consomme?
Il t'a vu renverser devant le Pape à Rome
Les torrents d'éloquence; ainsi qu'au temps jadis
Démosthène poussait ses tonnerres hardis
Au milieu d'un parquet, quand sa voix nonpareille
Tirait des auditeurs les âmes par l'oreille,
Ainsi dans le Sénat de Cardinaux tout plein
Tu fléchissais le cœur du grand Pasteur Romain,
Soit en lui suadant de ne tromper la guerre
Que ton frère amenait pour l'honneur de saint Pierre,
Et pour sauver ses clefs qui pendaient en danger,
Sacrilège butin du soldat étranger,
Soit en lui remontrant comme l'Aigle d'Autriche,
Qui des plumes des Rois finement se fait riche...

Quand il te plaît en long filer une oraison
Et avec un grand tour déduire ta raison,
Errant deçà delà par les fleurs d'Oratoire,
Et sans cacher ton art ta cause faire croire,
Tu sembles au cheval d'Espagne, que la main
D'un adroit écuyer maîtrise sous le frein :
Ores à bride lâche, ores avec l'étroite,
Le pousse de l'ép'ron dans la carrière droite,
Et ores à courbette, ores avec le bond,

Et ores de pied coi le pirouette en rond
Brusquement çà et là, sans tenir même espace,
Mais voltant au plaisir de celui qui le chasse.
Ou s'il te plaît darder un parler orageux
Plein de foudre et de grêle, ou si moins courageux
Tu contrains tes propos d'une suite enlacée
Et enserres tes mots d'une chaîne pressée,
Tu surpasses Ulysse en esprit véhément,
Et soudain Ménélas, qui parlait brèvement.
Ou bien, quand il te plaît d'assez longue étendue
Peindre ton oraison d'une fleur épandue,
Qui sans se replier, comme un ruisseau coulant
Marche par son canal d'un pied non violent
Sans hausser ni enfler sa courbe ni son onde,
Du bon père Nestor tu passes la faconde...

Quand tu es à repos des affaires publiques,
Tu te tournes joyeux aux nombres poétiques
Grecs, Latins et Français, et lors tout le coupeau
Du Nymphal Hélicon, Phœbus et le troupeau
Que Calliope mène, à ton chant se présente
Et, t'aimant, à l'envi ses beaux dons te présente.
Il serait bien ingrat et n'aurait pas été
De Jupiter conçu, de Mémoire allaité,
S'il ne te confessait son seigneur et son maître,
Qui l'as fait déloger de son manoir champêtre,
Barbare et mal bâti, qu'un pauvre ruisselet,
Qu'un lierre, une mousse, un laurier verdelet
Entournait seulement, qui n'avait en partage
Qu'un luth mal façonné et qu'un antre sauvage,
Et maintenant se voit par toi seul honoré,
Lui donnant ton Meudon où il est adoré,
Ton Meudon maintenant le séjour de la Muse,
Meudon qui prend son nom de l'antique Méduse [367].

Quelquefois il te plaît pour l'esprit défâcher,
Du luth au ventre creux les languettes toucher,
Pour leur faire parler les gestes de tes pères
Et les nouveaux combats achevés par tes frères...

Mon Dieu! que de douceur, que d'aise et de plaisir
L'âme reçoit alors qu'elle se sent saisir

Et du geste, et du son, et de la voix ensemble,
Que ton Ferabosco sur trois lyres assemble [368],
Quand les trois Apollons, chantant divinement
Et mariant la lyre à la voix doucement,
Tout d'un coup de la voix et de la main agile
Refont mourir Didon par les vers de Virgile...

Que dirai plus de toi? quand le fatal destin
Renversa toute France aux murs de Saint-Quentin [369],
Et que Montmorency des Français Connétable,
Ayant rendu de soi mainte preuve honorable,
Vaillant, sage et hardi, en son âge dernier
Fut, les armes au poing, emmené prisonnier,
Alors qu'un beau sépulcre acquis par la victoire
Le devait honorer d'une immortelle gloire
* Un Guesclin des Français, n'eût été que le sort
Envia son triomphe et son heureuse mort.
Mais ni son bon avis, son sens ni sa prouesse
Ne purent résister à l'aveugle Déesse,
Pour montrer un exemple à tout homme vêtu
De chair, que le destin peut plus que la vertu.
Alors en attendant le retour de ton frère
Que la France appelait en aide à sa misère,
Que le Tibre Romain amusait à ses bords [370],
Tu fis fortifier nos villes et nos ports
D'un esprit prévoyant; tu mis Paris en armes;
Tu fis de toutes parts amasser des gendarmes,
* Qui venaient file à file aussi épais qu'en mer
On voit flot dessus flot les tempêtes s'armer,
Et poussant, et grondant, et s'enflant d'un orage,
D'un long ordre se suivre et heurter le rivage.
D'un tel ordre nos gens de cuirasses chargés
Par ton commandement se suivaient arrangés...
Comme on voit bien souvent les sources des fontaines,
Quand le plomb est gâté, multiplier leurs veines;
Plus celle-ci l'on bouche, et tant plus celle-là
Se crève de la terre et jaillit çà et là,
Puis une autre et une autre : ainsi en abondance
Le malheur plus fertil toujours naissait en France.

Mais armé de vertu tu t'opposas si bien
Au malheur, que le mal ne nous offensa rien,
Et rendis si à point nos armes ordonnées
Que, ton frère venu, en moins de trois journées
Nos étendards perdus nous furent redonnés,
La couleur devint belle aux Français étonnés,
Et notre grand'cité que la peur tenait prise
Reprit cœur au seul nom de ton frère de Guise...
  Lors tu montras combien la prudence parfaite
Doit conseiller un Prince après une défaite;
Soudain tu repeuplas d'écus et de plastrons
Et de nouveaux soldats nos rompus escadrons;
Tu transmis du renfort aux places plus débiles,
De nouveaux Gouverneurs tu assuras nos villes,
Si bien que l'ennemi, qui notre camp défit,
N'eut que la vaine gloire et non pas le profit.
Voilà que tu nous sers quand la fortune adverse
Nous donne en se jouant quelque dure traverse,
Si qu'en toutes saisons pour l'honneur des François
Tu batailles en robe, et ton frère en harnois...

  Lequel de nos Français a pris la hardiesse
De s'adresser à toi, que ta prompte allégresse
Doucement n'ait reçu et ne lui ait montré
Qu'il avait un Seigneur très humain rencontré?
Si tu vois seulement qu'il porte sur la face
Quelque trait de vertu, tu lui montres ta grâce
Et l'avances partout, et, ce qui est meilleur
Que ton avancement, tu l'aimes de bon cœur.
  Où est l'esprit gentil qui dignement s'applique
Ou à la Poésie, ou à la Rhétorique,
A la Philosophie, à qui tu n'aies aidé
Et d'un parler candide au Roi recommandé?
  Dès le commencement que Dieu mit la couronne
Sur le chef de Henri, il n'y avait personne
Qui triste ne pleurât les lettres et les arts :
Tout l'honneur se donnait à Bellone et à Mars,
La Muse était sans grâce, et Phœbus contre terre
Gisait avec sa harpe accablé de la guerre;

Mais si tôt qu'il te plut par un destin fatal
Regarder d'un bon œil ce divin l'Hospital,
Nourrisson d'Apollon, qui si doctement touche
La lyre et qui le miel fait couler de sa bouche;
Et si tôt qu'il te plut prendre dessous ta main
Du Bellay, que la Muse a nourri dans son sein
Et qui par ses chansons les Grâces nous ramène,
Et Paschal, qui nous fait notre histoire Romaine,
A qui tu as commis les honneurs des François,
Et Dorat, qui en Grec surpasse les Grégeois,
Soudain tu réveillas des Français les courages
A suivre la vertu, et alors nos bocages,
Reclus par si long temps entre les buissons verts,
Commencèrent au vent à murmurer leurs vers.
  Hélicon fut ouvert, et l'onde où but Ascrée
De muette parla et se refit sacrée,
Et l'effroi des rochers et des bois à l'envi
De fraîche hôtellerie aux Nymphes ont servi,
Et la Grâce aux rayons de la Lune cornue
Avecque les Sylvains redanser est venue,
Frappant du pied les fleurs, signe que le souci
Plus ne régnait aux bois, ni entre nous aussi...
  Dieux, de qui les longs ans ne sont jamais péris,
Gardiens de la France et des murs de Paris,
De Seine Bourguignonne et des cités antiques
De Gaule, le séjour des Troyennes reliques,
Écartez loin du chef de ces frères ici,
Qui sont nos deux remparts, le mal et le souci!
Tenez-les en santé, continuez du Prince
Envers eux l'amitié, et pour notre province
Faites tant, s'il vous plaît, qu'ils y demeurent vieux
Et que bien tard au ciel tous deux se fassent Dieux!

III

[REQUÊTE POUR LA FRANCIADE] 371

  ... Me blâme qui voudra d'importuner le Roi
* D'augmenter ma fortune! or, Seigneur, quant à moi,

Je ne serai honteux de lui faire requête;
Il ne saurait montrer largesse plus honnête
Que vers ceux que la Muse et Phœbus Apollon
Nourrissent chèrement pour illustrer son nom,
Je ne saurais penser que des peintres étranges
Méritent tant que nous les postes des louanges,
Ni qu'un tableau bâti par un art ocieux
Vaille une Franciade œuvre laborieux [372] :
Je vous en fais le juge, et pour certain le pense
Que juste donnerez pour moi votre sentence.
Ha, bons Dieux! qui mettrait la Franciade à fin
Sans le bienfait d'un Roi? je le vous dis, afin
Que votre sainteté quelquefois lui redie,
Pour rendre à bien chanter ma Muse plus hardie.
Virgile n'eût jamais si bravement chanté
Sans les biens de César; j'ai expérimenté
Qu'un pauvre ne saurait entreprendre un grand œuvre;
Volontiers le marteau d'un souffreteux manœuvre
Ne fait un grand palais : tant plus il monte haut,
Plus la faim le rabaisse et le cœur lui défaut.
Une ode, une chanson se peut faire sans peine,
Mais une Franciade, œuvre de longue haleine,
Ne s'accomplit ainsi : il me faut éprouver
La longueur de dix ans avant que l'achever,
Car un livre si grand et si plein d'artifice
Ne part ainsi des mains sans qu'on le repolisse.
Peut-être on me dira que je suis de loisir
Et que je la devrais chanter pour mon plaisir :
Mais certes ce n'est moi qui en vain me distille
Le cerveau par dix ans pour une œuvre inutile,
Qui n'apporte nul bien sinon rendre grison,
Pâle et bouffi l'auteur en sa jeune saison,
Goutteux et catarrheux des humeurs amassées
Par tant et tant de nuits sur les livres passées.

J'ai, Dieu merci, Prélat, un peu de bien pour moi
Je suis demi-content; mais pour chanter du Roi
Les aïeux, bisaïeux, leurs faits et leurs prouesses,
Je n'en ai pas assez; honteux je le confesse,
Et si aime trop mieux le confesser, Prélat,

Que la postérité m'accuse d'être ingrat.
 Non, non, je ne quiers pas ces publiques offices,
Ces grasses Évêchés, ces riches Bénéfices :
Tels biens sont dus à ceux qui le méritent mieux,
A nos Ambassadeurs qui d'un soin curieux
Veillent pour notre France, et pour ceux qui en guerre
Au danger de leur sang augmentent notre terre...
 Vous me verrez un jour plus hautement jouer,
S'il vous plaît d'un bon œil pour vôtre m'avouer,
Non pas au rang nombreux de vos Protonotaires,
Car les champs et les bois et les lieux solitaires
Et les prés, où le Loir parmi les herbes court,
Me plaisent beaucoup plus que le bruit de la Cour;
Il me suffit, Prélat, si, venant du village
Quelquefois pour vous voir, j'ai de vous bon visage,
Un ris, une accolade, un petit clin des yeux;
Si j'ai telle faveur, je suis au rang des Dieux,
Et tout l'obscur brouillas qui mes Muses oppresse
De bien loin s'enfuira devant cette caresse...
 Ma Muse quelquefois sera de vous aimée,
Puisque votre faveur est tout accoutumée
D'attirer doucement les Poètes chez vous,
Non pas comme seigneur, mais comme père doux.
Saint-Gelais est à vous. Carle est à vous encore,
Et Dorat aux vers d'or qui votre nom redore,
Et celui qui a fait d'un ton gravement haut,
Le premier résonner le Français échafaud [373].
Si par votre bonté vous me mettez au nombre
De ces quatre divins, j'éclaircirai tout l'ombre
Qui me détient obscur, pour ne vous repentir
De m'avoir au besoin votre aide fait sentir.
Je ne vous serai point en déshonneur; car j'ose
Sans rougir assurer que je sais quelque chose
Et, si quelqu'un se peut honnêtement vanter,
Que vous prendrez plaisir à m'entendre chanter...

IV

[LA GROTTE DE MEUDON] [374]

Un Pasteur Angevin et l'autre Vendômois [375],
Bien connus des rochers, des fleuves et des bois,
Tous deux d'âge pareils, d'habit et de houlette,
L'un bon joueur de flûte et l'autre de musette,
L'un gardeur de brebis et l'autre de chevreaux,
S'écartèrent un jour bien loin des Pastoureaux.
Tandis que leur bétail paissait parmi la plaine
Un peu dessous Meudon au rivage de Seine,
Laissèrent leurs mâtins pour la crainte des loups
Bien armés de colliers tous hérissés de clous,
Et montant sur le dos d'une colline droite,
Au travers d'une vigne en une sente étroite,
Gagnèrent pas à pas la Grotte de Meudon,
La Grotte que Charlot (Charlot de qui le nom
Est saint par les forêts) a fait creuser si belle
Pour être des neuf Sœurs la demeure éternelle.
Ces Sœurs en sa faveur ont méprisé les eaux
D'Eurote et de Permesse, et les tertres jumeaux
Du chevelu Parnasse, où la fameuse source
Prit du Cheval volant et le nom et la course,
Pour venir habiter son bel Antre émaillé,
* Une loge voûtée en un roc entaillé.
Sitôt que ces Pasteurs du milieu de la rotte
Aperçurent le front de la divine Grotte,
S'inclinèrent à terre et craintifs honoraient
De bien loin le repaire où les Sœurs demeuraient.
Après l'oraison faite, arrivent à l'entrée,
Nus de tête et de pieds, de la Grotte sacrée,
Car ils avaient tous deux et sabots et chapeaux,
Révérant le saint lieu, pendus à des rameaux.
* Eux dévots arrivés au-devant de la porte
Saluèrent Pallas, qui la Gorgone porte,
Et le petit Bacchus, qui dans ses doigts marbrins

Tient un rameau chargé de grappes de raisins,
Se lavent par trois fois de l'eau de la fontaine,
Se serrent par trois fois de trois plis de verveine,
Trois fois entournent l'Antre, et d'une basse voix
Appellent de Meudon les Nymphes par trois fois,
Les Faunes, les Sylvains, et tous les Dieux sauvages
Des prochaines forêts, des monts et des bocages;
Puis prenant hardiesse, ils entrèrent dedans
Le saint horreur de l'Antre et, comme tous ardents
De trop de Déité, sentirent leur pensée
De nouvelle fureur brusquement insensée.
Ils furent ébahis de voir le partiment
En un lieu si désert d'un si beau bâtiment,
Le plan, le frontispice et les piliers rustiques,
Qui effacent l'honneur des colonnes antiques;
* De voir que la Nature avait portrait les murs
De grotesque si vive en des rochers si durs [376],
De voir les cabinets, les chambres et les salles,
Les terrasses, festons, guillochis et ovales,
Et l'émail bigarré, qui ressemble aux couleurs
Des prés, quand la saison les diapre de fleurs,
Ou comme l'arc-en-ciel qui peint à sa venue
De cent mille couleurs le dessus de la nue...

Nymphes, filles des eaux, des Muses les compagnes,
Qui habitez les bois, les monts et les campagnes,
Permettez-moi chanter votre Antre de Meudon,
Que des mains de Charlot vous reçûtes en don.
Comme Amphion tira les gros quartiers de pierre
Pour emmurer sa ville au son de sa guiterre,
Ainsi ce beau séjour Charlot vous a construit
* De rochers qui suivaient de sa voix le doux bruit.
Ceux qui viendront, Charlot, ou boire en ta fontaine,
Ou s'endormir auprès, se verront l'âme pleine
De toute Poésie, et leurs vers quelquefois
Pourront bien réjouir les oreilles des Rois.
Ici, comme jadis en ces vieux tabernacles
De Delphe et de Délos, se rendront les oracles,
Et à ceux qui voudront à la Grotte venir

Phœbus leur apprendra les choses à venir...
  Toujours tout à l'entour la tendre mousse y croisse,
Le poliot fleuri en tout temps y paroisse,
Le lierre tortu recourbé de maint tour
Y puisse sur son front grimper tout à l'entour,
Et la belle lambrunche ensemble entortillée
Laisse épandre ses bras tout du long de l'allée;
L'avette en lieu de ruche agence dans les trous
Des rustiques piliers sa cire et son miel roux,
Et le frelon armé, qui les raisins moissonne,
De son bruit enroué par l'Antre ne bourdonne,
Mais les beaux grésillons, qui de leurs cris tranchants
Salueront les Pasteurs à leur retour des champs.
Mainte gentille Nymphe et mainte belle Fée,
L'une aux cheveux pliés, et l'autre décoiffée,
Avecque les Sylvains y puisse toute nuit
Fouler l'herbe des pieds au son de l'eau qui bruit.

SCÈNES ET CROQUIS

SCÈNES ET CROQUIS

I

[LA LECTURE D'HOMÈRE] [377]

Je veux lire en trois jours l'Iliade d'Homère
Et pour ce, Corydon, ferme bien l'huis sur moi.
Si rien me vient troubler, je t'assure ma foi,
Tu sentiras combien pesante est ma colère.
Je ne veux seulement que notre chambrière
* Vienne faire mon lit, ton compagnon, ni toi;
Je veux trois jours entiers demeurer à requoi,
Pour folâtrer après une semaine entière.
Mais si quelqu'un venait de la part de Cassandre,
Ouvre-lui tôt la porte et ne le fais attendre;
Soudain entre en ma chambre et me viens accoutrer;
Je veux tant seulement à lui seul me montrer.
Au reste, si un Dieu voulait pour moi descendre
Du ciel, ferme la porte et ne le laisse entrer.

II

[LE VIN D'ANJOU] [378]

... Comme on voit en Septembre ès tonneaux Angevins
Bouillir en écumant la jeunesse des vins,
* Qui chaude en son berceau à toute force gronde
Et voudrait tout d'un coup sortir hors de sa bonde,

Ardente, impatiente, et n'a point de repos
De s'enfler, d'écumer, de jaillir à gros flots,
Tant que le froid Hiver lui ait dompté sa force,
Rembarrant sa puissance ès prisons d'une écorce;
Ainsi la Poésie en la jeune saison
Bouillonne dans nos cœurs, qui n'a soin de raison
Serve de l'appétit, et brusquement anime
D'un Poète gaillard la fureur magnanime;
Il devient amoureux, il suit les grands Seigneurs,
Il aime les faveurs, il cherche les honneurs,
Et plein de passions, en l'esprit ne repose
Que de nuit et de jour ardent il ne compose,
Soupçonneux, furieux, superbe et dédaigneux,
Et de lui seulement curieux et soigneux,
Se feignant quelque Dieu, tant la rage félonne
De son jeune désir son courage aiguillonne.
* Mais quand trente-cinq ans ou quarante ont perdu
Le sang chaud qui était ès veines répandu,
Et que les cheveux blancs de peu à peu s'avancent,
Et que nos genoux froids à trembloter commencent,
Et que le front se ride en diverses façons,
Lors la Muse s'enfuit et nos belles chansons...

III

[LES DAMES A LA PROMENADE] [379]

... Hercule un jour passant par Œbalie
Menait Iole, amoureuse folie.
Comme ils erraient en cheminant tous deux
Par terres, bois, par bocages ombreux,
Lui hérissé dessous la peau velue
Du grand lion, il tenait la massue
Ferme en ses doigts, grosse de clous d'airain;
Elle portait mille affiquets au sein,
Ses mains étaient de bagues bien chargées,
Riche son col de perles arrangées,

Son chef était couvert folâtrement
D'un scrofion attifé proprement;
Sa robe était de pourpre Méonine,
Perse en couleur, chancrée à la poitrine;
Ainsi qu'on voit au retour des beaux mois
Se promener ou nos Dames de Blois,
Ou d'Orléans, ou de Tours, ou d'Amboise,
Dessus la grève où Loire se dégoise
A flot rompu; elles sur le bord vert
Vont deux à deux au tétin découvert,
Au collet lâche, et joignant la rivière
Foulent l'émail de l'herbe printanière...

IV

[LES MÉTIERS] [380]

... L'un est né Laboureur et, malgré qu'il en aie,
Aiguillonne ses bœufs et fend de mainte plaie
Avec le soc aigu l'échine des guérets
Pour y semer les dons de la mère Cérès;
L'autre est né Vigneron, et d'une droite ligne
Dessus les monts pierreux plante la noble vigne,
Ou taille les vieux ceps, ou leur bêche les pieds,
Ou rend aux échalas les provins mariés.
L'un pêche par contrainte (ainsi vous plut, Étoiles !)
Et, conduisant sur l'eau ses rames et ses voiles,
Traîne son ret maillé, et ose bien armer
Son bras pour assommer les monstres de la mer;
Aucunefois il plonge, et sans reprendre haleine
Épie les Tritons jusqu'au fond de l'arène;
Aucunefois il tend ses friands hameçons
Et sur le bord dérobe aux fleuves leurs poissons;
L'autre se fait Chasseur, et perd dans son courage
Le soin de ses enfants et de tout son ménage,
Pour courir par les bois après quelque sangler
Ou pour faire les loups aux dogues étrangler,

Et languit s'il n'attache à sa porte les têtes
Et les diverses peaux de mille étranges bêtes.
  L'un va dessous la terre et fouille les métaux
D'or, d'argent et de fer, la semence des maux
Que Nature n'avait, comme très sage mère,
Pour notre grand profit voulu mettre en lumière;
Puis devient Alchimiste, et multiplie en vain
L'or ailé, qui sitôt lui vole de la main;
L'autre par le métier sa navette promène
Ou peigne les toisons d'une grossière laine,
Et diriez que d'Arachne il est le nourrisson.
L'un est Graveur, Orfèvre, Entailleur, et Maçon.
Trafiqueur, Lapidaire, et Mercier, qui va querre
Des biens à son péril en quelque étrange terre.
Aux autres vous donnez des métiers bien meilleurs
Et ne les faites pas Maréchaux ni Tailleurs,
Mais Philosophes grands, qui par longues études
Ont fait un art certain de vos incertitudes...

V

[L'ALCHIMISTE] [381]

... D'un alchimiste il alla voir fumer
Les fourneaux qui font l'homme et son bien consommer,
Marotte des plus fins, une sotte espérance
Qui trompe les plus cauts d'une vaine apparence;
Il connut le salpêtre et tous les végétaux,
Antimoine, arsenic, vitriol et métaux,
Tines, cuves, bassins, et creusets et coupelle,
Et l'argent prompt et vif qui de son nom s'appelle,
Vases, coffres, et pots bien vernis et plombés,
Fioles aux longs cols contre elles recourbés,
Meubles d'un alchimiste abusé de sottise
Qui soi-même déçoit par sa folle entreprise...

VI

[LES TAUREAUX - LA FORGE] [382]

... Dedans le champ de Mars, dessous un joug d'acier,
D'une chaîne de fer il vous faudra lier
Deux taureaux, dont les pieds sont d'airain et la gorge
Ressemble une fournaise où le feu se regorge.
Comme deux grands soufflets qu'un maréchal boiteux
A sa forge ententif comble d'esprit venteux,
Puis haut, puis bas, tirant et repoussant l'haleine
* Du vent en ses soufflets dont leur poitrine est pleine,
Avecques un grand bruit fait ronfler ses fourneaux;
Ainsin en reniflant les nez de ces taureaux
Jettent à pelotons une flamme allumée
Par ondes noircissante en obscure fumée,
Deçà delà roués à l'abandon du vent;
Mais à force de mains courbé sur le devant
Tirant encontre-bas leurs cornes par outrance,
Vous les ferez broncher à genoux sur la panse
Domptés dessous le joug, et fendant les sillons
Les piquerez aux flancs à grands coups d'aiguillons.

VII

[LES CHENILLES] [383]

... Comme ces laboureurs, dont les mains inutiles
Laissent pendre l'hiver un toufeau de chenilles
Dans une feuille sèche au faîte d'un pommier;
Sitôt que le Soleil de son rayon premier
A la feuille échauffée, et qu'elle est arrosée
Par deux ou par trois fois d'une tendre rosée,
Le venin qui semblait par l'hiver consumé
En chenilles soudain apparaît animé,

Qui tombent de la feuille et rampent à grand peine
D'un dos entre-cassé au milieu de la plaine;
L'une monte en un chêne, et l'autre en un ormeau,
Et toujours en mangeant se traînent au coupeau;
Puis descendent à terre et tellement se paissent,
Qu'une seule verdure en la terre ne laissent.
  Alors le laboureur, voyant son champ gâté,
Lamente pour néant qu'il ne s'était hâté
D'étouffer de bonne heure une telle semence;
Il voit que c'est sa faute, et s'en donne l'offense.
  Ainsi, lorsque mes Rois aux guerres s'efforçaient,
Toutes en un monceau ces chenilles croissaient,
Si qu'en moins de trois mois telle tourbe enragée
Sur moi s'est répandue et m'a toute mangée...

VIII

[LA FERME] [384]

... Cependant cette garce entra dans le Château :
Dedans la basse-cour elle vit maint râteau,
Mainte fourche, maint van, mainte grosse javelle,
Mainte gerbe, toison de la moisson nouvelle,
Boisseaux, poches, bissacs, de grands monceaux de blé
En l'aire çà et là l'un sur l'autre assemblé;
Les uns battaient le grain dessus la terre dure,
Les autres au grenier le portaient par mesure,
Et sous les tourbillons les bourriers, qui volaient
Pour le jouet du vent, parmi l'air s'en allaient...

IX

[LA NOURRICE] [385]

... Comme un petit enfant que sa nourrice avoit
Allaité longuement pleure s'il ne la voit,

De ses petites mains au berceau se tourmente,
* En soupirant l'appelle, et toujours se lamente
D'une voix enfantine, et ne veut s'éjouir
Jusqu'à tant qu'il la voie ou qu'il la puisse ouïr;
Mais sitôt qu'il la voit, en lui riant s'apaise,
Lui embrasse le col et doucement la baise;
Elle en ses bras l'échauffe, et depuis le matin
Soigneuse jusqu'au soir le pend à son tétin :
Ainsi toute la France à l'heureuse venue
De ton oncle captif joyeuse est devenue,
Revoyant de retour celui qui tant de fois
L'avait si bien servie en bien servant nos Rois...

X

[LE VIEUX COURSIER] [386]

... Un gentil Chevalier, qui aime de nature
A nourrir des haras, s'il trouve d'aventure
Un Coursier généreux qui courant des premiers
Couronne son seigneur de palme et de lauriers
Et couvert de sueur, d'écume et de poudrière,
Rapporte à la maison le prix de la carrière;
Quand ses membres sont froids, débiles et perclus,
Que vieillesse l'assaut, que vieil il ne court plus,
N'ayant rien du passé que la montre honorable,
Son bon maître le loge au plus haut de l'étable,
Lui donne avoine et foin, soigneux de le panser,
Et d'avoir bien servi le fait récompenser,
L'appelle par son nom et, si quelqu'un arrive,
Dit : « Voyez ce cheval qui d'haleine poussive
Et d'ahan maintenant bat ses flancs à l'entour;
J'étais monté dessus au camp de Moncontour,
Je l'avais à Jarnac, mais tout enfin se change. »
Et lors le vieil Coursier, qui entend sa louange,
Hennissant et frappant la terre, se sourit
Et bénit son seigneur qui si bien le nourrit...

XI

[LA TEMPÊTE][387]

... Doncque je veux chanter ces deux Laconiens,
Ces deux frères bessons Lacédémoniens.
Sus donc ! chantons deux fois, voire trois, voire quatre,
Ces deux mâles garçons : Pollux bon à combattre
Aux cestes emplombés, et Castor souverain
A piquer un cheval et le ranger au frein;
Qui sauvent les soldats au milieu des armées,
* Quand les batailles sont brusquement animées,
Et quand les Chevaliers pêle-mêle aux combats
Sous leurs chevaux tués sont trébuchés à bas,
Et qui sauvent encor les navires forcées
Des homicides flots, quand elles sont poussées
Ou des astres couchants, ou des astres levants,
* Las ! sans miséricorde à l'abandon des vents;
Lesquels roulent la vague aussi haut que la croupe
D'un grand écueil marin, maintenant sur la poupe,
Maintenant sur la proue, aux flancs, ou sur le bord,
Ou de quelque côté qu'il plaît à leur effort;
Le mât se fend en deux, et l'antenne cassée
Tombe avecque la hune à morceaux dépecée;
Le gouvernail se froisse, et le tillac dessus
Et dessous est rempli de larges flots bossus.
Le tonnerre ensoufré s'éclate de la nue;
Un éclair qui scintille à longue pointe aiguë
Fait un jour incertain du milieu de la nuit;
Les cordes de la nef mugissent d'un grand bruit;
* La mer tressaut de peur, que les vents pêle-mêle
Martèlent pleins d'éclairs, de pluies et de grêle...

XII

[ROCHERS AU BORD DE LA MER] [388]

... Ne vois-tu ces Rochers, remparts de la marine?
Grondant contre leurs pieds toujours le flot les mine,
Et d'un bruit écumeux à l'entour aboyant,
Forcenant de courroux, en vagues tournoyant,
Ne cesse de les battre et d'obstinés murmures
S'opposer à l'effort de leurs plantes si dures,
S'irritant de les voir ne céder à son eau.
Mais quand un mol sablon par un petit monceau
Se couche entre les deux, il fléchit la rudesse
De la mer, et l'invite ainsi que son hôtesse
A loger en son sein; alors le flot, qui voit
* Que le bord lui fait place, en glissant se reçoit
Au giron de la terre, apaise son courage,
Et la léchant se joue à l'entour du rivage...

XIII

[INCENDIE DE FORÊT] [389]

... Comme on voit bien souvent quand un Pasteur qui [garde
Ses troupeaux dans un bois, et laisse par mégarde
Choir en un chêne creux quelque tison de feu,
* La flamme en tournoyant s'augmente peu à peu
Dès le commencement, puis le faîte s'allume,
Puis toute la forêt s'embrase et se consume.
Un repli de fumée entresuivi de près,
Puis un autre, et un autre, et puis un autre après
* Se voûte en ondoyant...

XIV

[LE PHÉNIX] [390]

... Quand le jeune Phénix sur son épaule tendre
Porte le lit funèbre et l'odoreuse cendre,
Reliques de son père, et plante sans pareil
Le tombeau paternel au temple du Soleil,
Les oiseaux ébahis, en quelque part qu'il nage
De ses ailes ramant, admirent son image,
Non pour lui voir le corps de mille couleurs peint,
Non pour le voir si beau, mais pour ce qu'il est saint,
Oiseau religieux aux Mânes de son père,
Tant de la piété Nature bonne mère
A planté dès le naître en l'air et dans les eaux
La vivace semence ès cœurs des animaux !...

XV

[L'INSOMNIE] [391]

... Je ne vois rien ici que douleur ne m'amène :
Le jour m'est ennuyeux, la nuit me tient en peine,
Et comme un ennemi très dangereux je fui
Le lit, qui toute nuit redouble mon ennui.
Quand le Soleil descend dans les ondes salées,
Je me dérobe ès bois, où me perds ès vallées,
Je me cache en un antre, et fuyant un chacun
De peur qu'à mes pensers il se montre importun,
Je parle seul à moi, seul j'entretiens mon âme,
Discourant cent propos d'amour et de ma Dame...
Ainsi par les déserts tout le jour je me deulx,
Puis quand l'obscure nuit se perruque de feux,
Le solitaire effroi hors des bois me retire

Et jusques au logis Amour me vient conduire.
   Quand je suis en ma chambre, encore pour cela
Je ne suis à repos; Amour deçà delà
M'égratigne le cœur, et ma plaie cruelle,
Lorsque je vois mon lit, s'aigrit et renouvelle.
Pour ne me coucher point je cherche à deviser,
Je lis en quelque livre ou feins de composer,
Ou seul je me promène et repromène encore,
* Trompant d'un souvenir l'ennui qui me dévore.
A la fin, mes valets qui portent sur les yeux
* Et dans le nez ronflant le dormir ocieux,
Entresillés du somme, ainsi me viennent dire :
« Monsieur, il est bien tard, un chacun se retire,
Jà minuit est sonné, qu'avez-vous à gémir?
La chandelle est faillie, il est temps de dormir! »
   Alors importuné de leur sotte prière
Je laisse tout mon corps pencher en une chaire,
Nonchalant de moi-même, et mes bras vainement
Et mon chef paresseux pendant sans mouvement,
Je suis sans mouvement paresseux et tout lâche.
L'un m'ôte la ceinture, et l'autre me détache,
L'un me tire la chausse et l'autre le pourpoint;
Ils me portent au lit, et je ne le sens point!
   Puis, quand je suis couché, Amour qui me travaille
Armé de mes pensers me donne la bataille;
Le lit m'est un enfer, et pense que dedans
On ait semé du verre ou des chardons mordants;
Maintenant d'un côté, maintenant je me tourne
* Dessus l'autre en pleurant, et point je ne séjourne.
   Amour impatient qui cause mes regrets
Toute nuit sur mon cœur aiguise tous ses traits,
M'aiguillonne, me point, me pique et me tourmente,
Et ta jeune beauté toujours me représente.
   Mais sitôt que le coq planté dessus un pau
A trois fois salué le beau Soleil nouveau,
Je m'habille, et m'en vais où le désir me mène
Par les prés non frayés de nulle trace humaine...

XVI

[UN MIGNON DE COUR] [392]

Pour ce, mignon, que tu es jeune et beau,
Un Adonis, un Amour en tableau,
Frisé, fardé, qui es issu d'un père
Aussi douillet et peigné que ta mère,
Qui n'as jamais sué ni travaillé,
A qui le pain en la main est baillé
Dès ton enfance, et qui n'as autre gloire
Qu'avoir au flanc une belle écritoire
Peinte, houpée, et qui n'as le savoir
De lire, écrire et faire ton devoir,
Ni d'exercer ta charge qui demande
Une cervelle et plus saine et plus grande;
Tu oses bien au milieu des repas,
* Ayant les mains le premier dans les plats,
Gorgé de mets et de riches viandes,
De vins fumeux et de sauces friandes,
Tu oses bien te moquer de mes vers
Et te gaussant les lire de travers,
A chaque point disant le mot pour rire!
Si tu savais qu'ils coûtent à écrire,
Si tu avais autant que moi sué,
Refeuilleté Homère et remué
Pour la science avec labeur apprendre,
Tu n'oserais, petit sot, me reprendre;
Mais, tout ravi de merveille et d'émoi,
En me chantant tu dirais bien de moi,
Et me voyant un Astre de la France
Aurais mon nom en crainte et révérence.
Je ne suis pas, petit mignon de Cour,
Un importun qui court et qui recourt
Après tes pas, quand un Grand lui ordonne
Un froid présent, qui au matin te donne
Bonnet, genoux, pour ta grâce acquérir;

Je ne suis tel, j'aimerais mieux mourir,
Je suis issu de trop gentille race;
Ce n'est pour toi que le papier je trace,
C'est pour moi seul quand j'en ai le loisir,
Et c'est, mignon, faute d'autre plaisir;
En me plaisant je veux bien te déplaire.
  Or si ta bave échauffe ma colère,
Si désormais tu n'as la langue coi,
Les chiens, les chats pisseront dessus toi
Parmi la rue, et mille harangères
Te piqueront de leurs langues légères,
Et d'un brocard poignant, injurieux,
Te jetteront la honte sur les yeux.
En cependant pour bien vivre à ton aise
Je te souhaite une femme punaise,
Je te souhaite un cocu bien cornu,
Et pour braver vendre ton revenu.
Puis, ne pouvant au Roi tes comptes rendre,
A Montfaucon tout sec puisses-tu pendre,
Les yeux mangés de corbeaux charogneux,
Les pieds tirés de ces mâtins hargneux,
Qui vont grondant hérissés de furie
Quand on approche auprès de leur voirie,
  Autre tombeau tu n'as point mérité
Qui as médit de la Divinité.
Hé, qu'est-il rien plus divin qu'un Poète!...

XVII

[CONTRE LES ARMES A FEU] [393]

... De quel genre de mort était digne cet homme
Qui premier inventa le fer qui nous consomme?
* Et qui premièrement le canon pertuisa
Et sortir de sa gorge un tel foudre avisa?
Et qui vit, sans pleurer, rouer en tant de sortes

Parmi l'air tant de bras et tant de têtes mortes?
Ni la soif de Tantal, ni la rou' d'Ixion
Ne suffiraient là-bas à sa punition,
Ni le vautour beccu, dont la griffe cruelle
Pince de Prométhé la poitrine immortelle.
Par lui comme jadis on ne voit plus d'Hectors,
D'Achilles, ni d'Ajax, hé Dieu! car les plus forts
Sont aujourd'hui tués d'un poltron en cachette
A coups de harquebuse ou à coups de mousquette.
Au temps qu'on bataillait sans fraude main à main,
On connaissait au fait celui qui était plein
De peur ou d'assurance, et ne voulait-on croire
Que Thersite au combat méritât tant de gloire
Qu'Achille en méritait; mais Thersite aujourd'hui
Tue Achille de loin et triomphe de lui...
O fortuné celui qui bien loin de la guerre
Cultive en longue paix l'usure de sa terre,
Et qui jamais au lit ne se vit étonner
D'ouïr au point du jour la trompette sonner!
Qui ne sait quel mot c'est que cargue, camisade,
Sentinelle, diane, escarmouche, embuscade;
Mais qui plein de repos en la grise saison
Attend au coin du feu la mort en sa maison,
Afin qu'il ait les yeux clos des mains de sa fille
Et qu'il soit mis en terre auprès de sa famille,
Non auprès d'une haie ou dedans un fossé,
Ayant d'un coup de plomb le corps outrepercé...

XVIII

[L'EMBARQUEMENT DE FRANCUS] [394]

... Et cependant les rudes matelots,
Peuple farouche ennemi du repos,
D'un cri naval hors du rivage proche
Démarrent l'ancre à la mâchoire croche,
Guident le mât à cordes bien tendu.

Chaque soldat en son banc s'est rendu
* Échu par sort; de bras et de poitrine
Ils s'efforçaient : le navire chemine!
Les cris, les pleurs dedans le ciel volaient
Dessus l'adieu de ceux qui s'en allaient.

A tant Francus s'embarque en son navire,
Les avirons à double rang on tire;
* Le vent poupier, qui droitement souffla
Dedans la voile, à plein ventre l'enfla,
Faisant siffler antennes et cordage;
La nef bien loin s'écarte du rivage!
L'eau sous la poupe aboyant fait un bruit
Qu'un train d'écume en tournoyant poursuit.

Qui vit jamais la brigade en la danse
Frapper des pieds la terre à la cadence
D'un ordre égal, d'un pas juste et compté,
Sans point faillir d'un ni d'autre côté,
Quand la jeunesse aux danses bien apprise
De quelque Dieu la fête solennise,
Il a pu voir les avirons égaux
Frapper d'accord la campagne des eaux.

Cette navire également tirée
S'allait traînant dessus l'onde azurée,
A dos rompu, ainsi que par les bois
Sur le printemps au retour des beaux mois
Va la chenille errante à toute force
Avec cent pieds sur les plis d'une écorce.

* Ainsi qu'on voit la troupe des chevreaux
A petits bonds suivre les pastoureaux,
Devers le soir au son de la musette;
Ainsi les nefs d'une assez longue traite
Suivaient la nef de Francus, qui devant
Coupait la mer sous la faveur du vent,
A large voile, à rond cercle entonnée,
Ayant de fleurs la poupe couronnée.

L'eau se blanchit sous les coups d'avirons;
L'onde tortue ondoie aux environs
De la carène, et autour de la proue
Maint tourbillon en écumant se roue;

La terre fuit; seulement à leurs yeux
Paraît la mer et la voûte des cieux.

XIX

[LES ROIS FAINÉANTS] [395]

... Le beau royaume acquis par le harnois
De tant d'aïeux très invincibles rois,
Par la sueur de tant de capitaines,
Par sang, par fer, par discours et par peines,
* Tout en un jour par lâcheté de cœur
Perdra puissance, accroissance et vigueur [396]...
Ces rois hideux, en longue barbe épaisse,
En longs cheveux ornés presse sur presse
De chaînes d'or et de carcans gravés,
Hauts dans un char en triomphe élevés,
Une fois l'an se feront voir en pompe,
Enflés d'un fard qui le vulgaire trompe,
Quittant leur sceptre aux maires du palais
Dont ils seront esclaves et valets,
Masques des rois, idoles animées,
Et non pasteurs, ni princes des armées...
Il ne faut être aux affaires rétif :
La royauté est un métier actif...

XX

[LA BATAILLE DE TOURS] [397]

... Voici comme Eude, empereur d'Aquitaine,
Les Sarrasins, peuple innombrable, amène
Contre Martel, à la guerre conduits
Par Abdirame, antique sang des Juifs,
Qui d'Abraham et de Sara sa femme
Se vantera; le cruel Abdirame,

Cruel de port, de moustache et de cœur,
Des puissants Dieux et des hommes moqueur,
Tout acharné de meurtre et de furie,
Enflé d'orgueil, enflé de vanterie,
Doit amasser les siens de toutes parts,
Femmes, enfants, vieux et jeunes soudards,
Valets, bouviers, marchands, afin que l'onde
D'un si grand ost effraye tout le monde...

La mer ne pousse aux rives tant d'arènes,
De tant de feux les voûtes ne sont pleines
Au ciel, la nuit, que de peuples pressés
Dessous ce roi se verront amassés.
Ils tariront le coulant des fontaines,
* Dessous leurs pieds feront trembler les plaines,
Grands comme pins en hauteur élevés,
Prendront Bordeaux et les peuples lavés
De la Gironde, et d'ardeur violente
Viendront puiser les eaux de la Charente,
Ne pardonnant à temples ni moutiers,
D'avares mains saccageront Poitiers,
Rasant châteaux et villes enfermées,
Et près de Tours camperont leurs armées.

Là, l'invincible, indomptable Martel,
Ne s'étonnant de voir un nombre tel,
Mais d'autant plus ayant l'âme échauffée
Qu'il verra grand le gain de son trophée,
Chaud de louange, au péril hasardeux,
Ira planter son camp au-devant d'eux...
Ce jour, Martel aura tant de courage,
Qu'apparaissant en hauteur davantage
Que de coutume, on le dira vêtu
D'un corps divin renforcé de vertu.

Le sacre fait, l'hostie étant rompue
Et départie à la troupe repue
Du vrai sain pain, chacun, armé de Dieu,
S'arme de fer et s'arrange en son lieu.

Lui, tout horrible, en armes flamboyantes,
Mêlant le fifre aux trompettes bruyantes
Et de tambours rompant le ciel voisin,

Éveillera le peuple sarrasin
Qui l'air d'autour emplira de hurlées.
  Ainsi qu'on voit les torrents aux vallées
Du haut des monts descendre d'un grand bruit;
En écumant, la ravine se suit
A gros bouillons et, maîtrisant la plaine,
Gâte des bœufs et des bouviers la peine :
Ainsi courra, de la fureur guidé,
Avec grand bruit ce peuple débridé.
* Or, comme on voit alors qu'une tempête
D'un grand rocher vient arracher la tête,
Puis, la poussant et lui pressant le pas,
La fait rouler du haut jusques à bas;
Tour dessus tour, bond dessus bond, se roule
Ce gros morceau qui rompt, fracasse et foule
Les bois tronqués, et d'un bruit violent
Sans résistance à val se va boulant;
Mais quand sa chute, en tournant, est roulée
Jusqu'au profond de la creuse vallée,
S'arrête coi; bondissant, il ne peut
Courir plus outre, et d'autant plus qu'il veut
Rompre le bord et plus il se courrouce,
Plus le rempart le chasse et le repousse :
Ainsi leur camp en bandes divisé
Ayant trouvé le peuple baptisé,
Bien qu'acharné de meurtre et de tuerie,
Sera contraint d'arrêter sa furie.
  Chacun, de rang, en son ordre se met,
Le pied le pied, l'armet touche l'armet,
La main la main, et la lance la lance;
Contre un cheval l'autre cheval s'élance,
Et le piéton l'autre piéton assaut.
Ici l'adresse, ici la force vaut,
Sort et vertu pêle-mêle s'assemblent;
Dessous les coups les armures qui tremblent,
Font un grand son; Victoire, qui pendait
Douteuse au ciel, les combats regardait.
  Au mois d'été, quand la pauvre famille
Du laboureur tient en main la faucille

Et, se courbant, abat de son seigneur
Les épis mûrs, des campagnes l'honneur,
Tant de moisson, tant de blonde javelle
L'une sur l'autre épais ne s'amoncelle,
De tous côtés éparse sur les champs,
Que de corps morts par les glaives tranchants
Seront meurtris de la gent sarrasine.
En moins d'un jour, hôtes de Proserpine,
Iront là-bas trois cent mille tués,
L'un dessus l'autre en carnage rués.
   Mille ans après, les Tourangelles plaines
* Seront encor de carcasses si pleines,
D'or, de harnois, de vides morions,
Que les bouviers, en traçant leurs sillons,
N'oiront sonner sous la terre férue
Que de grands os heurtés de la charrue [398].

XXI

AU COSMOGRAPHE ANDRÉ THEVET [399]

   Hardi celui qui le premier
Vit au bois le pin montagnier
Inutile sur la racine
Et qui, le tranchant en un tronc,
Le laissa sécher de son long
Dessus le bord de la marine;
   Puis sec des rayons de l'Été
Le scia d'un fer bien denté,
Le transformant en une hune,
En mât, en tillac, en carreaux,
Et l'envoya dessus les eaux
Servir de charrette à Neptune.
   Téthys qui toujours avait eu
D'avirons le dos non battu,
Sentit des plaies inconnues
Et, malgré les vents furieux,

Argon d'un art laborieux
Sillonna les vagues chenues [400].
Sous la conduite de Tiphis
L'entreprise, ô Jason! tu fis
D'acquérir la laine dorée,
Avec quarante Chevaliers
En force et vertu les premiers
De toute la Grèce honorée.
Les Tritons, qui s'ébahissaient
De voir ton navire, poussaient
Hors de la mer leurs têtes blondes,
Et les Phorcydes d'un long tour
En carolant tout à l'entour
* Portaient ta nef dessus les ondes.
Orphée dessus la proue était,
Qui des doigts son luth pincetait
Et répondait à la navire,
Laissant des aiguillons ardents
Aux cœurs de ces preux, accordants
L'aviron au son de la lyre.
Or si Jason a tant reçu
De gloire pour avoir déçu
Une jeune enfante amoureuse,
Pour avoir d'un dragon veillant
Charmé le regard sommeillant
Par une force monstrueuse,
Et pour n'avoir passé sinon
Qu'un fleuve de petit renom,
Qu'une mer qui va de Thessale
Jusqu'aux rivages Médéens [401],
A mérité des anciens
Un honneur qui les Dieux égale;
Combien Thevet au prix de lui
Doit avoir en France aujourd'hui
D'honneur, de faveur et de gloire,
Qui a vu ce grand univers
Et de longueur et de travers,
Et la gent blanche et la gent noire!
Qui de près a vu le Soleil

Aux Indes faire son réveil
Quand de son char il prend les brides,
Et l'a vu de près sommeiller
Dessous l'Occident, et bailler
Son char en garde aux Néréides;
  Qui lui a vu faire son tour
En Égypte au plus haut du jour,
Puis l'a revu dessous la terre
Aux Antipodes éclairer,
Quand nous voyons sa Sœur errer
Dedans le Ciel qui nous enserre;
  Qui a pratiqué mille ports,
* Mille rivages, mille bords,
Tous sonnants un divers langage,
Et mille fleuves tous bruyants,
De mille lieux divers fuyants
Dans la mer d'un tortu voyage;
  Qui a décrit mille façons
D'oiseaux, de serpents, de poissons,
Nouveaux à notre connaissance,
Puis, en ayant sauvé son chef
Des dangers, a logé sa nef
Dedans le beau port de la France!...

XXII

[LE SONGE DU CHASSEUR] [402]

Je songeais l'autre nuit, un peu devant l'Aurore,
Quand du Soleil naissant les chevaux sont encore
En la mer et leurs crins s'épandent par les cieux,
Qu'un buisson épineux se montrait à mes yeux,
De ronces remparé, fortifié d'eau vive
Et d'un large fossé, dont la glissante rive
Me montrait que du bas jusqu'au plus haut du bord
Le passage était clos, tant le parc était fort.
  Dedans faisait sa bauge une bête sauvage,

Qui jamais autre part ne cherchait son gaignage,
S'aviandant de glands, qui secs se dérobaient
Des chênes en automne et à terre tombaient;
Les voisins du pays l'appelaient la Merveille;
Sa gueule était dentée, effroyable l'oreille,
Ventre large et pansu, le peau rude au toucher,
Et son front se dressait en pointe de clocher.
Il n'y avait seigneur, marchand, ni gentilhomme,
Qui n'eût couru la bête, ainsi qu'on fait à Rome
Le Buffle par la ville, alors que les Romains
De traits jetés sur lui se désarment les mains [403].
Transporté d'une forte et chaude frénésie,
Après tant de coureurs il me prit fantaisie
De les devancer tous et, comme bon veneur,
Faire bien mon enceinte et en avoir l'honneur.
Cela ne m'effraya, ni ne pâlit ma face,
Voyant de mes voisins les chiens morts sur la place
Et les autres blessés au logis revenir;
Mais plutôt irrita mon courroux à tenir
Fort contre le Sanglier, suivant mon entreprise,
Ou mourir au combat, ou voir la bête prise.
Je découplai mes chiens, et forhuant après
Les nommant par leurs noms, il n'y eut ni forêts,
Montagnes ni chemins, ni lande inhabitée
Qui ne fissent un bruit sous ma chasse ameutée.
Errant égratigné de ronces par les bois,
Tantôt d'un tram de trompe, et tantôt de la voix,
Je leur donnais courage et leur montrais la voie;
Mais couards, sans la mordre, ils aboyaient la proie
A gueule ouverte, ainsi que de nuit en rêvant
* Ils mordent l'ombre aux dents et aboient le vent.
Je fis sonner pour chiens : la trompe les assemble.
Coupables de leur faute, ils se rendent ensemble
Tous craintifs à mes pieds d'un visage abaissé,
Puis comme des poltrons ainsi je les tançai :
« Chiens indignes de suivre une bête à la trace,
Chiens gris qui démentez votre première race,
Dont le bon saint Hubert par les forêts cherchait
Les sangliers, et leur hure à son huis attachait;

Rendez-moi maintenant, rendez la récompense
Du soin que j'ai de vous, n'épargnant la dépense
Ni le bon traitement pour vous faire nourrir,
Afin de surpasser les autres à courir.
Avant que le Soleil plonge en la mer sa tête,
Retournez au logis braves de la conquête,
Le mufle ensanglanté, le corps navré de coups,
Ou vous serez ce soir le carnage des loups. »
Ainsi les menaçant ils montraient au visage,
Aboyant contre l'air, d'avoir meilleur courage.

Au plus fort du taillis un gros hallier était,
Dedans pour reposer le Sanglier se mettait,
Hallier que le Soleil de ses rayons ne perce,
Tant rameaux sur rameaux d'une obscure traverse
Ensemble entrelacés le haut s'épaississait,
Et le bas plein d'effroi d'ombres se noircissait.

Au milieu croupissait une mare fangeuse,
Où soulait à midi cette bête outrageuse
Fouiller, et tout son corps de bourbe revêtir.
Là je pousse mes chiens pour la faire sortir;
Là, l'épieu dans la main, courageux je devance
Ma chasse de vingt pas, je la tance et retance,
Je la presse et la hue allant tout à l'entour,
Mais en vain, car plus tôt je vis faillir le jour
Qu'elle osât approcher du Monstre pour le mordre;
Au contraire, il s'élance et les mit en désordre,
Massacrant la moitié, puis morts les secouant
Du groin les enlevait et s'en allait jouant.
Trois fois recru d'ahan [404], je m'étends sur la place;
Trois fois reprenant cœur, mes armes et l'audace,
Je retourne au combat, de fureur transporté
Qu'un sanglier sur mes chiens eût l'honneur emporté.

Il était déjà nuit, et la Lune première
Dorait le haut des bois d'une blonde lumière,
Quand regardant son arc nouvellement plié
D'une corne voûtée, ainsi je la priai :

« Lune, l'œil de la nuit qui reluis à trois faces,
Déesse des veneurs, des chemins et des chasses !
Tu as courbé trois fois tes voûtes en un rond

Et trois fois replanté tes cornes à ton front,
Depuis le jour qu'errant par ces bois je m'amuse
A suivre pour néant une bête qui ruse;
Guide ma main, Déesse! et m'enseigne le lieu
D'où je pourrai sanglant retirer mon épieu,
Et fais par ta faveur que mon souhait advienne,
O des astres l'honneur, vierge Latonienne! »...

IDÉES LITTÉRAIRES

IDÉES LITTÉRAIRES

I

[LE DON DE POÉSIE] [405]

… Le don de Poésie est semblable à ce feu,
Lequel aux nuits d'hiver comme un présage est veu
Ores dessus un fleuve, ores sur une prée,
Ores dessus le chef d'une forêt sacrée,
Sautant et jaillissant, jetant de toutes parts
Par l'obscur de la nuit de grands rayons épars;
Le peuple le regarde, et de frayeur et crainte
L'âme lui bat au corps, voyant la flamme sainte.
A la fin la clarté de ce grand feu décroît,
Devient pâle et blafard, et plus il n'apparoît;
En un même pays jamais il ne séjourne,
Et au lieu dont il part, jamais il ne retourne,
Il saute sans arrêt de quartier en quartier
Et jamais un pays de lui n'est héritier.
Ains il se communique, et sa flamme est montrée
(Où moins on l'espérait) en une autre contrée.
Ainsi ni les Hébreux, les Grecs, ni les Romains,
N'ont eu la Poésie entière entre leurs mains :
Elle a vu l'Allemagne, et a pris accroissance
Aux rives d'Angleterre, en Écosse et en France,
Sautant deçà delà, et prenant grand plaisir
En étrange pays divers hommes choisir,
Rendant de ses rayons la province allumée,

Mais bientôt sa lumière en l'air est consumée.
La louange n'est pas tant seulement à un,
De tous elle est hôtesse et visite un chacun,
Et, sans avoir égard aux biens ni à la race,
Favorisant chacun, un chacun elle embrasse.

Quant à moi, mon Grévin, si mon nom épandu
S'enfle de quelque honneur, il m'est trop cher vendu,
Et ne sais pas comment un autre s'en contente;
Mais je sais que mon art grèvement me tourmente,
Encore que moi vif je jouisse du bien
Qu'on donne après la mort au mort qui ne sent rien.
Car pour avoir goûté les ondes de Permesse,
Je suis tout aggravé de somme et de paresse,
Inhabile, inutile, et qui pis, je ne puis
Arracher cet humeur dont esclave je suis :
Je suis opiniâtre, indiscret, fantastique,
Farouche, soupçonneux, triste et mélancolique,
Content et non content, mal propre et mal courtois,
Au reste craignant Dieu, les princes et les lois,
Né d'assez bon esprit, de nature assez bonne,
Qui pour rien ne voudrait avoir fâché personne :
Voilà mon naturel, mon Grévin, et je croi
Que tous ceux de mon art ont tels vices que moi.

Pour me récompenser, au moins si Calliope
M'avait fait le meilleur des meilleurs de sa trope,
Et si j'étais en l'art qu'elle enseigne parfait,
De tant de passions je serais satisfait;
Mais me voyant sans plus ici demi-Poète,
Un métier moins divin que le mien je souhaite.

Deux sortes il y a de métiers sur le mont
Où les neuf belles Sœurs leurs demeurances font :
L'un favorise à ceux qui riment et composent,
Qui les vers par leur nombre arrangent et disposent,
Et sont du nom de vers dits Versificateurs;
Ils ne sont que de vers seulement inventeurs,
Froids, gelés et glacés, qui en naissant n'apportent
Sinon un peu de vie, en laquelle ils avortent;
Ils ne servent de rien qu'à donner des habits
A la canelle, au sucre, au gingembre et au riz.

Ou, si par trait de temps ils forcent la lumière,
Si est-ce que sans nom ils demeurent derrière
Et ne sont jamais lus, car Phébus Apollon
Ne les a point touchés de son âpre aiguillon.
Ils sont comme apprentis, lesquels n'ont pu atteindre
A la perfection d'écrire ni de peindre :
Sans plus ils gâtent l'encre et, broyant la couleur,
Barbouillent un portrait d'inutile valeur.
 L'autre préside à ceux qui ont la fantaisie
Éprise ardemment du feu de Poésie,
Qui n'abusent du nom, mais à la vérité
Sont remplis de frayeur et de divinité.
 Quatre ou cinq seulement sont apparus au monde
De Grecque nation, qui ont à la faconde
Accouplé le mystère, et d'un voile divers
Par fables ont caché le vrai sens de leurs vers,
Afin que le vulgaire ami de l'ignorance
Ne comprît le métier de leur belle science,
Vulgaire qui se moque et qui met à mépris
Les mystères sacrés, quand il les a compris.
Ils furent les premiers, qui la Théologie
Et le savoir hautain de notre Astrologie
Par un art très subtil de fables ont voilé
Et des yeux ignorants du peuple reculé.
Dieu les tient agités et jamais ne les laisse;
D'un aiguillon ardent il les pique et les presse;
Ils ont les pieds à terre, et l'esprit dans les cieux;
Le peuple les estime enragés, furieux;
Ils errent par les bois, par les monts, par les prées,
Et jouissent tous seuls des Nymphes et des Fées.
 Entre ces deux métiers un métier s'est trouvé,
Qui, tenant le milieu, pour bon est approuvé,
Et Dieu l'a concédé aux hommes pour les faire
Apparaître en renom par-dessus le vulgaire,
Duquel se sont polis mille autres artisans,
Lesquels sont estimés entre les mieux disants.
Par un vers héroïque ils ont mis en histoire
Des Princes et des Rois la prouesse et la gloire,
Et comme serviteurs de Bellone et de Mars

Ont au son de leurs vers animé les soldars.
Ils ont sur l'échafaud, par feintes présentée
La vie des humains en deux sortes chantée,
Imitant des grands Rois la triste affection
Et des peuples menus la commune action.
La plainte des Seigneurs fut dite Tragédie,
L'action du commun fut dite Comédie;
L'argument du Comique est de toutes saisons,
Mais celui du Tragique est de peu de maisons.
D'Athènes, Troie, Argos, de Thèbes et Mycènes
Sont pris les arguments qui conviennent aux scènes;
Rome t'en a donné que nous voyons ici [406]
Et crains que les Français ne t'en donnent aussi.
  Jodelle le premier d'une plainte hardie
Françaisement chanta la Grecque Tragédie,
Puis, en changeant de ton, chanta devant nos Rois
  La jeune Comédie en langage François,
Et si bien les sonna que Sophocle et Ménandre,
Tant fussent-ils savants, y eussent pu apprendre.
Et toi, Grévin, après, toi mon Grévin encor
Qui dores ton menton d'un petit crespe d'or,
A qui vingt et deux ans n'ont pas clos les années,
Tu nous as toutefois les Muses amenées
Et nous as surmontés, qui sommes jà grisons,
Et qui pensions avoir Phœbus en nos maisons...

II

[A JEAN DE LA PÉRUSE] [407]

... [Dieu] de sa faveur en France réveilla
Mon jeune esprit, qui premier travailla
De marier les Odes à la lyre,
Et de savoir sur ses cordes élire
Quelle chanson y peut bien accorder
Et quel fredon ne s'y peut encorder.
Non sans labeur j'entrepris si grand chose;

Mais le destin qui tout en tout dispose,
M'y avait tant, ains que naître, adonné,
Qu'en peu de jours je me vis façonné,
Par deux chemins suivant la vieille trace
Des premiers pas de Pindare et d'Horace.
Presque d'un temps le même esprit divin
Dessommeilla Du Bellay l'Angevin,
Qui doucement sur sa lyre d'ivoire
* Éternisa de nos Princes la gloire,
Puis amoureux, d'un pouce tremblotant
Poussa le luth, à voix douce chantant
Les passions que sa gentille dame
Lui engravait au plus profond de l'âme.
Longtemps devant d'un ton plus haut que lui
Tyard chanta son amoureux ennui [408],
Qui jusqu'à l'os consumait sa moelle
Pour les beaux yeux d'une dame cruelle.
Comme ces deux de même flèche atteint,
Quittant ma lyre, hélas! je fus contraint
Dessus le luth autres chansons apprendre,
Pensant fléchir l'orgueil de ma Cassandre :
Mais pour néant car mes chansons n'ont peu
Ni l'enflammer, ni englacer mon feu.
Après, Baïf, d'une flèche plus douce
Époint au cœur, mignarda de son pouce
Des jouissants les baisers savoureux
Et de la nuit les combats amoureux,
Et les plaisirs dont une douce Amante
Entre ses bras son Damoiseau contente.
Puis Des Autels au contraire touché
D'un beau trait d'œil autrement décoché,
Chanta les maux qu'un patient endure
Dans les prisons d'une Maîtresse dure.
Après, Amour la France abandonna,
Et lors Jodelle heureusement sonna
D'une voix humble, et d'une voix hardie,
La Comédie avec la Tragédie,
Et d'un ton double, ore bas, ore haut,
Remplit premier le Français échafaud.

Tu vins après, encothurné Péruse,
Époinçonné de la Tragique Muse,
Muse vraiment qui t'a donné pouvoir
D'enfler tes vers, et grave concevoir
Les tristes cris des misérables Princes
A l'impourvu chassés de leurs provinces,
Et d'irriter de changements soudains
Le Roi Créon et les frères Thébains,
Ha ! cruauté ! et de faire homicide
De ses enfants la sorcière Colchide [409].
Peut-être après que Dieu nous donnera
Quelque hardi qui brave sonnera
De longue haleine un Poème héroïque,
Quelque autre après la chanson Bucolique,
L'un la Satire, et l'autre plus gaillard
Nous salera l'Épigramme raillard :
Car il nous aime, et si aime la France,
Et tirera notre langue d'enfance...

III

[A CHRISTOPHE DE CHOISEUL] [410]

Non, je ne me deuls pas qu'une telle abondance
D'écrivains aujourd'hui fourmille en notre France ;
Mais, Choiseul, je me deuls que tous n'écrivent bien,
Sans gâter ainsi l'encre et le papier pour rien,
Poussés plus d'une ardeur que polis de doctrine,
Le plus certain rempart de l'humaine poitrine.
* Du règne de Henri deux ou trois seulement
Apparurent au jour, qui chantant doucement
Firent d'un ton hardi entre les nôtres bruire
Maintenant la guitare, et maintenant la lyre,
* Et maintenant le luth, et osèrent la main
Mettre sur l'instrument que Pallas fit d'airain.
Incontinent après une tourbe inconnue
* De nouveaux écrivains pêle-mêle est venue

Se ruer sans égard, qui ont demi gâté
Cela que les premiers avaient si bien chanté,
Chétifs, qui ne savaient que notre Poésie
Est un don qui ne tombe en toute fantaisie,
Un don venant de Dieu, que par force on ne peut
Acquérir, si le Ciel de grâce ne le veut.

Mais ainsi que la terre a la semence enclose
Des blés un an entier, et l'autre an se repose
Oisive sans produire, ou bien s'elle produit
Ce ne sont que chardons et que ronces sans fruit,
Attendant que l'autre an pour concevoir revienne,
Afin d'être plus grasse et plus Cérérienne :
Ainsi la France mère a produit pour un temps,
Comme une terre grasse, une moisson d'enfants,
Gentils, doctes, bien nés, puis ell' s'est reposée,
Lasse, ne se trouvant à porter disposée
Bon fruit comme devant, ains ronces et buissons
En lieu du premier fruit de ses riches moissons.
Maintenant à son tour fertile elle commence
A s'enfler tout le sein d'une belle semence,
Et ne veut plus souffrir que son limon oiseux
De chardons se hérisse et de buissons ronceux,
Te concevant, Belleau, qui viens en la brigade
Des bons, pour accomplir la septième Pléiade [411],
Qui as, comme bien-né, ton naturel suivi,
Et que les Muses ont naïvement ravi
Aux contemplations de leurs sciences belles,
Te faisant enfanter choses toutes nouvelles
Sans imiter que toi et la gentille erreur
Qui t'allume l'esprit d'une docte fureur,
Ne faisant cas de ceux qui en même langage
Ensuivent les premiers par faute de courage,
Et faute de n'oser aller boire de l'eau
Sur le mont d'Hélicon par un sentier nouveau.

Or avant que vouloir te déclarer au monde,
Tu as daigné tenter d'exprimer la faconde
Des Grecs en notre langue, et as pour ton patron
Choisi le doux archet du vieil Anacréon,
Qui montre comme il faut d'une parole douce

Plaindre nos passions, lorsque Vénus nous pousse
Sa flèche dans le cœur, comme il faut soupirer,
Comme il faut espérer et se désespérer,
Comme il faut ajouter la lyre chanteresse
Et le père Bacchus à Cypris la Déesse,
Comme il faut s'égayer cependant qu'Atropos
Nous permet les plaisirs d'un amoureux repos,
Et comme il faut qu'on danse, et comme il faut qu'on
Non pas d'un vers enflé plein d'arrogance haute, [saute,
Obscur, masqué, brouillé d'un tas d'inventions
Qui font peur aux lisants, mais par descriptions
Douces, et doucement coulantes d'un doux style,
Propres au naturel de Vénus la gentille...

Me loue qui voudra les replis recourbés
Des torrents de Pindare à nos yeux dérobés,
Obscurs, rudes, fâcheux, et ses chansons connues
Que je ne sais comment par songes et par nues,
* Que le peuple n'entend : le doux Anacréon
Me plaît, et je voudrais que la douce Saphon,
Qui si bien réveillait la lyre Lesbienne,
En France accompagnât la Muse Téienne [412].
Mon Belleau, si cela par souhait avait lieu,
Je ne voudrais pas être au ciel un demi-Dieu
* Pour lire dessous l'ombre un si mignard ouvrage,
Qui comme nous soupire un amoureux dommage,
Une plaisante peine, une belle langueur
Qu'Amour pour son plaisir nous grave dans le cœur;
Encore je voudrais que le doux Simonide,
Pourvu qu'il ne pleurât Alcman et Bacchylide,
Alcée et Stésichore, et ces neuf chantres Grecs
Fussent ressuscités : nous les lirions exprès
Pour choisir leurs beaux vers pleins de douces paroles,
Et les graves seraient pour les maîtres d'écoles,
Afin d'épouvanter les simples écoliers
Au bruit de ces gros vers furieux et guerriers.
Mais Dieu ne le veut pas, qui couvre sous la terre
Tant de livres perdus, naufrages de la guerre,
Tant d'arts laborieux, et tant de gestes beaux
Qui sont, ores sans nom, les hôtes des tombeaux,

* Puis il nous faut douter si le sort a puissance
(O cruauté du ciel!) sur l'humaine science.
Mais quoi! du demeurant qu'il nous en est resté
Le plus doux à mon gré t'est ici présenté,
Mon Choiseul, mon demi, par ton Belleau qui ores
Te le donne et le voue, et le consacre encores.
Et ce faisant, Choiseul, je te puis assurer
Qu'il te donne beaucoup : car ceci peut durer
Ferme contre le temps, et la richesse humaine
Ondoyante s'enfuit comme le temps l'emmène,
Errant puis çà puis là, sans arrêt ni séjour;
Et ce présent mettra ton beau renom au jour
Sans jamais s'effacer, pour revivre par gloire
Autant qu'Anacréon a vécu par mémoire.

IV

[A JEAN PASSERAT] [413]

... Mon Passerat, je ressemble à l'abeille
Qui va cueillant tantôt la fleur vermeille,
Tantôt la jaune; errant de pré en pré
Vole en la part qui plus lui vient à gré,
Contre l'Hiver amassant force vivres;
* Ainsi courant et feuilletant mes livres,
J'amasse, trie et choisis le plus beau,
Qu'en cent couleurs je peins en un tableau,
Tantôt en l'autre, et, maître en ma peinture,
Sans me forcer j'imite la Nature...

V

[A PONTUS DE TYARD] [414]

Tyard, on me blâmait à mon commencement
De quoi j'étais obscur au simple populaire;

Mais on dit aujourd'hui que je suis au contraire,
Et que je me démens parlant trop bassement.
  Toi de qui le labeur enfante doctement
Des livres immortels, dis-moi, que dois-je faire?
Dis-moi (car tu sais tout) comme dois-je complaire
A ce monstre têtu, divers en jugement?
* Quand je tonne en mes vers, il a peur de me lire;
Quand ma voix se désenfle il ne fait qu'en médire;
Dis-moi de quel lien, force, tenaille ou clous
  Tiendrai-je ce Proté qui se change à tous coups?
Tyard, je l'entends bien, il le faut laisser dire
Et nous rire de lui comme il se rit de nous.

VI

« A SON LIVRE » [415]

  Mon fils, si tu savais ce qu'on dira de toi,
Tu ne voudrais jamais déloger de chez moi,
Enclos en mon étude, et ne voudrais te faire
Salir ni feuilleter aux mains du populaire.
Quand tu seras parti sans jamais retourner,
* Étranger loin de moi te faudra séjourner;
Car, ainsi que le vent sans retourner s'envole,
Sans espoir de retour s'échappe la parole.
Or tu es ma parole, à qui de nuit et jour
J'ai conté les propos que me contait Amour
Pour les mettre en ces vers qu'en lumière tu portes,
Crochetant malgré moi de ma chambre les portes,
Pauvret! qui ne sais pas que nos citoyens sont
Plus subtils par le nez que le rhinocéront.
* Donc, avant que tenter la mer et le naufrage,
Vois du port la tempête, et demeure au rivage :
Tard est le repentir de tôt s'être embarqué.
* Tu seras tous les jours des médisants moqué
D'yeux et de hausse-becs, et d'un branler de teste.
Sage est celui qui croit à qui bien l'admoneste...

Si quelque dame honnête et gentille de cœur,
Qui aura l'inconstance et le change en horreur,
Me vient en te lisant d'un gros sourcil reprendre
De quoi je ne devais oublier ma Cassandre,
Qui la première au cœur le trait d'Amour me mit,
Et que le bon Pétrarque un tel péché ne fit,
Qui fut trente et un ans amoureux de sa dame
Sans qu'un autre penser lui pût échauffer l'âme :
Réponds-lui, je te pri', que Pétrarque sur moi
N'avait autorité de me donner sa loi,
Ni à ceux qui viendraient après lui, pour les faire
Si longtemps enchaînés sans leur lien défaire.

Lui-même ne fut tel, car à voir son écrit
Il était éveillé d'un trop gentil esprit
Pour être sot trente ans, abusant sa jeunesse
Et sa Muse au giron d'une vieille maîtresse :
Ou bien il jouissait de sa Laurette, ou bien
Il était un grand fat d'aimer sans avoir rien...
Quand quelque jeune fille est au commencement
Cruelle, dure, fière à son premier amant,
Constant il faut attendre : il peut être qu'une heure
Viendra sans y penser qui la rendra meilleure.
Mais quand elle devient, voire de jour en jour,
Plus dure et plus rebelle et plus rude en amour,
On s'en doit éloigner sans se rompre la tête
De vouloir adoucir une si sotte bête.
Je suis de tel avis : me blâme de ceci,
M'estime qui voudra, je le conseille ainsi.

Les femmes bien souvent sont causes que nous sommes
Volages et légers, amadouant les hommes
D'un espoir enchanteur, les tenant quelquefois
Par une douce ruse, un an ou deux ou trois,
Dans les liens d'Amour sans aucune allégeance;
Cependant un valet en aura jouissance,
* Ou bien quelque badin emportera ce bien
Que le fidèle ami à bon droit cuidait sien;
Et si ne laisseront, je parle des rusées
Qui ont au train d'amour leurs jeunesses usées
(C'est bien le plus grand mal qu'un homme puisse avoir

Que servir une femme accorte à décevoir),
D'enjoindre des travaux qui sont insupportables,
Des services cruels, des tâches misérables.
Car, sans avoir égard à la simple amitié
De leurs pauvres servants, cruelles n'ont pitié
Non plus qu'un fier corsaire, en arrogance braves,
N'a pitié des captifs à l'aviron esclaves.
Il faut vendre son bien, il faut faire présents
De chaînes, de carcans, de diamants luisants;
Il faut donner la perle et l'habit magnifique,
Il faut entretenir la table et la musique,
Il faut prendre querelle, il faut les supporter.
Certes j'aimerais mieux dessus le dos porter
La hotte pour curer les étables d'Augée,
Que me voir serviteur d'une dame rusée...

Quand on peut par hasard heureusement choisir
Quelque belle maîtresse et l'avoir à plaisir,
Soit de haut ou bas lieu, pourvu qu'elle soit fille
Humble, courtoise, honnête, amoureuse et gentille,
Sans fard, sans tromperie, et qui sans mauvaistié
Garde de tout son cœur une simple amitié,
Aimant trop mieux cent fois à la mort être mise
Que de rompre sa foi quand elle l'a promise;
Il la faut honorer tant qu'on sera vivant,
Comme un rare joyau qu'on trouve peu souvent...

N'est-ce pas un grand bien quand on fait un voyage,
De rencontrer quelqu'un qui d'un pareil courage
Veut nous accompagner, et comme nous passer
Tant d'étranges chemins fâcheux à traverser?
Aussi n'est-ce un grand bien de trouver une amie
Qui nous aide à passer cette chétive vie,
Qui, sans être fardée ou pleine de rigueur,
Traite fidèlement de son ami le cœur?...

Mais voyant que toujours elle marchait plus fière
Je déliai du tout mon amitié première
Pour en aimer une autre en ce pays d'Anjou,
Où maintenant Amour me détient sous le joug,
Laquelle tout soudain je quitterai, si elle
M'est, comme fut Cassandre, orgueilleuse et rebelle,

Pour en chercher une autre, afin de voir un jour
De pareille amitié récompenser m'amour,
Sentant l'affection d'un autre dans moi-même :
Car un homme est bien sot d'aimer si on ne l'aime.
Or' si quelque impudent me vient blâmer de quoi
Je ne suis plus si grave en mes vers que j'étoi
* A mon commencement, quand l'humeur pindarique
Enflait ampoulément ma bouche magnifique,
Dis-lui que les amours ne se soupirent pas
D'un vers hautement grave, ains d'un beau style bas,
Populaire et plaisant, ainsi qu'a fait Tibulle,
L'ingénieux Ovide et le docte Catulle.
Le fils de Vénus hait ces ostentations :
Il suffit qu'on lui chante au vrai ses passions,
Sans enflure ni fard, d'un mignard et doux style,
Coulant d'un petit bruit, comme une eau qui distille.
Ceux qui font autrement, ils font un mauvais tour
A la simple Vénus et à son fils Amour.
S'il advient quelque jour que d'une voix hardie
J'anime l'échafaud par une tragédie
Sententieuse et grave, alors je ferai voir
Combien peuvent les nerfs de mon petit savoir;
Et si quelque Furie en mes vers je rencontre,
Hardi j'opposerai mes Muses à l'encontre,
Et ferai résonner d'un haut et grave son
Pour avoir part au bouc la tragique tançon [416],
Mais ores que d'Amour les passions je pousse,
Humble je veux user d'une Muse plus douce.
Je ne veux que ce vers d'ornement indigent
Entre dans une école, ou qu'un brave régent
Me lise pour parade; il suffit si m'amie
Le touche de la main dont elle tient ma vie,
Car je suis satisfait si elle prend à gré
Ce labeur que je voue à ses pieds consacré.

VII

[L'HISTOIRE ET L'ART DE TRADUIRE] [417]

Sur la traduction de Tite-Live par Hamelin.

... L'histoire sert aux Rois, aux Sénats et à ceux
Qui veulent par la guerre avoir le nom de preux,
Et bref toujours l'histoire est propre à tous usages :
C'est le témoin du temps, la mémoire des âges,
La maîtresse des ans, la vie des mourants,
Le tableau des humains, miroir des ignorants,
Et de tous accidents messagère chenue,
Par qui la vérité des siècles est connue,
Qui n'enlaidit jamais, car tant plus vieille elle est,
Plus elle semble jeune et plus elle nous plaît.
Or, des historiens nul antique n'arrive,
Ni moderne, à l'honneur du Romain Tite-Live,
Lequel, las ! toutefois en ténèbres gisait
Et des peuples Latins seulement se lisait :
Maintenant les Français auront son bel ouvrage
Traduit fidèlement en leur propre langage
Par le docte Hamelin, lequel avait devant
En cent façons montré combien il est savant...
Si les meilleurs auteurs de Rome et de la Grèce
Étaient ainsi traduits, la française jeunesse,
Sans tant se travailler à comprendre des mots
Comme des perroquets en une cage enclos,
Apprendraient la science en leur propre langage.
Le langage des Grecs ne vaut pas davantage
Que celui des Français : le mot ne sert de rien,
La science fait tout, qui se dit aussi bien
En français qu'en latin, notre langue commune;
Les mots sont différents, mais la chose est toute une.
Et pour ce l'on devrait par présents inviter
Ce gentil translateur, afin d'en exciter
Mille par son exemple à rendre en notre France,

Ainsi qu'un propre acquêt, les arts et la science;
Car jamais moindre honneur à l'homme n'est venu
D'augmenter richement son langage connu,
Que sur les ennemis, en servant sa province,
* Par armes allonger l'empire de son prince.

VIII

[LES MANUSCRITS GRECS] [418]

... Or je ne veux souffrir que les vites carrières
Des ans perdent le bien que tu me fis naguères,
Et si ne veux souffrir qu'un acte grand et beau
Que tu fis à deux Grecs aille sous le tombeau,
Deux pauvres étrangers qui, bannis de la Grèce,
Avaient pris à la Cour de France leur adresse,
Inconnus, sans appui, pleins de soin et d'émoi,
Pensant avoir support ou d'un Prince ou d'un Roi.
Mais ce fut au contraire, ô Princes, quelle honte,
D'un peuple si sacré, hélas, ne faire conte!
Ils étaient délaissés presqu'à mourir de faim,
Honteux de mendier le misérable pain,
Quand à l'extrémité portant un trésor rare
S'adressèrent à toi : c'était du vieux Pindare
Un livret inconnu, et un livre nouveau
Du gentil Simonide éveillé du tombeau.
Toi lors, comme courtois, gentil et débonnaire,
Ne fis tant seulement dépêcher leur affaire,
Mais tu récompensas avec beaucoup d'écus
Ces livres, qui avaient tant de siècles vaincus
Et qui portaient au front de la marge pour guide
Ce grand nom de Pindare et du grand Simonide,
Desquels tu as orné le somptueux château
De Beauregard, ton œuvre, et l'en as fait plus beau
Que si des Asiens les terres dépouillées
En don t'eussent baillé leurs médailles rouillées.

IX

ODE [419]

Puisque tôt je dois reposer
Outre l'infernale rivière,
Hé, que me sert de composer
Autant de vers qu'a fait Homère?
Les vers ne me sauveront pas
Qu'ombre poudreuse je ne sente
* Le faix de la tombe là-bas
S'elle est bien légère ou pesante.
Je pose le cas que mes vers,
De mon labeur en contr'échange,
Dix ou vingt ans par l'univers
M'apportent un peu de louange :
Que faut-il pour la consumer,
Et pour mon livre ôter de terre,
Qu'un feu qui le vienne allumer
Ou qu'un esclandre de la guerre?
Suis-je meilleur qu'Anacréon,
Que Stésichore ou Simonide,
Ou qu'Antimache ou que Bion,
Que Philète ou que Bacchylide?
Toutefois, bien qu'ils fussent Grecs,
Que leur servit ce beau langage,
Puisque les ans venus après
Ont mis en poudre leur ouvrage?
Donque moi qui suis né François,
* Faiseur de rimes maternelles,
Hé! dois-je espérer que ma voix
Surmonte des siècles les ailes?
Non, non, il vaut mieux, Rubampré,
Son âge en trafiques dépendre,
Ou devant un Sénat pourpré
Pour de l'argent sa langue vendre,
Que de suivre l'ocieux train

De cette pauvre Calliope,
Qui toujours fait mourir de faim
Les meilleurs chantres de sa trope.

X

[SUR PÉTRARQUE] [420]

Del Bene, second Cygne après le Florentin [421],
Que l'art et le savoir, l'Amour et le Destin,
Firent voler si haut sur Sorgue la rivière
Qu'il laissa de bien loin tous les autres derrière,
Sinon toi, qui de près suis son vol et sa voix
Pour chanter les honneurs des Princes et des Rois...
Depuis que ton Pétrarque eut surmonté la nuit
De Dante et Cavalcant, et de sa renommée
Claire comme un soleil eut la terre semée,
Fait citoyen du Ciel, nul après lui n'a pu
Grimper sur Hélicon pour y être repu
A la table des Sœurs de leur sainte ambroisie,
Qui seule donne l'âme à notre poésie.
Plusieurs ont essayé ce beau labeur en vain,
Mais la Muse à chacun ne donne de son pain.
Or les dons d'Apollon dont se vit embellie,
Quand Pétrarque vivait, sa native Italie,
Étaient perdus sans toi, des Muses amoureux,
Qui plein d'une âme vive, et d'un cœur généreux,
Ouvrant le cabinet de leur grotte sacrée,
Presque seul as remis les vers en ta contrée...

XI

[ÉPITAPHE DE MARULLE] [422]

Dites bas de bonnes paroles,
Muses, et avec mes chansons
Accordez faiblement les sons
De vos luths et de vos violes.

Voici de Marulle la tombe;
Priez qu'à tout jamais du ciel
La douce manne et le doux miel
Et la douce rosée y tombe;
Je faux, la tombe de Marulle!
De lui sa tombe n'a sinon
Les vaines lettres de son nom,
Il vit là-bas avec Tibulle.
Dessus les rives Élysées
Et sous l'ombre des Myrtes verts,
Au bruit des eaux chante ses vers
Entre les âmes bien prisées...
Tibulle avecque sa Délie
Danse la tenant par la main,
Corinne l'amoureux Romain,
Et Properce tient sa Cynthie.
Mais quand ses graves sons réveillent
Les vieilles louanges des Dieux,
Tous écrivains jeunes et vieux
Béants à son luth s'émerveillent
De quoi lui né sur le rivage
D'Hellesponte a si bien chanté,
Qu'étant Grec il a surmonté
Les vieux Latins en leur langage.
* Chère Ame, pour les belles choses
Que dans ton livre j'ai compris,
Prends ces œillets de petit prix,
Ces beaux lis et ces belles roses.
Toujours légère soit la terre
A tes os, et sur ce tombeau
Qui enserre un esprit si beau,
Toujours grimpe le vert lierre!

XII

« ÉPITAPHE DE FRANÇOIS RABELAIS »[423]

Si d'un mort qui pourri repose
Nature engendre quelque chose,

Et si la génération
Est faite de corruption,
Une vigne prendra naissance
De l'estomac et de la panse
Du bon Rabelais, qui buvait
Toujours cependant qu'il vivait.
* Car d'un seul trait sa grande gueule
Eût plus bu de vin toute seule
L'épuisant du nez en deux coups,
Qu'un porc ne hume de lait doux,
Qu'Iris de fleuves, ni qu'encore
De vagues le rivage more.
Jamais le Soleil ne l'a vu,
Tant fût-il matin, qu'il n'eût bu,
Et jamais au soir la nuit noire,
Tant fût tard, ne l'a vu sans boire,
Car altéré sans nul séjour
Le galant buvait nuit et jour.
Mais quand l'ardente Canicule
Ramenait la saison qui brûle,
Demi-nus se troussait les bras
Et se couchait tout plat à bas
Sur la jonchée entre les tasses,
Et parmi des écuelles grasses
Sans nulle honte se touillant,
Allait dans le vin barbouillant
Comme une grenouille en la fange;
Puis ivre chantait la louange
De son ami le bon Bacchus...
Il chantait la grande massue
Et la jument de Gargantue,
Le grand Panurge, et le pays
Des Papimanes ébahis,
Leurs lois, leurs façons et demeures,
Et frère Jean des Antoumeures,
Et d'Épistème les combats;
Mais la Mort qui ne buvait pas
Tira le buveur de ce monde,
Et ores le fait boire en l'onde

Qui fuit trouble dans la giron
Du large fleuve d'Achéron.
Or toi quiconque sois qui passes
Sur sa fosse répands des tasses,
Répands du bril et des flacons,
Des cervelas et des jambons,
Car si encor dessous la lame
Quelque sentiment a son âme,
Il les aime mieux que des Lis
Tant soient-ils fraîchement cueillis [424].

XIII

[DIALOGUE DU POÈTE ET DES MUSES] [425]

RONSARD

Pour avoir trop aimé votre bande inégale,
Muses qui défiez, ce dites-vous, les temps,
J'ai les yeux tout battus, la face toute pâle,
Le chef grison et chauve, et si n'ai que trente ans.

MUSES

Au nocher qui sans cesse erre sur la marine,
Le teint noir appartient; le soldat n'est point beau
Sans être tout poudreux; qui courbe la poitrine
Sur nos livres est laid, s'il n'a pâle la peau.

RONSARD

Mais quelle récompense aurai-je de tant suivre
Vos danses nuit et jour, un Laurier sur le front?
Et cependant les ans, auxquels je dusse vivre
En plaisirs et en jeux, comme poudre s'en vont!

MUSES

Vous aurez en vivant une fameuse gloire,
Puis, quand vous serez mort, votre nom fleurira;
L'âge de siècle en siècle aura de vous mémoire,
Seulement votre corps au tombeau pourrira.

RONSARD

O le gentil loyer! que sert au vieil Homère,
Ores qu'il n'est plus rien sous la tombe là-bas
Et qu'il n'a plus ni chef, ni bras, ni jambe entière,
Si son renom fleurit ou s'il ne fleurit pas?

MUSES

Vous êtes abusé : le corps dessous la lame
Pourri ne sent plus rien, aussi ne lui en chaut;
Mais un tel accident n'arrive point à l'âme,
Qui sans matière vit immortelle là-haut.

RONSARD

Bien, je vous suivrai donc d'une face riante,
Dussé-je trépasser de l'étude vaincu,
* Afin qu'après ma mort à la race suivante
Je ne sois diffamé qu'en porc j'aurai vécu.

MUSES

Voilà sagement dit : ceux dont la fantaisie
Sera religieuse et dévote envers Dieu,
Toujours malgré les ans vivra leur Poésie,
Et dessus leur renom la Parque n'aura lieu.

XIV

[A SON LIVRE] [426]

Cesse tes pleurs, mon livre! il n'est pas ordonné
Du destin, que moi vif tu sois riche de gloire;

Avant que l'homme passe outre la rive noire,
L'honneur de son travail ne lui est point donné.
  Quelqu'un après mille ans de mes vers étonné
Viendra dedans mon Loir, comme en Permesse, boire,
Et, voyant mon pays, à peine pourra croire
* Que d'un si petit champ Ronsard se vante né.
  Prends, mon livre, prends cœur ! la vertu précieuse
De l'homme, quand il vit, est toujours odieuse;
Mais après le trépas chacun le pense un Dieu.
  La rancœur nuit toujours à ceux qui sont en vie;
Sur les vertus d'un mort elle n'a plus de lieu
Et la postérité rend l'honneur sans envie.

VERS BIOGRAPHIQUES

VERS BIOGRAPHIQUES

I

[FAMILLE ET JEUNESSE
A Pierre de Paschal] [427]

Je veux, mon cher Paschal, que tu n'ignores point
D'où, ni qui est celui que les Muses ont joint
D'un nœud si ferme à toi, afin que des années
A nos neveux futurs les courses empennées
Ne cèlent que Paschal et Ronsard n'étaient qu'un,
Et que tous deux n'avaient qu'un même cœur commun.
Or, quant à mon ancêtre, il a tiré sa race
D'où le glacé Danube est voisin de la Thrace [428].
Plus bas que la Hongrie, en une froide part,
Est un seigneur nommé le marquis de Ronsart,
Riche en villes et gens, riche d'or et de terre;
Un de ses fils puînés, ardent de voir la guerre,
Un camp d'autres puînés assembla hasardeux,
Et, quittant son pays, fait capitaine d'eux,
Traversa la Hongrie et la basse Allemagne,
* Traversa la Bourgogne et toute la Champagne,
Et soudart vint servir Philippe de Valois,
Qui pour lors avait guerre encontre les Anglois.
Il s'employa si bien au service de France,
Que le roi lui donna des biens à suffisance,
Situés près du Loir; puis du tout oubliant
Frères, père et pays, Français se mariant,
Engendra les aïeux dont est sorti le père

Par qui premier je vis cette belle lumière.
* Mon père fut toujours en son vivant ici
Maître d'hôtel du Roi, et le suivit aussi
Tant qu'il fut prisonnier, pour son père, en Espagne [429].
Faut-il pas qu'un servant son seigneur accompagne,
Fidèle à sa fortune, et qu'en adversité
Lui soit autant loyal qu'en sa félicité?
Du côté maternel j'ai tiré mon lignage
De ceux de la Trémouille et de ceux de Bouchage,
De ceux-là des Rouaux et de ceux des Chaudriers,
Qui furent en leur temps si vertueux guerriers
Que leur noble prouesse au fait des armes belle
Reprit sur les Anglais les murs de la Rochelle,
Où l'un fut si vaillant qu'encores aujourd'hui
Une rue à son los porte le nom de lui.
Mais s'il te plaît avoir autant de connaissance
(Comme de mes aïeux) du jour de ma naissance,
Sans te tromper ni moi, je dirai vérité
Et de l'an et du jour de ma nativité.
L'an que le roi François fut pris devant Pavie,
Le jour d'un samedi, Dieu me prêta la vie,
L'onzième de septembre [430], et presque je me vi
Tout aussitôt que né de la Parque ravi.
Je ne fus le premier des enfants de mon père,
Cinq avant moi longtemps en enfanta ma mère :
Deux sont morts au berceau; aux trois vivants en rien
Semblable je ne suis, ni d'état, ni de bien.
Sitôt que j'eus neuf ans, au collège on me mène :
Je mis tant seulement un demi-an de peine
D'apprendre les leçons du régent de Vailly;
Puis sans rien profiter, du collège sailli,
Je vins en Avignon, où la puissante armée
Du roi François était fièrement animée
Contre Charles d'Autriche, et là je fus donné
Page au duc d'Orléans; après je fus mené,
Suivant le roi d'Écosse, en l'Écossaise terre,
Où trente mois je fus et six en Angleterre [431].
A mon retour encor page ce duc me print;
Et guère à l'Écurie en repos ne me tint

Qu'il ne me renvoyât en Flandres et Zélande,
Et encore en Écosse, où la tempête grande
Avecque Lassigni cuida faire toucher,
Poussée aux bords anglais, la nef contre un rocher.
Plus de trois jours entiers dura cette tempête
D'eau, de grêle et d'éclairs nous menaçant la tête;
A la fin, arrivés sans nul danger au port,
La nef en cent morceaux se rompt contre le bord,
Nous laissant sur la rade, et point n'y eut de perte,
Sinon elle qui fut des flots salés couverte,
Et le bagage épars que le vent secouait,
Et qui servait flottant aux ondes de jouet.
D'Écosse retourné, je fus mis hors de page;
Et à peine seize ans avaient borné mon âge
Que, l'an cinq cent quarante, avec Baïf je vins
En la haute Allemagne, où la langue j'apprins.
Mais, las! à mon retour, une âpre maladie,
Par ne sais quel destin, me vint boucher l'ouïe
Et dure m'accabla d'assommement si lourd
Qu'encores aujourd'hui j'en reste demi-sourd.
L'an d'après, en avril, Amour me fit surprendre,
Suivant la cour à Blois, des beaux yeux de Cassandre.
Soit le faux nom ou vrai, jamais le temps, vainqueur
Des amours, n'ôtera ce beau nom de mon cœur.
Incontinent après, disciple je vins être
A Paris de Daurat, qui cinq ans fut mon maître,
En grec et en latin; chez lui premièrement
Notre ferme amitié prit son commencement,
Laquelle dans mon âme, à tout jamais, et celle
De ton ami Durban [432], sera perpétuelle.

II

[LE PAGE] [433]

Dès le commencement que je fus nommé page
Pour user la plupart de la fleur de mon âge
Au royaume Écossais de vagues emmuré,

Qui m'eût, en m'embarquant sur la poupe, juré
Que, changeant mon épée aux armes bien apprise,
J'eusse pris le bonnet des Pasteurs de l'Église [434],
Je ne l'eusse pas cru; et me l'eût dit Phœbus,
J'eusse pensé son dire et lui n'être qu'abus;
Car j'avais tout le cœur enflé d'aimer les armes,
Je voulais me braver au nombre des gendarmes,
Et de mon naturel je cherchais les débats,
Moins désireux de paix qu'amoureux des combats.
Mais Fortune, voyant que je suivais sans elle
Mon inclination gaillarde et naturelle,
Changea ma volonté et m'arracha du sein
Ma première entreprise et mon premier dessein :
Je devins écolier, et mis ma fantaisie
Au folâtre métier de notre Poésie...

III

[LA VOCATION] [435]

Puisque Dieu ne m'a fait pour supporter les armes,
Et mourir tout sanglant au milieu des alarmes,
En imitant les faits de mes premiers aïeux,
Si ne veux-je pourtant demeurer ocieux;
Ains comme je pourrai, je veux laisser mémoire
Que j'allai sur Parnasse acquérir de la gloire,
Afin que mon renom, des siècles non vaincu,
Rechante à mes neveux qu'autrefois j'ai vécu
Caressé d'Apollon et des Muses aimées,
Que j'ai plus que ma vie en mon âge estimées.
Pour elles à trente ans j'avais le chef grison,
Maigre, pâle, défait, enclos en la prison
D'une mélancolique et rhumatique étude,
Renfrogné, mal courtois, sombre, pensif et rude,
Afin qu'en me tuant, je pusse recevoir
Quelque peu de renom pour un peu de savoir.
Je fus souventes fois retancé de mon père,

Voyant que j'aimais trop les deux filles d'Homère,
Et les enfants de ceux qui doctement ont su
Enfanter en papier ce qu'ils avaient conçu;
Et me disait ainsi : « Pauvre sot, tu t'amuses
A courtiser en vain Apollon et les Muses.
Que te saurait donner ce beau chantre Apollon,
Qu'une lyre, un archet, une corde, un fredon,
* Qui se répand au vent ainsi qu'une fumée
Ou comme poudre en l'air vainement consumée?
Que te sauraient donner les Muses qui n'ont rien,
Sinon autour du chef je ne sais quel lien
De myrte, de lierre; ou d'une amorce vaine
T'allécher tout un jour au bord d'une fontaine,
Ou dedans un vieil antre, afin d'y reposer
Ton cerveau mal rassis et béant composer
Des vers qui te feront, comme plein de manie,
Appeler un bon fol en toute compagnie?
« Laisse ce froid métier qui jamais en avant
N'a poussé l'artisan, tant fût-il bien savant,
Mais avec sa fureur qu'il appelle divine,
Meurt toujours accueilli d'une pâle famine.
Homère, que tu tiens si souvent en tes mains,
Qu'en ton cerveau malsain comme un dieu tu te peins,
N'eut jamais un liard; sa Troyenne vielle
Et sa Muse qu'on dit qui eut la voix si belle
Ne le surent nourrir, et fallait que sa faim
D'huis en huis mendiât le misérable pain.
« Laisse-moi, pauvre sot, cette science folle :
Hante-moi les palais, caresse-moi Bartole
Et d'une voix dorée, au milieu d'un parquet,
Aux dépens d'un pauvre homme exerce ton caquet,
Et, fumeux et sueux, d'une bouche tonnante
Devant un président mets-moi ta langue en vente.
On peut par ce moyen aux richesses monter,
Et se faire du peuple en tous lieux bonneter.
« Ou bien, embrasse-moi l'argenteuse science
Dont le sage Hippocras eut tant d'expérience,
Grand honneur de son île; encor que son métier
Soit venu d'Apollon, il s'est fait héritier

Des biens et des honneurs, et à la poésie
Sa sœur n'a rien laissé qu'une lyre moisie.
Ne sois donc paresseux d'apprendre ce que peut
La Nature en nos corps, tout cela qu'elle veut,
Tout cela qu'elle fuit; par si gentille adresse,
En secourant autrui on gagne la richesse.
« Ou bien si le désir généreux et hardi,
En t'échauffant le sang, ne rend accouardi
Ton cœur à mépriser les périls de la terre,
Prends les armes au poing et va suivre la guerre,
Et d'une belle plaie en l'estomac ouvert
Meurs dessus un rempart de poudre tout couvert.
Par si noble moyen souvent on devient riche,
Car envers les soldats un bon Prince n'est chiche »...
Oh! qu'il est malaisé de forcer la nature!
Toujours quelque génie ou l'influence dure
D'un astre nous invite à suivre malgré tous
Le destin qu'en naissant il versa dessus nous.
Pour menace ou prière, ou courtoise requête
Que mon père me fît, il ne sut de ma tête
Oter la poésie, et plus il me tançait,
Plus à faire des vers la fureur me poussait.
Je n'avais pas douze ans, qu'au profond des vallées,
Dans les hautes forêts des hommes reculées,
Dans les antres secrets de frayeur tout couverts,
Sans avoir soin de rien je composais des vers;
Écho me répondait, et les simples Dryades,
Faunes, Satyres, Pans, Napées, Oréades,
Aigipans qui portaient des cornes sur le front
Et qui ballant sautaient comme les chèvres font,
* Et les Nymphes suivant les fantastiques fées
Autour de moi dansaient à cottes agrafées.
Je fus premièrement curieux du latin :
Mais, voyant par effet que mon cruel destin
Ne m'avait dextrement pour le latin fait naître,
Je me fis tout Français, aimant certes mieux être
En ma langue ou second, ou le tiers, ou premier,
Que d'être sans honneur à Rome le dernier.
Donc, suivant ma nature aux Muses inclinée,

Sans forcer autre-part ma propre destinée,
J'enrichis notre France, et pris en gré d'avoir
En servant mon pays plus d'honneur que d'avoir...

IV

[L'APPEL DE LA MUSE] [436]

Le jour que je fus né, le Daimon qui préside
Aux Muses me servit en ce monde de guide,
M'anima d'un esprit subtil et vigoureux
Et me fit de science et d'honneur amoureux.
En lieu des grands trésors et de richesses vaines
Qui aveuglent les yeux des personnes humaines,
Me donna pour partage une fureur d'esprit
Et l'art de bien coucher ma verve par écrit.
Il me haussa le cœur, haussa la fantaisie,
M'inspirant dedans l'âme un don de poésie,
Que Dieu n'a concédé qu'à l'esprit agité
Des poignants aiguillons de sa divinité.
Quand l'homme en est touché, il devient un prophète,
Il prédit toute chose avant qu'elle soit faite,
Il connaît la nature et les secrets des cieux,
Et d'un esprit bouillant s'élève entre les dieux...
Car Dieu ne communique aux hommes ses mystères,
S'ils ne sont vertueux, dévots et solitaires,
Éloignés des tyrans et des peuples qui ont
La malice en la main et l'impudence au front,
Brûlés d'ambition et tourmentés d'envie,
Qui leur sert de bourreau tout le temps de leur vie.
Je n'avais pas quinze ans que les monts et les bois
Et les eaux me plaisaient plus que la cour des Rois,
Et les noires forêts en feuillage voûtées,
* Et du bec des oiseaux les roches picotées;
Une vallée, un antre en horreur obscurci,
Un désert effroyable était tout mon souci;
Afin de voir au soir les Nymphes et les Fées
Danser dessous la Lune, en cotte par les prées,
Fantastique d'esprit, et de voir les Sylvains

Être boucs par les pieds et hommes par les mains,
Et porter sur le front des cornes, en la sorte
Qu'un petit agnelet de quatre mois les porte.
J'allais après la danse, et craintif je pressais
Mes pas dedans le trac des Nymphes, et pensais
Que pour mettre mon pied en leur trace poudreuse
J'aurais incontinent l'âme plus généreuse;
Ainsi que l'Ascréan qui gravement sonna,
Quand l'une des neuf Sœurs du laurier lui donna.
Or, je ne fus trompé de ma sainte entreprise;
Car la gentille Euterpe ayant ma dextre prise,
Pour m'ôter le mortel [437] par neuf fois me lava
De l'eau d'une fontaine où peu de monde va...
En me disant ainsi : « Puisque tu veux nous suivre,
Heureux après la mort nous te ferons revivre
Par longue renommée, et ton los ennobli
Accablé du tombeau n'ira point en oubli.
« Tu seras du vulgaire appelé frénétique,
Insensé, furieux, farouche, fantastique,
Maussade, mal plaisant : car le peuple médit
De celui qui de mœurs aux siennes contredit.
Mais courage, Ronsard! les plus doctes poètes,
Les sibylles, devins, augures et prophètes,
Hués, sifflés, moqués des peuples ont été;
Et toutefois, Ronsard, ils disaient vérité.
« N'espère d'amasser de grands biens en ce monde :
Une forêt, un pré, une montagne, une onde
Sera ton héritage, et seras plus heureux
Que ceux qui vont cachant tant de trésors chez eux;
Tu n'auras point de peur qu'un roi de sa tempête
Te vienne en moins d'un jour écarbouiller la tête,
Ou confisquer tes biens; mais tout paisible et coi
Tu vivras dans les bois pour la Muse et pour toi. »
Ainsi disait la Nymphe, et de là je vins être
Disciple de Dorat, qui longtemps fut mon maître,
M'apprit la poésie, et me montra comment
On doit feindre, et cacher les fables proprement,
Et à bien déguiser la vérité des choses
D'un fabuleux manteau dont elles sont encloses [438]...

V

« A SON RETOUR DE GASCOGNE, VOYANT DE LOIN PARIS »[439]

Deux et trois fois heureux ce mien regard,
Duquel je vois la ville où sont infuses
La discipline et la gloire des Muses,
C'est toi Paris, que Dieu conserve et gard!
C'est toi qui as de science, avec art,
Endoctriné mon jeune âge ignorant,
Et qui chez toi par cinq ans demeurant
L'as allaité du lait qui de toi part.
Combien je sens ma vie heureuse en elle
En te voyant, au prix de ces monts blancs
Qui ont l'échine et la tête et les flancs
Chargés de glace et de neige éternelle!
Je vois déjà la bande solennelle
Du saint Parnasse en avant s'approcher,
Et me baiser, m'accoler et toucher,
Me rappelant à son étude belle.
De l'autre part ma librairie, hélas!
Grecque, latine, espagnole, italique,
En me tançant d'un front mélancolique
Me dit que plus je n'adore Pallas.
Un million d'amis ne seront las
Deux jours entiers de me faire la fête :
Un Peletier qui a dedans sa tête
Muses et Dieux, les Nymphes et leurs lacs,
Dorat, réveil de la science morte,
Et mon Berger[440], qui s'est fait gouverneur
Non de troupeaux, mais de gloire et d'honneur,
Tiendra mon col lacé d'une main forte;
Tel jour heureux qui tant d'aise m'apporte
Soit par mes vers jusque au ciel colloqué,
Et sur mon cœur d'un blanc travers marqué

A celle fin que jamais il n'en sorte...
Plus que devant je t'aimerai, mon livre.
A celle fin que le savoir j'apprinsse,
J'ai délaissé et cour, et Roi, et Prince,
Où j'étais bien quand je les voulais suivre.
Pour récompense aussi je me vois vivre
Et jusque au ciel d'ici-bas remué;
Ainsi qu'Horace en Cygne transmué
J'ai fait un vol qui de mort me délivre [441].
Car si le jour voit mon œuvre entrepris,
L'Espagne docte et l'Italie apprise,
Celui qui boit le Rhin et la Tamise
Voudra m'apprendre ainsi que je l'appris,
Et mon labeur aura louange et prix.
Sus, Vendômois, petit pays, sus donques!
Éjouis-toi, si tu t'éjouis onques :
Je vois ton nom fameux par mes écrits.

VI

[LES DÉBUTS DU COURTISAN] [442]

... Avant qu'aller chez vous, je vivais sans émoi,
Maintenant par les bois, maintenant à part moi,
J'errais près des ruisseaux, maintenant par les prées,
J'allais le nourrisson des neuf Muses sacrées;
Il n'y avait rocher qui ne me fût ouvert,
Ni antre qui ne fût à mon œil découvert,
Ni source que des mains buvant je n'épuisasse,
Ni si basse vallée où tout seul je n'allasse.
Phœbus au crin doré son luth me présentait,
Pan le dieu forestier sous mes flûtes sautait,
Et avec les Sylvains les gentilles Dryades
Foulaient sous mes chansons l'herbette de gambades.
Il n'y avait Français, tant fût-il bien appris,
Qui n'honorât mes chants et qui n'en fût épris;
Car tous ceux qu'en mon art les meilleurs on estime

(S'ils ne portent au cœur une envieuse lime)
Justes confesseront (écrire je le puis)
Qu'indompté du travail tout le premier je suis
Qui de Grèce ai conduit les Muses en la France,
Et premier mesuré leur pas à ma cadence;
Si qu'en lieu du langage et romain et grégeois
Premier les fis parler le langage françois.
Tout hardi m'opposant à la tourbe ignorante,
Tant plus elle criait, plus elle était ardente
De déchirer mon nom et plus me diffamait,
Plus d'un courage ardent ma vertu s'allumait
Contre ce populaire, en dérobant les choses
Qui sont ès livres Grecs antiquement encloses.
Je fis des mots nouveaux, je restaurai les vieux,
Bien peu me souciant du vulgaire envieux,
Médisant, ignorant, qui depuis a fait compte
De mes vers qu'au premier il me tournait à honte.
Et alors, mon Odet, tout pur d'ambition,
Éloigné de la cour, sans nulle affection
De parvenir aux biens, je vivais en franchise,
Sain, dispos et gaillard, bien loin de convoitise.
   Mais depuis que votre œil daigna tant s'abaisser
Que regarder mes vers, et l'auteur caresser,
Et que votre bonté, qui n'a point de pareille,
Promit de m'endormir sur l'une et l'autre oreille,
Adonc l'ambition s'alluma dans mon cœur,
Crédule, je conçus la royale grandeur,
Je conçus évêchés, prieurés, abbayes,
Soudain abandonnant les Muses ébahies
De me voir transformé d'un écolier content
En nouveau courtisan, demandeur inconstant [443].
Oh! que malaisément l'ambition se couvre!
Lors j'appris le chemin d'aller souvent au Louvre;
Contre mon naturel j'appris de me trouver
Et à votre coucher et à votre lever,
A me tenir debout dessus la terre dure,
A suivre vos talons, à forcer ma nature,
Et bref, en moins d'un an, je devins tout changé,
Comme si de Glaucus l'herbe j'eusse mangé,

Ou si j'eusse embrassé l'enchanteresse Alcine
* Qui transforma l'Anglais en myrteuse racine [444]...

VII

[DÉCEPTIONS DE L'ÉCRIVAIN] [445]

... L'autre jour que j'étais, comme toujours je suis,
Solitaire et pensif, car forcer je ne puis
Mon Saturne ennemi, si loin je me promène
Que seul je m'égarai dessus les bords de Seine,
Un peu dessous le Louvre où les Bons-Hommes sont
Enclos étroitement de la rive et du mont [446].
Là, comme hors de moi, j'accusais la Fortune,
* La mère des flatteurs, la marâtre importune
Des hommes vertueux, en vivant condamnés
A souffrir tout malheur des Astres mal tournés;
Je blâmais Apollon, les Grâces et la Muse,
Et le sage métier qui ma folie amuse.
Puis pensant d'une part combien j'ai fait d'écrits
Et voyant d'autre part vieillir mes cheveux gris
Après trente et sept ans, sans que la destinée
Se soit en ma faveur d'un seul point inclinée,
Je haïssais ma vie, et confessais aussi
Que l'antique vertu n'habitait plus ici.
Je pleurais Du Bellay qui était de mon âge,
De mon art, de mes mœurs et de mon parentage,
Lequel après avoir d'une si docte voix
Tant de fois rechanté les Princes et les Rois,
Est mort pauvre, chétif, sans nulle récompense,
Sinon du fameux bruit que lui garde la France.
Et lors tout dédaigneux et tout rempli d'émoi,
Regardant vers le ciel, je disais à part moi :
Quand nous aurions servi quelque Roi de Scythie,
Un Roi Goth ou Gélon, en la froide partie
Où le large Danube est le plus englacé,
Encor notre labeur serait récompensé.
Ainsi versant de l'œil des fontaines amères,

Dedans mon cerveau creux je peignais des Chimères;
Quand je vis arriver un Devin qui avait
La face de Rembure à l'heure qu'il vivait [447] :
Son front était ridé, sa barbe mal rognée,
Sa perruque à gros poil ni courte ni peignée,
Ses ongles tout crasseux, lequel me regarda
Des pieds jusqu'à la tête et puis me demanda :
« D'où es-tu, où vas-tu, d'où viens-tu à cette heure?
De quels parents es-tu? et où est ta demeure? »

Je lui réponds ainsi : « Je suis de Vendômois,
Je n'ai jamais servi autre maître que Rois,
J'ai longtemps voyagé en ma tendre jeunesse,
Désireux de louange, ennemi de paresse.
A la fin Apollon et ses Sœurs volontiers
En l'antre Thespien m'apprirent leurs métiers,
A bien faire des vers, à bien pousser la lyre,
A savoir fredonner, à savoir dessus dire
Les louanges des Rois, et en mille façons
A savoir marier les cordes aux chansons;
* Ils me firent dormir sur leur rive secrète,
Me lavèrent trois fois et me firent Poète,
M'enflammèrent l'esprit de furieuse ardeur
Et m'emplirent le cœur d'audace et de grandeur.

Lors je ne m'attaquai aux vulgaires personnes,
Mais hardi je me pris aux Rois porte-couronnes :
(O docte Roi François, si tu eusses vécu,
J'eusse par ta faveur mon noir destin vaincu !)
Je célébrai Henri et ses œuvres guerrières,
Voire en tant de façons et en tant de manières
Que les plus nobles Preux qui vivent aujourd'hui
Par l'encre, ne sont pas tant célébrés que lui.
Que me vaudrait ici ses louanges redire,
Puisqu'en mille papiers un chacun les peut lire?

Après je célébrai en mille chants divers
La Reine son Épouse, honneur de l'Univers,
Et fis de tous côtés aux nations étranges
Par le vol de ma plume épandre ses louanges.
Je chantai la grandeur de ses nobles aïeux
Et de terre élevés je les mis dans les cieux;

Je chantai les eaux d'Arne, et Florence sa fille [448]...
  Mais ainsi que Vesper la Cyprienne étoile
De plus larges éclairs illumine le voile
De la nuit ténébreuse, et sur tous les flambeaux
Dont le ciel est ardent, les siens sont les plus beaux;
Ainsi et la vertu, la grâce et le mérite
De la sainte et divine et chaste Marguerite,
Fille du Roi François et la sœur de Henri
Et du Duc d'Orléans qui jeune m'a nourri,
Me semblèrent aux yeux sur les autres reluire.
Pour ce je la choisis le sujet de ma lyre,
Laquelle, ayant l'esprit de son père, eut à gré
Le labeur que j'avais à ses pieds consacré,
Et comme vertueuse et d'honneur toute pleine,
S'opposant à mon mal, charitable mit peine
D'avancer ma fortune, et fille et sœur d'un Roi
Daigna bien, ô bonté! se souvenir de moi.
Mais en perdant, hélas! sa clarté coutumière,
Comme aveugle je suis demeuré sans lumière...
Fleur et perle de prix, Marguerite parfaite!
Après que la bonté de Nature t'eut faite,
Assemblant pour t'orner une confection
De ce qui est plus rare en la perfection,
Elle en rompit le moule, afin que sans pareille
Tu fusses ici-bas du monde la merveille.
  Que te dirai-je plus? après avoir usé
Cordes et luth et fût, je me suis abusé
A chanter ces Seigneurs, comme celui qui porte
En lieu de son loyer une espérance morte...

  L'autre jour que j'étais au temple à Saint-Denis,
Regardant tant de Rois en leurs cachettes mis,
Qui naguères faisaient trembler toute la France,
* Qui tous enflés d'orgueil, de pompe et d'espérance,
Menaient un camp armé, tuaient et commandaient,
Et de leur peuple avaient les biens qu'ils demandaient,
Et les voyant couchés, n'ayant plus que l'écorce
Comme bûches de bois sans puissance ni force,
Je disais à part moi : Ce n'est rien que des Rois;

D'un nombre que voici, à peine deux ou trois
Vivent après leur mort pour n'avoir été chiches
Vers les bons écrivains et les avoir fait riches.
  Puis me tournant, hélas! vers le corps de Henri,
Je disais : O mon Roi, qui vivant as chéri
Les Muses, qui sont sœurs des armes valeureuses,
Ton âme puisse vivre entre les bienheureuses;
Au haut de ton cercueil soient toujours fleurissants
Les beaux œillets pourprés et les lis blanchissants,
Et leur suave odeur jusqu'au ciel à toi monte,
Puisque de ton Ronsard tu as tant fait de compte!
  Je porterais mon mal beaucoup plus aisément,
Si, en fraudant les bons, le sort incessamment
N'avançait les méchants; mais, quand en mon courage
Je vois tout aller mal, de deuil presque j'enrage.
Je me fâche de voir les hommes étrangers,
Changeurs, postes, plaisants, usuriers, mensongers,
Qui n'ont ni la vertu ni la science apprise,
Posséder aujourd'hui tous les biens de l'Église.
De là sont procédés tant d'abus infinis,
Et tu les vois, ô Dieu, et tu ne les punis!
  Et nous, sacré troupeau des Muses, qui ne sommes
Usuriers, ni trompeurs, ni assassineurs d'hommes,
Qui portons Jésus-Christ dans le cœur arrêté,
Ne sommes avancés sinon de pauvreté :
Lambin, Dorat, Turneb, lumières de notre âge,
Doctes et bien vivants en donnent témoignage...
  Toi qui viens après moi, qui verras en maints lieux,
De mes écrits épars le titre ambitieux
De Francus, Francion, et de la Franciade
Qu'égaler je devais à la Grecque Iliade,
Ne m'appelle menteur, paresseux ni peureux :
J'avais l'esprit gaillard et le cœur généreux
Pour faire un si grand œuvre en toute hardiesse,
Mais au besoin les Rois m'ont failli de promesse;
Ils ont tranché mon cours au milieu de mes vers;
Au milieu des rochers, des forêts, des déserts,
Ils ont fait arrêter par faute d'équipage
Francus qui leur donnait Ilion en partage...

VIII

[RÉPONSE AU PRÉDICANT DE GENÈVE] [449]

... Or sus changeons propos, et parlons d'autre chose.
Tu dis qu'une sourdesse a mon oreille close;
Tu te moques de moi et me viens blasonner
Pour un pauvre accident que Dieu me veut donner.
Nouvel Évangéliste, insensé, plein d'outrage,
Vrai enfant de Satan, dis-moi en quel passage
Tu trouves qu'un Chrétien (s'il n'est bien enragé)
Se doive comme toi moquer d'un affligé?
Ta langue montre bien, aux brocards qu'elle rue,
Que tu portes au corps une âme bien tortue.
Quoi! est-ce le profit et le fruit que tu fais
En prêchant l'Évangile, où tu ne crus jamais?...
Les Poètes premiers, dont la gloire connue
A défié les ans, avaient mauvaise vue,
Thamyre, Tirésie, Homère, et celui-là
Qui au prix de ses yeux contre Hélène parla [450];
Et ceux de notre temps, à qui la Muse insigne
Aspire, vont portant la sourdesse pour signe;
Témoin est Du Bellay, qui comme moi fut sourd,
Dont l'honneur mérité par tout le monde court.
Vraiment quand tu étais à Paris l'autre année,
Décharné, deshâlé, la couleur basanée,
Et pâle tout ainsi qu'un croissant enchanté,
J'eus pitié de te voir en ce point tourmenté,
Et, sans injurier la misère commune,
J'avais compassion de ta pauvre fortune.
Or, à ce qu'on disait, ce mal tu avais pris
Travaillant au métier de la belle Cypris.
Toutefois contemplant ta taille longue et droite,
Ta main blanche et polie, et ta personne adroite,
Te connaissant gaillard, honnête, gracieux,
Et faire sagement l'amour en divers lieux
(Tu sais si je dis vrai), je fis à Dieu prière

De te faire jouir de ta santé première.
En te voyant ainsi, j'avais pitié de toi,
Tant s'en faut que l'envie entrât jamais chez moi.
  Tu m'accuses, cafard, d'avoir eu la vérole.
Un chaste Prédicant de fait et de parole
Ne devrait jamais dire un propos si vilain;
Mais que sort-il du sac? cela dont il est plein.
Toujours le voleur pense à la dépouille prise,
Et toujours le paillard parle de paillardise...
  Tu dis que je suis vieil. Encore n'ai-je atteint
Trente et sept ans passés, et mon corps ne se plaint
D'ans ni de maladie, et en toutes les sortes
Mes nerfs sont bien tendus et mes veines bien fortes;
Et si j'ai le teint pâle et le cheveu grison,
Mes membres toutefois ne sont hors de saison.
  Or cela n'est que jeu, dont je ne fais que rire,
Et voudrais que ce fût le plus de ton médire.
Mais pourquoi sèmes-tu si faussement de moi
Que je suis un athée, infidèle et sans loi?
Si tu es si ardent et si brûlé d'envie
D'informer de mes mœurs, de mon fait, de ma vie,
Je ne suis inconnu; tu pourras aisément
Savoir quel j'ai vécu dès le commencement.
  J'ai suivi les grands Rois, j'ai suivi les grands Princes,
J'ai pratiqué les mœurs des étranges provinces,
J'ai longtemps écolier en Paris habité,
Là tu pourras savoir de moi la vérité;
Lors tu pourras juger sans plus me faire injure,
Par la seule raison, non par la conjecture.
  Ne conclus plus ainsi : Ronsard est bien appris,
Il a vu l'Évangile, il a vu nos écrits
Et n'est pas Huguenot; il est donques athée.
Telle conclusion est faussement jetée,
Car tous les bons esprits n'ensuivent point tes pas,
Et toutefois sans Dieu vivants ils ne sont pas.
Telle injure redonde aux plus grands de l'Europe,
Dont à peine de mille un s'enrôle en ta trope.
  Lequel est plus athée ou de moi ou de toi,
De moi qui ai vécu toujours tranquille et coi

En la loi du pays, en l'humble obéissance
Des Rois, des Magistrats qui ont sur moi puissance,
* Qui sans m'ensorceler d'une nouvelle erreur
N'ai mis par mes sermons les peuples en fureur,
Ou toi qui en ouvrant le grand cheval de Troie,
As mis tout ce royaume aux étrangers en proie?...
Donc, si je suis athée en suivant cette loi,
La faute est à mon père et le blâme est à moi.

Tu dis, en vomissant dessus moi ta malice,
Que j'ai fait d'un grand Bouc à Bacchus sacrifice.
Tu mens impudemment; cinquante gens de bien,
Qui étaient au banquet, diront qu'il n'en est rien.
Muses qui habitez de Parnasse la croupe,
Filles de Jupiter, qui allez neuf en troupe,
Venez et repoussez par vos belles chansons
L'injure faite à vous et à vos nourrissons!
Jodelle ayant gagné par une voix hardie
L'honneur que l'homme Grec donne à la Tragédie,
Pour avoir en haussant le bas style François
Contenté doctement les oreilles des Rois,
La Brigade qui lors au ciel levait la tête [451]
(Quand le temps permettait une licence honnête),
Honorant son esprit gaillard et bien appris,
Lui fit présent d'un Bouc, des Tragiques le prix.
Jà la nappe était mise, et la table garnie
Se bordait d'une sainte et docte compagnie,
Quand deux ou trois ensemble en riant ont poussé
Le père du troupeau à long poil hérissé.
Il venait à grands pas, ayant la barbe peinte;
D'un chapelet de fleurs la tête il avait ceinte,
Le bouquet sur l'oreille, et bien fier se sentait
De quoi telle jeunesse ainsi le présentait;
Puis il fut rejeté pour chose méprisée
Après qu'il eut servi d'une longue risée...
Sus, Bouffons et Plaisants, que la Lune gouverne!
Allez chercher un âne aux montagnes d'Auvergne,
D'oreilles bien garni, et en mille cordons
Environnez son front de foin et de chardons;

Troussez-vous jusqu'au coude, écorchez-moi la bête,
Et de ce Prédicant attachez à la tête
Les oreilles, ainsi que les avait Midas
Ce lourdaud Phrygien, qui grossier ne sut pas
Estimer de Phœbus les chansons et la lyre...

Tu te plains d'autre part que ma vie est lascive,
En délices, en jeux, en vices excessive.
Tu mens méchantement; si tu m'avais suivi
Deux mois, tu saurais bien en quel état je vis.
Or je veux que ma vie en écrit apparaisse,
Afin que pour menteur un chacun te connaisse.
M'éveillant au matin, devant que faire rien
J'invoque l'Éternel, le père de tout bien,
Le priant humblement de me donner sa grâce
Et que le jour naissant sans l'offenser se passe,
Qu'il chasse toute secte et toute erreur de moi,
Qu'il me veuille garder en ma première foi
Sans entreprendre rien qui blesse ma province,
Très humble observateur des lois et de mon Prince.
Après je sors du lit, et quand je suis vêtu
Je me range à l'étude et apprends la vertu,
Composant et lisant, suivant ma destinée
Qui s'est dès mon enfance aux Muses enclinée.
Quatre ou cinq heures seul je m'arrête enfermé;
Puis, sentant mon esprit de trop lire assommé,
J'abandonne le livre et m'en vais à l'église.
Au retour, pour plaisir, une heure je devise,
De là je viens dîner, faisant sobre repas,
Je rends grâces à Dieu; au reste je m'ébats,
Car, si l'après-dînée est plaisante et sereine,
Je m'en vais promener tantôt parmi la plaine,
Tantôt en un village, et tantôt en un bois,
Et tantôt par les lieux solitaires et cois.

J'aime fort les jardins qui sentent le sauvage,
J'aime le flot de l'eau qui gazouille au rivage.
Là, devisant sur l'herbe avec un mien ami,
Je me suis par les fleurs bien souvent endormi

A l'ombrage d'un saule, ou lisant dans un livre
J'ai cherché le moyen de me faire revivre,
Tout pur d'ambition et des soucis cuisants,
Misérables bourreaux d'un tas de médisants
Qui font, comme ravis, les prophètes en France,
Pipant les grands seigneurs d'une belle apparence.
Mais, quand le ciel est triste et tout noir d'épaisseur
Et qu'il ne fait aux champs ni plaisant ni bien seur,
Je cherche compagnie, ou je joue à la prime,
Je voltige ou je saute ou je lutte ou j'escrime,
Je dis le mot pour rire, et à la vérité
Je ne loge chez moi trop de sévérité.
Puis quand la nuit brunette a rangé les étoiles,
Encourtinant le ciel et la terre de voiles,
Sans souci je me couche, et là devant les yeux
Et la bouche et le cœur vers la voûte des cieux,
Je fais mon oraison, priant la bonté haute
De vouloir pardonner doucement à ma faute.
Au reste, je ne suis ni mutin ni méchant,
Qui fais croire ma loi par le glaive tranchant.
Voilà comme je vis; si ta vie est meilleure,
Je n'en suis envieux, et soit à la bonne heure.
Mais quand je suis aux lieux où il faut faire voir
Ce que peut un très saint et très juste devoir,
Lors je suis de l'Église une colonne ferme,
D'un surpelis ondé les épaules je m'arme,
D'une aumusse le bras, d'une chape le dos,
Et non comme tu dis faite de croix et d'os;
C'est pour un capelan; la mienne est honorée
De grandes boucles d'or et de franges dorée...
* Par le trou de la chape apparaît élevé
Mon col brave et gaillard, comme le chef lavé
D'un limaçon d'avril, qui traîne en mainte sorte
Par un trac limoneux le beau palais qu'il porte
Et dessus l'herbe tendre errant deçà delà
Dresse parmi les fleurs les deux cornes qu'il a,
Un guerrier de jardins, qui se paît de rosée
Dont sa ronde maison est partout arrosée.
Ainsi paraît mon chef, et me sens bienheureux

De faire cet état si saint et généreux.
Je ne perds un moment des prières divines;
Dès la pointe du jour je m'en vais à matines,
J'ai mon bréviaire au poing, je chante quelquefois,
Mais c'est bien rarement, car j'ai mauvaise voix.
Le devoir du service en rien je n'abandonne,
Je suis à Prime, à Sexte, et à Tierce, et à None,
J'ois dire la grand-messe et, avecque l'encens
Qui par l'église épars comme un parfum se sent,
J'honore mon Prélat des autres l'outrepasse,
Ayant pris d'Agénor son surnom et sa race [452].
Après le tour fini, je viens pour me rasseoir.
Bref, depuis le matin jusqu'au retour du soir,
Nous chantons au Seigneur louanges et cantiques
Et prions Dieu pour vous, qui êtes hérétiques.
Si tous les Prédicants eussent vécu ainsi,
Le peuple ne fût pas, comme il est, en souci;
Les villes de leurs biens ne seraient dépouillées,
Les châteaux renversés, les églises pillées;
Le laboureur sans crainte eût labouré ses champs,
Les marchés désolés seraient pleins de marchands,
Et comme un beau soleil par toute la contrée
De France reluirait le vieux siècle d'Astrée;
Les Reîtres en laissant le rivage du Rhin
Comme frelons armés n'eussent bu notre vin...
Ni les blonds nourrissons de la froide Angleterre
N'eussent passé la mer achetant notre terre.
Or c'est là, Prédicant, l'évangile et le fruit
Que ta nouvelle secte en la France a produit,
Rompant toute amitié et dénouant la corde
Qui tenait doucement les peuples en concorde.

Tu dis qu'on trouve assez à deviser de moi.
Touche là, Prédicant, aussi fait-on de toi;
Mais tel devis ne peut ni profiter ni nuire;
Le Soleil pour cela ne laisse pas de luire
Sur ta tête et la mienne, et comme auparavant
Nous regardons le ciel et respirons le vent...
Tu dis que j'ai du bien. C'est doncques en esprit,

Ou comme le pêcheur qui songe en Théocrit [453],
Ou par opinion riche tu me veux faire;
Mais ceux à qui je dois savent bien le contraire.
Voudrais-tu point user vers moi de charité?
Non, je ne suis point tant contre toi dépité,
Que je ne prenne bien de l'argent de ton prêche
Pour décharger ton sac si la somme t'empêche.
Tu dis que j'ai gagé ma Muse pour flatter.
Nul prince ni seigneur ne se saurait vanter
(Dont je suis bien marri) de m'avoir donné gage;
Je sers à qui je veux, j'ai libre le courage.
Le Roi, son frère et mère, et les Princes ont bien
Pouvoir de commander à mon luth Cynthien;
Des autres je ne suis ni valet ni esclave,
Et, si sont grands seigneurs, j'ai l'esprit haut et brave.
Tu dis que j'ai vécu maintenant écolier,
Maintenant courtisan, et maintenant guerrier,
Et que plusieurs métiers ont ébattu ma vie.
Tu dis vrai, Prédicant, mais je n'eus onq' envie
De me faire ministre ou comme toi, cafard,
Vendre au peuple ignorant mes songes et mon fard.
J'aimerais mieux ramer sur les ondes salées
Ou avoir du labeur les deux mains ampoulées,
Ainsi qu'un vigneron par les champs inconnu,
Qu'être d'un gentilhomme un pipeur devenu...
Tu dis que pour jaser et moquer à mon aise,
Et non pour m'amender, j'allais ouïr de Bèze.
* Un jour étant pensif, me voulant défâcher,
Passant près le fossé [454], je l'allai voir prêcher;
Et là me servit bien la sourdesse bénigne,
Car rien en mon cerveau n'entra de sa doctrine.
Je m'en retournai franc comme j'étais venu,
Et ne vis seulement que son grand front cornu
Et sa barbe fourchue, et ses mains renversées,
Qui promettaient le Ciel aux troupes amassées;
Il donnait Paradis au peuple d'alentour,
Et si pensait que Dieu lui en dût de retour.
Je m'échappai du Prêche, ainsi que du naufrage
S'échappe le marchand, qui du bord du rivage

Regarde sûrement la tempête et les vents,
Et les grands flots bossus écumants et bruyants;
Non pas qu'il soit joyeux de voir la vague perse
Porter ses compagnons noyés à la renverse,
Ou de voir le butin, ou les frêles morceaux
Du bateau tournoyés sur l'échine des eaux;
Mais dedans son courage une joie il sent naître,
Voyant du bord prochain le danger sans y être...

* Tu te moques aussi de quoi ma Poésie
Ne suit l'art misérable, ains va par fantaisie,
Et de quoi ma fureur sans ordre se suivant
Éparpille ses vers comme feuilles au vent;
Ou comme au mois d'été, quand l'aire bien féconde
Sent battre de Cérès la chevelure blonde,
Et le vanneur mi-nu, ayant beaucoup secous
Le blé deçà delà, dessus les deux genoux,
Le tourne et le revire, et d'une plume épaisse
Sépare les bourriers du sein de la Déesse,
Puis d'épaule et de bras efforcés par ahan
Fait sauter le froment bien haut dessus le van;
Lors les bourriers volants, comme poudre menue,
Sans ordre çà et là se perdent en la nue
Et font sur le vanneur maint tour et maint retour;
L'aire est blanche de poudre et les granges d'autour.
Voilà comment tu dis que ma Muse sans bride
S'égare éparpillée où la fureur la guide...
En l'art de Poésie un art il ne faut pas
Tel qu'ont les Prédicants, qui suivent pas à pas
Leur sermon su par cœur, ou tel qu'il faut en prose,
Où toujours l'orateur suit le fil d'une chose.
Les Poètes gaillards ont artifice à part,
Ils ont un art caché qui ne semble pas art
Aux versificateurs, d'autant qu'il se promène
D'une libre contrainte où la Muse le mène;
Ainsi que les Ardents [455] apparaissants de nuit
Sautent à divers bonds, ici leur flamme luit,
Et tantôt reluit là, ores sur un rivage,
Ores dessus un mont, sans tenir un voyage.

As-tu point vu voler en la prime saison
L'avette qui de fleurs enrichit sa maison?
Tantôt le beau narcisse et tantôt elle embrasse
Le vermeil hyacinthe, et sans suivre une trace
Erre de pré en pré, de jardin en jardin,
Chargeant un doux fardeau de mélisse ou de thym.
Ainsi le bon esprit que la Muse époinçonne,
Porté de la fureur sur Parnasse moissonne
Les fleurs de toutes parts, errant de tous côtés.
En ce point par les champs de Rome étaient portés
Le damoiseau Tibulle, et celui qui fit dire
Les chansons des Grégeois à sa Romaine lyre [456].
Tels ne furent jamais les versificateurs
* Qui ne sont seulement que de mots inventeurs,
Froids, grossiers et lourdauds, comme n'ayant saisie
L'âme d'une gentille et docte frénésie;
Tel bien ne se promet aux hommes vicieux,
Mais aux hommes bien nés, qui sont aimés des cieux.
Écoute, Prédicant tout enflé d'arrogance,
Faut-il que ta malice attire en conséquence
Le vers que brusquement un Poète a chanté?...
Ni tes vers, ni les miens, oracles ne sont pas.
Je prends tant seulement les Muses pour ébats,
En riant je compose, en riant je veux lire,
Et voilà tout le fruit que je reçois d'écrire :
Ceux qui font autrement, ils ne savent choisir
Les vers qui ne sont nés sinon pour le plaisir;
Et pour ce les grands Rois joignent à la Musique,
Non au Conseil privé, le bel art Poétique.
Tu dis qu'auparavant j'étais fort renommé,
Et qu'ores je ne suis de personne estimé.
Penses-tu que ta secte embrasse tout le monde?
Penses-tu que le ciel, l'air, et la terre, et l'onde
Se fâchent contre moi pour te voir en courroux?
Tu te trompes beaucoup : Dieu est père de tous;
Je n'ai que trop d'honneur; certes je voudrais être
Sans bruit et sans renom, comme un pasteur champêtre
Ou comme un laboureur, qui de bœufs accouplés
Repétrit ses guérets pour y semer les blés.

Celui n'est pas heureux qu'on montre par la rue,
Que le peuple connaît, que le peuple salue;
Mais heureux est celui que la gloire n'époint,
Qui ne connaît personne et qu'on ne connaît point...
Tu dis que je mourrais accablé de grand peine
Si je voyais tomber notre Église Romaine;
J'en serais bien marri, mais, quand il adviendrait,
Le magnanime cœur pourtant ne me faudrait :
J'ai quelque peu de bien qu'en la tête je porte,
Qui ne craint ni le vent, ni la tempête forte;
Il nage avecque moi, et peut-être le tien
Au rivage étranger ne te servirait rien,
Où les gentils cerveaux n'ont besoin de ton prêche.
Non, non, mon revenu de partir ne m'empêche :
Il n'est pas opulent, ni gras, ni excessif;
Mon or n'est monnayé, ni fondu, ni massif,
Je vis en vrai Poète, et la faveur royale
Ne se montra jamais envers moi libérale;
Et si ai mérité de ma patrie autant
Que toi, faux imposteur qui te bragardes tant...
Aussitôt que la Muse eut enflé mon courage
M'agitant brusquement d'une gentille rage,
Je sentis dans mon cœur un sang plus généreux,
Plus chaud et plus gaillard, qui me fit amoureux.
* A vingt ans je choisis une belle maîtresse,
Et voulant par écrit témoigner ma détresse,
Je vis que des Français le langage trop bas
Se traînait sans vertu, sans ordre ni compas;
Adonque pour hausser ma langue maternelle,
Indompté du labeur, je travaillai pour elle,
Je fis des mots nouveaux, je rappelai les vieux,
Si bien que son renom je poussai jusqu'aux cieux.
Je fis d'autre façon que n'avaient les antiques
Vocables composés et phrases poétiques,
Et mis la Poésie en tel ordre qu'après
Le Français s'égala aux Romains et aux Grecs.
Ha! que je me repens de l'avoir apportée
Des rives d'Ausonie et du rivage Actée!
Filles de Jupiter, je vous requiers pardon!

Hélas! je ne pensais que votre gentil don
Se dût faire l'appât de la bouche hérétique,
Pour servir de chansons aux valets de boutique;
Apporté seulement en France je l'avois
Pour donner passetemps aux Princes et aux Rois.
Tu ne le peux nier; car de ma plénitude
Vous êtes tous remplis, je suis seul votre étude,
Vous êtes tous issus de la grandeur de moi;
* Vous êtes mes sujets et je suis votre loi!...

IX

LES DERNIERS VERS [457]

Je n'ai plus que les os, un squelette je semble,
Décharné, dénervé, démusclé, dépulpé,
Que le trait de la mort sans pardon a frappé,
Je n'ose voir mes bras que de peur je ne tremble.
Apollon et son fils, deux grands maîtres ensemble,
Ne me sauraient guérir, leur métier m'a trompé [458],
Adieu, plaisant Soleil, mon œil est étoupé,
Mon corps s'en va descendre où tout se désassemble.
Quel ami me voyant en ce point dépouillé
Ne remporte au logis un œil triste et mouillé,
Me consolant au lit et me baisant la face,
En essuyant mes yeux par la mort endormis?
Adieu, chers compagnons, adieu, mes chers amis,
Je m'en vais le premier vous préparer la place.

Méchantes nuits d'hiver, nuits filles de Cocyte
Que la Terre engendra, d'Encelade les sœurs,
Serpentes d'Alecton, et fureur des fureurs,
N'approchez de mon lit, ou bien tournez plus vite.
Que fait tant le Soleil au giron d'Amphitrite?
Lève-toi, je languis accablé de douleurs;
Mais ne pouvoir dormir c'est bien de mes malheurs
Le plus grand, qui ma vie et chagrine et dépite.
Seize heures pour le moins je meurs les yeux ouverts,

Me tournant, me virant de droit et de travers,
Sur l'un sur l'autre flanc je tempête, je crie.
  Inquiet je ne puis en un lieu me tenir,
J'appelle en vain le jour, et la mort je supplie,
Mais elle fait la sourde et ne veut pas venir...

  Quoi ! mon Ame, dors-tu engourdie en ta masse?
La trompette a sonné, serre bagage, et va
Le chemin déserté que Jésus-Christ trouva,
Quand tout mouillé de sang racheta notre race.
  C'est un chemin fâcheux, borné de peu d'espace,
Tracé de peu de gens, que la ronce pava,
Où le chardon poignant ses têtes éleva;
Prends courage pourtant, et ne quitte la place.
  N'appose point la main à la mansine après
Pour ficher ta charrue au milieu des guérets,
Retournant coup sur coup en arrière ta vue :
  Il ne faut commencer, ou du tout s'employer,
Il ne faut point mener, puis laisser la charrue.
Qui laisse son métier n'est digne du loyer.

  Il faut laisser maisons et vergers et jardins,
Vaisselles et vaisseaux que l'artisan burine,
Et chanter son obsèque en la façon du Cygne
Qui chante son trépas sur les bords Méandrins.
  C'est fait, j'ai dévidé le cours de mes destins,
J'ai vécu, j'ai rendu mon nom assez insigne :
Ma plume vole au Ciel pour être quelque signe [459],
Loin des appâts mondains qui trompent les plus fins.
  Heureux qui ne fut onc, plus heureux qui retourne
En rien comme il était, plus heureux qui séjourne
D'homme fait nouvel ange auprès de Jésus-Christ,
  Laissant pourrir çà-bas sa dépouille de boue,
Dont le sort, la fortune et le destin se joue,
Franc des liens du corps pour n'être qu'un esprit.

CHOIX DE VARIANTES

CHOIX DE VARIANTES

Vu le nombre de variantes élaborées par Ronsard d'une édition à l'autre, il fallait se résoudre à un tri nécessairement subjectif et arbitraire. Ce choix n'a pas toujours été déterminé par l'étendue et la fréquence des variantes présentées par un texte : il nous est parfois arrivé de ne pas relever les variantes d'un poème dont le texte primitif différait souvent de celui des éditions suivantes, parce que ces modifications laborieuses ne nous semblaient guère intéressantes pour la pensée et l'art du poète. En revanche, nous avons essayé de mettre en lumière la diversité des motifs qui ont pu guider Ronsard dans son travail de correction; nous nous sommes donc efforcé de relever des exemples des différents types de variantes, en regrettant de devoir en rejeter à chaque pas.

Nous avons cherché dans la mesure du possible à donner tous les états d'un même vers, afin de suivre plus fidèlement l'évolution du texte.

Rappelons les dates des éditions des *Œuvres complètes* auxquelles Ronsard a lui-même veillé, et où nous pourrons (outre les éditions partielles) étudier les différents états du texte : 1560, 1567, 1573, 1578, 1584 et 1587.

Dans les textes de Ronsard, les vers pour lesquels on a relevé une ou plusieurs variantes sont précédés du signe *.

VARIANTES

P. 5

* La belle m'aime... (1578-1587)
1550 : *Aussi ell'm'aime*

* Dès mon enfance, en l'eau de ses fontaines / Pour Prêtre sien me plongea de sa main... (1578-1587)
1550 : *Car elle m'a de l'eau de ses fontaines / Pour prêtre sien baptisé de sa main*

* Couché sous tes ombrages verts... : ce texte de 1578 et 1584 est celui de 1555, sauf un vers (en 1555, v. 2 : *Il faut que je te vante*). Mais le texte de 1550 est totalement différent. Huit strophes, et non six :

Donque, forêt, c'est à ce jour
Que notre muse oisive
Veut rompre pour toi son séjour.
Aussi tu seras vive.
Je te dis vive pour le moins
Autant que celles, voire
De qui les Latins sont témoins,
Et les Grecs, de leur gloire.
De quel présent te puis-je aussi
Payer et satisfaire,
Plus grand que celui-là qu'ici
Ma plume te veut faire ?
Toi, qui au doux froid de tes bois
Ravi d'esprit m'amuses,
Toi, qui fais qu'à toutes les fois
Me répondent les Muses.
Toi, qui devant qu'il naisse en moi,
Le soin meurtrier arraches :
Bref, c'est toi qui de tout émoi
M'allèges et défâches.
Toi, qui au caquet de mes vers
Étends l'oreille oiante,
Courbant en bas les cheveux verts
De ta cime ployante.
La douce rosée te soit
Toujours quotidiane,

Et le vent qu'en chassant reçoit
L'alénante Diane.
En toi habite désormais
Des Muses le collège,
Et ton bois ne sente jamais
La flamme sacrilège.

P. 7

* Écoute un peu, Fontaine vive, / En qui j'ai rebu si souvent, / Couché tout plat dessus ta rive, / Oisif à la fraîcheur du vent... (1555-1587)
1550 : *Argentine fontaine vive / De qui le cristal courant, / D'une fuite lente et tardive / Ressuscite le pré mourant*

* Gémissant sous le blé battu... (1567-1587)
1550 : *Dessous l'épi de blé battu*

* Ainsi toujours puisses-tu être / En dévote religion / Au bœuf et au bouvier champêtre / De ta voisine région ! (1555-1584)
1550 : *A tout jamais puisses-tu être / En honneur et religion...*
1587 : *Ainsi toujours puisses-tu être / En religion à tous ceux / Qui te boiront, ou feront paître / Tes verts rivages à leurs bœufs*

P. 8

* Antres et vous, fontaines... : trois quatrains du texte primitif, supprimés dès 1555, apprenaient au lecteur que le lieu où le jeune Ronsard faisait « élection de son sépulcre » est une petite île du Loir, toute voisine de Couture.

P. 9

* Avecque leurs taureaux / Les pastoureaux... (1587)
1550 : *Les pastoureaux étants / Près habitants*
1555-1584 : *Avecque leurs troupeaux / Les pastoureaux*

* L'un toujours verdoyant... (1555-1587)
1550 : *L'un d'eux y verdoyant*

P. 10

* De sa fameuse gloire... (1587)
1550 : *Du renom de sa gloire*

P. 13

* N'ont jamais souci de vivre? (1554, et 1578-1587)
1567-1573 : ... *plaisir de vivre*

* Fais après à ma bouteille / Des feuilles de quelque treille / Un tapon pour la boucher... (1554-1578)
1584 : *Fais rafraîchir la bouteille / Cherche une ombrageuse treille / Pour sous elle me coucher*

1587 : *Fais rafraîchir ma bouteille / Cherche une feuilleuse treille / Et des fleurs pour me coucher*

* Ou dans un antre sauvage : 1554-1557 comportaient ensuite douze vers, qui sont supprimés dès 1560. *Va-t'en à Arcueil après, / Mets la table là plus près / Que pourras de la fontaine. / Mets y la bouteille pleine / Pour rafraîchir dans le fond. / Après ourdis pour mon front / Une couronne aussi belle / Qu'à Bacchus, fils de Sémèle, / Quand il danse : après sans fin / Verse en mon verre du vin / Pour étrangler la mémoire / De mes soucis après boire.*

P. 16

* Mais le mal nonobstant / D'amour dolente / Demeure en moi constant... (1550)
1555-1560 : *Mais la rage d'amour / Qui me tourmente / Demeure en moi toujours*
1567-1587 : *Mais la fièvre d'amour / Qui me tourmente / Demeure en moi toujours*

P. 21

* Se distille de son miel, / Et de sa voix Limousine... (1552-1578)
1584-1587 : *Remplit sa bouche de miel, / De miel sa Muse divine*

* Qui d'un voile / Par tout embrunis les cieux, / Las! en ma faveur encore / Ne décore / L'arche du ciel de tes yeux (1578)
1552 : *Qui d'un voile... Ta grand voûte de tes yeux*
1560-1573 : *La grand voûte de ses yeux*
1584-1587 : *Dont le voile / Noircit du ciel le coupeau, / Ne veuilles si tôt paraître / Menant paître / Par les ombres ton troupeau*

* Quoi, des Astres la compaigne! / Tu dédaigne / Ma prière ...(1578)
1552 : *Quoi, des Astres la compaigne! / Tu dédaignes / Mon prier*
1584-1587 : *Quoi? des Astres la bergère / Trop légère / Tu reviens faire son tour*

P. 22

* Bienheureux parfaitement (1578-1587)
1552 : *Fortuné parfaitement*

P. 32

* Comme l'honneur de notre ciel... (1552-1584)
1587 : *Comme un esprit venu du Ciel*

P. 33

* Jusques aux terres étranges (1552-1578)
1584-1587 : *Outre les terres étranges*

P. 34

* D'un son douteusement obscur... (1553-1587)
1552 : *D'un son horriblement obscur*

P. 36

* Jà l'horreur les enserrait... (1578-1587)
1552 : *Jà déjà les enserrait*

P. 37

* Vainqueurs, de cette feuille heureuse... (1567-1587)
1552 : *Ceux-ci, de cette feuille heureuse*

P. 38

* Célébraient les victorieux (1560-1584)
1552 : *Louangeaient les victorieux*

* Après comme une eau débordée... (1568-1587)
1552 : *... débridée*

* Ou l'eau qui bruit sous le navire... (1578-1584)
1552 : *Ou l'eau ronflante du navire*

* Au marchand qui les voulait prendre... (1567-1584)
1552 : *A quiconque les voulait prendre*
1587 : *Au marchand convoiteux d'en prendre*

P. 39

* Que j'entonnerais... (1553-1587)
1552 : *Que je cornerais*

P. 43

* Le temps futur du lendemain (1560-1584)
1555 : *Le futur ni le lendemain*
1587 : *Le jour qui suit le lendemain*

* Fais-y venir Jodelle aussi, / Et toute la Musine troupe (1578-1587)
1555 : *Pascal, et mon Pangeas aussi, / Charbonnier et toute la troupe*
1560-1573 : *Grévin, Belleau, Baïf aussi, / Et toute la Musine troupe*

P. 44

* La douce lyre Téienne (1567-1587)
1560 : *La douce Muse Téienne*

* J'ai souci tant seulement / De parfumer cointement / Ma barbe, et qu'une couronne / De fleurs le chef m'environne (1555-1578)

1553 : *J'ai souci tant seulement / D'oindre mon poil d'oignement, / J'ai souci qu'une couronne / De fleurs ma tête environne*
1584-1587 : *Je n'ai souci que d'aimer / Moi-même, et me parfumer / D'odeurs, et qu'une couronne / De fleurs le chef m'environne*

* Le soin de ce jour me point, / Du demain je n'en ai point (1553-1578)
1584-1587 : *Je suis, mon Belleau, celui / Qui veut vivre ce jourd'hui*

P. 45

* Bois, Janin, à moi tour à tour, / Et ne ressembles au vautour... (1567-1578)
1555 : *Bois, vilain, c'est trop mangé, / Tu sembles un mâtin enragé*
1560 : *Bois, vilain, à moi tour à tour, / Et ne ressembles au vautour*
1584-1587 : *Bois, Janet, à moi tour à tour, / Et ne ressembles au vautour*

* Un Capitaine accouardi (1578-1587)
1555 : *Par beaux mots un accouardi*
1560-1573 : *Un casanier accouardi*

P. 48

* Amour est au bout de ses ruses; / Plus n'oserait, ce faux garçon, / Vous refuser quelque chanson... (1578-1587)
1555 : *Amour n'oserait par ses ruses / Plus faillir à vous présenter / Des vers, quand vous voudrez chanter*

* Lui piqua la main douillette (1578-1587)
1555 : *sa main tendrette*

P. 49

* Le surnomment Mélissette (1578-1587)
1555 : *Le surnomment une avette*

* Au prix de lui, dans le cœur / De celui en qui tu jettes / Tes amoureuses sagettes? (1578-1587)
1555 : *Au prix de lui, dans les cœurs / De ceux contre qui tu jettes / Tes homicides sagettes*

* Qui ore ai voulu retraire... (1578-1587)
1554 : *Sot qui ai voulu retraire*
1560-1573 : *Las ! qui ai voulu retraire*

* Sottement un étranger... (1567-1587)
1554 : *Tout soudain un étranger*

P. 50

* D'une chaîne sommeillère... (1560-1587)
1554 : *D'une chaîne mielière*

* Et plein de pitié... (1578-1587)
1554 : *Et par pitié*

P. 51

* Qu'herbe, drogue ni murmure... (1560-1587)
1554 : *Qu'herbe, n'enchanté murmure*

* Versons ces roses près ce vin, / Près de ce vin versons ces roses! (1555-1584)
1587 : *Versons ces Roses en ce vin, / En ce bon vin versons ces Roses*

* La Rose blanchit tout au tour / Au matin de perles petites... (1560-1587)
1555 : *La Rose est pleine tout au tour, / Au matin, de perles eslites*

P. 52

* Que le mien en soit couronné. / Ce m'est un Laurier de victoire; / Sus, appelons le deux-fois né, / Le bon Père, et le faisons boire / De ces Roses environné (1557-1587)
1555 : une strophe entièrement différente. *On dit que Bacchus la planta / Quand elle devint cramoisie / Du beau sang qui l'ensanglanta, / Et qu'en nouveau don à s'amie / Ariane la présenta*

* Bacchus, épris de la beauté / Des Roses aux feuilles vermeilles... (1557-1587)
1555 : *Et que lui, pris de la beauté / De ses belles feuilles vermeilles*

* Aux dieux bouquins les forêts... (1587)
1555 : *Aux Chèvrepieds les forêts*

P. 53

* Chantre Rossignol passager... (1578)
1554 : *Gentil Rossignol passager*

* Sur ton épine accoutumée... (1578)
1554 : *Sur ta branchette accoutumée*

P. 54

* Aura crespé son beau visage... (1567-1578)
1554 : *Lui aura crespé le visage*

P. 55

* Ramènent les jours altérés / En ce mois pour nous faire boire (1560-1587)
1556 : *Ont d'été les jours altérés / Ramenés, pour nous faire boire*

P. 56

* Donner soulas à notre vie / Qui bien tôt nous sera ravie (1567-1587)
1553 : *Exercer la douce pratique / De la vertu Sybaritique*
1555-1560 : *Donner plaisir à notre vie / Qui bien tôt nous sera ravie*

P. 59

* Mais au brave qui met les amours à dédain, / Toutes le dédaignant l'abandonnent soudain... (1584-1587)
1554 : *Mais celui-là qui met les amours à dédain / Fût-il leur nourrisson, l'abandonnent soudain*
1560 : *Mais au brave qui met les amours à dédain, / Le dédaignant aussi le délaissent soudain*

P. 60

* Mais toi, Pasquier... (1560-1587)
1555 : *Mais toi, Paschal*

* Et désormais vivre me laisse... (1560-1587)
1555 : *Et vain comme devant, me laisse*

* Tiennent des grands ormeaux... (1578)
1584-1587 : *Serrent des grands ormeaux*

P. 61

* Et non pas ce jourd'hui qu'en avons le loisir... (1578)
1584-1587 : *Non en ce mois de mai, où l'âge et le loisir*

* ... Que notre âge et le sang, qui chaudement bouillonne / A l'entour de nos cœurs, la jeunesse aiguillonne... (1578)
1584 : *Auteurs que notre sang autour du cœur bouillonne, / Sang chaud qui notre cœur au plaisir aiguillonne*
1587 : *Réveillent notre sang qui chaudement bouillonne, / Et aux plaisirs mignards tous nos sens aiguillonne*

* Quand tu verras ta peau toute ridée, / Et tes cheveux chenus... (1567-1587)
1550 : *Quand tu verras ta face être ridée / Et tes flocons chenus*

P. 64

* « Mais, puisque le tombeau me doit bientôt avoir, / Certes tu me devrais d'autant plus être humaine... (1560-1584)
1555 : *Mais puisque tu me dis que j'irai bientôt voir / Charon, tu m'en devrais d'autant plus être humaine*
1587 : *Mais puis que mon corps doit sous la terre moisir / Bientôt, et que Pluton victime le veut prendre*

* Car le vieil homme doit, ou jamais, recevoir / Ses plaisirs, même au temps qu'il sent la mort prochaine » (1578-1584)
1555 : *Car le vieil homme doit, ou jamais, recevoir / Ses plaisirs, d'autant plus qu'il voit sa mort prochaine*
1587 : *Plus il me faut hâter de ravir le plaisir, / D'autant plus que ma vie est proche de sa cendre*

P. 65

* Un bien qui ne dure guère? (1578-1587)
1559 : *Une rente si très chère*

P. 66

* Neuf fois je m'en vais boire aux lettres de son nom... (1557-1587)
  1555 : *Je m'en vais boire autant que de lettres a son nom*
* Apporte ces bouquets que tu m'avais cueillis... (1578-1587)
  1555 : *Qu'on m'ombrage le chef de vigne, et de lierre*
* Ces roses, ces œillets, ce jasmin et ces lis... (1578-1587)
  1555 : *Les bras, et tout le col, qu'on enfleure la terre*
  1557 : *Qu'on répande du vin, qu'on enfleure la terre*
  1560-1572 : *Les coudes et le col, qu'on enfleure la terre*
* Attache une couronne à l'entour de ma tête (1578-1587)
  1555 : *De roses, et de lis, et que dessus le jonc*
  1557-1572 : *De roses et de lis, de lavande et de jonc*
* Gagnons ce jour ici, trompons notre trépas (1578-1587)
  1555 : *On me caille du lait rougi de mainte fraise*
  1557-1572 : *Sus, verse dans ma coupe, et boivons à notre aise*
* Peut-être que demain nous ne reboirons pas (1578-1587)
  1555 : *Et n'est-ce pas bien fait ? Or sus, commençons donc*
  1567-1572 : *Sous cette verte treille : or sus, commençons donc*
* S'attendre au lendemain n'est une chose prête (1578)
  1555 : *Et chassons loin de nous tout soin et tout malaise*
  1584-1587 : *S'attendre au lendemain n'est pas chose trop prête*

P. 69

* Il connaîtra que faible est la raison / Contre son trait, quand sa douce poison / Corrompt le sang, tant le mal nous enchante ; / Et connaîtra que je suis trop heureux / D'être en mourant nouveau cygne amoureux, / Qui son obsèque à soi-même se chante (1578)
  1552 : *Il connaîtra combien la raison peut / Contre son arc, quand une fois il veut / Que notre cœur son esclave demeure : / Et si verra que je suis trop heureux, / D'avoir au flanc l'aiguillon amoureux, / Plein du venin dont il faut que je meure*
  1584-1587, pour le second tercet : *Et connaîtra que l'homme se déçoit / Quand plein d'erreur un aveugle il reçoit / Pour sa conduite, un enfant pour son maître*

P. 70

* Une beauté de quinze ans enfantine... (1584-1587)
  1552 : *Un chaste feu qui les cœurs illumine*
  1578 : *Une beauté qui dans le cœur domine*
* Une main douce à forcer les ennuis... (1584-1587)
  1552 : *Une main forte à piller les ennuis*
* Avec un chant découpé doucement... (1584-1587)
  1552 : *Avec un chant offensé doucement*

P. 71

* Ha ! je voudrais, richement jaunissant... (1578)
1552 : *Je voudrais bien richement jaunissant*

* Quand en avril par l'herbe la plus tendre / Elle va, fleur, mille fleurs ravissant (1578-1587)
1552 : *Quand elle va par l'herbe la plus tendre / Seule à l'écart mille fleurs ravissant*

* ... et l'Océan sans onde, / Et du Soleil la fuite vagabonde / Ne courra plus en tournant de travers (1578)
1552 : *plus tôt la terre et l'onde, / Et du grand Tout l'âme en tout vagabonde / Animera les abîmes ouverts*

* O bel œil brun ! que je sens dedans l'âme, / Tu m'as si bien allumé de ta flamme / Qu'un autre œil vert n'en peut être vainqueur ; / Si que toujours, en peau jeune et ridée, / Voire au tombeau, je veux aimer l'idée / De ces yeux bruns, deux soleils de mon cœur (1578)
1552 : *Car cet œil brun qui vint premier éteindre / Le jour des miens, les sut si bien atteindre, / Qu'autre œil jamais n'en sera le vainqueur. / Et quand la mort m'aura la vie ôtée, / Encore là bas je veux aimer l'Idée / De ces beaux yeux que j'ai fichés au cœur*
1584-1587, pour le second tercet : *Voire si fort qu'en peau jeune et ridée, / Esprit dissous, je veux aimer l'idée / Des beaux yeux bruns, les soleils de mon cœur*

P. 72

* Qui, or'pignant les siens brunement longs... (1578-1587)
1552 : *Qui or peignant les siens jaunement longs*

* Nageait à bord dedans une coquille (1552-1578)
1584-1587 : *Passait la mer portée en sa coquille*

P. 73

* Pâle de peur, pendu sur la tourmente... (1578-1587)
1552 : *Pâle, agité des flots de la tourmente*

* Du froid hiver la poignante gelée... (1560-1587)
1552 : *L'oiseux cristal de la morne gelée*

* D'un trait meurtrier empourpré de son sang (1552-1578)
1587 : *D'un trait sanglant qui le tient en langueur*

P. 74

* Tertres vineux... (1578-1587)
1552 : *Tertres fourchus*

* Coteaux vineux... (1552-1578)
1584-1587 : *Vallons bossus*

P. 75

* Mon cœur se plaît en son contentement (1567-1587)
1552 : *Je me contente en mon contentement*

P. 76

* Qui sers de Muse aux Muses et à moi (1569-1578)
1584-1587 : *Dont la senteur me ravit tout de moi*

* Mille soleils ont vu naître m'amour, / Qui ne se passe et jamais ne repose (1578)
1569 : *Mille soleils ont vu naître l'amour / Qui me consome et jamais ne repose*
1584-1587 : *Mille soleils ont vu naître m'amour, / Dont l'action jamais ne se repose*

* Plus que les Rois, leurs sceptres et leur bien... (1578-1587)
1553 : *Plus mille fois que nul or terrien*

P. 77

* Ville de Blois, naissance de ma dame, / Séjour des Rois et de ma volonté, / Où jeune d'ans d'Amour je fus dompté... (1578-1587)
1552 : *Ville de Blois, le séjour de Madame, / Le nid des Rois et de ma volonté, / Où je suis pris, où je suis surmonté*

P. 78

* Du plus courant de tes flots Vendômois... (1552-1578)
1584-1587 : *Des flots roulants par notre Vendômois*

P. 79

* Depuis cinq ans hôte de ce verger, / Je vais ballant avecque Faux-Danger, / Tenant la main d'une dame trop caute. / Je ne suis seul par Amour abusé; / A ma jeunesse il faut donner la faute : / En cheveux gris je serai plus rusé (1578-1587)
1552 : *Depuis cinq ans dedans ce beau verger, / Je vais balant avecque Faux danger, / Sous la chanson d'Allegez moi Madame : / Le tambourin se nommait fol plaisir, / La flûte erreur, le rebec vain désir, / Et les cinq pas la perte de mon âme*

P. 80

* En vous je vis, je m'anime et respire, / Mon tout, mon cœur, mon sang et tout mon bien (1578)
1569 : *Je me perds tant au bien que je désire, / Que tout sans lui ne me semble être rien*
1571-1572 : *Je me pers tant en vous que je désire, / Que tout sans vous, maîtresse, ne m'est rien*
1584-1587 : *Vous êtes seule en qui mon cœur respire, / Mon œil, mon sang, mon malheur et mon bien*

P. 81

* Car ses cheveux comme fleurettes sentent, / Quand les zéphyrs au printemps les éventent (1560-1587)

1555 : *D'un crespe noir sa tête soit voilée, / Puis d'une toile en cent plis canelée, / Telle qu'on dit que Cléopâtre avait / Quand par la mer Antoine elle suivait, / Et qu'elle assise au plus haut de sa poupe / Au bruit du cistre encourageait sa troupe*

P. 82

* Grêle et charnu... (1560-1587)
1555 : *En forme d'Isthme*

P. 84

* En l'hiver, vos cheveux plaisants... (1555-1584)
1587 : *cheveux mouvants*

* Mais comme vous je ne retourne (1555-1578)
1584-1587 : *Au lieu d'où plus on ne retourne*

* Avoir été ni roc, ni bois, / Antre ni onde pour défendre / Mon corps contre l'âge emplumé... (1555)
1578-1587 : *Avoir été rocher, ou bois, / Pour avoir la peau plus épaisse, / Et vaincre le temps emplumé*

P. 85

* Toi qui m'as fait vieillir, Cassandre ! (1555)
1578-1587 : *Toi qui m'as fait vieillir, Maîtresse*

P. 89

* Verra ma liberté triomphe d'un bel œil, / Qu'Amour victorieux, qui se plaît de mon deuil, / Appendit pour trophée et pour servile hommage, / Afin qu'à tous passants elle fût témoignage / Que l'amoureuse vie est un plaisant cercueil (1578)
1556 : *Verra ma liberté qu'un favorable accueil / A pendue pour trophée aux grâces d'un bel œil, / Qui depuis quinze mois me détient en servage : / Mais servage si doux que la fleur de mon âge / Est heureuse d'avoir le bien d'un si beau deuil*
1584-1587 : même texte qu'en 1578, mais avec deux variantes *(Verra ma liberté trophée d'un bel œil; Appendit pour trophée sa pompe et mon hommage)*

* C'est qu'il fut amoureux d'un visage ridé... (1578-1587)
1556 : *d'une vieille ridée*

* Marie, qui voudrait votre nom retourner... (1560-1587)
1555 : *Marie, qui voudrait votre beau nom tourner*

* Votre nom de nature à l'amour... malheureux se propose (v. 3 à 10. Texte de 1578)
1555 : *Faites cela vers moi dont votre nom vous prie, / Votre amour ne se peut en meilleur lieu donner : / S'il vous plaît pour jamais un plaisir démener, / Aimez-moi, nous prendrons les plaisirs de la vie / Pendus l'un l'autre au col, et jamais nulle envie / D'aimer en autre lieu ne nous pourra mener. / Si*

faut-il bien aimer au monde quelque chose : / Celui qui n'aime point, celui-là se propose
1560 : *Puisque votre beau nom à l'amour vous convie, / Il faut votre jeunesse à l'amour adonner. / S'il vous plaît pour jamais votre ami m'ordonner / Ensemble nous prendrons les plaisirs de la vie, / D'une amour contre-aimée, et jamais autre envie / Ne me pourra le cœur du vôtre détourner / ... / Celui qui n'aime point pour son but se propose*

P. 90

* Marie, levez-vous, ma jeune paresseuse... (1578-1584)
1555 : *Mignonne, levez-vous, vous êtes paresseuse*
1587 : *Marie, levez-vous, vous êtes paresseuse*

* Et vos œillets mignons auxquels aviez donné... (1578-1587)
1555 : *Et vos œillets aimés, auxquels avez donné*

* Mais le dormir de l'Aube aux filles gracieux / Vous tient d'un doux sommeil la paupière sillée (1578-1587)
1555 : *Mais le sommeil vous tient encore toute sillée : / Ian, je vous punirai du péché de paresse*

* Je vais baiser vos yeux et votre beau tétin / Cent fois pour vous apprendre à vous lever matin (1560-1578)
1555 : *Je vais baiser cent fois votre œil, votre tétin, / Afin de vous apprendre à vous lever matin*

P. 91

* Aussi bien je languis en ce bois ténébreux... (1578-1587)
1555 : *Oui, car aussi bien je languis de douleur*

P. 92

* Marie pour son chef un beau bouquet compose / De ta feuille, et toujours sa tête en est parée : / Toujours cette Angevine, unique Cythérée, / Du parfum de ton eau sa jeune face arrose (1578-1587)
1555 : *La Grâce pour son chef un chapelet compose / De ta feuille, et toujours sa gorge en est parée, / Et mille fois le jour la gaie Cythérée / De ton eau, pour son fard, sa belle joue arrose*

* Aux jardins de Bourgueil près d'une eau solitaire! (1578-1587)
1555 : *Dedans quelque jardin près d'un bois solitaire*

* Et son teint la beauté qu'on adore en Cythère (1578-1587)
1555 : *Et son teint celle-là qui d'Amour est la mère*

P. 97

* Pour nous coucher tous deux sous l'ombre à la renverse; / Puis au Soleil penchant nous conduirons nos bœufs / Boire le haut sommet des ruisselets herbeux... (1578-1587)
1560 : *Où nous serons tournés tous deux à la renverse. / Puis au soleil couchant nous mènerons nos bœufs / Boire sur le sommet des ruisselets herbeux*

P. 98

* Afin que notre siècle et le siècle à venir... (1587)
1560 : *Marie, à cette fin que le siècle à venir*
1584 : *Ma seconde âme, afin que le siècle à venir*

* « Notre Ronsard, quittant son Loir et sa Gastine, / A Bourgueil fut épris d'une belle Angevine! » (1578-1587)
1560 : *Notre Ronsard, quittant cette terre voisine, / Fut jadis amoureux d'une belle Angevine*

P. 99

* Or il en adviendra ce que le ciel voudra; / Si est-ce que ce livre immortel apprendra... (1578-1587)
1560 : *Or les Dieux en feront cela qu'il leur plaira, / Si est-ce que ce livre après mille ans dira*

P. 103

* Qui nourrissent là-haut les esprits et les anges (1578)
1584-1587 : *Qui nourrissent là-haut les astres et les anges*

P. 107

* Comme à l'envi les plus accortes filles... (1584-1587)
1556 : *De toutes parts cent mille jeunes filles*

P. 108

* Dedans tes rets ma première franchise, / Pour obéir à ton bel œil, fut prise / Esclave sous ta loi (1578-1587)
1556 : *Comme la nue, en temps serein poussée / Fuit à grands pas l'haleine courroucée / De l'oursal Aquilon*
1567 : *Dedans tes rets ma première franchise, / Pour obéir à ton bel œil, fut prise / Esclave dessous toi*

P. 109

* Je vous envoie un bouquet que ma main / Vient de trier de ces fleurs épanies (1560-1572)
1555-1557 : *Je vous envoie un bouquet de ma main / Que j'ai ourdi de*

* Chutes à terre elles fussent demain (1557-1572)
1555 : *Floques à terre, elles cherroient demain*

* Et chantes à l'envi de moi qui vais chantant... (1560-1571)
1555 : *Dégoisant à l'envi de moi, qui vais chantant*

P. 110

* Si j'étais Jupiter, maîtresse, ... (1587)
1559 : *Si j'étais Jupiter, Sinope*
1578-1584 : *Si j'étais Jupiter, Marie*

P. 111

* Et votre teint sentait encore son enfance (1560-1572)
1559 : *Et vos beaux yeux sentaient encore leur enfance*

* Et votre œil qui me fait trépasser quand j'y pense (1560-1572)
1559 : *Et vos cheveux faisaient au Soleil une offense*

P. 114

* Ce Ronsard que la France honore, chante et prise... (1563-1578)
1584-1587 : *Qui ma belle science ai des Muses apprise*

P. 115

* Que le Soleil n'échauffe de ses yeux... (1578-1587)
1571 : *Qui du Soleil enferme les beaux yeux*

P. 117

* D'œillets, de lis, et courus si habile... (1571-1578)
1584-1587 : *Et Amour fit ma course si agile*

P. 118

* Le ciel, quand ses beaux feux reluisent tous ensemble... (1567-1587)
1564 : *Un ciel bien allumé des étoiles ensemble*

P. 121

* Pour délier ensemble et ma plainte et ma vie, / Afin que mon amour de la mort soit suivie... (1564-1584)
1587 : *Pour ne vous servir plus de longue moquerie, / Et mon ombre en tous lieux vous soit une furie*

P. 126

* Afin qu'à tout jamais de siècle en siècle vive (1578-1584)
1587 : *Afin qu'en renaissant*

P. 127

* Qui au bruit de Ronsard... (1578)
1584-1587 : *Qui au bruit de mon nom*

P. 129

* Croissantes en beauté sur la rive voisine (1578)
1584-1587 : *l'une à l'autre voisine*

P. 131

* Afin que ton honneur coule parmi la plaine... (1578-1584)
1587 : *Afin que ton renom s'étende par la plaine*

* Et la fleur dont le maître eut si mauvais destin... (1578)
1584-1587 : *Et tant de belles fleurs qui s'ouvrent au matin*

P. 134

* Si j'étais un grand Prince... (1578-1584)
1587 : *Si j'étais grand Monarque*

P. 137

* Non celle qu'un taureau sous une peau menteuse / Emporta par la mer, / Non celle qu'Apollon vit, vierge dépiteuse, / En laurier se former (1584-1587)
1578 : ne comprenait pas ces vers

P. 143

* Et ores ses beaux yeux, astres de mon destin... (1578-1587)
1555 : *Et maintenant les yeux endormis au matin*
1567 : *Et ores ses beaux yeux endormis au matin*

* « C'est grand cas que Ronsard est encor amoureux ! » (1567-1587)
1555 : *Et quoi ! Ronsard est donc encores amoureux ?*
1560 : *C'est grand cas que Ronsard soit encore amoureux*

P. 146

* Poussons la nef vers les champs bienheureux... (1578)
1553 : *Ramons la nef dans les champs bienheureux*
1584-1587 : *Poussons la nef à ce bord bienheureux*

P. 147

* Toujours de lait... (1578-1587)
1553 : *Toujours aval*

P. 149

* D'un fer meurtrier qui de son meurtre souille... (1578-1587)
1553 : *D'un fer meurtrier qui de sang d'hommes souille*
1567-1573 : *Las que de meurtre souille*

P. 150

* Tu avais mal parlé de moi... (1553-1584)
1587 : *Tu avais caqueté de moi*

* Tous les printemps de l'Arabie... (1552-1584)
1587 : *La riche et heureuse Arabie*

P. 153

* Qui roulent luisantement blonds... (1552-1584)
1587 : *Qui roulent et riches et blonds*

P. 154

* De chantres et de chœurs... (1555-1578)
1584-1587 : *De tragiques douleurs*

* En deuil verse de pleurs (1555-1578)
1584-1587 : *Verse un ruisseau de pleurs*

* Et prie que toujours la vigne et le lierre... (1555-1578)
1584-1587 : *Toujours sur le Printemps la vigne et le lierre*

P. 155

* En France ce troupeau divinement appris, / Qui sous le Roi François pour emporter le prix / Chantait à qui mieux mieux d'une Muse meilleure (1559-1584)
1587 : *A Paris ce troupeau si doctement appris, / Qui naguères chantait pour emporter le prix, / Et sa chanson était sur toutes la meilleure*

P. 156

* Si as-tu franchement suivi ton naturel... (1584-1587)
1560 : *Toutefois si as tu suivi ton naturel*

P. 159

* De ces tomes enflés, de gloire convoiteux, / Qui sont fardés de mots sourcilleux et venteux... (1560-1587)
1556 : *De ces tomes enflés, qui n'ont rien dedans eux / Que des vers sourcilleux, et de gros mots venteux...*

* Un petit ruisselet a toujours l'onde nette; / Aussi le papillon et la gentille avette / Y vont puiser de l'eau... (1556-1584)
1587 : *C'est pourquoi de Cérès les ministres Mélisses, / Voulants de leur Déesse orner les sacrifices, / Puisent en la fontaine*

P. 166

* Et que mon col elle serre (1578-1587)
1564 : *Quand sa belle main me serre*

P. 167

* La bouche de mon aimée (1578)
1564 : *Seule à seul ma bien aimée*

P. 169

* Fils du Soleil fauteur de toute chose née... (1578-1587)
1563 : *Fils du Soleil qui t'a toute force donnée*

* Bel Aubépin fleurissant, / Verdissant... (1578-1587)
1556 : *Bel Aubépin verdissant, / Fleurissant*

P. 170

* Le chantre Rossignolet / Nouvelet, / Courtisant sa bien-aimée... (1578-1587)
1556 : *Le gentil Rossignolet / Nouvelet / Avecque sa bien aimée*

* Du Printemps, vites hirondelles... (1578-1587)
1556 : *gentes Arondelles*

P. 172

* Aux félicités de ta vie... (1556-1584)
1587 : *Aux plaisirs de ta douce vie*

* Caquettes dès le point du jour... (1556-1584)
1587 : *Dégoises dès le point du jour*

* Secouant la douce rosée / En l'air, dont tu es arrosée (1578-1584)
1556 : *Lors que des ailes tu secoues / La rosée quand tu te joues*

P. 173

* ... Comme toi devenir oiseau / Pour dégoiser un chant si beau (1556-1584)
1587 : *T'oyant chanter au renouveau, comme toi devenir oiseau*

* Frappant son sein de son oreille... (1578-1587)
1556 : *Penchant à front baissé l'oreille*

P. 175

* De noires ondes de leur route... (1578)
1554 : *De l'ondoiement de leur route*

* Riche de fleurs, qu'autrefois trop d'amour... (1569-1584)
1587 : *Riche d'émail et de fleurs qui l'Amour*

P. 176

* Maint chêne vieil... (1569-1578)
1584-1587 : *Un chêne large*

* De ta couleur vivement franche (1555-1573)
1550 : *De ta beauté naïve et franche*

P. 181

* Tout égaré je m'enfuis par les champs... (1578-1587)
1554 : *Tout égaré je me perds dans les champs*

P. 184

* ... Or' sur la rive, ores sur un fossé, / Or' sur un champ... (1569-1578)
1584-1587 : *Sur une rive, et dessus un fossé, / Dessus un champ*

P. 185

* L'huile qui vient aux oliviers de France... (1569-1584)
1587 : *... vient en nos vergers de France*

P. 186

* Pleines de pompe et de mets et d'honneurs... (1578-1587)
1569 : *Pleines de pompes et de fardés honneurs*

P. 187

* El' ne vaut rien, dis-tu, pour un malade (1569-1578)
1584-1587 : *Trop froide elle est, dis-tu, pour un malade*

* Aux Muses, à Phébus, aux Faunes et aux Fées... (1559-1584)
1587 : *Aux Lares de son toit*

* Heureux donques, heureux qui de son camp ne bouge... (1578)
1559 : *... qui de son champ*
1584-1587 : *... qui de son toit*

P. 189

* Est plus douce au passant pour la soif étancher, / Quand sans art elle coule en sa rive rustique... (1578-1587)
1565 : *Est plus douce au passant qui l'été vient coucher / Son corps entre les fleurs de la rive rustique*

* Aux coudes demi-nus... (1578-1587)
1565 : *Aux bras à demi-nus*

P. 190

* A sa mère au dos peint d'une peau martelée... (1578-1587)
1565 : *A son père marqué d'une peau martelée*

* Maintenant il se mire aux bords d'une fontaine, / Ou s'endort sous le pied d'une roche hautaine (1565-1584)
1587 : *Ou se mire dans l'eau d'une source moussue, / Ou s'endort sous le creux d'une roche bossue*

P. 191

* Comme ondes de la mer... (1565-1584)
1587 : *D'une entorse ridée*

P. 192

* Et que par l'autre jambe à belles dents le tienne... (1578-1584)
1565 : *Et que par l'autre jambe ainsi que lui le tienne*
1587 : *Et que par l'autre cuisse à belles dents le tienne*

P. 193

* Où les premières eaux du vent sont remuées... (1578-1587)
1565 : *L'une assez près de l'autre en ordre situées*

* Sinon par-ci par-là sur le bord sauteler (1565-1578)
  1584-1587 : *Sinon à petits bonds*

P. 194

* Par l'espace d'un jour, que la nuit ensuivant / Humide n'en produise autant qu'auparavant (1578-1587)
  1563 : *Par l'espace d'un jour, qu'en peu d'heures la nuit / Humide de rosée autant n'en ait produit*

P. 195

* Que si du froid Hiver la sifflante tourmente... (1578-1587)
  1563 : ... *l'effroyable tourmente*

P. 197

* Me rebaiser les yeux... (1563-1584)
  1587 : *Me resucer les yeux*
* Le jour me lasse bien... (1578-1587)
  1563 : *Mon chant me lasse bien*
* Phébus le chevelu, Dieu qui préside à Cynthe, / M'aime plus que son luth; je fais sa volonté, / Toujours ses dons je porte, au sein son Hyacinthe, / Son Laurier sur le front, sa trousse à mon côté (1578-1587)
  1559 : *Phébus, qui sous Charlot a caché sa figure, / Ne connaît pas si bien sa lyre, qu'il me fait, / J'ai toujours de ses dons, et toujours la verdure / De ses lauriers au front pour couronne il me met*

P. 199

* Les vents sont abaissés... (1571-1584)
  1559 : *Les vents sont apaisés*
  1587 : *sont assoupis*
* Du cuir damasquiné de vos rouges bottines (1555-1578)
  1584-1587 : *De vos courtes bottines*

P. 205

* Qui pour lors étanchait sa soif en la fontaine... (1578-1587)
  1555 : *Qui pour lors ne buvait qu'eau pure de fontaine*

P. 207

* Et Père, n'ai-je pas assez chanté de toi? (1555-1578)
  1584-1587 : *Et quoi, n'ai-je pas, Père, assez chanté de toi?*
* Pleine plus que devant de ta fureur divine (1555-1578)
  1584-1587 : *Chaude des gros bouillons de ta fureur divine*

P. 211

* ... Elle faisait sauter... (1563-1584)
  1587 : *Elle faisait rouer*

P. 213

* Aise de retourner... (1584)
1587 : *Joyeux de*

P. 216

* Le seul honneur des arbres d'alentour... (1578-1587)
1569 : *Qui es l'honneur des arbres d'alentour*

P. 217

* Catulle honneur des Romaines Charites / Nous le conta comme venant des Grecs... (1578)
1569 : *Jadis Catulle en sa langue Romaine, / Nous la conta comme venant des Grecs*
1584-1587 : *Catulle honneur des Romaines Charites / Te fit Romain en imitant les Grecs*

* De la course et du sang... (1584-1587)
1578 : *De la course du sang*

P. 219

* Les retiras comme fères des bois... (1569-1584)
1587 : *Les retiras des antres et des bois*

P. 221

* Or' paraissant sur l'eau et ores sur les rives (1555-1578)
1584-1587 : *En forme de Sirène apparaissant aux rives*

P. 222

* Un soir vers la minuit... (jusqu'à la fin du texte) : ce passage est supprimé dans les éditions de 1584 et 1587

* Dague, tranchante épée... (1578)
1555 : *Dague, épée, et bouclier*

P. 233

* Rempli d'un feu divin qui m'a l'âme échauffée, / Je veux mieux que devant, suivant les pas d'Orphée, / Découvrir les secrets de Nature et des Cieux, / Recherchés d'un esprit qui n'est point ocieux (1556-1578)
1584-1587 : *Tourmenté d'Apollon qui m'a l'âme échauffée, / Je veux plein de fureur suivant les pas d'Orphée, / Rechercher les secrets de Nature et des Cieux, / Ouvrage d'un esprit qui n'est point ocieux*

* Afin que ma chanson dure aussi longuement / Que tu dures au Ciel perpétuellement... (1556-1578)
1584-1587 : *Afin que ma chanson soit vive autant de jours / Qu'éternelle tu vis sans voir finir ton cours*

P. 234

* Éternelle tu vis... (1560-1578)
1556 : *Sans rien faire tu vis*
1584-1587 : *Tu règnes immortelle*

* De pourpre rayé d'or, de qui la broderie / De tous côtés s'éclate en riche orfèvrerie... (1556-1578)
1584-1587 : *De pourpre rayé d'or, passant toute lumière, / Autant que ta splendeur sur toutes est première*

* Ordonnant dessous toi les neuf temples voûtés... (1567-1587)
1556 : *Faisant tourner sous toi*

* Des siècles jà coulés... (1571-1587)
1556 : *Des temps qui sont passés*

* Regarde-moi... (1578-1587)
1556 : *Je te salue*

P. 235

* Ayant laissé tomber ma dépouille... (1578-1584)
1556-1573 et 1587 : *Ayant laissé pourrir*

P. 239

* Votre Race royale... (1578-1587)
1575 : *Vos enfants bien appris*

P. 240

* Vieillesse a la raison... (1578-1587)
1575 : *La vieillesse a raison*

P. 241

* L'un a blâme en son fait, et l'autre en a louange... (1565-1578)
1584-1587 : *Un même fait produit le blâme et la louange*

* Qui suit son naturel... (1578-1587)
1565 : *Qui n'est vaincu d'Amour*

P. 245

* La France la surpasse en antres plus sauvages, / En rochers, en forêts, en sources, en rivages, / En Nymphes et en Dieux, qui bénins sont contents... (1578-1584)
1565 : *La France la surpasse en déserts plus sauvages, / En plus hautes forêts, en plus fleuris rivages, / En rochers plus amis des Dieux, qui sont contents*
1587 : comme le texte de 1578, mais « taillis » à la place de « rochers »

* Comme ils font autre part, ne gâte point tes champs (1565-1584)
1587 ajoute ensuite quatre vers : *Ni le venin baveux des fils de la*

Gorgone / Tes jardins ni tes prés ni tes fleurs n'empoisonne, / Ni l'aconit enfant de l'infernal portier, / Qui croît sur les rochers, n'infecte ton quartier

P. 246

* Qui arrosent les pieds de tant de villes fières? (1565-1584)
  1587 : *Qui lèchent les remparts de tant de villes fières*
* Car de toute vertu la France est une école (1565-1584)
  1587 : *La Cour est une école*
* Ni si rempli de bien, de peuple et de cités (1567-1578)
  1555 : *Ni si rempli de gens, ni de félicités*

P. 247

* D'ordre l'un après l'autre au ciel lèvent les bras... (1555-1578)
  1587 ajoute quatre vers : *On dirait que les mains de mille Salmonées, / Sont en ton Arcenal de nouveau retournées, / Qui dans un chariot fait d'airain se portait / Et courant sur un pont les foudres imitait*
* Et bref, c'est un grand Dieu... (1578)
  1555 : *Et bref, c'est presqu'un Dieu*

P. 248

* Et chacun de son feu la fumée désire (1564-1584)
  1587 : *la lumière désire*

P. 251

* [Vous], comme grands Seigneurs... (1558-1584)
  1587 : *Mais comme demi-dieux*

P. 252

* Bardes, cuirasse, armets... (1567-1587)
  1558 : *De vos chevaux bardés*
* Vous verrez des Français la gloire retournée / Que Saint-Quentin perdit... (1578-1587)
  1558 : *La gloire des Flamands du tout est ruinée, / Sans plus se relever*

P. 253

* Ensemble nous liant par sa bonté divine... (1567-1587)
  1558 : *Et nous a tous conjoints par sa bonté divine*

P. 254

* Est-ce pas le meilleur... (1567-1587)
  1558 : *N'aimeriez-vous pas mieux*

P. 255

* Si m'en croyez, la province Gauloise (1567-1587)
  1565 : *... la province Françoise*

* Le Gaulois semble... (1567-1587)
1565 : *Le François*

P. 256

* Qui de leur propre sang à tous périls de guerre... (1567-1587)
1562 : *versé parmi la guerre*

P. 257

* On fait des lieux sacrés une horrible voirie, / Une grange, une étable et une porcherie (1578-1587)
1562 : *On a fait des lieux saints une horrible voirie, / Un assassinement, et une pillerie*

P. 258

* Et les armes au croc, sans être embesognées, / Soient pleines désormais de toiles d'araignées (1578-1587)
1562 : *Donne que même loi unisse nos provinces, / Unissant pour jamais le vouloir de nos princes*

* Je n'eusse vu, ô vengeance enragée (1565)
1587 : ... *ô Mégère enragée*

P. 259

* Ha, crève-cœur ! flamboyer tant de feu... (1565-1578)
1584-1587 : *Ni ravager ni flamboyer le feu*

P. 265

* Et que la Muse suit comme son fils unique... (1578-1587)
1560 : *Et la Muse chérit comme son fils unique*

P. 267

* Ont les biens de l'Église, et que les bénéfices... (1578-1587)
1560 : *Tiennent le gouvernail*

* N'aille d'un juste feu... (1578-1587)
1560 : *N'aille avecque le feu*

P. 268

* Qui pour la vérité l'ensorcelle de songes (1578-1587)
1560 : *Qui ne lui fait chanter que fables et que songes*

P. 269

* Or, ce Dieu tout-puissant... (1567-1587)
1563 : *Or ce Dieu tout parfait*

* Éternel comme lui, et de la même essence, / Ayant du Père sien la gloire et la puissance (1567-1587)

1563 : *Éternel comme lui, de la même matière, / Ayant du père sien la gloire toute entière*

P. 271

* Ainsi qui voudra bien l'Évangile avancer, / Il faut chasser l'abus et l'Église embrasser... (1563-1578)
1584 : *Ainsi qui voudra bien l'Évangile purger / Il faut de tant d'abus l'Église décharger*
1587 : *Il faut comme en un van de l'Église trier / Les abus, les jeter, et non la décrier*

P. 274

* Nous savons nos péchés; mais, Seigneur, tu demandes / Pour satisfaction un courage contrit, / Un cœur humilié, un pénitent esprit (1578-1587)
1563 : *Nous savons bien, Seigneur, que nos fautes sont grandes, / Dignes de châtiment, mais, Seigneur, tu demandes / Pour satisfaction un cœur premièrement / Contrit et pénitent, et démis humblement*

P. 276

* Plus ils crèvent de biens et plus ils en désirent (1578-1587)
1563 : *Et plus sont pleines d'eau et tant plus en désirent*

P. 278

* Que d'un masque emprunté qu'on voit au découvert (1578-1587)
1563 : *Que de voile sous qui votre fard est couvert*

P. 282

* O parole de Dieu d'un faux masque trompée, / Puisque les Prédicants prêchent à coups d'épée! (1567-1587)
1562 : *Quel Évangile, hélas ! quel charitable zèle ! / Qu'un prêcheur porte au flanc une épée cruelle !*

* Puisqu'on voit de couteaux les Ministres armés (1578-1587)
1562 : *Puisque l'on voit de fer les Ministres armés*
1567-1573 : *Puisqu'on voit d'un harnois*

P. 284

* « Je voudrais voir quelqu'un qui eût changé de vie (1578)
1562 : *Faites moi voir quelqu'un qui ait changé de vie*
1584-1587 : *Mais montrez-moi quelqu'un qui ait changé de vie*

P. 285

* Quoi! tu jappes, mâtin, afin de m'effrayer, / Qui n'osais ni gronder, ni mordre, n'aboyer, / Sans parole, sans voix, sans poumons, sans haleine, / Quand ce grand Duc vivait, ce Laurier de Lorraine, / Qu'en violant le droit et divin et humain / Tu as assassiné d'une traîtreuse main (1578-1587)

1563 : au lieu de ces six vers : *Misérable moqueur, qui n'avais point de voix, / Muet comme un poisson, il n'y a pas deux mois*

P. 286

* J'ai de quoi me défendre... au combat me menace (1563-1578)
1584-1587 suppriment ces huit vers
* S'il lui plaît sur l'arène en armes se planter (1567-1578)
1563 : *Au combat, si sa plume il veut exerciter*

P. 287

* La voyant sans honneur... (1563-1578)
1584-1587 : *Sans lampes, sans autels*

P. 289

* Le feu, le sang, le fer... (1563-1578)
1584-1587 : *Le feu, le fer, le meurtre*

P. 293

* Il t'a premièrement, quant à la forte taille, / Fait comme un de ces Dieux qui vont à la bataille, / Ou de ces Chevaliers qu'Homère nous a peints... (1555-1584)
1587 : *Il t'a fait comme un preux, quant à la forte taille, / Qui se couvre le corps d'une aimantine écaille, / Frère de ces guerriers qu'Homère nous a peints*

P. 294

* Comme l'on se mesure, et comme il faut qu'on baille / D'un revers un estoc, d'un estoc une taille (1555-1578)
1584-1587 : *Comme on garde le temps, et comme on se mesure, / Comme on ne doit tirer un coup à l'aventure*

P. 297

* Puis ma Lyre s'enroue, et mon pouce se lasse (1555-1578)
1584-1587 : *Puis jà ma voix s'enroue*
* Qui portes une robe empreinte de trophées, / Qui as de ton beau chef les tresses étoffées / De palme et de laurier, et qui montres sans peur / Aux hommes comme il faut endurer le labeur (1555-1584)
1587 : supprime ces quatre vers

P. 298

* Il vaudrait beaucoup mieux joyeusement bien vivre... (1559-1578)
1584-1587 : *Il vaut mieux vivre en paix, c'est-à-dire bien vivre*

P. 305

* Un Roi pour être grand ne doit rien ignorer (1578-1587)
1562 : *Car l'esprit d'un grand Roi ne doit rien ignorer*

P. 306

* Charles, votre beau nom tout commun à nos Rois... (1578-1587)
1562 : *Car Charles votre nom tant commun à nos Rois*

P. 309

* Et que Dieu sous ta main a mis tant de troupeaux... (1565-1578)
1584-1587 : *Que Dieu dans ton herbage a mis tant de troupeaux*

P. 312

* Que la seule vertu seulement on guerdonne (1578-1587)
1565 : *Mais bien par la vertu qui s'aide sans personne*

P. 313

* Que l'Aigle les Autours, dont l'aile ne se lasse / En volant outre l'air d'approcher le Soleil... (1578-1587)
1575 : *Que l'Aigle les oiseaux, qui jamais ne se lasse / De voler sur la nue approchant du Soleil*

P. 314

* Je maudis le destin... (1578-1587)
1574 : *Je soupire en mon cœur*
* Douleur, tu me devrais occire à son tombeau (1578-1587)
1574 : *La douleur me devait occire à ton tombeau*

P. 315

* Qui se va boursouflant, reculant et suivant / Onde sur onde épaisse... (1575-1578)
1584-1587 : *Qui trouble en boursouflant, tournoyant et mouvant / La mer vague sur vague en tortis retraînée*

P. 316

* Il faisait de mes vers et de moi telle estime / Que souvent sa grandeur me récrivait en rime... (1575-1584)
1587 : *Il soulait pour plaisir mes ouvrages relire / Et souvent sa grandeur daignait bien me récrire*

P. 319

* Jeune, trompant le trompeur... (1569-1584)
1587 : *Qu'en trompant le fin trompeur*

P. 321

* Roi dont l'honneur ne peut s'amoindrir ni s'accroître... (1578)
1575 : *Roi qui grand ne pouvez augmenter ni décroître*
1587 : *Roi qui grand ne pouvez amoindrir ni accroître*

P. 325

* Pour savoir à son peuple un soleil éclairer... (1579-1584)
1587 : *en vertus éclairer*

P. 326

* Puis voici le Printemps où se purge un chacun, / Il faut que mon humeur se purge sur quelqu'un : / Mais je ne puis sans vous ! sans votre faveur, Sire... (1575-1584)
1587 : *La bile abonde en moi, voici le renouveau, / Il faut contre quelqu'un décharger mon cerveau. / Fuyez, méchants, fuyez : mais sans votre aide, sire*

P. 327

* Veut manger en un jour tout votre revenu...
Après ce vers, on trouve en 1575 tout un développement très dur sur la mise des mignons, que Ronsard a supprimé dès 1578.

P. 331

* En votre main des plus belles la belle... (1578-1587)
1567 : *Et votre main, sans artifice belle*

* N'a pour carcan que sa blancheur naïve (1578-1587)
1567 : ... *sa couleur naïve*

P. 332

* Qui prend son nom de la source d'une eau (1567-1584)
1587 : ... *de la beauté d'une eau*

* Tous les chemins blanchissaient sous vos voiles, / Ainsi qu'on voit blanchir les rondes voiles... (1578-1587)
1567 : *Tous les jardins blanchissaient sous vos voiles, / Ainsi qu'au mât on voit blanchir les rondes voiles*

* Où vit maint cygne habillé tout de blanc... (1578-1587)
1567 : *Et maint beau cygne habillé tout de blanc*

* Se promener, quand l'Aube retournée / Par les jardins poussait la matinée... (1578-1587)
1567 : *Se promener, quand l'Aurore était née, / Par les jardins cueillant la matinée*

P. 333

* Un bois sa feuille, un antre son effroi, / Un grand Palais la pompe de son Roi... (1564-1587)
1561 : *Comme un beau champ de son blé découvert, / Et comme un bois perdant son manteau vert*

* Ni pré ni bois son regret ne console, / Et d'arbre en arbre au point du jour ne vole (1564,et 1571-1587)

1561 : *Plus ne sied dessus la verte branche, / Plus résonner ell' ne fait sa voix franche*
1567 : texte de 1564, mais : *son malheur ne console*

P. 334

* Hà! je voudrais que tu pusses ramer, / Ainsi que vole une barque poussée / De mainte rame à ses flancs élancée... (1578-1587)
1561 : *que tu pusses aller / Dessus les flots légère*
1564 : *Ha ! je voudrais que tu pusses ramer / De sur les flots, légère et vagabonde, / Comme un plongeon va léger de sur l'onde*

P. 335

* Sus, Elégie en noir habit vêtue! (1561-1584)
1587 : *Sus, mon soupir, plainte de noir vêtue*

* Qui fut l'honneur de France et de mes vers (1564-1587)
1561 : *Qui pour jamais fera pleurer mes vers*

* Le jour que votre voile aux Zéphyrs se courba... (1571-1584)
1564 : ... *aux vagues se courba*
1587 : ... *aux vents se recourba*

P. 337

* A la fraîcheur des ruisseaux (1567-1587)
1555 : *Auprès de trois beaux ruisseaux*

P. 340

* Qui d'Astres a peuplé les cieux (1560-1587)
1552 : *Qui de feux a peuplé les cieux*

P. 341

* Elle ignorant les faux allèchements (...) Pallas a trouvés (1559-1584)
1587 : remplace ces six vers par un distique : *Comme une Nymphe errante par les bois, / Qui suit Diane, et porte son carquois*

P. 342

* Notre Europe plongée... (1567-1573)
1559 : *L'Europe submergée*

P. 348

* Et de leurs cœurs j'enrichis mon trophée (1578-1587)
1565 : *je bâtis mon trophée*

P. 350

* De mainte affaire étrange et malaisée / Sont retournés environnés d'honneur... (1578-1587)
1569 : *Poursuivants mainte affaire mal aisée, / En sont sortis vainqueurs à leur honneur*

P. 351

* Ainsi qu'il doit n'honore plus les Dames (1578-1587)
1569 : *n'honore plus les femmes*

P. 352

* En leur simple vasquine... (1578-1587)
1565 : ce vers n'existe pas.

P. 353

* Que deux beaux Cygnes chantaient... (1567-1578)
1565 : *Qu'un bruit des Cygnes menaient*

* Comme une belle et jeune fiancée... (1578-1587)
1565 : précédé de huit vers, sur le thème *Comme une mère attend son fils.*

P. 354

* A son rivage ancrèrent leur navire (1578-1587)
1565 : *A ce bord là ancrèrent leur navire*

P. 356

* Les tambourins, les flûtes, épinettes... (1565-1584)
1587 : *Les tambourins, violons, épinettes*

P. 363

* Dira de Godefroy l'aventureuse armée... (1578-1587)
1555 : ... *la merveilleuse armée*

P. 364

* ... Muse à la belle voix, Calliope immortelle! (1578-1587)
1559 : *Muse que du beau son Calliope on appelle*

* De cent mille vertus... (1559-1584)
1587 : *De cent mille joyaux*

P. 365

* Ici viennent à toi (...) élève le sourcil (1559-1578)
1584-1587 : suppriment ces douze vers.

P. 368

* Un Guesclin des Français, n'eût été que le sort / Envia son triomphe et son heureuse mort (1578-1587)
1559 : *Comme il le désirait, si le malheureux sort / N'eût été envieux d'une si belle mort*

* ... Qui venaient file à file aussi épais qu'en mer / On voit flot dessus flot les tempêtes s'armer, / Et poussant, et grondant, et s'enflant d'un orage, / D'un long ordre se suivre et heurter le rivage (1578-1587)
1559 : huit vers au lieu de quatre. *Des chevaux, des soudars, qui se suivaient ainsi / Venant en notre camp, comme l'air épaissi / De nues tout chargé, se presse d'une suite, / Quand Aquilon le souffle et lui donne la fuite, / Ou comme on voit les flots d'une écume tous blancs / S'entre-pousser l'un l'autre, et se suivre de rangs : / Un flot sur l'autre flot en son ordre ne cesse / D'aller, tant qu'il se froisse à la rive maîtresse*

P. 370

* D'augmenter ma fortune! or, Seigneur, quant à moi... (1578)
1556 : *Pour me donner du bien, mon Seigneur, quant à moi*

P. 373

* Une loge voûtée en un roc entaillé (1578-1587)
1559 : *Dans le creux de la terre en un roc entaillé*
* Eux dévots arrivés au-devant de la porte / Saluèrent Pallas, qui la Gorgone porte, / Et le petit Bacchus, qui dans ses doigts marbrins / Tient un rameau chargé de grappes de raisins... (1578-1587)
1559 : *Après qu'ils eurent fait aux deux coins de la porte / Le devoir à Pallas qui la Gorgone porte, / Et à Bacchus aussi, qui dans ses doigts marbrins / Laisse pendre un rameau tout chargé de raisins*

P. 374

* De voir que la Nature avait portrait les murs / De grotesque si vive en des rochers si durs... (1559-1584)
1587 : *De voir que l'artifice avait portrait les murs / De divers coquillages en des rochers si durs*
* ... De rochers qui suivaient de sa voix le doux bruit (1578-1587)
1559 : ... *de ses flûtes le bruit*

P. 379

* Vienne faire mon lit, ton compagnon, ni toi; / Je veux trois jours entiers demeurer à requoi, / Pour folâtrer après une semaine entière (1560-1572)
1555 : *Vienne faire mon lit, ou m'apprête de quoi / Je mange*
* Qui chaude en son berceau... (1567-1587)
1560 : *Laquelle en son berceau...*

P. 380

* Mais quand trente-cinq ans ou quarante ont perdu / Le sang chaud qui était ès veines répandu, / Et que les cheveux blancs de peu à peu s'avancent, / Et que nos genoux froids à trembloter commencent (1560-1584)

1587 : *ou quarante ont tiédi / Ou plutôt refroidi le sang accouardi, / Et que les cheveux blancs des cathères apportent, / Et que les genoux froids leur bâtiment ne portent*

P. 383

* ... Du vent en ses soufflets dont leur poitrine est pleine, / Avecques un grand bruit fait ronfler ses fourneaux; / Ainsin, en reniflant les nez de ces taureaux / Jettent à pelotons une flamme allumée... (1584-1587)
1556 : *Au vent, dont les soufflets ont la poitrine pleine, / Murmurants d'un grand bruit, évente ses fourneaux; / Ainsi avec grand bruit les nez de ces taureaux / Jettent en mugissant une flamme allumée*

P. 385

* En soupirant l'appelle... (1567-1587)
1559 : *La regrettant l'appelle*

P. 386

* Quand les batailles sont brusquement animées... (1567-1587)
1556 : *Quand les batailles sont des deux parts animées*

* Las! sans miséricorde à l'abandon des vents (1556-1578)
1584-1587 : *Comme pour le jouet de fortune et des vents*

* La mer tressaut de peur... (1567-1584)
1556 : *Et la mer entresaut*

P. 387

* Que le bord lui fait place, en glissant se reçoit... (1584-1587)
1579 : *humblement se reçoit*

* La flamme en tournoyant s'augmente peu à peu / Dès le commencement, puis le faîte s'allume, / Puis toute la forêt s'embrase et se consume (1584)
1556 : *Dès le commencement il prend vigueur un peu, / Se nourrissant au pied, puis tout le faîte allume, / Puis toute la forêt il embrase et consume*
1578 : *Dès le commencement il prend vigueur un peu, / Se nourrissant au pied, puis le faîte s'allume, / Puis toute la forêt s'embrase et se consume*
1587 : *La flamme en pétillant se traîne peu à peu, / Mange premier le pied, puis le faîte elle allume, / Puis toute la forêt s'embrase et se consume*

* Se voûte en ondoyant (1584-1587)
1556 : *Se courbe en ondoyant*

P. 389

* Trompant d'un souvenir... (1578)
1564 : *Paissant d'un souvenir*

* Et dans le nez ronflant le dormir ocieux... (1567-1587)
1564 : *Et dedans l'estomac le sommeil otieux*

* Dessus l'autre en pleurant... (1578-1587)
1564 : *De sur l'autre côté*

P. 390

* Ayant les mains le premier dans les plats, / Gorgé de mets... (1578-1587)
1569 : *Où bien souvent déjeuné je n'ai pas / Toi saoul de mets et de riches viandes*

P. 391

* Et qui premièrement le canon pertuisa... (1555-1578)
1584-1587 : *Qui premier artisan le canon pertuisa*

P. 393

* Échu par sort (1578-1587)
1572 : *Tiré par sort*

* Le vent poupier, qui droitement souffla... (1587)
1572 : *Qui fortement souffla*

* Ainsi qu'on voit la troupe des chevreaux / A petits bonds suivre les pastoureaux, / Devers le soir au son de la musette; / Ainsi les nefs d'une assez longue traite... (1584-1587)
1572 : *Ainsi qu'on voit vers le soir maint chevreau / De pas gaillards suivre le pastoureau / Qui va devant entonnant la musette, / Les autres nefs d'une assez longue traite*

P. 394

* Tout en un jour par lâcheté de cœur / Perdra puissance, accroissance et vigueur (1573-1587)
1572 : *En peu de jours tombé de sa vigueur, / Ah ! fier destin ! perdra puissance et cœur*

P. 395

* Dessous leurs pieds feront trembler les plaines... (1578-1587)
1572 : ... *tressauteront les plaines*

P. 396

* Or, comme on voit alors qu'une tempête... (1587)
1572-1584 : *Mais tout ainsi qu'alors qu'une tempête*

P. 397

* Seront encor de carcasses si pleines... (1584-1587)
1572-1578 : *Seront de morts et de meurtres si pleines*

P. 398

* Portaient ta nef dessus les ondes (1560-1584)
1587 : *Conduisaient ta nef sur les ondes*

P. 399

* Mille rivages, mille bords, / Tous sonnants un divers langage, / Et mille fleuves tous bruyants, / De mille lieux divers fuyants / Dans la mer d'un tortu voyage (1560-1584)
1587 : *Mille peuples, villes et bords, / Séparés de diverses bornes, / Mille fleuves bons au ramer, / Qui bruyant roulent en la mer, / Fendant le chemin de leurs cornes*

P. 400

* Ils mordent l'ombre aux dents et aboient le vent (1584)
1587 : *Leurs dents mordent en vain les ombres et le vent*

P. 409

* Éternisa de nos Princes la gloire... (1578)
1553 : *Chanta guerrier de nos princes la gloire*
1584-1587 : *Acquit en France une éternelle gloire*

P. 410

* Du règne de Henri deux ou trois seulement / Apparurent au jour, qui chantant doucement / Firent d'un ton hardi entre les nôtres bruire... (1578-1587)
1556 : *Du règne de Henri cinq ou six seulement / Vinrent, qui d'un accord modéré doucement, / Et d'un pouce attrempé firent doctement bruire*

* Et maintenant le luth, et osèrent la main / Mettre sur l'instrument que Pallas fit d'airain (1567-1587)
1556 : *Et osèrent tenter / Quelque peu la trompette afin de haut chanter*

* De nouveaux écrivains pêle-mêle est venue / Se ruer sans égard, qui ont demi gâté (1578-1587)
1556 : *De serfs imitateurs pêle-mêle est venue / Se ruer sans égard, laquelle a tout gâté*

P. 412

* Que le peuple n'entend : le doux Anacréon / Me plaît, et je voudrais que la douce Saphon... (1578-1587)
1556 : *Anacréon me plait, le doux Anacréon. / Qu'encore voulût Dieu que la douce Saphon*

* ... Pour lire dessous l'ombre un si mignard ouvrage... (1567-1587)
1556 : *Pour ne lire en la terre*

P. 413

* Puis il nous faut douter si le sort a puissance / (O cruauté du ciel!) sur l'humaine science (1556-1584)
1587 : *Puis nous faut-il douter que tout çà-bas ne meure, / Puis que de tant d'esprits le labeur ne demeure*
* Ainsi courant... (1569-1578)
1584-1587 : *Ainsi lisant*

P. 414

* Quand je tonne en mes vers, il a peur de me lire; / Quand ma voix se désenfle il ne fait qu'en médire (1584-1587)
1555 : *Quand j'écris hautemant, il ne veut pas me lire, / Quand j'écris bassement, il ne fait qu'en médire*
1578 : *Quand je brave en mes vers*
* Étranger loin de moi te faudra séjourner (1567-1587)
1556 : *Il te faudra bien loin de mes yeux séjourner*
* Donc, avant que tenter la mer et le naufrage... (1584-1587)
1556 : *le hasard du naufrage*
* Tu seras tous les jours... (1584-1587)
1556 : *Tu seras assez tôt*

P. 415

* Ou bien quelque badin emportera ce bien / Que le fidèle ami à bon droit cuidait sien (1584-1587)
1556 : *Ou quelque autre mignon, dont on ne se dout'ra, / Sa faux en la moisson secrètement mettra*
1578 : *Ou bien quelque badin ce bien emportera / Et sa faux dans le blé secrètement mettra*

P. 417

* A mon commencement, quand l'humeur pindarique... (1556, et 1584-1587)
1567-1568 : *Quand l'honneur pindarique*

P. 419

* ... Par armes allonger l'empire de son prince (1578-1587)
1559 : *... les bords d'une province*

P. 420

* Le faix de la tombe là-bas (1584-1587)
1554 : *Combien Rhadamante a là bas*
1560 : *La main de Rhadamante là bas*

* Faiseur de rimes maternelles... / Surmonte des siècles les ailes? (1578-1584)
1554 : *Composeur de rimes barbares... / Surmonte les siècles avares ?*

P. 422

* Chère Ame, pour les belles choses / Que dans ton livre j'ai compris, / Prends ces œillets de petit prix, / Ces beaux lis et ces belles roses (1554-1578)
1584-1587 : *Chère Ame, pour les belles choses / Que j'apprends en lisant tes vers, / Prends pour présent ces lauriers verts, / Ces frais lis et ces fraîches roses*

P. 423

* Car d'un seul trait sa grande gueule... (1560-1573)
1554 : *La fosse de sa grande gueule*

P. 425

* Afin qu'après ma mort à la race suivante / Je ne sois diffamé qu'en porc j'aurai vécu (1578)
1556 : *Et ne fusse qu'afin que la race suivante / Ne me reproche point qu'oisif j'aie vécu*

P. 426

* Que d'un si petit champ Ronsard se vante né (1578)
1554 : *Que d'un si petit champ tel poète soit né*
1584-1587 : *Que d'un si petit lieu tel poète soit né*

P. 429

* Traversa la Bourgogne et toute la Champagne... (1554)
1567-1587 : *et la grasse Champagne*

P. 430

* Mon père fut toujours en son vivant ici / Maître d'hôtel du Roi, et le suivit aussi / Tant qu'il fut prisonnier, pour son père, en Espagne (1554)
1587 : *Mon père de Henri gouverna la maison, / Fils du grand Roi François, lors qu'il fut en prison, / Servant de sûr otage à son père en Espagne*

P. 433

* Qui se répand au vent... (1567-1587)
1560 : *Lequel se perd au vent*

P. 434

* Et les Nymphes suivant les fantastiques fées / Autour de moi dansaient à cottes agrafées (1560-1578)

1584-1587 : *Et le gentil troupeau des fantastiques fées / Autour de moi dansaient à cottes dégrafées*

P. 435

* Et du bec des oiseaux les roches picotées (1567-1587)
1563 : *les roches entamées*

P. 440

* Qui transforma l'Anglais en myrteuse racine (1584-1587)
1559 : *en étrange racine*

* La mère des flatteurs, la marâtre importune / Des hommes vertueux, en vivant condamnés / A souffrir tout malheur des Astres mal tournés (1578)
1564 : *Qui ne me fut jamais que marâtre importune, / Je blâmais le destin qui m'avait condamné / Si malheureusement avant que d'être né*

P. 441

* Ils me firent dormir sur leur rive secrète... (1564-1578)
1584-1587 : *en leur grotte secrète*

P. 442

* Qui tous enflés d'orgueil, de pompe et d'espérance... (1578-1587)
1564 : *Qui ores par honneur et ores par vengeance*
1567-1573 : *Qui ores pour l'honneur, ores pour la vengeance*

P. 446

* ... Qui sans m'ensorceler d'une nouvelle erreur... (1567-1587)
1563 : *Qui sans être pipé d'une nouvelle erreur*

P. 448

* Par le trou de la chape (...) si saint et généreux (1563-1578)
1584-1587 remplacent ces dix vers par ce distique : *Riblant comme larrons, des bons Saints immortels / Chasses et corporaux, calices et autels*

P. 450

* Un jour étant pensif, me voulant défâcher... (1571-1587)
1563 : *Un jour étant fâché*

P. 451

* Tu te moques aussi de quoi ma Poésie... (1563-1578)
1584-1587 : *Tu te moques, cafard*

P. 452

* ... Qui ne sont seulement que de mots inventeurs, / Froids, grossiers et lourdauds, comme n'ayant saisie... (1563-1578)
1584-1587 : *Des Muses avortons, ni tous ces imposteurs / Dont l'ardente fureur d'Apollon n'a saisie*

P. 453

* A vingt ans je choisis une belle maîtresse... (1563-1578)
1584-1587 : ... *je fus pris d'une belle maîtresse*

P. 454

* Vous êtes mes sujets et je suis votre loi! (1563-1584)
1587 : ... *je suis seul votre roi*

NOTES

ABRÉVIATIONS UTILISÉES DANS LES NOTES

Am.: Amours.
Boc.: Bocage.
Cont. Am.: Continuation des Amours.
Livr. de Fol.: Livret de Folâtries.
Mél.: Mélanges.
Nouv. Cont. Am.: Nouvelle Continuation des Amours.
Œuvres: édition des *Œuvres complètes* (six éditions auxquelles Ronsard a lui-même travaillé : 1560, 1567, 1573, 1578, 1584 et 1587).
6e liv. des P. : Sixième livre des Poèmes.
7e liv. des P. : Septième livre des Poèmes.

Les chiffres entre parenthèses désignent des dates d'édition.

Nous avons signalé pour chaque morceau:

1) Le recueil où il apparaît pour la première fois.
2) La date du texte choisi (texte de l'édition princeps, ou de l'édition de 1560... etc.).
3) Le titre du poème dans lequel se trouve ce morceau.

NOTES

1. *Odes* de 1550. Texte de 1578. Titre du poème : *A Charles de Pisseleu.* Cf. Hor., *Carm.,* I, I.
2. *Odes* de 1550. Texte de 1578.
3. La forêt de Gâtine, dont il ne reste que des vestiges, s'étendait sur la rive gauche du Loir dans la direction de Tours. Les ancêtres de Ronsard étaient, de père en fils, « sergents fieffés » de cette forêt, appartenant aux comtes de Vendôme. Par cet office, la race était depuis longtemps rattachée étroitement à cette terre et à ces bois. Ces vers de jeunesse sont à rapprocher de la célèbre élégie où le poète s'adresse aux bûcherons de la forêt de Gâtine.
4. *Odes* de 1550. Texte de 1584.
5. Il existe une troisième ode de Ronsard à la louange de la fontaine vendômoise, outre la pièce suivante. Elle date de 1553 (« Je veux, Muses aux beaux yeux »).
6. *Odes* de 1550. Texte de 1578. Titre du poème : *A la fontaine Bellerie.* Pour le bal des nymphes, v. Hor., *Carm.,* I, IV, 7 sqq.; et le Napolitain Pontano, *Amor. lib. II, Laudes Casis fontis* (XVe siècle).
7. *Odes* de 1550. Texte de 1587. Sur les emprunts de Ronsard à différents textes anciens (Prop., II, 13, 18 sqq.; Virg., *Bucol.,* V 40 sqq. Anthol., *Epigr. fun.,* n° 22), cf. P. Laumonier, *Ronsard poète lyrique,* p. 448 sqq.
8. *Odes* de 1550. Texte de 1550. Titre du poème : *A Jean Dorat.* Tous les poètes de la génération de Ronsard et de la suivante s'accordent avec les humanistes pour attester l'influence de cet initiateur savant et enthousiaste. Ronsard notamment a écrit sous ses yeux toutes ses odes de jeunesse.
9. *Odes* de 1550. Texte de 1578.
10. *Mercerie* a ici le sens de marchandise *(merx).*
11. La lyre de Sapho était faite avec une écaille de tortue.
12. *Boc.,* 1554. Texte de 1578. Cette odelette unit l'imitation d'Anacréon à des souvenirs horatiens (*Carm.,* I, XXXVIII; II, III, v. 9 sqq.; II, III, 24). Cf. P. Laumonier, *Ronsard poète lyrique,* p. 570 sqq.
13. Œuvre didactique du poète grec Aratos. Ronsard l'a étudiée en 1553 et 1554.
14. L'*Orcus,* chez les poètes latins, est le monde des Enfers.
15. *Odes* de 1550. Texte de 1578. Ronsard s'inspire de quatre passages d'Horace (*Carm.,* I, XXXVI, 11 sqq.; II, VII, 21 sqq.; II, XI, 18 sqq.;

III, XIV, 13 sqq.), qu'il combine de façon originale (cf. P. Laumonier, *Ronsard poète lyrique,* p. 618).

16. *Odes* de 1550. Texte de 1550. Titre : *A Calliope*. Cf. Hor., *Carm.,* III, IV.

17. L'expression « voix sucrée » est fréquente chez les poètes de la Pléiade, qui l'appliquent souvent à leurs confrères; elle évoque le miel des Muses. Le mot *pu* est employé ici pour *repu.*

18. *Odes* de 1550. Texte de 1550. Titre du poème : *A Cupidon, pour punir Jeanne cruelle,* puis *A Cupidon* (1555). Les premiers vers sont imités d'Horace, *Épode* XVII, 25-26.

19. *Odes* de 1550. Texte de 1550.

20. C'est-à-dire : « J'imitai Pindare, poète thébain, et Horace, né en Apulie ».

21. Hommage à l'art de Joachim Du Bellay, angevin.

22. Publié en 1552. Texte de 1578. Titre du poème : *Les Bacchanales ou le folastrissime voyage d'Arcueil,* puis *Le Voyage d'Arcueil* (1560-87). C'est le récit d'une promenade faite en 1549 par Ronsard et ses camarades dans la campagne d'Arcueil. — Pour la strophe « Neuf fois au nom de Cassandre... », v. Martial, *Épigr.,* I, LXXII. Les vers « Las! en ma faveur encore... tes yeux » sont un souvenir de Virgile, *Bucol.,* VI, 86. Le passage « Donque, puisque la nuit sombre... les montagnes saisir » est aussi un écho de la première Bucolique virgilienne (v. 83).

23. Il s'agit de festins offerts à Antoine par l'Égyptienne Cléopâtre.

24. Un des noms de Bacchus.

25. Cette strophe et les suivantes content comment Jean Dorat, maître de cette jeune « brigade » en liesse, lui a fait entendre une ode latine de sa façon sur Arcueil et ses légendes. Le lecteur curieux de rapprochements littéraires la trouvera dans notre *Ronsard et l'humanisme,* p. 62-65.

26. Le poète croit entendre Pindare lui-même, puis Horace.

27. Dorat était limousin.

28. *Odes* de 1550. Texte de 1587. Titre du poème : *A lui-même* [Henri II].

29. Cette ode débute comme l'*Olympique* VII de Pindare.

30. *Odes* de 1550. Texte de 1578.

31. François de Bourbon-Enghien remporta, le 14 avril 1544, la victoire de Cérisoles sur les troupes de l'Espagne et de l'Empire. Reprenant le sujet après Clément Marot, Ronsard a voulu présenter à la Cour un exemple caractérisé de cette façon « pindarique », qu'il croyait en 1550 seule digne des grands sujets.

32. C'est la Renommée, fille de Mercure. Le mot *poste,* qu'on retrouve à la page suivante, signifie courrière, messagère.

33. *Odes* de 1550. Texte de 1578.

34. Ces rimeurs sont les poètes de la génération précédente, dont plusieurs ont écrit ou parlé contre Ronsard et Du Bellay, les deux « aigles » dont il est question dans la même strophe.

35. Castor et Pollux sont dits *Amycléans* de la ville d'Amyclée où ils sont nés.

36. *Odes* de 1552. Texte de 1578. Titre du poème : *Ode à Michel de L'Hospital.* Le premier vers est un souvenir de formules fréquentes chez Pindare, poète inspiré par les Grâces (*Olymp.,* IV, 9; VI, 76... etc.). Les « sept langues » de la lyre : image pindarique (*Nem.,* V, str. 2).
37. Ces filles de Mnémosyne et de Jupiter sont les Muses, dont le mythe fait le sujet de cette ode fameuse au futur chancelier de France, ami et protecteur des poètes. — Les « bords Dircéans » font allusion à Pindare, né à Thèbes, où coule la fontaine de Dircé. — Le triple pli thébain s'applique à la triade lyrique grecque (strophe, antistrophe, épode), qui se présente jusqu'à 24 fois dans l'*Ode à Michel de L'Hospital.* C'est la plus longue des odes de Ronsard; elle ne compte pas moins de 816 vers.
38. Ces périphrases signifient les vers et la prose *(soluta oratio)*; mais les vers sont les hexamètres familiers à la page latine du chancelier de L'Hospital, et composés de deux sortes de pieds, le dactyle et le spondée.
39. Même poème. La source de l'épode 16 et de la strophe 17 est Horace, *Épître aux Pisons,* 391 sqq.
40. Cette sorte de large coup d'œil sur l'histoire de la poésie primitive, telle que la conçurent les élèves de Jean Dorat, vaut par le mouvement lyrique et l'enthousiasme du poète pour l'antiquité tout entière. Le morceau est amené, dans l'*Ode à Michel de L'Hospital,* par le voyage des jeunes Muses auprès de leur père Jupiter, qui leur a accordé de descendre sur la terre pour enseigner aux hommes, sous toutes ses formes, l'art divin de la poésie. L'Ascréan est Hésiode, Line est Linos, et le poète suivant, Homère.
41. Cette strophe désigne des poètes dans l'ordre suivant : Eschyle probablement, pour *Les Sept chefs devant Thèbes,* Hésiode encore, pour *Les Travaux et les Jours,* Aratos, pour ses *Phénomènes,* Théocrite, Apollonios de Rhodes, Lycophron, auteur de la *Cassandra,* un poète tragique, qui peut être Sophocle ou Euripide, un comique, qui est certainement Aristophane.
42. *Odes* de 1552. Texte de 1578. Titre du poème : *A Madame Marguerite.* La strophe « Après comme une eau débordée... » vient d'Horace, *Carm.,* IV, II, 5 sqq. et 25 sqq. « La voix Dircée » traduit la tournure horatienne *Dircaeus cycnus,* c'est-à-dire Pindare, né en Béotie près de la fontaine de Dircé. — Cette ode est dédiée à Marguerite de France, plus tard duchesse de Savoie.
43. Hercule avait nettoyé les étables du roi Augias, en détournant le cours de l'Alphée, qui est le fleuve d'Olympie.
44. La feuille est celle de l'olivier, qu'Hercule, qualifié de « veneur Thébain », apporta du Nord de la Grèce, suivant une tradition recueillie par Pindare.
45. Les divers jeux énumérés dans ces strophes sont la course à pied, le pancrace, le pugilat, le lancement du javelot et du disque, la course en char et à chevaux.
46. C'est-à-dire par le brusque changement de direction : l'image semble empruntée à la navigation.

47. Marguerite de France était sœur de Henri II. Ronsard fait ici allusion aux attaques de Mellin de Saint-Gelais.

48. *Mél.,* 1555. Texte de 1584. — Pièce en grande partie inspirée d'Horace. Pour les premiers vers, v. *Carm.,* I, XI, fin; pour les vers 3-12, cf. *Carm.,* I, IV, 5 sqq. Corydon est un nom emprunté à Virgile, *Bucol.*, II et VII.

49. H. Estienne publia en 1554 le recueil alexandrin anonyme, auquel il attribua arbitrairement le nom d'Anacréon de Téos. En 1556, Belleau en donne une traduction en vers français.

50. *Livr. de Fol.,* 1553. Texte de 1578. Titre du poème : *Du grec d'Anacréon,* puis *Ode à Vulcain* (1555), et *Ode* (1560-1587).

51. Ces constellations sont la Petite et la Grande Ourse, qu'on appelle aussi les Chariots, Orion et enfin le Bouvier, désigné d'après son nom grec Boôtès. — Ce poème est inspiré de deux pièces d'Anacréon.

52. *Mél.,* 1555. Texte de 1578. Titre du poème : *Odelette.* — Sauf la quatrième strophe, toute l'ode vient, comme le dit Ronsard dans la deuxième édition des *Mélanges,* d'un fragment du florilège grec de Stobée (compilateur grec du IVe s. apr. J.-C.), grâce auquel Ronsard a connu un grand nombre de pièces du lyrisme grec.

53. Le ton de la pièce s'explique parce qu'elle est adressée à un paysan.

54. *Mél.,* 1555. Texte de 1578. Titre du poème : *Ode.*

55. Les métamorphoses de Jupiter, en pluie d'or pour Danaé, en cygne pour Léda... etc.

56. *Mél.,* 1555. Texte de 1578. Titre du poème : *Odelette* en 1555, puis *Ode* (1560-1587). — Imitation d'une ode anacréontique du recueil publié par H. Estienne.

57. *Odes* de 1555. Texte de 1578. Titre du poème : *Ode.* — Imitation d'une ode anacréontique du recueil d'H. Estienne.

58. L'Hymette est une montagne de l'Attique, célèbre pour son miel. Mélissette vient du nom grec de l'abeille.

59. *Boc.,* 1554. Texte de 1578. Titre du poème : *Ode, ou Songe, à François de Revergat,* puis *Ode* (1560-1587). Le titre *L'Amour mouillé,* parfois donné à cette pièce, n'est pas de Ronsard.

60. Tout le récit est imité d'une ode anacréontique du recueil d'H. Estienne. A comparer avec l'imitation faite par La Fontaine sous le titre *L'Amour mouillé* (*Contes,* III, XII). — La dédicace, dans les éditions de 1554 à 1578, est au Toulousain François de Revergat, et passe en 1584 à Florimond Robertet.

61. *Cont. Am.,* 1555. Texte de 1578. Titre du poème : *La Rose, à Guillaume Aubert Poitevin* (1557), et enfin *Ode* (1560-1587). — Contamination de deux odes anacréontiques du recueil d'H. Estienne.

62. Ces surnoms du dieu du vin viennent des poètes grecs. L'expression « le bon Père » traduit le terme latin *Pater,* qui désigne un dieu avec une nuance de respect religieux; Bacchus est bon parce qu'il est le dieu qui libère du souci. Il est deux fois né parce que Jupiter le porta dans sa cuisse après la mort de sa mère Sémélé.

63. *Odes* de 1555. Texte de 1587. Titre du poème : *Odelette.* — Les deux derniers vers sont un lieu commun, qu'on trouve p. ex. chez Ovide (*Ars amat.,* II, (519 sqq.), Pétarque (sextine) VII *Non ba tanti...* etc.).

64. *7e liv. des Poèmes,* 1569. Texte de 1578. Titre du poème : *Odelette.* A rapprocher du *fugaces labuntur anni* d'Horace (*Carm.,* II, XIV).

65. *Boc.,* 1554. Texte de 1578. Titre du poème : *Ode à un rossignol,* puis *A un rossignol* (1560-1578). — Sur le thème médiéval du rossignol messager d'amour, cf. P. Laumonier, *Ronsard poète lyrique,* p. 450 sqq.

66. *Nouv. Cont. Am.,* 1556. Texte de 1578. Titre du poème : *Ode, à Rémy Belleau,* puis *Ode* (1584-1587).

67. Paul Laumonier observe que ce début ne veut pas dire, comme l'a cru Sainte-Beuve : « Tu bois trop peu pour être un bon traducteur d'Anacréon »; mais : « Tu bois trop peu pour un homme qui a traduit Anacréon ». C'est une exhortation amicale à boire, non une critique du travail de Remi Belleau.

68. *Livr. de Fol.,* 1553. Texte de 1578. Titre : *Folâtrie,* puis *Gaieté* (1555).

69. L'idée première de ce poème a pu être inspirée à Ronsard par les festins de l'*Odyssée,* où paraissent les aèdes Phémios et Démodocos.

70. *Mél.,* 1555. Texte de 1578. Titre du poème : *Odelette à Olivier de Magny,* puis *Odelette* (1560) et enfin *Ode* (1567-1568). — Imité d'une ode anacréontique du recueil d'H. Estienne.

71. *Boc.,* 1554. Texte de 1584. Titre du poème : *Odelette à Joachim Du Bellay,* puis *Ode* (1560, 1578-1587). — C'est avec un sonnet de 1555 dans la *Cont. Am.* la seule pièce que Ronsard ait adressée à son ami Du Bellay durant son séjour à Rome. — Imité d'un poème de Bion, poète bucolique grec (IIIe s. av. J.-C.), pièce que Ronsard lisait dans le *Florilège* de Stobée.

72. *Mél.,* 1555. Texte de 1578. Titre du poème : *Ode à P. Pascal,* puis *Ode* (1560-1587). — Inspiré d'Horace, *Épode* XIV, v. 1-8, et *Carm.,* II, XII, v. 1-12. — La pièce était primitivement dédiée à Pierre de Pascal, qui devait écrire les panégyriques de ses contemporains illustres. Mais Pascal ayant renoncé à ce projet, Ronsard remplaça son nom en 1560 par celui de l'avocat et poète Etienne Pasquier.

73. Étienne Pasquier, un des compagnons de la Brigade, est l'auteur du grand ouvrage des *Recherches de la France,* monument de science historique où les lettres tiennent aussi une grande place.

74. *Œuvres* de 1578. Texte de 1578. Titre du poème : *Élégie,* puis *A J. Hurault, Sieur de La Pitardière* (1584-1587). — Candé est le surnom de J. Hurault, seigneur de La Pitardière. Candé est dans l'arrondissement de Blois, au bord de la Loire.

75. *Odes* de 1550. Texte de 1578. Les seize premiers vers sont transposés d'Horace, *Carm.,* IV, x.

76. *Odes* de 1550. Texte de 1578. Titre du poème : *A sa maîtresse.*

77. *Mél.,* 1555. Texte de 1578. Titre du poème : *Ode,* puis *Vers héroïques, Ode* (1560-1567), et enfin *Ode* (1571-1587). — Imitée d'une ode anacréontique du recueil d'H. Estienne.

78. *Odes* de 1555. Texte de 1578. Titre du poème : *Ode.* — Paraphrase d'une ode anacréontique que Ronsard pouvait lire à la fois dans le *Florilège* de Stobée et dans le recueil d'H. Estienne.

79. *Mél.* de 1559. Texte de 1578. Titre du poème : *Ode à Gaspard d'Auvergne.* — La dernière strophe est un souvenir d'Horace, *Carm.,* I, XXXI, fin.

80. *Cont. Am.*, 1555. Texte de 1578. Pas de titre. — La fin est un souvenir de Tibulle, III, VI, 5-7.
81. *Am.*, 1552. Texte de 1578. — Le mouvement initial est à rapprocher de Pétrarque, *Rime*, CCXLVIII *(Chi vuol veder quantunque po natura)*.
82. L'ami de jeunesse de Ronsard, l'humaniste Muret, a donné un commentaire explicatif du livre I des *Amours*. Pline lui inspire une réserve sur l'image finale de ce sonnet : « Le poète suit la commune opinion, laquelle est fausse, car les cygnes ne chantent point en mourant; au contraire, ils se plaignent. »
83. *Am.*, 1552. Texte de 1578. — Nicolas Denisot, poète de la Brigade, dessinateur et peintre, aurait fait le portrait de Cassandre, sur la prière de Ronsard.
84. *Am.*, 1552. Texte de 1584. — Ronsard s'inspire du sonnet CCXIII de Pétrarque, *Grazie ch'a pochi il ciel...*
85. *Am.*, 1552. Texte de 1578. — Comparer, pour le présage, avec Pétrarque, CCX, *Non da l'ispano Ibero.*
86. L'éclair apparu à droite était chez les Romains de mauvais présage.
87. *Am.*, 1552. Texte de 1578. La première strophe fait allusion à la métamorphose de Jupiter en pluie d'or, pour s'unir à Danaé, et la seconde, à sa métamorphose en taureau pour enlever Europe. Comme la légende de Narcisse, ces thèmes sont des poncifs de la poésie pétrarquiste.
88. Inspiré de Pétrarque.
89. *Am.*, 1552. Texte de 1578. — L'image de la danse harmonieuse des étoiles provient de textes platoniciens, p. ex. le mythe d'Er dans *La République* ou le *Songe de Scipion* de Cicéron. Les quatrains développent le thème de l'*adunaton,* de l'impossible, familier aux pétrarquistes.
90. *Am.*, 1552. Texte de 1578. — Les tercets suivent la fin d'un sonnet du pétrarquiste Lélio Capilupi.
91. *Am.*, 1552. Texte de 1578.
92. *Am.*, 1552. Texte de 1584. — Les lois désignent ici les vers harmonieux, le mot νόμος ayant chez les Grecs le double sens de vers et de loi.
93. *Am.*, 1552. Texte de 1578. — Imité d'un sonnet de Bembo (début du XVIe siècle).
94. *Am.*, 1552. Texte de 1578. — Thème de l'invocation à la nature, très fréquent chez les pétrarquistes.
95. *Am.*, 1552. Texte de 1578.
96. C'est-à-dire Orphée. Plus loin, les « Thusques vers » sont les vers toscans du recueil de Pétrarque.
97. Publié dans les *Trois livres du recueil des nouvelles poésies de P. de Ronsard,* 1563-1564. Texte de 1584.
98. *Am.*, 1552. Texte de 1578.
99. Publié dans le 7e *liv. des P.*, 1569. Texte de 1578. — Pour le premier tercet, cf. Ausone, *De rosis nascentibus,* 40 : *una dies aperit, conficit ipsa dies.*
100. Ajouté aux *Amours* en 1553. Texte de 1578. — Le branle de Bourgogne est une des quatre variétés de branle, de rythme alerte.

101. *Am.,* 1552. Texte de 1578.

102. *Am.,* 1552. Texte de 1578. — Ronsard rencontra Cassandre Salviati pendant un séjour de la Cour à Blois. Née au château de Talcy, voisin de cette ville, elle habita, après son mariage avec Jean de Peigné, le château de Pré, non loin de Vendôme.

103. Le nom de la Loire est alors du masculin, d'après le latin *Liger.*

104. *Am.,* 1552. Texte de 1578.

105. *Am.,* 1552. Texte de 1578. — Poncif pétrarquiste : la beauté calme la tempête.

106. *Am.,* 1552. Texte de 1578. — Bel-Accueil et Faux-Danger sont des personnages du *Roman de la Rose,* que Ronsard a beaucoup lu dans sa jeunesse.

107. « Caute », rusée, du latin *cautus.*

108. *Am.,* 1552. Texte de 1584. — Constitué presque entièrement d'emprunts à Pétrarque.

109. Publié dans le *7e liv. des P.* (1569). Texte de 1578.

110. *Mél.,* 1555. Texte de 1578. Titre du poème : *Élégie à Janet, peintre du Roi.* — Il s'agit de François Clouet, dit Janet, fils de Jean Clouet, et peintre de Henri II et de Charles IX. Dans cette élégie, Ronsard s'inspire de deux odes d'Anacréon, du recueil d'H. Estienne.

111. *Amours,* éd. de 1553. Texte de 1578. — Pour les sources possibles de cette ode, cf. P. Laumonier, *Ronsard poète lyrique,* p. 583 sqq.

112. *Odes* de 1555. Texte de 1555. Titre du poème : *Ode.* — On trouvera une étude de cette ode et de ses sources possibles dans l'ouvrage de P. Laumonier, *Ronsard poète lyrique,* p. 464 sqq.

113. Le Temps, représenté avec des ailes.

114. L'adjectif remplace une proposition conditionnelle.

115. Publié dans le *7e liv. des P.,* 1569. Texte de 1578. Titre du poème : *A Cassandre.*

116. *Nouv. Cont. Am.,* 1556. Texte de 1578. — On a parfois pensé que ces vers seraient une allusion au nom de Marie, qui s'appellerait Marie Dupin.

117. Atys s'éprit de la mère des Dieux, Cybèle, et fut transformé en pin (cf. Catulle, *Atys*).

118. *Cont. Am.,* 1555. Texte de 1578. — L'anagramme est un exercice fréquent chez les Rhétoriqueurs et chez les disciples de Marot.

119. *Cont. Am.,* 1555. Texte de 1578.

120. *Boc.,* 1554. Texte de 1578. — Diane obtint de Zeus qu'Endymion, le jeune berger qu'elle aimait, conserverait sa beauté dans un sommeil éternel. — Le premier tercet est un souvenir de deux vers de Virgile, *Georg.,* III, 391 sqq. *(Munere sic niveo lanae, si credere dignum est, / Pan, deus Arcadiae captam te, luna fefellit.)*

121. La plupart des constellations rappellent par leur nom des fables de mythologie amoureuse.

122. *Cont. Am.,* 1555. Texte de 1584.

123. *Cont. Am.,* 1555. Texte de 1584.

124. *Cont. Am.,* 1555. Texte de 1584. — Inspiré d'une ode du recueil anacréontique d'H. Estienne.

125. Publié dans le *Second livre des Mélanges* (1559). Texte de 1578.

126. Remi Belleau commente ainsi ces vers : « *Aime-laine, aime-fil, aime-estain.* Ce sont mots nouveaux composés par l'auteur. *Estain* est une espèce de laine escardée et prête à filer. *Maisonnière.* Pource que la quenouille ne bouge guère de la maison. *Palladienne.* On dit que Pallas inventa la quenouille. *Chansonnière.* Pource que les femmes disent des chansons en filant leurs quenouilles. »

127. Pièce ajoutée en 1560. Texte de 1578.

128. *Le Voyage de Tours* met en scène Ronsard (Perrot), et son ami Jean-Antoine de Baïf. Celui-ci, désigné par le nom de Thoinet, retrouve dans une noce tourangelle la maîtresse qu'il a rencontrée à Poitiers, « aux bords du Clain », et qu'il a célébrée dans son recueil des *Amours de Francine* (publié en 1555).

129. Le château de Beaumont-la-Ronce, dont la haute tour domine encore le pays, était habité par Philippe de Ronsard, la branche aînée de la famille, un des cent gentilshommes de la Maison du Roi. C'est le Phelippot du récit.

130. C'est l'île où s'élevait le prieuré, dont Ronsard devint bénéficiaire en 1565, et où il fit des séjours prolongés, avant d'y mourir en 1585. Rien ne pouvait, en 1560, lui faire pressentir la place que ce site tourangeau tiendrait dans sa vie.

131. L'eau du fleuve Léthé donnait l'oubli.

132. Allusion à un troisième ami, Du Bellay (Bellot), qui a consacré à Olive son recueil de sonnets d'amour.

133. Belleau commente ainsi ce nom : « C'est une maison qui appartient à Marie. »

134. Belleau commente en ces termes : « On dit que Turnus, qui fonda Tours, est enterré sous le château de la ville, lavé des flots de Loire, que l'on voit encore aujourd'hui près le pont. »

135. Tout le poème comprend des souvenirs de l'églogue *Les Thalysies,* de Théocrite, transposés dans un décor familier.

136. Publiée en 1560 dans les *Œuvres.* Texte de 1587. — Ronsard s'inspire de l'idylle XII de Théocrite, *Le Bien-aimé.*

137. *Œuvres* de 1578. Texte de 1578. — L'allusion à la naissance divine de Jésus à Bethléem est assez singulièrement placée.

138. *Œuvres* de 1578. Texte de 1578. — Ce sonnet combine différents souvenirs de Pétrarque. Il fait partie des pièces que Ronsard a réunies sous le titre *Sur la mort de Marie.* Ce groupement est visiblement inspiré de la partie du recueil de Pétrarque intitulée *In morte di Madonna Laura.*

139. *Œuvres* de 1578. Texte de 1578. — Combine différentes chansons de Pétrarque.

140. *Œuvres* de 1578. Texte de 1578. — A comparer avec Pétrarque, sonnet CCCXXXVIII *Lasciato hai, Morte,* et sonnet CCCXLVIII, *Da piu belli occhi.*

141. *Œuvres* de 1578. Texte de 1578. — Pour les quatrains, Ronsard s'inspire des *Roses* d'Ausone. Le genre de l'offrande funéraire provient de l'*Anthologie grecque.*

142. *Nouv. Cont. Am.,* 1556. Texte de 1584. — Imité du néolatin

Marulle, qui écrivait en Italie à la fin du XVe siècle (*Ad Neaeram,* « *Donec liber eram, Neaera...* »).

143. *Cont. Am.,* 1555. Texte de 1571. — Sources : *Anthologie grecque, Épigramme érotique* LXXIV, de Rufin; et Marulle, *Ad Neaeram,* « *Has violas atque haec tibi candida lilia mitto* ».

144. *Cont. Am.,* 1555. Texte de 1571. Thème fréquent chez les pétrarquistes, notamment Bembo *(Solingo augello).*

145. *Cont. Am.,* 1555. Texte de 1571.

146. Publié dans le *Second livre des Mélanges,* 1559. Texte de 1587.

147. Publié dans le *Second livre des Mélanges,* 1559. Texte de 1571.

148. *Sonnets et madrigals pour Astrée,* 1578. Texte de 1578.

149. *Nouvelles Poésies,* 1563-1564. Texte de 1578. Titre du poème : *Discours amoureux de Genèvre,* puis *Élégie* (1567-1578), et enfin *Discours en forme d'Élégie* (1584).

150. *Les Œuvres,* 1571. Texte de 1578. Titre du poème : *Élégie,* puis *Discours* (1578), *Élégie troisième pour Genèvre* (1584).

151. Les récits de Ronsard relatifs à Genèvre sont assez précis. C'est au mois de juillet 1561 qu'il l'a vue danser au bord de la Seine. Le voyage à Saint-Germain s'explique par la présence de la Cour, qui y séjourna en juillet et août de la même année, durant le colloque de Poissy.

152. Francion, fils d'Hector, personnage fabuleux, qui est le héros du poème de *La Franciade,* passait pour avoir amené ses compagnons jusqu'à la Seine et y avoir fondé la ville de Paris.

153. *Nouvelles poésies* (1563-1564). Texte de 1578. Titre du poème : *Élégie,* puis *Second discours de Genèvre en forme d'élégie* (1584), et enfin *Élégie à Genèvre* (1587).

154. *Nouvelles poésies* (1563-1564). Texte de 1578. Titre du poème : *Élégie.*

155. *Nouvelles poésies* (1563-1564). Texte de 1578. Titre du poème : *Élégie.*

156. *Levier :* la houe (équivalent du latin *ligo*).

157. *Sonnets pour Hélène,* 1578. Texte de 1578.

158. Le poète joue volontiers sur le nom d'Hélène de Surgères; il l'assimile à Hélène de Sparte, dont l'enlèvement par Pâris causa la guerre de Troie, et qui eut pour frères mythologiques les demi-dieux Castor et Pollux.

159. *Sonnets pour Hélène,* 1578. Texte de 1578. — L'idée de consacrer un arbre à Hélène vient peut-être de Théocrite, idylle XVIII (*Épithalame d'Hélène,* v. 43 sqq.). — Les vers 9 et 10 sont un souvenir de Virgile, *Bucol.*, I, début.

160. *Sonnets pour Hélène,* 1578. Texte de 1578.

161. Le poète offre à Hélène un plant de joubarbe *(semperviva).*

162. *Sonnets pour Hélène,* 1578. Texte de 1578.

163. *Sonnets pour Hélène,* 1578. Texte de 1578. — Ronsard semble s'être inspiré de l'idylle VI d'Ausone, et aussi de Tibulle, I, III, v. 83.

164. *Sonnets pour Hélène,* 1578. Texte de 1578.

165. *Sonnets pour Hélène,* 1578. Texte de 1578.

166. *Sonnets pour Hélène,* 1578. Texte de 1578.
167. *Sonnets pour Hélène,* 1578. Texte de 1578.
168. *Sonnets pour Hélène,* 1578. Texte de 1578.
169. Il s'agit de Diane de Cossé-Brissac, dont Hélène de Surgères était cousine. Le fief des ducs de Brissac se trouvait en Anjou.
170. *Sonnets pour Hélène,* 1578. Texte de 1584. Les quatrains sont inspirés par un passage de l'*Iliade,* III, 156 sqq.
171. *Sonnets pour Hélène,* 1578. Texte de 1578.
172. *Sonnets pour Hélène,* 1578. Texte de 1578. Ce sonnet a été écrit au prieuré de Croixval. Cette source existe réellement, près de Rocantuf, en amont de Croixval dans la vallée de la Cendrine.
173. Ronsard pense sans doute à l'anémone, née de la blessure d'Adonis.
174. *Sonnets pour Hélène,* 1578. Texte de 1578. Dans ce poème, P. Laumonier relève des réminiscences de Théocrite, Virgile, Horace, Ovide, Pétrarque, Arioste, des poètes néolatins Navagero et Flaminio, peut-être aussi de Properce et de Sannazar. Elles se fondent avec aisance dans ce chant harmonieux.
175. Hylas, dont Ovide raconte la métamorphose en fontaine.
176. Allusion aux aventures de Renaud dans l'*Orlando furioso.*
177. *Sonnets pour Hélène,* 1578. Texte de 1578. Charles IX mourut le 30 mai 1574. Ainsi se trouve datée la composition d'une bonne partie des *Sonnets pour Hélène,* publiés seulement dans l'édition de 1578, et dont le recueil fut ensuite remanié par Ronsard et grossi de pièces étrangères à la première inspiration.
178. *Sonnets pour Hélène,* 1578. Texte de 1584. — Imitation de Jean Second (poète néolatin d'origine hollandaise, première moitié du XVIe siècle), *Baisers* II et XIII. Pour l'évocation des Champs Élysées, Ronsard s'inspire de Virgile, *En.,* VI, 443 sqq.; Tibulle, *Eleg.,* I, III, v. 1557-1566; Ov., *Amores,* III, IX, v. 59-64.
179. Publié en 1584. Texte de 1584. *Élégie.*
180. Ce passage établit que ce tableau de la vie de Ronsard a été composé au prieuré de Croixval.
181. *Cont. Am.,* 1555. Texte de 1584.
182. Du Bellay était alors à Rome, où il écrivait les *Regrets,* mais aussi son livre latin des *Poemata,* qui fait de lui un des bons poètes de l'humanisme en France. Au contraire de son ami, Ronsard n'a jamais constitué de recueil de vers latins.
183. *Cont. Am.,* 1555. Texte de 1578.
184. Jacques Peletier, poète et mathématicien manceau, est l'auteur d'un *Art poétique* qui codifie les grands principes de la révolution littéraire de 1549.
185. *Boc.,* 1554. Texte de 1554. Titre : *Ode.* — Pierre de Pascal, gentilhomme du Languedoc, dont le nom revient sans cesse dans les vers des poètes de la Brigade, leur promettait à tous d'écrire leur éloge en latin cicéronien et de propager leur renommée. L'indignation fut grande parmi cette jeunesse avide de gloire, quand elle s'aperçut que la promesse ne serait jamais tenue; Ronsard composa alors contre son ami une curieuse « invective » latine.

186. Publié en 1553. Texte de 1578.
187. Enyon est un des noms de la déesse de la Guerre. L'idée d'évoquer, parmi les troubles de leur temps, un paradis de l'âge d'or, est assez fréquente chez les poètes de cette époque. — La principale source de ce poème semble être Horace, *Épode* XVI.
188. L'énumération comprend les compagnons de la Brigade à cette date; plusieurs de ces noms ont disparu dans l'oubli.
189. Le « bon Denys » est, chez Ronsard, la traduction habituelle de Dionysos.
190. C'est-à-dire qu'on ne construit pas de vaisseaux pour des navigations lointaines.
191. Muret fera entendre à ses amis les vers d'amour d'Anacréon de Téos.
192. Le poète mentionne ici le nuage dont Vénus enveloppe dans le combat Pâris, de qui Ménélas ne recueille que le casque abandonné. Les autres épisodes de l'*Iliade* sont rappelés sans aucune obscurité.
193. Anciens jeux français.
194. Publié en 1553. Texte de 1578. Titre : *A Mellin de Saint-Gelais*. L'ode vient de rappeler les violences du monstre Colère; le poète avoue celles que lui inspira la conduite des courtisans qui avaient tenté de ridiculiser ses premiers recueils. Il eut lui-même des mots féroces contre Mellin de Saint-Gelais, poète favori de Henri II. Des amis communs, Michel de L'Hospital et Jean de Morel, obtinrent une réconciliation.
195. Le Styx, attesté par la formule des serments.
196. *Odes* de 1552. Texte de 1552. Titre : *A Claude de Ligneri,* puis *Ode* (1560-1587).
197. *Odes* de 1552. Texte de 1578. Titre : *Contr' étrenne à Robert de La Haye,* puis *A Robert de La Haye* (1567).
198. Joachim Du Bellay.
199. *Odes,* 1555. Texte de 1578. — Ronsard combine différents souvenirs des épigrammes funéraires de l'*Anthologie grecque,* en l'honneur de ce poète, mort prématurément en 1554.
200. V. p. 408 la pièce que Ronsard lui dédiait de son vivant.
201. Publié en 1565 dans les *Élégies, Mascarades et Bergerie*. Texte de 1578.
202. Publié dans le *Second livre des Mél.,* 1559. Texte de 1578.
203. La traduction de l'*Énéide* en vers français, par Louis des Masures.
204. Publié dans les *Œuvres* de 1560. Texte de 1587. Titre du poème : *Élégie,* puis *Discours à P. Lescot* (1578-1584), et enfin *A P. Lescot* (1587).
205. C'est à Pierre Lescot, seigneur de Glatigny et architecte de Henri II, qu'on attribue les plans du Louvre, à l'exécution desquels il a au moins présidé.
206. Publié avec la tragédie, en 1574.
207. Publié dans les *Élégies, Mascarades et Bergerie,* 1565. Texte de 1584. Titre du poème : *Ode à Monsieur de Verdun, Secrétaire et Conseiller du Roy,* puis *Ode* (1578-1587). — Début imité d'Horace, *Carm.,* IV, VIII.

208. C'est-à-dire en Orient.

209. Les premières prédictions de Michel de Nostredame (Nostradamus) furent imprimées en 1555.

210. *Nouv. Cont. Am.,* 1556. Texte de 1578. Titre du poème : *A Jean de Morel, Embrunois, Maréchal ordinaire des logis de la Reine. Élégie,* et des variantes sans intérêt dans les éditions successives.

211. La maison de Jean de Morel, maître d'hôtel du roi et grand protecteur des poètes, tirait un attrait particulier de la présence de « Mademoiselle de Morel », Antoinette de Loynes, c'est-à-dire la femme de Morel. Cette femme aimable et instruite élevait avec soin trois filles savantes, que les lettrés du temps ont célébrées.

212. Publié en 1584. Titre : *Les Amours diverses, à très vertueux Seigneur Nicolas de Neuville.*

213. Ce vers sur la bibliothèque (librairie) de Villeroy reproduit l'image appliquée aux livres (« bons hôtes muets ») dans l'élégie à Hélène (p. 137).

214. *Nouvelles Poésies,* 1563-1564. Texte de 1578. Titre du poème : *Chanson en faveur de Mademoiselle de Limeuil,* puis *Chanson* (1567-1587). Pour le début, cf. Lucrèce, I, début, et Virg., *Georg.,* III, 242 sqq.

215. Publié dans *Les Quatre saisons de l'an* (1563). Texte de 1578.

216. *Nouv. Cont. Am.,* 1556. Texte de 1578. Titre : *Ode.*

217. *Nouv. Cont. Am.,* 1556. Texte de 1578. Titre du poème : *Ode.*

218. *Mél.,* 1555. Texte de 1578. — On ne sait trop si cette pièce est d'inspiration médiévale ou anacréontique. En effet trouvères et troubadours ont célébré l'alouette, et il est possible que Ronsard se souvienne de leurs poèmes dans cette ode, de même que dans le « blason » suivant, qui le montre développant sous une autre forme le même sujet. — Le « lerelot » dégoisé, c'est-à-dire chanté par la jeune bergère, est sa chanson terminée par le refrain lire, lire, lo.

219. *Nouv. Cont. Am.,* 1556. Texte de 1578.

220. *Boc.,* 1554. Texte de 1578. Titre du poème : *Le Fourmi, A Remy Belleau.*

221. La *Délie* de Maurice Scève (1544) est un poème d'une inspiration hautaine et austère, en dizains souvent assez obscurs. Ronsard le respecte plus qu'il ne le goûte. — Ce poème du *Fourmi* est encore un blason, genre familier à l'école de Marot.

222. Publié dans le 7e *livre des Poèmes,* 1569. Texte de 1578. Titre du poème : *Hylas.* — Pour l'énumération de fleurs, Ronsard s'inspire de Théocrite, *Idylle* XIII.

223. *Odes* de 1550. Texte de 1572.

224. *Publié* en 1584. Titre du poème : *Élégie.*

225. *Boc.,* 1554. Texte de 1578. — Pour la description de la vendange, comparer avec *L'Automne* de J. Peletier (1547) et *Les Vendangeurs* de R. Belleau.

226. La compagne de Bacchus est Cérès, et Apollon a gardé les troupeaux d'Admète sur les bords de l'Emphryse, en Thessalie (*Pastor ab Amphryso,* dit Virgile).

227. Ronsard s'amuse à jouer à la paume, c'est-à-dire à repousser à tour de bras la balle (« éteuf ») avec une raquette (« palette »); les mots « d'une palette » dépendent de « repousser » et non de « l'éteuf ».

228. La tirasse est un filet à prendre les oiseaux.

229. La Balance *(Libra)* est le signe du Zodiaque à l'équinoxe d'automne.

230. *Odes* de 1550. Texte de 1578.

231. Adonis, tué par un sanglier, fut métamorphosé en anémone.

232. C'est l'écorce tordue dont un berger tresse ses paniers. Plus loin, il « noue », c'est-à-dire qu'il nage.

233. *6e liv.* des *P.,* 1569. Texte de 1578. — Différents détails permettent de penser que la scène se passait au prieuré de Croixval et dans ses alentours.

234. Ce vieillard est peint au quatrième livre des *Géorgiques* : « *Corycium vidisse senem...* ».

235. *Sec. livre des Mél.,* 1559. Texte de 1578. Titre : *Élégie à Monseigneur le Révérendissime Cardinal de Châtillon,* puis *Discours à...* (1567-1573), et enfin *Discours à Odet de Coligny, cardinal de Chastillon* (1578-1584).

236. Publiée dans les *Élégies, Mascarades et Bergerie,* en 1565. Texte de 1578. Tout ce début est imité d'un passage de l'*Arcadie* de Sannazar.

237. Même œuvre. Ronsard combine des emprunts à différents textes anciens, Virgile, *Georg.,* I, 2 (pour la vigne mariée aux ormeaux), Virg., *Buc.,* v, 5 (pour les feuillages sous le vent), et Virg., *En.,* VII, 483 sqq., pour la description du cerf apprivoisé, passage dont s'était déjà inspiré Sannazar dans l'*Arcadie.*

238. Le verbe aboyer pouvait s'employer avec un complément direct.

239. La description du bouc vient encore de Sannazar, de même que celle du gobelet dans les vers suivants, elle-même imitée dans le texte de Sannazar d'un passage de l'idylle I de Théocrite.

240. Publié dans *Les Quatre saisons de l'an, avec une Églogue* (1563). Texte de 1578. Titre : *Églogue.* — Ronsard suit de près le poème *Iolas* du néolatin Navagero (poète vénitien du XVIe siècle), en combinant avec quelques souvenirs de Théocrite.

241. *Sec. liv. des Mél.,* 1559. Texte de 1578. Titre du poème : *Églogue Du Thier,* puis *Églogue, ou Du Thier* (1571-1587). — L'offrande d'oiseaux à Olive et à Cassandre est un souvenir de Virg., *Bucol.,* III, 68 sqq. L'opposition entre le blanc et le noir vient de Théocrite, V, 88 sqq. Le souhait contre les deux vieilles est repris à Théocrite, VII, 109 sqq. La strophe « Si mes brebis portaient... » est empruntée à Théocrite, X, 32 sqq. Les détails relatifs à la chasse sont souvent pris à Oppien, *Cynég.,* II, 1 sqq.

242. Dans cette églogue, dédiée à Jean Du Thier, secrétaire d'État et des finances du Roi, sont mis en scène Du Bellay, sous le nom de Bellot, et Ronsard lui-même, sous le nom de Perrot.

243. *Mél.,* 1555. Texte de 1578. — Les termes géographiques sont un souvenir de Virg., *Georg.,* III, 42-45. (Le Taygète est un mont de Laconie, et le Ménale, un mont d'Arcadie. Tous deux sont célèbres pour leurs forêts.)

244. Centaure, qui apprit à Achille, Thésée, Pirithoüs et Méléagre l'art de la chasse.

245. C'est-à-dire les oiseaux pris dans le filet.

246. *Mél.,* 1555. Texte de 1578. Titre du poème : *L'Hymne de Bacchus.* — L'évocation du cortège s'inspire d'Euripide, *Bacchantes,* différents passages; Catulle, *Épithal. de Pélée,* 252 sqq.; Ov., *Met.,* IV, 17 sqq. La scène de délire bachique est imitée de l'*Hymne à Bacchus* du poète néolatin Marulle.

247. Le nom divin de Dionysos n'a rien à voir avec celui du vignoble du manoir de la Denisière, proche de la Possonnière où naquit Ronsard.

248. Bacchus est né de la cuisse de Jupiter : Marulle l'appelle *femorigena.*

249. Les *Hymnes,* 1555. Texte de 1578. Titre du poème : *Hymne de l'or.* Ronsard s'inspire d'un fragment de Ménandre conservé par Stobée dans son *Florilège,* et de différents textes du même recueil (éloge de la richesse et critique de la pauvreté).

250. *Les Quatre saisons de l'an,* 1563. Texte de 1578. Titre du poème : *L'Hymne de l'Hiver.* L'idée première de cette scène a pu être donnée à Ronsard par un épisode de l'*Iliade,* où Océan reçoit Zeus (*Il.,* I, 423).

251. Publié en 1584. Texte de 1584.

252. Cette description, qui est celle du caducée, désigne suffisamment Mercure.

253. La corne de la chèvre Amalthée, qui nourrit Jupiter, devint la corne d'abondance, qui répand les biens sur l'humanité.

254. 7e *liv. des P.,* 1569. Texte de 1578. L'histoire d'Atys avait été racontée par Catulle *(Atys)* et par Ovide (*Met.,* X, 103-105).

255. Le jardin de Ronsard ombragé d'un pin est celui de Saint-Cosme-lès-Tours. La prise et le pillage de Blois par les Huguenots sont de 1567.

256. La « Mère ridée » est Cybèle, qui aima le berger Atys sur la montagne de l'Ida, en Phrygie. Atys, devenu infidèle, fut changé en pin. On sait que Ronsard nomme le pin « l'arbre de Cybèle » (v. p. 125).

257. Ovide conte comment Erisichton, roi de Thessalie, ayant brûlé un bois consacré à Cérès, eut pour châtiment une faim qui le réduisit à dévorer ses propres membres.

258. « La Dindyme mère » est Cérès, honorée sur le mont Dindyme, en Phrygie.

259. *Amours d'Eurymédon et de Callirée,* 1578. Texte de 1584. Titre : *Sonnet. Callirée parle contre la chasse.*

260. Sous les noms d'Eurymédon et de Callirée, Ronsard met en scène Charles IX et la belle Anne d'Atri d'Acquaviva. — On sait que Charles IX aimait la chasse, d'où la fiction de ce poème.

261. Publié en 1584. Titre : *A Monseigneur Hurault de Cheverny.*

262. 7e *liv. des P.,* 1569. Texte de 1578. Titre du poème : *Hylas.* — La légende de l'Hercule Gaulois montre le héros bienfaiteur apportant la civilisation aux premiers habitants de notre pays, encore semblables aux bêtes sauvages de leurs bois.

263. *Hymnes,* 1555. Texte de 1578. Titre du poème : *Les Démons.* Pour l'influence de la démonologie de Psellos sur cet hymne, v. Introduction, p. XVI.

264. Il est curieux de voir Ronsard renseigné non seulement sur la démonologie antique, que lui exposaient les compilateurs, mais sur les gnomes, lutins et kobolds des peuples du Nord.

265. Les « feux Saint-Elme » paraissent après la tempête, et la constellation des Gémeaux, qui sont Castor et Pollux, passe pour favorable aux marins.

266. *Sec. liv, des Mél.,* 1559. Texte de 1578. — Inspiré d'une page du *De animarum immortalitate* du philosophe florentin Marsile Ficin (XVe siècle), commentateur de Platon.

267. *Hymnes,* 1555. Texte de 1584. — Tout le début est imité de Manilius, *Astron.,* II, 48 sqq. L'exhortation à ne pas craindre la mort provient dans ses grandes lignes de Plutarque, *Consol. ad Appoll.,* ch. 13. L'invocation finale emprunte aussi à Ovide, *Met.,* XV, 178 sqq. — L'hymne avait d'abord été dédié à Pierre de Pascal, qui devait célébrer les hommes illustres de son temps; mais après sa brouille avec Ronsard, le poème fut dédié à Louis des Masures, à partir de l'édition de 1560.

268. La doctrine de l'allégorie, enseignée par Dorat à ses élèves, attribue aux détails des récits épiques une signification morale : Ithaque, par exemple, but des navigations d'Ulysse, est le symbole du paradis, récompense des efforts des hommes sur la terre.

269. *Odes* de 1550. Texte de 1550.

270. Le savant Lambin, au collège de Coqueret, a initié le jeune Ronsard aux théories platoniciennes, notamment à celle de la réminiscence, qui veut que connaître ne soit que se souvenir (« ramentevoir »). Le poète a toujours été, au contraire, partisan de la théorie sensualiste de la « table rase ».

271. *Hymnes,* 1556. Texte de 1578. Ronsard s'inspire de l'*Hymne à l'Éternité* du poète néolatin Marulle.

272. *Les Quatre saisons de l'an,* 1563. Texte de 1578. Titre du poème : *L'Hymne de l'Hiver.* — L'évocation de la première forme de philosophie est imitée de Lucrèce, I, 60 sqq. (éloge d'Épicure) et de Virgile, *Georg.,* II, 490 sqq. L'autre philosophie est définie selon Horace, *Épître aux Pisons,* 391 sqq.

273. *Hymne de... Charles Cardinal de Lorraine,* 1559. Texte de 1578.

274. *Odes* de 1555. Texte de 1587. Titre du poème : *Ode.* Cf. Hor., *Carm.,* II, III, 21 sqq.

275. *Les Étoiles* (1575). Texte de 1578. Publié à partir de 1584 sous le titre *Hymne des Étoiles.* — La liste des différentes occupations humaines est inspirée d'Horace, *Carm.,* I, I.

276. Publié dans *Les Étoiles...,* plaquette de 1575. Texte de 1578. Titre du poème : *Réponse à une... Élégie de sadite Majesté* (c'est-à-dire Charles IX).

277. L'éloge de la vieillesse a été comparé aux grands thèmes du *De senectute* de Cicéron.

278. Publiés dans les *Élégies, Mascarades et Bergerie,* 1565. Texte de 1578. Épilogue de *La Belle Genièvre,* comédie jouée à la Cour, à Fontainebleau, au carnaval de 1564.

279. Publiée en 1587.

280. L'Eure coule à Chartres, où est né Desportes. Ronsard aurait pu parler de l'Ebure, du nom latin *Ebura.* Il a peut-être écrit *ton Eure,* ce qu'on a mal lu au manuscrit. En tout cas, il avait sûrement vu Chartres, qu'il peint d'un trait juste.

281. Publié dans les *Élégies, Mascarades et Bergerie,* 1565. Texte de 1578. Titre du poème : *Bergerie.*

282. Cet éloge de la France se poursuit en une centaine de vers, où plus d'un détail sur l'époque est à noter :

> Ajoutez à son los tant de palais dorés,
> Tant de marbres polis à force élaborés,
> Entrailles des rochers, qui sont par artifices
> Maintenant l'ornement des royaux édifices.
> Joignez à sa richesse et l'une et l'autre mer,
> Qui viennent aux deux bords de la France écumer,
> Et grosses de bateaux apportent des Sauvages
> La nouvelle Amérique à nos premiers rivages.

283. *Hymnes* de 1555. Texte de 1578. Titre du poème : *Hymne du très chrétien Roi de France Henri II de ce nom.*

284. *Nouvelles poésies* (1563-1564). Texte de 1578. Titre du poème : *Élégie.* Ronsard ne parle pas en son nom dans cette élégie. La destinataire semble être Isabeau de Limeuil. L'amoureux serait Brantôme, selon M. Raymond, ou Louis de Condé, selon P. Laumonier.

285. Publié en 1549. Texte de 1571. C'est un des premiers ouvrages publiés par Ronsard. Ainsi s'explique que la règle de l'alternance des rimes masculines et féminines, à laquelle le poète se montrera fidèle, ne soit pas encore observée.

286. Publiée en 1558. Texte de 1578. Depuis la reprise de Thionville (22 juin 1558), l'armée française, commandée par François de Guise, voulait atteindre l'armée espagnole, commandée par Emmanuel-Philibert, duc de Savoie. On s'attendit à la bataille aux alentours du 21 août, lorsque les deux rois, Henri II et Philippe II, vinrent en personne dans les deux camps, mais les deux armées restèrent face à face sans engager le combat, car on commençait à parler de négociations.

287. Le grand revers des armes françaises à Saint-Quentin, en août 1557, pèse sur le cœur de nos poètes et revient souvent dans leurs vers.

288. Publiée en 1558. Texte de 1578. Alors que la pièce précédente a été composée dans la dernière semaine d'août 1558, et fut sans doute écrite au camp du Roi, où le poète devait suivre la Cour, l'*Exhortation pour la paix* date du mois de septembre ou du début d'octobre, lorsque Henri II semble prêt à rendre une partie de ses conquêtes pour obtenir la paix.

289. Publié dans les *Élégies, Mascarades et Bergerie,* 1565. Texte de 1578. Titre du poème : *Élégie à la Majesté de la Reine d'Angleterre.* Cette pièce

a sans doute été composée à la demande de Catherine de Médicis après la signature du traité de Troyes (avril 1564).

290. Prononciation ancienne du mot « sûrs ». Le poète, s'adressant à l'Angleterre comme à la France, rappelle à ces éternelles rivales que les monarchies cessent d'être en sécurité dès qu'il y a guerre.

291. Publié en 1562. Texte de 1578.

292. Publié en 1565, dans les *Élégies, Mascarades et Bergerie*. Texte de 1578. Titre du poème : *Élégie à Monsieur de Foix, Ambassadeur du Roi en Angleterre et Maître de ses requêtes,* puis *A Monsieur de Foix, Élégie* (1578), *Discours à Monsieur de Foix* (1584), et enfin *A Monsieur de Foix* (1587). Paul de Foix fut ambassadeur de France dans différents pays d'Europe. Partisan de la liberté de conscience, il fut nommé archevêque de Toulouse en 1576.

293. Allusion à une cagoule de moine mendiant, percée à la hauteur des yeux.

294. 1569. Texte de 1578. La pièce est composée après la levée du siège de Poitiers et avant la bataille de Moncontour, qui est du 3 octobre 1569. Le jeune duc d'Anjou, plus tard Henri III, commandait l'armée royale.

295. Préface au recueil des *Hymnes,* publié en 1587.

296. Publié en tête des *Sonnets, Prières et Devises en forme de Pasquins pour l'Assemblée... tenue à Poissy,* 1562, d'Anne de Marquets.

297. Publié dans les *Œuvres* de 1578. Texte de 1578.

298. Publié dans les *Œuvres* de 1560. Texte de 1578. Titre du poème : *Élégie sur les troubles d'Amboise, à G. Des Autels.*

299. Guillaume des Autels est le cousin de Pontus de Tyard et un ami de la Pléiade. Il a lui-même composé des recueils de vers où se ressent l'influence de Ronsard.

300. Publié dans les *Œuvres* de 1560. Texte de 1578. — Cette réponse aux critiques des protestants, qui reprochaient à Ronsard une poésie d'inspiration païenne, préfigure celle que Ronsard fera en 1563 aux ministres de Genève.

301. Allusion à une statue d'Amphion, qui existait dans un jardin de Louis des Masures, en Lorraine, et qu'il mentionnait dans ses poésies. Des Masures était déjà acquis à la Réforme quand Ronsard lui dédiait sa pièce dans les *Œuvres* de 1560.

302. *Réponse aux injures et calomnies de je ne sais quels Prédicants et Ministres de Genève,* 1563. Texte de 1578. Ce texte comporte différents souvenirs des Évangiles : la voix venue du ciel pour proclamer que le Christ est le fils bien-aimé du Père (Matthieu, 3, 17; Marc, 1, 11); les pouvoirs laissés par le Christ à son Église (Matthieu, 28, fin); les miracles du Christ... etc.

303. Publiée en 1563. Texte de 1578. — L'expression « œil du monde » est un souvenir d'Ovide, *Met.*, IV, 228 *(mundi oculus)*. Cet hymne du Soleil n'est pas sans évoquer les hymnes de Marulle, qui avaient inspiré Ronsard en 1555 et 1556.

304. Montaigne use de la même image : « fiez-vous à votre philosophie, vantez-vous d'avoir trouvé la fève au gâteau... ». Dans tout le morceau, Ronsard se fait l'écho de l'argumentation du cardinal de Lorraine

contre Théodore de Bèze, qu'il a lui-même pu entendre au colloque de Poissy (décembre 1561).

305. Jacques Amyot est le célèbre traducteur de Plutarque, un des créateurs de la prose française. Pierre Danès fut un des professeurs de langue grecque au Collège royal (Collège de France).

306. Le concile de Trente.

307. Louis de Bourbon, prince de Condé, chef de l'armée huguenote, qui campa du 25 novembre au 10 décembre 1562 dans la banlieue de Paris. C'est alors que Ronsard écrivait sa *Remontrance* (v. p. 303). Condé fut fait prisonnier, le 19 décembre, à la bataille de Dreux.

308. Le sang de Bourbon est représenté, parmi les chefs de l'armée catholique, par Louis de Bourbon, duc de Montpensier, et son frère Charles, duc de Beaupréau.

309. Les princes lorrains appelés à défendre la foi, auxquels pense ici Ronsard, sont le duc de Guise, François de Lorraine, le vainqueur de Metz et de Calais, Charles de Lorraine, duc d'Aumale, son frère, et René de Lorraine, marquis d'Elbeuf, général des galères.

310. *Continuation du Discours des misères de ce temps,* 1562. Texte de 1578. — Le début de ce passage a été rapproché par H. Franchet d'un opuscule d'Érasme, le *Contra quosdam qui se falso jactant evangelicos.* Quant à l'anecdote qui suit, on sait que Bèze, depuis l'édit « de tolérance » du 17 janvier 1562, allait prêcher publiquement dans des temples protestants à Paris. Mais les esprits étaient si excités que le prince Louis de Condé devait accompagner Bèze à la tête d'un corps de troupe quand il allait prêcher.

311. Le bon humaniste Th. de Bèze, né à Vézelay en 1519, avait fait à Lausanne des leçons fameuses sur Homère, avant de se fixer définitivement à Genève et d'y recueillir la succession de Calvin.

312. On appelait « reître » un manteau tombant jusqu'aux pieds, comme en portaient les « reîtres » ou cavaliers allemands. Ronsard décrit le prêche du faubourg Saint-Marcel, près de l'église Saint-Médard.

313. *Réponse aux injures...,* 1563. Texte de 1578.

314. L'assassinat de François de Lorraine, duc de Guise, par Poltrot de Méré, est du 18 février 1563.

315. Hercule fut vainqueur du fleuve Acheloüs, qui avait pris pour combattre la forme d'un taureau.

316. Notre-Dame de Cléry, près d'Orléans, où les Huguenots avaient violé le tombeau de Louis XI et dispersé ses ossements.

317. Publié en 1555, dans les *Hymnes.* Texte de 1578.

318. Dans son poème sur la paix de Cateau-Cambresis, dont le morceau qui suit est un extrait, Ronsard revient, plus éloquemment encore, sur ces heureux épisodes du règne de Henri II : l'Écosse envahie par les Anglais et s'assurant l'appui de la France par l'offre de la main de Marie Stuart au Dauphin, Boulogne cédée par l'Angleterre, la conquête des Trois-Évêchés et l'entrée en Allemagne (1552), Sienne prise sous la protection de la France (1551), François de Guise à Naples, la prise de Calais... etc. — L'invocation finale à la Victoire est une adaptation de vers de Claudien, *Éloge de Stilichon,* III, 205 sqq.

319\. Publié en 1559. Titre du poème : *La Paix, au Roi.* Texte de 1578.

320\. *Nouvelles poésies,* 1563. Texte de 1578. Henri II fut tué par mégarde par Montgomery le 10 juillet 1559, au tournoi des fêtes données pour le mariage de sa sœur Marguerite avec le duc de Savoie.

321\. Ce sont les trois figures du Musée du Louvre, qui soutiennent de leur tête l'urne où fut déposé le cœur de Henri II. Le témoignage de Ronsard atteste qu'elles sont appelées justement « les trois Grâces ».

322\. *Odes* de 1555. Texte de 1578. Titre du poème : *A Monsieur d'Orléans.*

323\. Ronsard entra comme page, en 1543, au service d'un jeune oncle de Charles IX, Charles de Valois, duc d'Angoulême et d'Orléans, troisième fils de François Ier. Né en 1521, mort de la peste en 1545, il avait dû épouser une fille de l'empereur Charles Quint et recevoir le duché de Milan. — Quand Ronsard écrit ces strophes pour le futur Charles IX, le petit prince n'a que quatre ans et demi. Il en a douze lorsque l'*Institution pour l'adolescence* est composée sur la prière de la reine-mère.

324\. *Institution pour l'adolescence du Roi très chrétien Charles IX de ce nom,* 1562. Texte de 1578. La légende de Thétis et d'Achille est empruntée à Pindare, *Pyth.*, VI, str. 3, et *Nem.*, III, str. 3.

325\. *Bergerie,* 1565. Texte de 1578. — L'avant-dernier vers est un souvenir d'Horace, *Epist.*, I, 1, 76 : *Bellua multorum es capitum.*

326\. Cette *Réponse* de Ronsard a été publiée dans une plaquette de 1575, *Les Étoiles.* Texte de 1578. — Ces vers authentiques de Charles IX montrent assez que ceux qu'on lui attribue partout (« Tous les deux nous portons la couronne... ») sont de fabrication postérieure.

327\. *Le Tombeau du feu Roi... Charles neuvième,* 1574. Texte de 1578.

328\. *Le Tombeau de... Marguerite de France,* 1575. Texte de 1578.

329\. En septembre 1567, les chefs huguenots, Condé et Coligny, avaient tenté d'enlever le roi, lorsque la Cour était au château de Monceaux.

330\. Publié dans le *6e liv. des P.,* 1569. Texte de 1578. Sur la bataille de Jarnac.

331\. *Discours au Roi, après son retour de Pologne en l'année 1574,* 1575. Texte de 1578 — Élu roi de Pologne en 1573, le frère de Charles IX quitta précipitamment son premier royaume, à l'annonce de la mort de celui-ci, pour venir recueillir la couronne de France. Comme il dut passer par l'Italie, la république de Venise, puis les principales villes de son itinéraire lui firent des réceptions magnifiques. Quelques vers de la page 322 les énumèrent.

332\. Le « morte-paye » est le soldat qui a vécu du métier de la guerre et que l'âge a obligé à la retraite.

333\. *Panégyrique de la Renommée,* 1579. Texte de 1584.

334\. *Étrennes au Roi Henri III,* plaquette de 1575. Texte de 1578.

335\. Publié dans les *Œuvres* de 1567. Texte de 1578. Titre du poème : *Élégie.* Cette élégie fut envoyée à Marie Stuart en Écosse.

336\. Substituons à la lecture « collier » à « carcan ». Ce portrait qui orne l'étude *(studium)* du poète et qu'il décrit avec tant de précision, il le tient sans doute de sa chère protectrice. Il possède aussi, dit-il, l'image de son époux François II.

337. Plaquette de 1561, puis *Nouvelles poésies,* 1563-1564. Texte de 1578. Titre du poème : *Élégie sur le départ de la Reine d'Écosse.* — Après la mort de François II, Marie Stuart, retournant en Écosse, s'embarqua à Calais, le 15 août 1561.

338. Délos flottait sur la mer avant d'être immobilisée par Apollon.

339. *Nouvelles poésies,* 1563-1564. Texte de 1578. Titre du poème : *Élégie à la Reine d'Écosse,* puis *Élégie* (1578), *Discours, à elle même* (1584), *Regret, à elle même* (1587).

340. *Odes* de 1555. Texte de 1578. Ces trois princesses sont Élisabeth, née en 1546, qui devint reine d'Espagne en 1559; Claude, née en 1547, qui devint duchesse de Lorraine la même année; Marguerite, née en 1553, qui devint en 1572 la femme d'Henri de Bourbon, roi de Navarre.

341. Les trois jeunes princesses sont brunes, alors que le type poétique de la beauté les voudrait blondes.

342. Publié en 1567, dans les *Œuvres.* Texte de 1578. Titre du poème : *A la Reine.*

343. C'est au mois de novembre 1565 que Ronsard reçut la reine-mère, Charles IX et Henri, duc d'Anjou, dans le prieuré de Saint-Cosme-lès-Tours, qu'il devait à la libéralité royale.

344. A comparer avec les architectures somptueuses du *Songe* de Du Bellay (1558).

345. *Odes* de 1552. Texte de 1578. Titre primitif : *A Madame Marguerite.*

346. *Discours à... Monseigneur le Duc de Savoie,* 1559. Texte de 1578. Le traité de Cateau-Cambrésis avait stipulé le mariage d'Emmanuel-Philibert, duc de Savoie, avec la sœur de Henri II. La cérémonie eut lieu à Paris, le 9 juillet 1559, veille de la mort du roi.

347. Arachné avait osé défier Minerve et la vaincre dans l'art de la tapisserie.

348. Publié dans le second livre des *Mélanges,* 1559. Titre : *A Madame Marguerite Duchesse de Savoie.* Texte de 1573 — Le sonnet est antérieur au mariage et à la paix de 1559, qui mit fin à la guerre entre le roi de France et Philippe II, roi d'Espagne, dont le duc de Savoie était l'allié.

349. *Tombeau de Marguerite de France,* 1575. — Marguerite de France, tant célébrée par la Pléiade, mourut à Turin, le 14 septembre 1574.

350. *Élégies, Mascarades et Bergerie,* 1565. Texte de 1578. Ces vers ont servi de prologue à la comédie tirée de l'Arioste, qui fut représentée devant la Cour au carnaval de 1564.

351. *6e liv. des P.,* 1569. Texte de 1578.

352. Publié dans le *6e liv. des P.,* 1569. Texte de 1578. Titre : *Autre cartel fait promptement pour l'amour.* — Ronsard connaissait les exploits de Roland, Renaud, Tristan, par les poèmes épiques des Italiens, Boiardo ou l'Arioste, et aussi par les mises en prose des épopées françaises. Les six derniers vers sont un lieu commun qu'on trouve p. ex. chez Properce, III, XIII, 33 sqq.

353. *Élégies, Mascarades et Bergerie,* 1565. Texte de 1578. La *Bergerie* fut composée en 1564 : le lieu de la scène est Fontainebleau, et la saison le printemps. La cour a en effet séjourné à Fontainebleau

du 1er février au 13 mars 1564. P. Laumonier pense que malgré les apparences, la *Bergerie* ne fut pas réellement représentée. La bergère Catherine est ici la reine-mère, et Carlin le roi Charles IX.

354. *Élégies, Mascarades et Bergerie,* 1565. Texte de 1578. Titre du poème : *Élégie à la Majesté de la Reine ma maîtresse,* puis *Élégie à la Reine* (1567). Le 21 mars 1564, un long voyage de pacification fut entrepris par Catherine de Médicis, dans les provinces du Midi. Elle se fit accompagner de ses deux fils, Charles IX et le duc d'Anjou, et eut avec sa fille Élisabeth, reine d'Espagne, l'entrevue de Bayonne (juin 1565). L'absence de la Cour dura dix-sept mois.

355. Le château et le jardin des Tuileries ont été créés par Catherine de Médicis, hors des murs de Paris.

356. François Ier, Henri II, François II, François de Guise.

357. Allusion aux bouffons italiens de la cour de la reine-mère (Janin est le nom francisé de Zani).

358. La comédie de *La Belle Genièvre* était tirée de l'Arioste et s'appelait aussi *Dalinde et Polinesse.*

359. C'est le fameux « escadron volant » des filles d'honneur de Catherine, dont fit partie Mlle de Surgères.

360. Publié dans le *Second livre des Mélanges,* 1559. Texte de 1578.

361. *Hymnes,* 1555. Texte de 1578. Titre du poème : *Hymne de la Justice, à Charles Cardinal de Lorraine.*

362. Ces vers désignent la Sicile et le mont Etna, sous lequel gît le titan Encelade, foudroyé par Jupiter.

363. La sirène Parthénope, dont on montrait le tombeau à Naples.

364. Sur les frères du cardinal, v. la note 309.

365. *L'Hymne de tresillustre Prince Charles Cardinal de Lorraine,* 1559. Texte de 1578. Pour le début, comparer avec Martial, X, 19 (épigramme où il prie la Muse de frapper à la porte de Pline le jeune). Les vers « Afin que la vertu d'un si grand personnage... etc. » s'inspirent de Catulle, LXVIII, v. 43 sqq.

366. Le cardinal de Lorraine remplit en 1555 une mission auprès du pape Paul IV, pour conclure un traité contre les Impériaux, permettant à la France de s'emparer du royaume de Naples. François de Guise fut chargé de le faire l'année suivante.

367. Le château de Meudon, auquel le poète attache une étymologie de fantaisie, appartenait au cardinal, qui y fit souvent accueil aux lettrés, de Rabelais aux poètes de la Pléiade.

368. Chanteur et musicien italien au service du cardinal.

369. Le connétable de Montmorency fut fait prisonnier à la bataille de Saint-Quentin, perdue le 10 août 1557.

370. Le duc François de Guise revint d'Italie en septembre 1557.

371. *Hymnes* de 1556. Texte de 1578. Titre du poème : *Épître... à Charles Cardinal de Lorraine.*

372. Ronsard reproche souvent à ses princes les faveurs accordées aux artistes, architectes ou peintres, alors que les bons poètes, ses amis et lui-même, lui semblent moins bien traités. Ses réclamations, d'ailleurs fort dignes, se justifiaient par le projet d'épopée de *La Franciade,* entreprise pour célébrer les origines légendaires de la

nation et de la dynastie, et qui ne semblait pas intéresser suffisamment la Cour. Cette œuvre trop artificielle et trop imitée devait en rester au quatrième chant.

373. Étienne Jodelle, auteur de la *Cléopâtre captive* (1553). Lancelot de Carle est le savant évêque helléniste.

374. *Chant pastoral sur les noces de Monseigneur Charles Duc de Lorraine, et Madame Claude, fille... du Roi,* 1559. Texte de 1578. Les sept premiers vers sont imités de Virgile, *Bucol.*, V et VII, débuts.

375. Du Bellay et Ronsard. Le nom de Charlot désigne le cardinal de Lorraine.

376. Cette précieuse grotte de Meudon, peinte de *grottesche* à l'italienne et formée de chambres diversement ornées, n'existe plus.

377. *Cont. Am.,* 1555. Texte de 1571.

378. Publié dans les *Œuvres de* 1560. Texte de 1578. Titre du poème : *Élégie au Seigneur L'Huillier.*

379. Publié dans le *6e livre des Poèmes.* Texte de 1578. Titre du poème : *Le Satyre.*

380. *Hymnes,* 1555. Texte de 1578. Titre du poème : *Hymne des astres.* Ronsard paraphrase et amplifie un passage de l'*Hymne aux étoiles* du néolatin Marulle.

381. *Hymne de Mercure,* 1587.

382. *Hymnes* de 1556. Texte de 1584. Titre du poème : *Hymne de Calaïs et de Zétès.*

383. *Continuation du discours des misères de ce temps,* 1562. La France parle de Genève hérétique.

384. *Les Quatre saisons de l'an,* 1563. Texte de 1578. Titre du poème : *L'Hymne de l'Automne.*

385. Publié dans *La Paix, au Roi,* plaquette de 1559. Texte de 1578. Titre du poème : *La bienvenue de Monseigneur le Connétable, au... Cardinal de Chatillon son neveu.*

386. *Étrennes au Roi Henri III,* plaquette de 1575. Texte de 1578.

387. *Hymnes* de 1556. Texte de 1578. Titre du poème : *Hymne de Pollux et de Castor.*

388. *Panégyrique de la Renommée,* 1579. Texte de 1584.

389. *Hymnes* de 1556. Texte de 1584. Titre du poème : *Hymne de Calaïs et de Zétès.*

390. *Panégyrique de la Renommée,* 1579. Texte de 1584.

391. *Nouvelles poésies,* 1563-1564. Texte de 1578. Titre du poème : *Élégie,* puis *Second discours de Genèvre en forme d'élégie* (1584) et enfin *Élégie à Genèvre.*

392. Publié dans le *6e liv. des P.,* 1569. Texte de 1578. Titre : *Élégie,* puis *Invective* (1578) et enfin *Élégie, en forme d'invective* (1584).

393. *Mél.,* 1555. Texte de 1578. Titre du poème : *Les armes, à Jean Brinon.* La fin du texte s'inspire d'Horace, épode *Beatus qui procul negotiis,* I, 6, et de Tibulle, I, X, 39-42.

394. *Franciade,* livre I, v. 1199 sqq. Texte de 1587. Certains détails de la manœuvre sont repris à Apollonios, *Argonaut.*, I, 395 sqq.

395. *Franciade,* livre IV, v. 1667 sqq. Texte de 1578.

396. Ce morceau et le suivant font partie d'une prédiction générale

sur l'histoire de France, que l'épopée de Ronsard met dans la bouche d'Hyante, fille du roi de Crète Dicée.

397. *Franciade,* IV, v. 1749 sqq. Texte de 1587.

398. On reconnaît l'adaptation des fameux vers virgiliens *Grandiaque effossis mirabitur ossa sepulcris* (*Georg.*, I, 493 sqq.).

399. Publié dans les *Œuvres* de 1560. Texte de 1578. Titre du poème : *A André Thevet, Angoumoisin,* puis *Ode* (1587). André Thevet, moine voyageur et cosmographe du roi, avait publié en 1554 la *Cosmographie du Levant,* et en 1558 les *Singularités de la France antarctique.*

400. Le navire Argô, construit pour l'expédition de Jason.

401. La mer Égée. Le rivage de Médée est celui de la Colchide en Asie mineure.

402. Publié dans les *Œuvres* de 1584. Texte de 1584. Titre : *Songe.*

403. Divertissement populaire de l'ancien carnaval, au Corso.

404. « Recru d'ahan », épuisé d'effort. Le second mot est sorti de la langue.

405. *Élégie à Jacques Grévin,* 1561 (publiée en tête du *Théâtre* de Jacques Grévin). Elle n'a pas été recueillie par Ronsard, qui a rompu avec Grévin.

406. Grévin a fait représenter une tragédie de *César.*

407. Publié en 1553. Texte de 1578. Titre : *Élégie à Jean de La Péruse,* puis *A Jean de La Péruse* (1567).

408. C'est le texte de 1578. A l'origine, au temps où Du Bellay vivait encore, Ronsard n'attribuait pas aux *Erreurs amoureuses* de Pontus de Tyard la priorité qu'il leur accorde ici sur l'*Olive.*

409. La *Médée* de J. de La Péruse fut représentée en 1553, peu après la *Cléopâtre* de Jodelle. Cette tragédie fut publiée après sa mort, survenue prématurément en 1554.

410. *Hymnes* de 1556. Texte de 1578. *Élégie de Pierre de Ronsard, à Chrétophle de Choiseul, abbé de Mureaux.*

411. Allusion à la réunion choisie d'une « pléiade » de sept poètes, rappelant celle des poètes de la cour de Ptolémée, à Alexandrie.

412. Ronsard souhaite que Sapho et d'autres lyriques grecs, dont il ne lit que des fragments, soient rendus au jour ainsi que vient de l'être Anacréon de Téos.

413. Publié dans le 7ᵉ *liv. des P.*, 1569. Texte de 1578. Titre du poème : *Hylas.* La comparaison du poète avec une abeille est fréquente dans la littérature antique. Cf. Pind., *Pyth.*, x, ép. 3; Hor., *Carm.*, IV, II, 27 sqq. ... etc.

414. *Cont. Am.*, 1555. Texte de 1584. Titre : *Sonnet en vers héroïques.* Le vers 12 est un souvenir d'un vers de l'*Épître* I, I d'Horace : *Quo teneam vultus mutantem Protea nodo ?*

415. *Nouv. Cont. Am.*, 1556. Texte de 1587. Ronsard s'adresse à son livre comme Horace (*Epist.*, I, XX) et Martial (*Epigr.*, I, IV), dont il s'inspire.

416. La « tançon » est, dans l'ancienne poésie, une dispute en vers.

417. *Second livre des Mél.*, 1559. Texte de 1578. Titre du poème : *L'Excellence de l'esprit de l'homme.*

418. *Second livre des Mél.*, 1559. Texte de 1578. Titre du poème : *A Jean Du Thier, Seigneur de Beauregard.*

419. *Mél.*, 1555. Texte de 1584. Titre du poème : *Ode à Jacques de Rubempré.* Cette pièce est inspirée de différents passages d'Anacréon, que Ronsard pouvait lire dans le recueil d'Henri Estienne.

420. Publiée en 1587. Texte de 1587. Titre : *Élégie au sieur Berthelemi Del Bene, gentilhomme florentin.*

421. Le premier des poètes florentins est naturellement Pétrarque; le nom de Dante, cité plus loin, est moins connu des poètes français du XVIe siècle. La courtoisie semble excessive de donner la seconde place à B. Del Bene, gentilhomme et poète de cour qui vivait en France et a dédié des odes à Ronsard.

422. *Boc.*, 1554. Texte de 1578. Titre du poème : *Épitaphe de Michel Marulle.* L'évocation des Champs Élysées contient des réminiscences de Tibulle, I, III, 57 sqq., d'Ovide, *Amores*, III, IX, 60 sqq. et d'Horace, *Carm.*, II, XIII, 26 sqq. Le souhait final est imité de l'*Anthologie grecque*, épigr. funér. n° 22. — Michel Marulle, d'origine grecque, écrivait à la cour de Laurent de Médicis des poèmes latins fort admirés à la Renaissance, et souvent imités par Ronsard lui-même. Marulle est notamment l'auteur d'épigrammes érotiques et d'hymnes.

423. *Boc.*, 1554. Texte de 1573. Inspiré par les épigrammes funéraires de l'*Anthologie grecque* consacrées à Anacréon (n°s 23-33).

424. Il ne faut voir aucun mépris, à peine une joyeuse irrévérence, dans cette « folâtrie » de jeune écrivain, qui goûtait Rabelais comme on faisait de son temps.

425. *Nouv. Cont. Am.*, 1556. Texte de 1578. Titre du poème : *Dialogue des Muses et de Ronsard*, puis *Ode en dialogue des Muses et de Ronsard* (1560-1573), *Ode en dialogue* (1578).

426. *Boc.*, 1554. Texte de 1578. Pour le deuxième quatrain et les tercets, cf. Ov., *Amores*, III, XV; Hor., *Carm.*, III, XXIV, 31.

427. *Boc.*, 1554. Texte de 1554. Titre du poème : *A Pierre de Pascal, du bas pays de Languedoc*; puis *A Remi Belleau* (1560), *Élégie à Remi Belleau* (1567-1573), et enfin *Élégie* (1578-1587). — Ces vers devaient servir à documenter Pierre de Pascal pour le travail qu'il promettait au jeune Ronsard de consacrer à sa gloire. Ils ont ensuite été dédiés à Remi Belleau, lorsque Ronsard comprit que Pierre de Pascal ne tiendrait pas sa parole.

428. Aucun document n'appuie cette tradition d'un aïeul légendaire, venu des pays du Danube, qui semble imaginé par la vanité d'une famille. D'après les recherches de Henri Longnon, les ancêtres directs de Pierre de Ronsard, connus depuis la fin du XIVe siècle, sont de père en fils « sergents fieffés » de la forêt de Gâtine, au nom des comtes de Vendôme.

429. Louis de Ronsart, maître d'hôtel de Henri II, l'accompagnait en cette qualité, lorsqu'il était encore dauphin, et que François Ier dut envoyer deux de ses fils comme otages en Espagne, après le traité de Madrid.

430. On discute sur ce jour précis, que le rappel de la bataille de Pavie semble bien placer en septembre 1524.

431. Entré en 1536 au service du duc d'Orléans, le page passa presque aussitôt dans la maison du roi d'Écosse, gendre de François Ier. Il revint définitivement d'Écosse en 1540, année de l'ambassade de Baïf rappelée plus loin. La langue anglaise devait alors lui être connue, et le présent texte de l'épître à Pascal montre qu'en Alsace il apprit aussi l'allemand.

432. Jean de Mauléon, protonotaire de Durban, l'inséparable ami de Pascal.

433. *Œuvres,* 1560. Texte de 1578. Titre du poème : *Élégie à très illustre... Cardinal de Chatillon.*

434. Obligé par son infirmité de renoncer aux armes et aux charges de cour, Ronsard reçut de l'évêque du Mans, en 1543, les ordres mineurs, qui ne comportaient pas la prêtrise, mais rendaient apte à obtenir les bénéfices ecclésiastiques.

435. *Œuvres,* 1560. Texte de 1578. Titre du poème : *A Pierre Lescot... Élégie,* puis *Discours à Pierre Lescot* (1578-1584), et enfin *A Pierre Lescot* (1587).

436. *Les Quatre saisons de l'an,* 1563. Texte de 1578. Titre du poème : *Hymne de l'Automne, à Monsieur de L'Aubépine.* Pour la danse des nymphes, cf. Hor., *Carm.,* I, IV, 5 sqq. L'initiation de l'Ascréan, c'est-à-dire d'Hésiode, est un souvenir de la *Théogonie,* v. 222 ss. Le discours de la Muse est emprunté à Properce, III, III, fin.

437. Pour le dépouiller des faiblesses humaines.

438. C'est la théorie antique de l'allégorie, adoptée dans l'enseignement de Dorat, et que Ronsard explique au début de son *Art poétique :* « La poésie n'était, au premier âge, qu'une théologie allégorique, pour faire entrer au cerveau des hommes grossiers, par fables plaisantes et colorées, les secrets qu'ils ne pouvaient comprendre, quand trop ouvertement on découvrait la vérité. »

439. *Bocage* de 1550, publié à la fin du volume des *Odes.* Texte de 1550. P. Laumonier pense que cette pièce fut écrite en 1547. Ce voyage de jeunesse conduisit Ronsard jusqu'aux Pyrénées, « ces monts blancs... chargés... de neige éternelle », et peut-être au château de Pau. L'alternance des rimes n'est pas encore rigoureuse dans le morceau.

440. Parmi ses amis d'alors, le poète distingue Peletier du Mans, son maître Dorat, et ce Bergier de Montembeuf, poitevin, à qui est dédiée l'ode de la page 10.

441. Souvenir de l'ode où Horace rêve sa métamorphose en oiseau et son envol vers le ciel (*Carm.,* II, XX).

442. *Second livre des Mél.,* 1559. Texte de 1584. Titre du poème : *Complainte contre Fortune,* puis *Discours contre Fortune* (1567).

443. Le vrai caractère du poète est maintes fois rappelé dans ses vers :

Je ne suis Courtisan ni vendeur de fumées,
Je n'ai d'ambition les veines allumées,
Je ne saurais mentir, je ne puis embrasser
Genoux, ni baiser mains, ni suivre, ni presser,

Adorer, bonneter, je suis trop fantastique;
Mon humeur d'écolier, ma liberté rustique
Me devraient excuser, si la simplicité
Trouvait aujourd'hui place entre la vanité.

444. Glaucus est un pêcheur de Béotie qui, ayant mangé d'une herbe magique, se précipita dans la mer et fut changé en dieu marin. Sur Astolphe, changé en myrte, Ronsard est renseigné par Arioste.

445. *Nouvelles poésies,* 1563-1564. Texte de 1578. Titre du poème : *Complainte à la Reine mère.*

446. Le couvent des Bons-Hommes était au pied de la colline de Passy.

447. Le baron d'Harambure, père du « grand giboyeur » de Henri IV.

448. La divinité fabuleuse de la ville de Florence est une nymphe de ce nom, fille du fleuve Arno.

449. *Réponse aux injures et calomnies de je ne sais quels prédicants et ministres de Genève,* 1563. Texte de 1578.

450. Stésichore, aveuglé par les dieux pour avoir médit d'Hélène.

451. La « Brigade » désigne le premier groupe des poètes amis de Ronsard. La célébration champêtre du succès tragique de Jodelle, après la représentation de sa *Cléopâtre captive,* se fit à Gentilly, près d'Arcueil.

452. Ces vers s'appliquent à l'évêque du Mans, Charles d'Engennes, dont la famille voulait se rattacher à un fabuleux Agénor, soit le héros troyen tué par Pyrrhus, soit le roi de Phénicie, père de Cadmus. L'office auquel participe le clerc Ronsard, en surplis et en chape, ne l'assimile nullement à un prêtre, comme les protestants cherchaient à le faire croire. Il leur répond par les vers suivants :

Or sus, mon frère en Christ, tu dis que je suis prêtre.
J'atteste l'Éternel que je le voudrais être
Et avoir tout le chef et le dos empêché
Dessous la pesanteur d'une bonne évêché...

453. Le songe du pauvre pêcheur, qui trouve dans ses filets un poisson d'or, est le sujet de la XXIe idylle de Théocrite.

454. Le texte de 1584 porte : « Passant par S. Marceau. » Théodore de Bèze prêchait au faubourg Saint-Marcel, dans une maison proche de l'église Saint-Médard.

455. Les feux follets.

456. Ronsard a toujours son modèle Horace dans l'esprit.

457. *Derniers vers,* 1586.

458. Apollon est rappelé ici comme dieu guérisseur, tel qu'on l'honorait à Délos; son fils est Esculape, dieu de la médecine.

459. Le mot *signum* a le sens d'astre. Pontus de Tyard s'était déjà plu à prédire que le ciel s'enrichirait, après la mort du poète, d'une constellation ronsardienne.

LEXIQUE

Les chiffres renvoient aux pages

ABBAYER	aboyer 190
ACCOISER	apaiser 148
ACCOUARDI	rendu poltron 45, 434
ACHÉE	vers de terre 171, 173
ADEULÉ	dolent, triste 100
ADIRÉ	égaré, perdu 198
ADONC	alors, en ce moment 184
AGGRAVER	alourdir 333
AGUETTER	guetter 30
AHAN	fatigue 385, 401
AIMANTIN	adamantin 234
AINÇOIS	mais plutôt, au contraire 75, 363
AINS	mais, mais plutôt 147, 417
AINS QUE	avant que 107
ARAIGNE	araignée 299, 364
ARDRE	brûler, enflammer 150, 183
ARNÉ	éreinté 295
ARONDELLE	hirondelle 95, 132
ASPIC PORTE-ÉPI	lavande 96
AUCUNEFOIS	quelquefois 221
AVEINE	avoine 98, 126
AVETTE	abeille 159, 170, 375
AVIANDER (s')	prendre sa pâture 400
BACIET	jacinthe 198
BAILLER	donner, livrer 121, 230, 294... etc.
BALLER	danser, sauter 94, 188, 206
BÉANT	désirant ardemment 228
BECCU	au bec acéré 392
BESTIAL	bétail 7
BIBERON	bon buveur 54
BIENHEURER	rendre heureux 145
BOCAGER	du bocage 177
BONNETER	saluer 116, 433
BOUCLER	bouclier 210
BOURRIER	paille entourant le grain 384, 451
BRAGARD	vantard 274, 285
BRÈVEMENT	briévement 113
BRIL	fromage de Brie 424
BROUILLAS	brouillard 372
BU, MI-BU	ivre, demi-ivre 263

CAGNARD paresseux 249
CAMISADE attaque de nuit 306, 392
CARCAN collier 331, 416
CARGUE charge, attaque 306, 392
CAROLER danser aux chansons 35
CAUT habile, rusé 79, 382
CAUTÈLE ruse, précaution 118
CESTE gantelet 386
CESTON ceinture brodée 48
CHAIR viande 13
CHANCRÉ échancré 381
CHAPELET couronne de fleurs, et par suite danse en cercle 79
CHEF tête 11, 148, 186, 210, 216... etc.
CHEVESTRE licol 191
CLIN mouvement 248
COINTEMENT agréablement 44
COMPAS mesure 7, 247, 338
COMPASSER mesurer, régler 175
CONCHE (MAL EN) souillé 213
CONVOITEUX désireux 159
COSSER heurter de la corne 190
COURRAIE courroie 286
COUTRE fer de la charrue 178, 242
CRESPE, CRESPÉ bouclé, frisé 54, 70, 72... etc.
CRIN cheveu 210
CROUILLET loquet 191
CUIDER penser, croire 307, 415, 431
CURER nettoyer 416

DÉCHAUX déchaussé 182
DÉCLOS effeuillé 103
DÉCONFORT peine, malheur 153
DÉCRUCHER détacher, faire tomber 149
DÉGOISER chanter 134, 172, 173
DEMEURANCE habitation 335
DÉPULPÉ décharné 454
DESPIT irrité 8, 147, 309
DEULS (JE ME) du verbe douloir, gémir 118, 119
DEXTRE main droite, droite 71, 192, 211, 436... etc.
DISCORD désunion 191, 206, 255, 258

ÉBLOUISSON éblouissement 207
ÉCAILLÉ couvert d'écailles 347
ÉCARBOUILLER écraser 436
ÉCHAFAUD scène de théâtre 160, 372
EMPENNÉ muni de plumes, d'ailes 429
EMPISTOLÉ armé de pistolets 282
EMPLUMÉ ailé 85, 212, 343
ENCONTRE contre 147
ENGARDER empêcher 210
ENGRAVER graver, enfoncer 131, 157, 210, 234
ENJONCHER couvrir, joncher 138

ENROUÉMENT de façon enrouée 184
ENTAILLEUR tailleur de pierre 247
ENTENTIF attentif 193, 383
ENTENTIVEMENT attentivement 174
ENTRESILLÉ demi - cousu, demi-fermé 389
ÉPOINÇONNER aiguillonner, exciter 80, 410, 452
ÉPOINDRE aiguillonner, piquer 210
ÈS aux, dans les 137, 189, 201
ESCACHÉ aplati, écrasé 182
ESCOFION coiffe, bonnet 91
ESSEUIL seuil 120, 187
ÉTEUF balle à jouer 192
ÉTOUPÉ bouché, fermé 454
ÉTRANGE étranger 216

FANTAISIE imagination 407
FAUTEUR source, origine 169
FAUX trompeur 341
FEINTISE habitude de feindre 196
FLAGEOL flageolet 94, 196
FLAGEOLLER jouer sur le flageolet 126
FLEURONNER fleurir 83
FORHUANT criant 400
FOUTEAU hêtre 293
FREDON air, chanson 16
FÛT bois de luth, manche 17

GADILLE rouge-gorge 132
GALANT bon vivant 423
GARBE bonne grâce 213
GARCE fille 384
GORGERIN guimpe 76
GRAFFER attacher, agrafer 206
GRAVOIS gravier 176
GRÉGEOIS grec 439
GRÊLEUX rempli de grêle 78
GRÉSILLON grillon 375
GRESSET grenouille 132
GRÈVE jambe 81, 167, 192, 199
GRIMPART grimpant 60
GUERDON récompense 120

HAIM hameçon 138
HARNOIS ensemble de l'armure 255, 257, 265
HARSOIR hier soir 90
HAUSSE-BEC moue méprisante 282, 414
HAUT-LOUER vanter 274
HAVRE port 130
HEUR bonheur 241
HOUPER (SE) se garnir de houppes 242
HUIS porte, ouverture 117, 187, 191, 208... etc.
HUMER boire 131

IMAGER sculpteur, peintre 247, 250
IRE colère 149, 206, 325

JA déjà 156, 183, 231
JACQUES armure de mailles de fer 280

JAZARD bavard 7
JOUVENCE jeunesse 111

LAMBRUNCHE vigne sauvage 169, 195, 205, 375
LAME pierre tombale 109
LOS louange, gloire 155, 436
LUISANTEMENT de façon luisante 153

MAISONNIER sédentaire 93
MANSINE manche de charrue 455
MARRE houe 186
MARRI affligé 453
MAUVAISTIÉ méchanceté 150
MÉCHEF accident, malheur 256, 267
MERCERIE marchandise 11, 248
MITOUIN doucereux 259
MONTRE apparence 159
MOTTÉ caché derrière une motte (gibier) 202
MYRTEUX, MYRTIN du myrte 136, 440

NAIF vrai, naturel 340
NAVRER blesser 146, 232
NEUFARD nénuphar 96
NOUER naviguer, nager 184, 231

OCIEUX oisif, paresseux 112, 233, 432
ONC, ONQUES jamais 9, 455
OR, ORE, ORES maintenant, à cette heure 29, 114... etc.
OR', OR', ORES, ORES tantôt, tantôt 70, 73
OREILLÉ attentif 148
ORGIEUX orgiaque, c'est-dire révélé dans le délire de l'enthousiasme 35
OUTRECUIDÉ présomptueux 61
OUTREPERCER transpercer 77, 392

PALETTE raquette 182
PANTOIS haletant 316
PAMPRÉ couvert de pampre 181
PARFIN fin, dernier terme 116
PARSUS par-dessus 121
PASTENADE carotte, panais 65
PEINTURÉ coloré 138
PERRUQUÉ chevelu 169
PERS bleu 137, 176, 451
PERTUISER percer des trous 391
PESTEUX qui apporte des épidémies 181
PILOT pilote 275
PIOLÉ bigarré 176
PLAGE étendue 74
POIGNANT piquant, perçant 455
POLIOT espèce de menthe 96, 133, 172, 375
POMPON, PEPON melon 13, 65
PORTRAIRE représenter 192, 268
POSTE courrier 28, 443

POUPIER (vent) favorable, en poupe 393
POURPRIS enclos 10, 51
PRÉE prairie 171, 348, 438
PRIX (AU... DE) en comparaison de 49

QUÉRIR, QUERRE chercher 186

RAI rayon 218, 355
RAMENTEVOIR rappeler à la mémoire 232
RENGLACER glacer à nouveau 69
RENGRÉGER aggraver 119
REQUOI repos, tranquillité 92, 379
RETS filets 60, 200
RIS rire 372
ROUER tourner 56, 182
ROUSOYANT chargé de rosée 74
ROUSSIN cheval épais 296

SABLON sable 125, 192, 332, 387
SAFRANÉ couleur de safran 181
SAGETTE flèche 199
SAOULER rassasier 101, 137, 270
SCROFION, V. ESCOFION 381
SEMPERVIVE joubarbe 126
SENESTRE gauche 192, 199, 211
SENTE chemin 175
SILLÉ clos, fermé 81, 90
SILLER aveugler, coudre les paupières (du faucon) 219, 311
SIMPLESSE simplicité 150
SONGEARD rêveur 45
SOUEF doux, suave 93
SOIN souci 6, 44
SOULOIR avoir coutume 100, 150, 335, 351... etc.
SOURDESSE surdité 444, 450
SURPELIS surplis 343, 448
SUS dessus, sur 146

TANSON querelle 417
TAPON bouchon 13
TARGE bouclier 254, 280, 294
TIRASSE filet 182, 202
TORS, TORTIS tordu 9, 147, 184
TOUFEAU assemblage, touffe 383
TOURTRE tourterelle 198
TRAC, TRACE trace, route, sentier 246, 436
TRAITIS bien fait 82
TRANSMUÉ transformé 438
TRÉPILLANT sautant, bondissant 7
TROPE troupe 144, 178, 445

VASQUINE jupe 352
VÊPRÉE soirée 83, 183
VERDELER devenir vert 288
VERGOGNE pudeur, honte 81
VERGOGNEUX pudique 285
VERTUGADE vertugadin 211
VILOTEUR débauché 327
VINEUX couvert de vignoble 74
VITE rapide 170, 200, 201
VOIRE vraiment, assurément 148
VOUGE serpe, faucille 254
VOÛTURE courbe 81

POÉSIES CHOISIES

TABLE DES MATIÈRES

(Les titres entre guillemets sont de Ronsard)

Introduction I
Sommaire biographique LXIII
Bibliographie LXIX
Avertissement LXXIII

LES ODES DE JEUNESSE

I. L'honneur du laurier 5
II. « A la forêt de Gastine ».......... 5
III. « A la fontaine Bellerie » 6
IV. A la même fontaine 7
V. « De l'élection de son sépulcre » 8
VI. A son maître Jean Dorat 10
VII. « A Bertrand Bergier, de Poitiers » 11
VIII. Odelette 12
IX. « A son page » 14
X. A la muse Calliope.......... 14
XI. « A Cupidon » 16
XII. « A sa lyre » 16
XIII. « Le folatrissime voyage d'Arcueil » 18

L'INSPIRATION PINDARIQUE

I. Fragment d'une ode au roi Henri II 25
II. « La victoire de François de Bourbon, comte d'Enghien, à Cerisoles » 26
III. « A Joachim du Bellay, Angevin » 28
IV. Éloge de Michel de l'Hospital 31

V. Premier séjour des Muses sur la terre 33
VI. Les jeux olympiques et la poésie de Pindare 36

L'INSPIRATION ANACRÉONTIQUE

I. « Odelette à Corydon » 43
II. *Du grand Turc je n'ai souci* 44
III. *Bois, Janin, à moi tour à tour* 45
IV. *La belle Vénus un jour* 46
V. *Les Muses lièrent un jour* 47
VI. *Le petit enfant Amour* 48
VII. *Du malheur de recevoir* 49
VIII. La rose.. 51
IX. *Les épis sont à Cérès* 52
X. *Cependant que ce beau mois dure* 53
XI. « À un rossignol » 53
XII. A Rémi Belleau, traducteur d'Anacréon... 54
XIII. La gaieté d'Homère 55
XIV. A Olivier de Magny 58
XV. A Joachim du Bellay 59
XVI. A Étienne Pasquier 59
XVII. La nature amoureuse 60
XVIII. « A Janne impitoyable » 61
XIX. *Ma petite colombelle* 62
XX. *Quand je veux en amour prendre mes passe-temps* 63
XXI. *Ma douce jouvence est passée* 64
XXII. A Gaspard d'Auvergne 65
XXIII. A Rémi Belleau 66

L'AMOUR DE CASSANDRE

I. *Qui voudra voir comme un Dieu me surmonte* . 69
II. *Le plus touffu d'un solitaire bois* 69
III. *Une beauté de quinze ans enfantine* 70
IV. « *Avant le temps tes tempes fleuriront* » 70
V. *Ha ! je voudrais, richement jaunissant* 71
VI. *Plus tôt le bal de tant d'astres divers* 71
VII. *Quand au matin ma déesse s'habille* 72
VIII. *Amour me tue, et si je ne veux dire* 72
IX. *Divin Bellay, dont les nombreuses lois* 73
X. *Comme un Chevreuil, quand le printemps détruit* . 73
XI. *Ciel, air et vents, plains et monts découverts* .. 74

XII. *Amour, que n'ai-je en écrivant la grâce* 74
XIII. *Je meurs, Paschal, quand je la vois si belle* ... 75
XIV. *Soit que son or se crespe lentement* 75
XV. *Prends cette rose aimable comme toi* 76
XVI. *Plus que les Rois, leurs sceptres et leur bien* .. 76
XVII. *Ce petit chien qui ma maîtresse suit* 77
XVIII. *Ville de Blois, naissance de ma dame* 77
XIX. *Sainte Gastine, ô douce secrétaire* 78
XX. *Un voile obscur par l'horizon épars* 78
XXI. *Ah ! Bel-Accueil, que ta douce parole* 79
XXII. *Voici le bois que ma sainte Angelette* 79
XXIII. *Que dites-vous, que faites-vous, mignonne ?* 80
XXIV. À Janet, peintre du roi 80
XXV. « À Cassandre » 83
XXVI. Chanson................ 84
XXVII. Derniers vers pour Cassandre 85

L'AMOUR DE MARIE

I. *Si quelque amoureux passe en Anjou par Bourgueil*................ 89
II. *Marie, qui voudrait votre nom retourner* 89
III. *Marie, levez-vous, ma jeune paresseuse* 90
IV. *Cache pour cette nuit ta corne, bonne Lune !* .. 90
V. *J'ai l'âme pour un lit de regrets si touchée* 91
VI. *Que dis-tu, que fais-tu, pensive tourterelle* 91
VII. *Douce, belle, amoureuse et bienfleurante Rose* .. 92
VIII. « La quenouille » 92
IX. « Le voyage de Tours » 93
X. « Élégie à Marie » 98
XI. « Élégie » 99
XII. Sur la mort de Marie 99
XIII. « Stances »................ 100
XIV. *Ah ! Mort, en quel état maintenant tu me changes* 103
XV. *Comme on voit sur la branche, au mois de Mai, la rose* 104

AMOURS DIVERSES

I. « Chanson »................ 107
II. Imité de Marulle 109
III. *Rossignol mon mignon, qui par cette saulaie* ... 109

IV. *Bien que vous surpassiez en grâce et en richesse* 110
V. Sonnet pour Sinope 110
VI. *L'an se rajeunissait en sa verte jouvence* 111
VII. Sonnet pour Astrée 111
VIII. La rencontre de Genèvre 112
IX. Le voyage de Saint-Germain 114
X. L'absence................................ 117
XI. La jalousie 118
XII. A une grande Dame 119

HÉLÈNE DE SURGÈRES

I. *Ce premier jour de Mai, Hélène, je vous jure* . 125
II. *Je plante en ta faveur cet arbre de Cybèle* 125
III. *Afin qu'à tout jamais de siècle en siècle vive* .. 126
IV. *Comme une belle fleur assise entre les fleurs* ... 126
V. *Quand vous serez bien vieille, au soir, à la chandelle* 127
VI. *Le Soleil l'autre jour se mit entre nous deux* .. 127
VII. *L'autre jour que j'étais sur le haut d'un degré*.. 128
VIII. *Je fuis les pas frayés du méchant populaire* ... 128
IX. *Vous me dites, Maîtresse, étant à la fenêtre* .. 129
X. *Te regardant assise auprès de ta cousine* 129
XI. *Il ne faut s'ébahir, disaient ces bons vieillards* . 130
XII. *Cette fleur de Vertu, pour qui cent mille larmes* 130
XIII. *Afin que ton honneur coule parmi la plaine* ... 131
XIV. « Stances de la fontaine d'Hélène » 131
XV. *Je chantais ces Sonnets, amoureux d'une Hélène* 135
XVI. « Chanson » 135
XVII. « Élégie » 137

L'AMITIÉ

I. A Joachim du Bellay 143
II. A Jacques Peletier, du Mans 143
III. A Pierre de Paschal 144
IV. « Les îles fortunées, à Marc-Antoine de Muret » 144
V. A Melin de Saint-Gelais, sur leur réconciliation................................ 149
VI. A Ligneris, sur son voyage en Italie 150
VII. Au poète Robert de la Haye 152

VIII. « Épitaphe de Jean de la Péruse, Angoumois » 153
IX. « Sur le trépas d'Adrien Turnèbe » 154
X. A Louis des Masures 155
XI. A Pierre Lescot, architecte du roi 155
XII. Pour la « Cornélie » de Robert Garnier ... 157
XIII. A Nicolas de Verdun, secrétaire du roi ... 157
XIV. Dédicace d'un livre à Jean de Morel 159
XV. Dédicace à Nicolas de Neufville, seigneur de Villeroy 160

LA NATURE

I. Chanson du printemps 165
II. « Hymne de l'été » 169
III. L'aubépin 169
IV. Les hirondelles 170
V. « Ode à l'alouette » 171
VI. « L'alouette » 172
VII. Les fourmis 174
VIII. La fontaine d'Hylas 175
IX. « Des roses plantées près un blé » 176
X. Contre les bûcherons de la forêt de Gastine 177

LA VIE RUSTIQUE

I. Les bords de la Marne 181
II. « De la venue de l'été » 183
III. « La salade, à Amadis Jamin » 184
IV. La vie loin de la cour 187
V. « Bergerie » 189
VI. Plaintes d'un pasteur amoureux 194
VII. Chant alterné 197
VIII. « La chasse, à Jean Brinon » 199

LA MYTHOLOGIE

I. L'invention du vin 205
II. La fable de l'or 207
III. Le festin des Dieux 211
IV. L'exil des Muses 212
V. « Le pin » 216

VI. Eurymédon et Callirée 217
VII. Phaéton 218
VIII. Sur Hercule............................ 219
IX. Légendes populaires : génies et démons .. 220

LA PHILOSOPHIE

I. « L'excellence de l'esprit de l'homme » ... 227
II. « Hymne de la mort » 228
III. « A Denys Lambin, lecteur du roi » 232
IV. « Hymne de l'éternité » 233
V. Les deux philosophies 235
VI. La raison humaine 236
VII. Égalité des hommes.................... 236
VIII. « Hymne des étoiles » 237
IX. Éloge de la vieillesse 239
X. « Vers récités à la fin de la comédie représentée à Fontainebleau » 240
XI. Élégie à Philippe Desportes 241

LA PATRIE

I. Éloge de la France 245
II. Le beau royaume 246
III. Douceur du pays natal 247
IV. « Hymne de France » 248
V. « Exhortation au camp du roi Henri II pour bien combattre le jour de la bataille » 251
VI. « Exhortation pour la paix » 253
VII. Calais aux Anglais 255
VIII. A la reine, mère du roi. « Discours des misères de ce temps » 256
IX. A Paul de Foix, ambassadeur en Angleterre 258
X. « Prière à Dieu pour la victoire » 259

LA RELIGION

I. Hymnes pour les saints 263
II. Sur un ouvrage d'Anne de Marquets, religieuse de Poissy 264
III. Sonnet sur la mort de Charles IX 264
IV. Abus de l'Église 265

V. « Discours à Louis des Masures » 268
VI. Profession de foi catholique 269
VII. « Remontrance au peuple de France » 271
VIII. Appel à Théodore de Bèze 281
IX. Réponse aux pamphlets................. 285

LE POÈTE DE HENRI II

I. « Hymne de Henry, deuxième de ce nom » 293
II. Au roi, sur la paix de Cateau-Cambrésis (1559) 298
III. « Sonnet sur le cœur du feu Roi très chrétien Henri II » 299

LE POÈTE DE CHARLES IX

I. Premiers vers à Charles IX, alors duc d'Orléans 303
II. L'éducation d'un roi 305
III. Conseils pour bien régner............... 309
IV. Vers du roi Charles IX à P. de Ronsard .. 312
Réponse aux vers précédents 313
V. Sur la mort du roi 314
VI. Sur le règne de Charles IX 315

LE POÈTE DE HENRI III

I. « Hymne sur la victoire du duc d'Anjou » 319
II. A Henri III à son retour de Pologne 321
III. Les études de Henri III................ 324
IV. Sur la poésie satirique 326

REINES ET PRINCESSES

I. Marie Stuart à Fontainebleau 331
II. Le départ de Marie Stuart 332
III. Sur le même sujet 335
IV. « A Mesdames, desquelles l'une fut Madame la Duchesse de Lorraine, l'autre Reine d'Espagne, l'autre est la reine de Navarre » 336
V. Visite de Catherine de Médicis 339

VI. « A Madame Marguerite qui depuis a été duchesse de Savoie » 339
VII. Au duc de Savoie........................ 341
VIII. « A Madame Marguerite, duchesse de Savoie » 342
IX. Sur la mort de la duchesse de Savoie 342

LA POÉSIE DE COUR

I. « Le trophée d'amour à la Comédie de Fontainebleau » 347
II. « Stances lyriques pour un banquet » 348
III. Éloge des Dames 350
IV. Fragment de la « Bergerie »............ 351
V. A la reine Catherine de Médicis sur le voyage de la cour dans les provinces... 353
VI. Le Conseiller d'État. « A Jean du Thier, seigneur de Beauregard »................... 357

LA MAISON DE LORRAINE

I. Les gloires de la maison de Lorraine 363
II. Éloge du Cardinal de Lorraine 364
III. Requête pour *la Franciade* 370
IV. La grotte de Meudon 373

SCÈNES ET CROQUIS

I. La lecture d'Homère 379
II. Le vin d'Anjou.......................... 379
III. Les dames à la promenade 380
IV. Les métiers 381
V. L'alchimiste............................. 382
VI. Les taureaux,La forge 383
VII. Les chenilles 383
VIII. La ferme 384
IX. La nourrice 384
X. Le vieux coursier 385
XI. La tempête 386
XII. Rochers au bord de la mer 387

XIII. Incendie de forêt 387
XIV. Le phénix 388
XV. L'insomnie 388
XVI. Un mignon de cour 390
XVII. Contre les armes à feu 391
XVIII. L'embarquement de Francus 392
XIX. Les rois fainéants 394
XX. La bataille de Tours 394
XXI. Au cosmographe André Thevet 397
XXII. Le songe du chasseur 399

IDÉES LITTÉRAIRES

I. Le don de poésie 405
II. A Jean de la Péruse 408
III. A Christophe de Choiseul 410
IV. A Jean Passerat 413
V. A Pontus de Tyard 413
VI. « A son livre » 414
VII. L'histoire et l'art de traduire 418
VIII. Les manuscrits grecs 419
IX. Ode 420
X. Sur Pétrarque 421
XI. Épitaphe de Marulle 421
XII. « Épitaphe de François Rabelais » 422
XIII. Dialogue du Poète et des Muses 424
XIV. A son livre 425

VERS BIOGRAPHIQUES

I. Famille et jeunesse 429
II. Le page 431
III. La vocation 432
IV. L'appel de la Muse 435
V. « A son retour de Gascogne, voyant de loin Paris » 437
VI. Les débuts du courtisan 438
VII. Déceptions de l'écrivain 440
VIII. Réponse au prédicant de Genève 444
IX. Les derniers vers 454

Choix de Variantes 457
Notes 497
Lexique 525

ACHEVÉ D'IMPRIMER
PAR L'IMPRIMERIE TARDY QUERCY S.A.
A BOURGES
LE 24 AVRIL 1989

Numéro d'impression : 15101
Dépôt légal 1re édition : 2e trim. 1979
Dépôt légal : juin 1989

Imprimé en France